CONTROLOS REMOTOS
DIMENSÕES EXTERNAS
DA SEGURANÇA INTERNA EM PORTUGAL

ARMANDO MARQUES GUEDES
LUÍS ELIAS

CONTROLOS REMOTOS
DIMENSÕES EXTERNAS
DA SEGURANÇA INTERNA EM PORTUGAL

ALMEDINA

CONTROLOS REMOTOS
DIMENSÕES EXTERNAS
DA SEGURANÇA INTERNA EM PORTUGAL

AUTORES
ARMANDO MARQUES GUEDES
LUÍS ELIAS

EDITOR
EDIÇÕES ALMEDINA, SA
Av. Fernão Magalhães, n.º 584, 5.º Andar
3000-174 Coimbra
Tel.: 239 851 904
Fax: 239 851 901
www.almedina.net
editora@almedina.net

DESIGN DE CAPA
FBA

PRÉ-IMPRESSÃO
G.C. GRÁFICA DE COIMBRA, LDA.
producao@graficadecoimbra.pt

IMPRESSÃO
PAPELMUNDE, SMG, LDA.
Novembro de 2010
Depósito legal n.º 319424/10

Os dados e as opiniões inseridos na presente publicação
são da exclusiva responsabilidade do(s) seu(s) autor(es).

Toda a reprodução desta obra, por fotocópia ou outro qualquer
processo, sem prévia autorização escrita do Editor, é ilícita
e passível de procedimento judicial contra o infractor.

Biblioteca Nacional de Portugal – Catalogação na Publicação

GUEDES, Armando Marques, 1952- , e outro

Controlos remotos : dimensões externas da segurança interna
em Portugal / Armando Marques Guedes, Luís Elias
ISBN 978-972-40-4357-9

I – Elias, Luís

CDU 351
     341
     355

*A todos os Portugueses e Portuguesas
das nossas Forças de Segurança
que dão o que têm de mais sagrado pelo bem comum*

Prefácio

Constitui sempre um momento alto de qualquer pessoa ou instituição académica a publicação de uma obra literária. Este o sentimento que nos anima no momento em que damos à estampa uma obra que vai marcar o pensamento das questões da segurança e da defesa no nosso país e além-fronteiras. É certamente um privilégio para o Instituto Superior de Ciências Policiais e de Segurança Interna poder publicar, na sua linha editorial de investigação, em associação com a editora Almedina, uma obra de tão grande expressão no vasto domínio da segurança. Dar à estampa este estudo, agora que se inicia o segundo quartel de século da existência do nosso Instituto, impõe-nos padrões de ambição e exigência cada vez mais elevados.

Gostaria de felicitar efusivamente os autores, não só pela feliz parceria de dois académicos com percursos profissionais e académicos diferentes, com perspectivas necessariamente distintas mas complementares, mas também, e sobretudo, pela determinação com que desenvolveram um tema tão original quanto complexo, tão difícil quanto oportuno, sobretudo num país onde ainda escasseiam o estudo e a reflexão sobre questões estruturantes como a segurança.

Tal como referem os autores nas considerações prévias, faltava ao nosso meio académico e, em particular, àquele que se dedica mais em particular às questões da segurança e defesa, um estudo sobre a vertente 'não-propriamente militar' da nossa intervenção além fronteiras. Porque cada vez faz menos sentido pensar a segurança sem esta vertente. Porque era urgente fazer-se um balanço e prospectiva sobre o papel desta componente da nossa acção externa e sobre o seu papel renovador a nível interno. Mas também porque, continuando a esquecê-la, estaríamos a cometer uma grande injustiça para com as pessoas e instituições que nela se inscrevem.

É sobremaneira importante, em termos de balanço, aquilatarmos do verdadeiro impacto que a participação externa das nossas Forças e Serviços de Segurança teve na mudança de mentalidades, de filosofias de trabalho e de rotinas, ao nível interno. Assim como, na perspectiva inversa seria interessante – ainda que mais difícil de aferir –, saber qual a influência da nossa maneira de ser, de pensar e de agir portuguesa, na qualidade da relação dos contingentes policiais multinacionais com as populações destinatárias.

A abordagem da segurança interna nas suas dimensões externas abre aos estudiosos perspectivas novas, ricas e particularmente interessantes sobre as grandes questões da segurança. Deixamos apenas quatro dessas perspectivas, a título exemplificativo.

Em primeiro lugar, este novo enfoque leva-nos a problematizar as tradicionais fronteiras entre segurança e defesa, ou entre segurança interna e externa. Nessa medida, abre um vasto campo de discussão sobre os novos mandatos das Forças e Serviços de Segurança e das Forças Armadas, tanto no plano interno como no palco internacional, bem como sobre os termos e condições da sua cooperação, em ambos os contextos. Tornou-se quase um lugar-comum afirmarmos que a segurança interna se garante, cada vez mais, lá bem longe, onde os interesses de um país estão em causa; e que os centros de poder e de decisão se encontram cada vez mais distantes, apagando lentamente as soberanias nacionais. Todos sabemos que não mais fazem sentido as tradicionais e rígidas distinções conceptuais entre segurança interna e externa; que uma não pode deixar de ser pensada e executada sem a outra. Todos temos, por conseguinte, a percepção da necessidade de se redefinir o papel das Forças Armadas no apoio a missões típicas de segurança interna e, ao mesmo tempo, da premência de se clarificar o papel das Forças e Serviços de Segurança em determinados cenários de conflito ou de crise internacional.

Em segundo lugar, a abordagem das dimensões externas da segurança interna permite-nos reflectir sobre se as comummente designadas "novas ameaças e riscos" não passarão, a final, de meras roupagens das tradicionais ameaças e riscos; se não serão, porventura, uma forma de legitimação de velhos actores em novas missões, de reforço dos seus poderes de intervenção sobre pessoas e Estados, de desenvolvimento de novos mercados e oportunidades de lucro; se, ao invés, não teremos que pensar em novos modelos de organização e emprego de meios para fazer face a ameaças e riscos com a mesma natureza e finalidade, ainda que de visibilidade e impacto acrescidos.

Em terceiro lugar, esse enfoque externo convoca-nos para a necessidade de repensarmos a nossa política de segurança nacional e a nossa política externa, e, nessa medida, para a premência de melhorarmos os mecanismos internos de coordenação e de cooperação, tenham eles uma projecção interna ou visem uma melhor resposta à exigência de entidades externas. O empenhamento dos nossos meios no exterior, sejam eles militares, policiais, ou de qualquer outra natureza, impõe-nos a definição apriorística da nossa política de segurança nacional, dos seus actores, das suas missões, das estruturas de coordenação e dos mecanismos de cooperação, na sua actuação em território nacional. Implica, ainda, uma actualização da nossa política externa e um maior entrosamento entre esta e aquela, o que se faz, em grande medida, através de uma melhor articulação entre as diversas componentes da governação que concorrem para essas políticas: as áreas dos negócios estrangeiros, da defesa nacional, da administração interna, da justiça, da economia, entre outras.

Por último, e não menos importante, a dimensão externa da segurança interna impele-nos a redefinir o papel de Portugal na nova ordem internacional, seja no mundo da lusofonia ou ibero-americano, seja no quadro da União Europeia e da NATO, seja, enfim, no contexto mais vasto das Nações Unidas, questionando, do mesmo passo, o reposicionamento destas organizações no quadro da segurança internacional. O emprego dos nossos meios 'não-propriamente militares' além-fronteiras tem sido e continuará a ser um factor importante de legitimação e credibilização de Portugal em vários palcos internacionais, sendo importante que se possa retirar benefícios acrescidos desse desempenho, designadamente nas vertentes política, diplomática e económica. Para tal, é imperioso que os meios estejam cada vez mais em sintonia com os fins que se pretendem alcançar. Ademais, num momento em que se reformam e se redefinem as estratégias da União Europeia, da NATO e da ONU, é sempre oportuno reflectirmos sobre o valor acrescentado que Portugal pode dar na construção de uma nova arquitectura da (Grande) Segurança.

Estas as quatro perspectivas que nos permitem, afinal, de forma singular, associar e mesclar diferentes áreas do conhecimento, diferentes actores e culturas, diferentes dimensões geográficas, distintos objectos, todos em torno e em prol de um conceito tão simples e, ao mesmo tempo, pomo de tanta discórdia: a Segurança.

Esta monografia, para além de problematizar largamente estes e outros aspectos da segurança interna, apresenta, quanto a nós, a vantagem acrescida de estimular a investigação nestes novos domínios da segurança e das relações internacionais. Estamos convictos de que será uma referência e fonte de inspiração, não só para um estudo mais aprofundado e integrado das questões da segurança e defesa, como para uma tomada de decisão cientificamente mais fundamentada.

Superintendente PAULO GOMES
Director do Instituto Superior de Ciências Policiais e Segurança Interna

Algumas considerações prévias e agradecimentos

De maneira algo reducionista, a projecção externa de forças portuguesas tem sido equacionada essencialmente com o envio de forças militares para cenários internacionais de crise. O que não é surpreendente, tendo em mente não só a qualidade e o êxito das nossas actuações militares no exterior, mas também a sua escala em termos comparativos – em boa verdade, nenhum outro tipo de actuação tem tido a alçada e extensão da dos militares portugueses que, nas últimas décadas, têm vindo a prestar serviço nos mais variados cenários de tensão e conflito um pouco por todo o Mundo. Mais ainda, trata-se, porventura, da mais clara história de sucesso da nossa IIIª República. Em resultado, é sobre tópicos relacionados com essa actuação militar externa que se tem vindo a debruçar a larguíssima maioria dos estudos elaborados sobre essa relativamente recente projecção internacional alargada.

Por desconhecimento generalizado (mesmo no seio da academia), para trás têm assim ficado outras dimensões da nossa projecção securitária no exterior que a complementam, que muitas vezes com ela se articulam e que em diversas situações alargam ainda mais o campo de actuação e a tipologia da externalização da segurança: as missões da Guarda Nacional Republicana, as da Polícia de Segurança Pública, as da Polícia Judiciária, dos Serviços de Estrangeiros e Fronteiras, e as dos nossos serviços de informações no quadro da Organização das Nações Unidas, da União Europeia, ao nível do Acervo Schengen ou em entidades como a Interpol e a Europol, para darmos apenas alguns dos muitos exemplos possíveis que poderíamos referir. Muitas vezes, nem dessas participações temos um conhecimento empírico suficiente para melhor saber fundamentar actuações futuras que, naturalmente, se pretendem sempre tão cuidadas e seguras quanto a experiência nos possa ensinar – perdemos, assim, oportunidades de uma aprendizagem organizacional que a todos beneficia. Raramente as temos na devida conta, em termos mais propriamente políticos; e pouco ou nada tem sido aventado no que diz respeito às motivações que lhes subjazem, ou às implicações que delas advêm.

A presente monografia pretende constituir um primeiro passo no sentido de colmatar essas sérias lacunas. Baseou-se num curto mas ambicioso trabalho inicial de pesquisa encetado por Luís Elias no quadro do Curso de Direcção e Estratégia Policial (CDEP) realizado no Instituto Superior de Ciências Policiais e Segurança Interna (ISCPSI) entre Outubro de 2008 e Abril de 2009 e orientado pela Professora Doutora Cristina Montalvão Sarmento. Após um apurado debate, e uma intensa reflexão e pesquisa adicional, os dois autores, Armando Marques Guedes e Luís Elias gizaram e aprofundaram em muito o quadro de referência teórico a utilizar quanto às principais tendências da (Grande) Segurança na contemporaneidade, e embutiram nele as ligações e missões afloradas, no que respeita às suas menos ostensivas lógicas internas – ensaiando, nos termos destes dois enquadramentos maiores, um levantamento extensivo da actuação 'não-propriamente militar' portuguesa no estrangeiro das duas últimas décadas. Procuramos fazê-lo, para além do mais, respeitando a complexidade, a 'granularidade', e as inúmeras *nuances* que há que ter em linha de conta se quisermos compreender aquilo que está em curso nesta frente fundamental da nossa actuação externa. Esperamos tê-lo logrado – pelo menos na medida do possível num estudo que cremos pioneiro.

A investigação levada a cabo para a produção deste estudo alicerça-se na experiência profissional e académica de um dos dois autores em diversas vertentes da cooperação policial internacional, e que lhe adveio, designadamente da participação, como oficial da Polícia de Segurança Pública (PSP) em duas Operações de Apoio à Paz (OAP) da ONU, na Bósnia-Herzegovina entre 1998 e 1999 e em Timor-Leste entre 2002 e 2003, da chefia da delegação nacional no grupo de cooperação policial no âmbito da Presidência Portuguesa da União Europeia durante o segundo semestre de 2007, da participação em várias reuniões do Conselho de Chefes de Polícia da Comununidade dos Países de Língua Portuguesa (CPLP) em 2008, dos diversos cursos do Colégio Europeu de Polícia (CEPOL) em que participou na qualidade de formador e de formando e, bem assim, da autoria de diversos artigos nas áreas das Ciências Policiais, Ciência Política e Relações Internacionais; etapas que funcionaram como experiências de observação participante neste quadro cooperativo intergovernamental da segurança interna.

A investigação vê-se ancorada no trabalho levado a cabo pelo outro autor, ora como académico, ora como Presidente do Instituto Diplomático do Ministério dos Negócios Estrangeiros (MNE) e, aí, Director de *Policy Planning* e, depois, Vice-Presidente do Observatório de Segurança, Criminalidade Organizada e Terrorismo (OSCOT) e, hoje, como Vice-Presidente do seu Conselho Consultivo. Com esses chapéus tem participado em numerosas reuniões colóquios e conferências, em Portugal e no estrangeiro. Algumas delas têm tido lugar no âmbito da actividade profissional (sobretudo no período em que o Estado português assumiu pela terceira vez a Presidência da União, um longo intervalo de dezoito meses, beneficiando do mecanismo da *troika*); na sua maioria – e não raras vezes, como é útil e desejável, com um formato compósito – no quadro de encontros essencialmente académicos. Nestes meios, tem produzido bastante trabalho teórico, publicado em Portugal e em vários países estrangeiros, sobre questões de segurança.

Os dois co-autores são, para além disso, coordenadores de uma pós-graduação no Instituto Superior de Ciências Policiais e Segurança Interna (o ISCSPI), sobre Gestão Civil de Crises – o primeiro curso sobre este tipo de temas levado a cabo numa instituição pública portuguesa, a funcionar desde o ano lectivo de 2007-2008. Neste contexto, têm vindo a debruçar-se, com atenção redobrada, tanto sobre recolhas sistemáticas de dados quantas vezes dispersos e sobre questões "políticas" de fundo, relativas à sua actualização – o que cedo a ambos tornou patente a insuficiência de estudos com qualidade disponíveis sobre processos com importância crescente, não apenas para a nossa segurança interna, mas também para o evoluir do posicionamento externo de um Estado português em mudança nos palcos internacionais de um Mundo ele próprio em profunda transformação.

As várias versões por que este estudo foram sendo submetidas ao crivo de leituras críticas provinentes de diversas perspectivas que fizemos questão de ir convocando a par e passo. Impõe-se mencionar alguns nomes em guisa de agradecimento. Ana Paula Brandão, André Inácio, Bruno de Almeida Ferrari, Carlos Pereira, Cristina Montalvão Sarmento, Francisco Briosa e Gala, Francisco Corboz, Francisco Proença Garcia, Jorge Lessa, José Eduardo Garcia Leandro, José Manuel Freire Nogueira, Luís Neves, Manuel Guedes Valente, Maria do Céu Pinto, Marcos Farias Ferreira, Margarida Lamy Pimenta, Mónica Ferro, Nuno Cabral, Nuno Canas Mendes, Nuno Piçarra, Paulo Gomes, Pedro Palhares e Teresa Violante forneceram-nos dados e/ou leram e comentaram versões preparatórias deste estudo monográfico. Sem essas leituras e as consequentes achegas que recebemos, o resultado final teria perdido muita da sua eventual qualidade – sem prejuízo de a exclusiva responsabilidade por tudo aquilo que aqui se expõe ser inteiramente imputável aos dois autores do livro.

Índice

Prefácio (Superintendente Paulo Gomes, Director da ISCPSI)............... 7

Algumas considerações prévias e agradecimentos 11

Lista de Siglas e Abreviaturas 21

Um enquadramento, quatro quadros teóricos, reorientações na política externa do Estado democrático português, uma delimitação geral e um mapa do percurso 25
Prólogo 26
Quatro grandes quadros teóricos 31
Das reorientações securitárias na política externa do Estado democrático português 41
Uma delineação geral do tema à luz das novas teorizações sobre segurança 45
Segurança, insegurança e complexos de interioridade 60
A projecção 'securitária' como uma das grandes linhas de força da política externa portuguesa 67
Um mapa do percurso 75

Capítulo I – *A Política Externa Portuguesa de Segurança Interna no Contexto da Internacionalização Contemporânea*..................................... 81

    1.1. Os Três Grandes Palcos de Internacionalização do Estado Português 83
    1.2. Pontos de Aplicação e a sua Delimitação Genérica 91
        1.2.1. *Política Externa Nacional* 92
        1.2.2. *Defesa Nacional* 97
        1.2.3. *Segurança Interna* 98

1.2.4. *Operações de Paz* 99
1.2.5. *Gestão Civil de Crises* 103
1.2.6. *Cooperação Técnico-Policial* 104
1.3. Alçada e Sentido da Projecção Externa da Segurança Interna 106

Capítulo II – *Na Esteira de uma Nova Governação da Segurança e de um (Novo) Conceito de Segurança Interna* 111

2.1. Um Novo Quadro Matricial? 112
2.2. Sobre o Alcance Securitário 'Interno' do Conceito Estratégico de Defesa Nacional 121
2.3. Do Quadro Legal e Institucional 127
2.4. A Estratégia Sectorial Emergente do Ministério da Administração Interna 131

Capítulo III – *As Estratégias Nacionais e as Linhas de Força da Cooperação Técnico-Policial Portuguesa com os Países da CPLP* 139

3.1. Sobre a Dimensão Estratégica Geral da Cooperação Portuguesa 140
3.2. Da Cooperação Bilateral, do Apoio ao Desenvolvimento, e da Capacitação 149
3.3. Da Cooperação Multilateral no Espaço da CPLP 154
3.4. O Papel dos Oficiais de Ligação 156
3.5. A Cooperação Técnico-Militar (CTM) entre o Estado português e os Estados africanos lusófonos – algumas notas 161

Capítulo IV – *A Interdependência e Cooperação Policial Europeia* 169

4.1. A Integração e a Construção Europeia 170
4.2. Da Área de Justiça e Assuntos Internos (JAI) na União Europeia à luz do Tratado de Lisboa 178
4.3. Sobre os Organismos da Área JAI 190
    4.3.1. A Europol 191
    4.3.2. A Eurojust 198
    4.3.3. A Frontex 202

4.3.4. A Cooperação Schengen 204
4.3.5. O Colégio Europeu de Polícia (CEPOL) 210
4.3.6. A Rede Europeia de Prevenção da Criminalidade 213
4.3.7. O Grupo de Cooperação Policial 216
4.3.8. Grupo de Trabalho Terrorismo 217
4.3.9. Outros Grupos, Redes e Pontos de Contacto na Área JAI 218

Capítulo V – *Da Gestão Civil de Crises na União Europeia* 225

5.1. Sobre a Política Externa de Segurança e Defesa (PESD) e a Gestão Civil de Crises à luz do Tratado de Lisboa 226
5.2. Das Prioridades da Gestão Civil de Crises 230
5.3. O Objectivo Global Civil 2008 234
5.4. Das Equipas de Resposta Civil 235
5.5. O Objectivo Global Civil 2010 236
5.6. Aspectos da Componente Policial da Gestão Civil de Crises 237
5.7. Grupo COTER 243

Capítulo VI – *As Operações de Apoio à Paz no Quadro das Nações Unidas* 245

6.1. Nações Unidas e Construção da Paz 248
6.2. Antecedentes históricos da participação das forças de segurança em OAP, de gestão de crises ou em outro tipo de missões internacionais 265
    6.2.1. O Empenhamento Internacional da GNR 265
    • Missão da UEO na Roménia (Danúbio) 266
    • Missão da ONU em Angola – UNAVEM III e MONUA ... 266
    • Missões da ONU em Timor-Leste – UNTAET, UNMISET, UNOTIL e UNMIT 267
    • Missão da ONU na Libéria – UNMIL 271
    • Missão da ONU na Costa do Marfim – UNOCI 272
    • Missão da ONU no Haiti – MINUSTAH 273
    • Missão da OSCE e da UE na Macedónia – *SKOPJE* e *EUPOL PRÓXIMA* 275
    • Missão da ONU e da UE na República Democrática do Congo – *MONUC* e *EUPOL-KINSHASA* 275

- Missão da UE na Faixa de Gaza – *EUBAM – RAFAH* 276
- Subagrupamento Alfa na missão *IRAQI FREEDOM* 277

6.2.2. O Empenhamento Internacional da PSP 281
- UNPROFOR – Força de Protecção das Nações Unidas 282
- UNMIBH / IPTF – Missão das Nações Unidas na Bósnia--Herzegovina / *Task Force* de Polícia Internacional 283
- UNMIK – Missão de Administração Interina das Nações Unidas no Kosovo 284
- UNOMOZ – Operação das Nações Unidas em Moçambique 285
- MINURSO – Missão das Nações Unidas para o Referendo no Sahara Ocidental 286
- MONUC – Missão da Organização das Nações Unidas na República Democrática do Congo 286
- MINURCA – Missão das Nações Unidas na República Centro-Africana 286
- Haiti – MINUSATH (Força de Estabilização das Nações Unidas no Haiti) 287
- UNIOSIL – Gabinete Integrado das Nações Unidas na Serra Leoa 287
- UNTAET, UNMISET, UNOTIL e UNMIT – Missões de Paz da ONU em Timor-Leste 287
- EUPM – Missão de Polícia da União Europeia na Bósnia--Herzegovina 289
- UEO – Missão de Polícia em Mostar 290
- UEO – MAPE – União Europeia Ocidental – Elemento Policial Multinacional de Aconselhamento 291

6.3. Da Organização e dos Objectivos da Polícia das Nações Unidas 292
6.4. Sobre a Reforma dos Sectores de Segurança e a Justiça nos Estados Pós-Conflito 302
6.5. Estaremos perante formas de *soft power*, e de *structural power*, e/ou face a dispositivos de 'micropoder'? 308

Capítulo VII – Conclusões 313

O redesenho das arquitecturas internacionais de segurança 316
As reconfigurações adaptativas do Estado português 332

Nos Planos Supranacional e Intergovernamental 336
No Plano Nacional 338
Ao Nível do MAI 341
Ao Nível da PSP 342
Ao Nível da GNR 345
Ao Nível da PJ 350
Ao Nível da SEF 351
Em Guisa de Clef de Voute 352

ANEXOS

Anexo 1 – O Sistema de Segurança Nacional 361
Anexo 2 – A Geometria Variável da Política Externa Nacional 362
Anexo 3 – O Nível Vertical e o Nível Horizontal de Segurança 363
Anexo 4 – Efectivos da Polícia Nacional e da *Gendarmerie* Francesa no
Estrangeiro e em Entidades Internacionais 364
Anexo 5 – Manual de Cooperação Policial Schengen – Listas de Pontos de
Contacto Nacionais 366
Anexo 6 – Delegações nos Grupos de Trabalho do Conselho da União
Europeia 368
Anexo 7 – Entrevistas e Guião Genérico Utilizado nas Entrevistas. Por ordem: Dra. Rita Faden, Intendente Paulo Manuel Pereira Lucas, Intendente Paulo Jorge Valente Gomes, Tenente-General Carlos Manuel Martins Branco, Professor Doutor Armando Marques Guedes, Major-General Doutor José Manuel Freire Nogueira, Intendente Paulo Jorge de Almeida Pereira, Intendente Pedro Manuel Neto Gouveia, Major Carlos Alberto dos Santos Alves, Subintendente Luís Filipe Jorge de Almeida Guerra 369

BIBLIOGRAFIA

Livros e Artigos 421
Legislação Nacional 438
Legislação Europeia 439
Internet 440

Lista de Siglas e Abreviaturas

ANSR	–	Autoridade Nacional de Segurança Rodoviária
APAD	–	Agência Portuguesa de Apoio ao Desenvolvimento
APD	–	Ajuda pública ao desenvolvimento
AR	–	Assembleia da República
Benelux	–	Bélgica, Holanda, Luxemburgo (*Belgium, Netherlands, Luxemburg*)
CAAS	–	Convenção de Aplicação do Acordo de Schengen
CCPA	–	Centros de Cooperação Policial e Aduaneira
CDEP	–	Cursos de Direcção e Estratégia Policial
CEE	–	Comunidade Económica Europeia
CEIFA	–	Comité Estratégico Imigração, Fronteira e Asilo
CEMGFA	–	Chefe de Estado Maior General das Forças Armadas
CEPOL	–	Colégio Europeu de Polícia
CFOP	–	Curso de formação de Oficiais de Polícia
CIAE	–	Comissão Interministerial para os Assuntos Europeus
CIC	–	Comissão Interministerial para a Cooperação
CIREFI	–	Centro de Informação, Reflexão e Intercâmbio em Matérias de Passagem das Fronteiras e Imigração
CIR	–	Companhia de Intervenção Rápida (GNR)
CIVCOM	–	Comité para os aspectos civis da gestão civil de crises
CIVPOL	–	*Civilian Police*; Policia Civil
COMIX	–	Comité Misto
COPS	–	Comité Politico e de Segurança
COREPER	–	Comité dos Representantes Permanentes
CPCC	–	*Civilian Planning and Conduct Capability*
CPE	–	Cooperação policial europeia
CPLP	–	Comunidade dos Países de Língua Portuguesa
CRP	–	Constituição da República Portuguesa
CRT	–	*Civilian Response Teams*

CS – ONU	– Conselho de Segurança da Organização das Nações Unidas
CTM	– Cooperação Técnico-Militar
CTP	– Cooperação Técnico-Policial
DCCB	– Direcção Central de Combate ao Banditismo (PJ)
DGACCP	– Direcção-Geral dos Assuntos Consulares e Comunidades Portuguesas
DGAE	– Direcção-Geral dos Assuntos Europeus
DGAI	– Direcção Geral de Administração Interna
DGPDN	– Direcção Geral de Política de Defesa Nacional
DPKO	– *Department of Peacekeeping Operations* (UNO)
DR	– Diário da República
EG	– Escola da Guarda (GNR)
EM	– Estados Membros
EMP	– Empresas Militares Privadas
EPJ	– Escola da Polícia Judiciária
EUA	– Estados Unidos da América
EUMC	– Comité militar da UE
EUMS	– Grupo de pessoal militar da UE
EUROGENDFOR	– Força de *Gendarmerie* Europeia
FA	– Forças Armadas
FNLA	– Frente Nacional de Libertação de Angola
FSS	– Forças e Serviços de Segurança
GAERC	– Conselho dos Assuntos gerais e das relações externas
GAFI	– Grupo de Acção Financeira Internacional
GANAM	– Grupo Alto Nível Asilo e Migração
GCS	– Gabinete Coordenador de Segurança
GIOE	– Grupo de Intervenção de Operações Especiais (GNR)
GNR	– Guarda Nacional Republicana
GNS	– Gabinete Nacional SIRENE
GOE	– Grupo de Operações Especiais (PSP)
ICG	– *International Crisis Group*
IDN	– Instituto de Defesa Nacional
IESM	– Insituto de Estudos Superiores Militares
INEM	– Instituto Nacional de Emergência Médica
IPAD	– Instituto Português de Apoio ao Desenvolvimento
IPRI-UNL	– Instituto Português de Relações Internacionais – Universidade Nova de Lisboa
IPTF	– *International Police Task Force*

ISCPSI	– Instituto Superior de Ciências Policiais e Segurança Interna
JAI	– Justiça e Assuntos Internos
JHA	– *Justice and Home Affairs*
LDN	– Lei de Defesa Nacional
LOIC	– Lei de Organização da Investigação Criminal
LSI	– Lei de Segurança Interna
MAI	– Ministério da Administração Pública; Ministro da Administração Interna
MDN	– Ministério da Defesa Nacional
MJ	– Ministério da Justiça
MMPM	– Missão Militar Portuguesa em Moçambique
MND-SE	– *Multinational Division, Southeast*; Divisão Multinacional Sudeste (GNR, Iraque)
MNE	– Minsitério dos Negócios Estrangeiros
MPLA	– Movimento Popular para a Libertação de Angola
NATO/OTAN	– *North Atlantic Treaty Organization*/Organização do Tratado do Atlântico Norte
OAP	– Operações de Apoio à Paz
OCDE	– Organização de Cooperação e Desenvolvimento na Europa
OCTA	– *Organized Crime Threat Assessment*
ODM	– Objectivos de Desenvolvimento do Milénio
ONG's	– Organizações Não Governamentais
ONU/UNO	– Organização das Nações Unidas; *United Nations Organization*
ONU em Angola	– UNAVEM I, II e III e MONUA
OSCE	– Organização para a Segurança e Cooperação na Europa
OSCOT	– Observatório De Segurança, Criminalidade Organizada e Terrorismo
PAC	– Planos Anuais de Cooperação
PALOP	– Países Africanos de Língua Oficial Portuguesa
PE	– Parlamento Europeu
PESC	– Política Externa e de Segurança Comum
PESD	– Política Externa de Segurança e Defesa
PIB	– Produto Interno Bruto
PIC	– Programas Indicativos de Cooperação
PJ	– Polícia Judiciária
PMC	– *Private Military Company*

PNTL	– Polícia Nacional de Timor-Leste
POP	– Polícia de Ordem Pública
PRACE	– Programa de reestruturação da administração central do Estado
PSC	– *Private Security Company*
PSO	– *Peace Support Operations*
PSP	– Policia de Segurança Pública
RABIT	– Equipas de Intervenção Rápida nas Fronteira
RASI	– Relatório Anual de Segurança Interna
RCM	– Resolução do Conselho de Ministros
REPC	– Rede Europeia de Prevenção da Criminalidade
RFA	– República Federal da Alemanha
SEF	– Serviço de Estrangeiros e Fronteiras
SGNU	– Secretário-Geral das Nações Unidas
SGSIRP	– Secretário-Geral do Sistema de Informações da República Portuguesa
SGSSI	– Secretário-Geral do Sistema de Segurança Interna
SIED	– Serviço de Informações Estratégicas de Defesa
SIRP	– Sistema de Informações da República Portuguesa
SIS	– Serviço de Informações de Segurança
SIS	– *Schengen Information System*; Sistema de Informações Schengen
TECS	– *The Europol Computer System*; Sistema Informático da Europol
TFUE	– Tratado sobre o Funcionamento da União Europeia
TIJ	– Tribunal Internacional de Justiça
TUE	– Tratado da União Europeia
UE	– União Europeia
UEO	– União da Europa Ocidental
UEP	– Unidade Especial de Polícia
UIR	– Unidade de Intervenção Rápida (GNR)
UNCT	– Unidade Nacional de Combate ao Terrorismo (PJ)
UNITA	– União Nacional para a Independência Total de Angola
UNPROFOR	– Força de Protecção das Nações Unidas
UNTAET	– Missões de administração transitória da ONU em Timor--Leste; United Nations Transitional Administration in East Timor
WEU	– *Western European Union*

Um enquadramento, quatro quadros teóricos, reorientações na política externa do Estado democrático português, uma delimitação geral e um mapa do percurso

> *"Printing, gunpowder, and the magnet. [...] These three have changed the whole face and state of things throughout the world; the first in literature, the second in warfare, the third in navigation; whence have followed innumerable changes, insomuch that no empire, no sect, no star seems to have exerted greater power and influence in human affairs than these mechanical discoveries. [...] But if a man endeavor to establish and extend the power and dominion of the human race itself over the universe, his ambition (if ambition it can be called) is without doubt both a more wholesome and a more noble thing than the other two. Now the empire of man over things depends wholly on the arts and sciences. For we cannot command nature except by obeying her".*
>
> BACON, Francis (1620), *Novum Organum*, CXXIX

> If *"the post-Cold War security bubble finally burst"* on September 11, what also shattered along with it was a series of cosy assumptions about the world within which we happen to live – one of the most influential of which was that under conditions of globalization the propensity for international conflict would more likely diminish than increase. As the terrorist attacks on New York and Washington revealed only too graphically, globalization not only appeared to have many determined enemies as well-meaning friends, but enemies of a quite novel (and undeterrable) character. What is also revealed – again to discomfort of those who assumed the world was becoming a better, safer place – was that the worst sometimes [unfortunately too often] happens.
>
> COX, Michael, "Meanings of Victory: American Power after the Towers" in BOOTH, K. & DUNNE, T (coord.), *Worlds in Collision: Terror and the Future of Global Order* (London: Palgrave, 2002), p. 152.

Prólogo

A obra que o leitor tem entre mãos dá corpo, no essencial, a um estudo de política externa e, designadamente, de um dos ramos, nela, da chamada *high politics* do Estado português – aqueles domínios mais directamente ligados à segurança e defesa. Fá-lo, no entanto, de uma maneira atípica: ao invés do que tem sido o caso com a maioria dos trabalhos que se têm vindo a debruçar sobre a projecção externa securitária portuguesa pós-implantação da Democracia, esta monografia não toma como seu ponto focal a nossa actuação militar. Nas páginas que se seguem, ensaiamos, em simultâneo, mais e menos do que isso. Estamos em crer que chegou o momento de trazer à superfície algumas das mais importantes dimensões *não-militares* (ou, talvez melhor, não-*explicitamente* militares) de uma projecção internacional de forças que de toda a evidência tem progredido num crescendo imparável – e, infeliz e injustamente, mal conhecido e, por isso, pouco e mal respeitado[1].

Uma carência a que tentamos suprir. O presente estudo redunda numa tentativa de analisar os *controlos remotos* de ameaças e riscos "para lá" das fronteiras nacionais. Pretende-se também encarar o processo, simultâneo, de *internalização* da segurança *externa* em que o Estado português se vê embrenhado, e o de *externalização* da segurança *interna* a que se sente impelido. Trata-se de um trabalho tão-só indicativo, mas ambicioso. Sem querer entrar numa discussão teórica de pormenor que numa monografia como esta seria descabida, mas abordando o que consideramos imprescindível para uma melhor compreensão deste duplo movimento de internalização-externalização daquilo que chamamos 'segu-

---

[1] O que de modo nenhum é o caso das nossas operações militares. Para tanto, ver, por exemplo, o monumental trabalho empreendido (e ainda em actualização sistemática) em ROGEIRO, Nuno, *Guerra em Paz. A Defesa Nacional na Nova Desordem Mundial*, Hugin, 2002. Ver, também, o preciso RODRIGUES VIANA, Vítor, *Segurança Colectiva; A ONU e as operações de apoio à paz*. Edições Cosmos e IDN, Lisboa, 2002, e os muitos úteis ANDRADE, Luís, "A Política Internacional e as Operações de Apoio à Paz", *Arquipélago. História*, 2ª Série, IX: 681-692, Açores, 2005, PINHEIRO, António Manuel Rodrigues, "Modelos de 'africanização' das Operações de Apoio à Paz", *Nação e Defesa* 114: 141--168, Instituto da Defesa Nacional, Lisboa, 2006, e PEREIRA DA SILVA, Nuno Miguel, "As Operações de Apoio à Paz no âmbito da UE", *Revista Militar* 2477, Lisboa, 2008, entre numerosos outros estudos de boa qualidade.

rança', é indispensável verificar que 'a segurança' – seja como for que a prefiramos circunscrever – para ser efectiva e eficaz exige uma imbricação sofisticada e complexa de recursos (humanos, institucionais, organizacionais e outros). Cartografar este processo, sem escamotear a sua complexidade, constitui a finalidade central do presente estudo monográfico.

Porque se trata de um esforço nunca antes empreendido com a exaustividade que julgamos que se impõe, para o lograr há que começar a desbravar terreno. O que exige um trabalho minucioso. No caso português como em qualquer outro, tem sido central o esforço empreendido para lograr um apuramento de quais são esses recursos, sabendo escolher as perspectivas utilizadas para os identificar e mobilizar – para, depois, melhor os sincronizar e coordenar, o que varia caso a caso, conforme o contexto. Coisa que, juntando experiências próprias e alheias, o Estado tem algo laboriosamente aprendido a fazer, numa mistura fascinante – e politicamente muitíssimo interessante – de um *trial and error* "endógeno" eivados de processos de uma rara aprendizagem organizacional, e de imposições institucionais "externas" que nos amarram sem apelo nem agravo – mas a que com inteira liberdade, depois da instauração da Democracia em 1974, escolhemos entrosar a nossa inserção no sistema internacional. O *design* de instituições sadias de 'boa governação' de segurança implica tanto a identificação de pré-requisitos gerais quanto uma tomada aguda de consciência de tudo quanto diga respeito a essa subordinação contextual – e ela tem vindo a mudar. O mais sucinto levantamento dos desenvolvimentos recentes no conceito de 'Segurança' põe-no claramente em evidência. A esse passo e a outros que lhe estão associados se dedica este começo geral do nosso empenho neste trabalho monográfico – o intuito desta salva de abertura que apelidámos de *Prólogo* é o de disponibilizar uma fundamentação para o que se segue, mapeando questões.

Encetemo-lo por meio de uma rápida discussão de alguns dos mais importantes enquadramentos teóricos e metodológicos que têm vindo a ser gizados quanto à alçada de termos como "segurança" e quanto à sua interpretação. Em primeiro lugar, verificaram-se alterações de âmbito, de alargamento por sectores; em segundo lugar, deu-se um aprofundamento, com uma subdivisão em níveis. Porventura reflectindo alterações empíricas na conjuntura e lugares estruturais diferentes dos sujeitos dos enfoques conceptuais, desde há muito que se tornou consensual cá, como lá fora, a convicção de que a segurança já não é matéria exclusiva da atenção dos Estados. O mais leve dos escrutínios da bibliografia e de inúmeras das actuações recentes mostram-no muito graficamente: 'securitizar'[2] descentrou-se como que por estiramento. Aquilo que o termo "segurança" ateia mudou. Por um lado, perdeu a sua dimensão quase exclusivamente pública, nacional, e *militar*. O conceito de 'segurança' abarca agora a actuação e o empenhamento de instituições públicas mas e também de privadas, da sociedade local e da sociedade civil num sentido mais amplo – bem como de instituições e organizações internacionais, sejam elas as de Estados vizinhos, as de entidades intergovernamentais ou as de outras, supranacionais. Esmiuçá-la implica, por isso, atenção a estes novos âmbitos de aplicação do conceito: pois, como não podia deixar de ser, a este lançar de rede num arco mais amplo acrescenta-se uma redefinição de objectos. Se nos colocarmos num enquadramento científico-disciplinar, depressa apuramos haver hoje um amplo consenso de que a 'segurança' e a sua governação não podem ser desligadas uma da outra.

Constatamos também que os analistas estão cada vez mais predispostos a reconhecer uma multiplicidade de fontes para o domínio cada vez mais heterogéneo e multi-dimensional que se vai desvendando. Podemos talvez formular isto noutros termos. A segurança como que se transmutou de um 'objecto' numa *propriedade* – de uma entidade substantiva passou a uma condição adjectiva. Em larga medida em consequência apareceram e tornaram-se correntes conceitos alargados como o de "segurança humana". Em larga medida, tratou-se de um esforço de operacionalização. Neste sentido, Pauline Kerr defendeu, para apenas dar um exemplo, o seguinte: *"the human-centric tradition, which emphasizes the desirable human conditions for people to be secure, now includes the concept of human security. Concepts are tools and human security is no excep-*

---

[2] Apesar dos méritos do conceito de *securitização* desenvolvido sobretudo pela Escola de Copenhaga há que ter em consideração os pontos fracos ou perigos do mesmo. Ralf Emmers expõe *"...take into consideration the dangers of securitization particularly in an undemocratic political system where the wider population is unable to reject an illegitimate speech act and the emergency measures adopted as a result. Even in democratic societies, there is the risk of an act of securitization leading to the curbing of well-established civil liberties in the name of security. This is especially relevant in a post-9/11 context and the growing articulation of issues as existential threats"* (EMMERS, Ralf, *Securitization* in COLLINS, Alan (coord.), *Contemporary Security Studies* (New York: Oxford University Press, 2007), p. 124. Embora este comentário de Emmers se reporte aos efeitos do movimento securitarizador e não às debilidades teórico-conceptuais da abordagem da Escola de Copenhaga, os dois pontos estão ligados.

tion.(...). It was developed in the mid 1990's and it serves to highlight several issues in world politics: for example, concerns about human development, the nexus between development and conflict, the increasing number of transnational threats, the growing normative humanitarian agenda and even realpolitik interests. The main purpose that the concept serves is to focus attention on the fact that most of these issues have serious local, regional and global effects and are not included in the state-centric position – the dominant argument about security"[3]. Lodgaard, ao abordar o conceito de "segurança humana", refere que o mesmo deriva da reconfiguração do conceito de segurança nos seguintes termos: *"is a dual concept of state security and human security – the former involving defence of territory and freedom to determine one's own form of government and the latter involving people being free of physical violence"*[4]. Um desdobramento, no fundo – o conceito de "segurança", por outras palavras, como que se multi-dimensionalizou.

Como atrás fizemos questão de aventar, os motivos para tanto prendem-se seguramente com alterações nos ambientes 'internos' e 'externos' – cujas demarcações, como as iremos divisar, se alteraram profundamente – no Mundo pós-bipolar e, no caso português, numa ordem internacional em que nos vimos reinseridos – numa posição estrutural muito diferente daquela em que contracenávamos com outros actores – no 'ciclo' pós-imperial e pós instauração da Democracia que nos coube em 1974--1976. Em Portugal como no resto do Mundo, entre muitas outras consequências, nomeadamente as que ocorrerram no plano das relações empíricas de força e poder, essas alterações posicionais e mudanças estruturais levaram a reconfi-gurações conceptuais de peso – designadamente no que toca não só a insegurança que sentimos, mas também ao próprio conceito

---

[3] KERR, Pauline, *Human Security* in COLLINS, Alan (coord.), Contemporary Security Studies (New York: Oxford University Press, 2007), p. 94.

[4] LODGAARD, S., *Human Security Concept and Operationalisation* in Expert Seminar on Human Security, Geneva, 8-9 Dezembro de 2000, 1-25, http://www.hsph.harvard.edu/hpcr/ events/ hsworkshop /lodgard.pdf.. É de notar, em todo o caso, que mesmo esta nova circunscrição não abarca todas as mudanças ocorridas. que se trata de um conceito restrito de segurança humana, havendo um aceso debate interno sobre os limites do conceito. O conceito de Segurança Humana tem implicações não apenas ao nível do alargamento (multidimensionalidade das ameaças) como no de um aprofundamento no que respeita: ao objecto da segurança e à identidade e tipo de 'funcionamento' proveciador da segurança (cf., entre nós, o trabalho de Ana Paula Brandão (2005).

de segurança que erigimos. 'Segurança', em resultado, tornou-se um conceito de banda larga, por assim dizer.

Talvez mais crucial ainda, os mecanismos tidos como centrais para a sua 'governação' viram-se ampliados – e isso tem tido reflexos disciplinares no plano da investigação. Para além dos domínios tradicionais do Direito, da Criminologia, dos Estudos Policiais e Militares, dos da Ciência Política ou dos da Sociologia, Antropologia e Psicologia, a segurança e a governação que a orquestra tem vindo a tornar-se em objecto das Relações Internacionais e da Economia Política Internacional, para nos atermos aos exemplos mais óbvios – e, em todos os casos exibiu, nos seus primórdios, uma tónica estato-cêntrica muitíssimo marcada. Raros são hoje em dia os casos em que essa orientação 'paradigmática' se mantém incólume. Por exemplo, as teorizações contemporâneas no âmbito do estudo das Relações Internacionais começaram desde há alguns anos a tomar como seus pontos focais uma mão-cheia de entidades não estatais – para além da diversificação que se tem vindo a acentuar de uma preferência marcada pelo rastreio de relacionamentos entre uma multiplicidade crescente de actores que operam no interior de Estados[5]. Para designar outros casos, o mesmo se passa no quadro da Criminologia e noutras disciplinas. Com efeito, numerosos desenvolvimentos têm vindo a ocorrer nos mais diversos enquadramentos disciplinares, alguns deles até há poucos anos entrevistos como largamente desligados de questões securitárias – designadamente no que diz respeito a domínios ligados à investigação sobre o Economia e Desenvolvimento, passando pelos Estudos da Paz[6]. Nas investigações recentes, todas estas são áreas nas quais os pesquisadores têm assumido, como suas, noções a pobreza, o desenvolvimento sócio-

---

[5] O descentramento cada vez mais comum que observamos não está desligado das insuficiências cada vez mais patentes da visão 'clássica', "[t]*he established view of 'states-as-billiard balls'*", a qual está, nas palavras de John Hobson, "*being transformed into a global co-web of transactions that cuts across the increasingly porous boundaries of nation-states*". HOBSON, John M., *The State and International Relations*, em (eds.) Krohn-Hansen, Christian, and Knut G. Nustad: 2, (Cambridge: Cambridge University Press, 2005).

[6] O desenvolvimento tem, por exemplo, sido 'securitizado'. MARENIN, Otwin, *Restoring Policing Systems in Conflict Torn Nations: Process, Problems, Prospects*. (Geneva: Geneva Centre for Democratic Control of Armed Forces, Occasional Paper No 7: 7, 2005) e a paz e segurança têm sido teórica e metodologicamente assumidas como pré-condições para desenvolvimento e bem-estar, fugindo aos quadros analíticos tradicionais.

-económico, e a construção-manutenção de paz, considerando que são fenómenos inextrincavelmente interligados. Em boa verdade, parece ter-se generalizado uma mudança de paradigma assaz significativa – mas cujas consequências e implicações ainda são mal conhecidas.

Quatro grandes quadros teóricos

Com o intuito de cartografar esta progressão 'para fora do Estado em sentido estrito', por assim dizer, – e para além do "militar", dando-lhe um dimensionamento mais amplo e sociológico – vale decerto a pena pormenorizar um pouco mais aquilo em que tal tem redundado, nos últimos anos, em termos de teorizações académicas. A finalidade é a de fornecer melhores quadros para uma contextualização folgada daquilo que está envolvido no que apelidamos de 'segurança', para assim mais intrincadamente contextualizar as nossas actuações nesses âmbitos complexos.

Os ditos 'New Security Studies' (ligados à chamada 'Copenhagen School' de Barry Buzan e Ole Waever) levaram a uma expansão do conceito de 'segurança'[7] – e isto tanto horizontal quanto verticalmente. A noção da (Grande) Segurança inclui agora as actividades *políticas*, para além das militares, dos Estados, como aliás ainda um amplo leque de "*communitarian aspects*" que são transversais a fronteiras e que as 'deslassam', escapando às limitações à aplicabilidade do conceito tal como antes utilizado[8]. Para muitos o que está no essencial em causa nesta Escola é uma ampliação de pontos focais – embora reconheçam que Waever e Buzan vão mais longe do que isso. De acordo com Ralf Emmers, por

---

[7] Seria excessivo, em bom rigor, atribuir à Escola de Copenhaga a 'autoria' desses dois movimentos, o horizontal e o vertical, como lhes chamámos, uma vez que o alargamento e aprofundamento do conceito lhe são anteriores. De resto, um dos pontos de agenda da investigação da Escola de Copenhaga é o de analisar a tendência (já instalada ao tempo da sua constituição) para o alargamento do conceito.

[8] BUZAN, Barry, *People, States and Fear*, Boulder: Lynne Rienner, 1991, BUZAN, Barry, WAEVER Ole, and de WILDE Jaap., *Security. A New Framework For Analysis*. Boulder, London: Lynne Rienner Publishers, 1998, bem como BUZAN, Barry & WAEVER, Ole, *Regions and powers: The structure of international security*, Cambridge: Cambridge University Press, 2003, BUZAN, Barry & WAEVER, Ole, *Macrosecuritization and security constellations: reconsidering scale in securitization theory*, Review of International Studies, 35 (2), 2009. pp. 253-276.

exemplo, "*the Copenhagen School broadens the concept of security beyond the state by including new referent objects like societies and the environment (...). The referent objects can be individuals and groups (refugees, victims of human rights abuses, etc.) as well as issue areas (national sovereignty, environment, economy, etc.) that possess a legitimate claim to survival and whose existence is ostensively threatened. The securitizing actors can be the government, political elite, military, and civil society. They securitize an issue by articulating the existence of threat(s) to the survival of specific referent objects*"[9]. O esforço, com efeito, não é simples: não se trata apenas de ampliar, pela via de noções 'operacionais como a de *referent objects* e a de *securitizing actors*, de modo a alargar a definição do próprio conceito. Emmers, tal como a generalidade dos analistas, também reconhece que, talvez mais importante, estes novos estudos trouxeram à superfície incertezas e riscos confrontados por agrupamentos 'à margem' daquilo que nos habituámos a encarar como constituindo o *mainstream* do que é 'segurança' – há por isso que circunscrever, em paralelo, novos domínios de investigação.

É, por conseguinte, redutor, ver nas teorizações de Copenhaga apenas uma ampliação e um adensamento conceptual – mas tal leitura faz-nos ganhar com o redimensionamento "retórico" e "discursivo" dos quadros teóricos e metodológicos engendrados por esta Escola, bem como a sua crença de que a "segurança" não é independente de processos de "securitarização" levada a cabo nas comunidades políticas pelos detentores do poder político-simbólico que nelas controlam as formas discursivas. Uma cláusula de ressalva: à primeira vista, poderia parecer que a abertura de banda lograda se exprimiria, para Waever e Buzan, por uma espécie de 'humanização'[10] do que tomamos como fazendo parte do âmbito da segurança. Mas talvez 'humanização' não seja aqui o termo mais adequado,

---

[9] EMMERS, Ralf, *Securitization,* in COLLINS, Alan (coord.), idem, p. 113.

[10] Para estes pontos, é útil a leitura de WAEVER, O., *Securitization and Desecuritization,* in Ronnie Lipschultz, *On Security*, New York: Columbia University Press, 1995, bem como WILLIAMS, Michael C., "Words, Images, Enemies: Securitization and International Politics", *International Studies Quarterly*, vol. 47: 511-531, 2003. Ole Waever afirma aí, designadamente, que "*carries with it a history and a set of connotations that it cannot escape*" (p. 47), um ponto que Michael Williams desenvolve no artigo citado: uma vez "securitizada", uma questão passa a evocar imagem de ameaças, inimigos, e defesa, atribuindo ao Estado um papel importante no seu confronto a tanto; o que, segundo estes autores, altera as políticas que "*surround the issue*".

visto que, ao contrário de Aberystwyth, a Escola de Copenhaga não concebe a 'segurança' como existindo fora dos *speech acts* que, eles sim, securitizam (qualquer marginalizado, por exemplo, só o é se for "baptizado securitariamente"). O raciocínio é atraente, embora algo idealista, num sentido literal: para O. Waever e B. Buzan, tais *speech acts* operam engendrando dinâmicas Schmittianas de excepção que colocam o "objecto securitizado" no topo da agenda política institucional, ou oficial; coisa que por norma é o Estado que faz – e é isso, precisamente, aquilo que re-dirige Copenhaga para o estato-centrismo, mesmo quando focada a atenção nos complexos regionais de segurança, e apesar da reconceptualização "multisectorial" de Barry Buzan[11]. As implicações do facto não são de subesti-

---

[11] Ver, para só dar um exemplo, FUKUYAMA, Francis, *State-building: Governance and World Order in the Twenty-first Century* (Cornell University Press, 2004), p. 152. É, com efeito, em todo o caso de realçar que, apesar das suas inovações cativantes, a Escola de Copenhaga não rompeu inteiramente com os paradigmas da sabedoria securitária convencional. Note-se que para a maioria dos autores que nela se revêem (incluindo o próprio Barry Buzan) o ponto focal permaneceu no essencial centrado nos Estados. Sem dúvida que algumas das inseguranças anteriormente esquecidas, como aquelas dos 'marginalizados', entre os Estados, como no interior de cada um, passaram em resultado das reconceptualizações da escola de Barry Buzan para o centro do palco – do palco conceptual, entenda-se. A moldura preferida, por assim dizer, para enquadrar tais temas continua todavia algo estreitamente limitada por hábitos mentais presos ao estato-centrismo – o que, designadamente, tem conduzido a investigação da maioria dos autores ao "*statebuilding*" puro e duro como o percurso normativo privilegiado – e isso, entre outras coisas, tem conduzido a um negligenciar perigoso nas suas consequências e implicações, da questão fundamental de *quais* os 'interesses' protegidos e *de quem* é a segurança que está a ser garantida, bem como uma comparativa desatenção à realidade empírica "no chão", por assim dizer – apesar da importância "realista" cada vez maior que, repetimos, os seguidores de Waever e Buzan têm vindo a colocar na emergência de complexos regionais de segurança, uma inovação hoje em dia difícil de não tomar em consideração. Uma outra maneira de formular isto é a seguinte: a Escola de Copenhaga, não reconhecendo uma ontologia securitária característica aos objectos a securitizar, procura captar o que de único existe na *lógica* de securitarização. Neste sentido, para Copenhaga só constituirá matéria securitária aquela que tiver sido submetida a um *speech-act* que, performativamente, a baptize como tal. Consequentemente, a matéria securitária é remetida para além da agenda política comum – para uma ordem parametrizada por medidas de excepção. Esta dinâmica Schmittiana e a vinculação da segurança a um fundamento de 'sobrevivência', entre outros elementos conceptuais da Escola, ainda víncula Copenhaga ao estato-centrismo, e isto apesar da sua abordagem "multisectorial". (WAEVER, Ole *op. cit.*, 1995 e WILLIAMS, Michael, *op. cit.*, 2002). Para que o objecto securitizado venha a obter um tratamento comum na agenda política deverá perder a sua natureza securitária através de um processo de des-securitização. Notamos, aqui,

mar – e, como iremos verificar, uma perspectivação meramente atida a enquadramentos deste tipo encaminhar-nos-ia para uma excessiva bi- e multilateralização política dos processos de afirmação e posicionamento de Portugal aqui abordados, tornando, designadamente, para todos os efeitos como que invisíveis quaisquer actuações envolvendo entidades não governamentais que têm participado, tanto de um como de outro lado, da nossa actuação securitária 'interna-externa'.

Uma crítica a esta desatenção tem formado peça central da postura não tanto desconstrutivista quanto "Frankfurtiana" assumida pela chamada abordagem de *'Critical Security'* da famosa *'Aberystwyth School'* originária no País de Gales. Voltemo-nos então por uns momentos para essa outra escola, a de Aberystwyth e de autores como Ken Booth, Andrew Linklater, ou Michael Williams. Ao contrário de Copenhaga, Aberystwyth acredita que há "segurança" para além do discurso e da sua produção discursiva por meio de *speech acts*, e "humaniza" *stricto sensu*, ao colocar normativamente "o indivíduo" como referente último da 'segurança'. Para Booth, *"one of the key strenghts of the concept of security community is that it represents a mulfaceted and multilevel approach, embracing governments and societies, and military and social dimensions. Security communities do not eliminate uncertainty, but they domesticate insecurity"*[12]. Esta escola galesa procura avaliar a "filosofia política" que subjaz às "práticas securitárias" e, nessa precisa medida, avalia os papéis a par e passo assumidos pelos Estados, mas na esteira da Escola de

---

que esta Escola, para além de não reconhecer matéria de segurança ontologicamente autónoma da práctica discursiva, evita a assumção de qualquer normatividade a favor de aquilo que tomará por força explanatória – e procede a uma diferenciação entre processos de securitarização e aquilo que é, segundo eles, *'merely political'*. (BUZAN, Barry et al., *op. cit.*, 1998). Vale talvez a pena aprofundar aqui um pouco uma comparação/contraste com a Escola anteriormente aflorada: é na medida em que a segurança se vê equacionada com a emancipação, que ela se torna para os analistas de Aberystwyth ontologicamente política e insusceptível de ser autonomizada da forma como Copenhaga a conceptualiza. O Estado, para a Escola galesa, deve ser encarado como sendo apenas uma das várias formas possíveis de comunidade política, não possuindo por conseguinte qualquer estatuto natural ou essencializável. Assim, o papel do Estado enquanto produtor de segurança – e suas dinâmicas institucionais – são questionados e sujeitos pela Escola de Aberystwyth a uma crítica imanente, por forma a aferir a sua correspondência a um ideal emancipatório (BOOTH, Ken., *Theory of World Security*, Cambridge University Press, 2007).

[12] BOOTH, Ken & WHEELER, Nicholas, *The Security Dilemma. Fear, Cooperation and Trust in World Politics* (New York, Palgrave Macmillan, 2008), p. 296.

Frankfurt, mantendo sempre como ponto focal normativo "a emancipação do indivíduo" – sem que tal subestime, naturalmente, a importância decisiva das acções e actuações dos Estados.

Generalizando, uma característica decisiva desta "escola" tem sido um incessante questionar do hipotéctico papel hegemónico e da centralidade inquestionada dos Estados contemporâneos enquanto os hipotéticos 'fornecedores' principais, ou até os primeiros 'produtores', de segurança – no quadro de apelos emancipatórios centrados nos indivíduos[13]. O apelo explícito é para um descentramento nas nossas análises, caso queiramos compreender os múltiplos processos de securitarização hoje em dia em curso[14]. Como antes sublinhámos, a postura Aberystwythiana, num plano porventura mais "político-ideológico", é o de um apelo a conjunto de expectativas "emancipatórias" em muitos casos expressas em linguagem teórica Habermasiana. Independentemente das conotações políticas e metodológicas destas opções analíticas, é evidente a sua adequação ao estudo do caso português – permitem-nos abarcar dimensões da nossa actuação securitária que de outra maneira permaneceriam na penumbra ou escuridão.

Uma terceira Escola de teoria da segurança, a de Paris, partindo da área da Sociologia Política e da Teoria Política, aproxima-se muito das

---

[13] Para um exemplo, dos muitos possíveis, ver BOOTH, Ken et al., *Critical Security Studies and World Politics*, Boulder, London: Lynne Rienner Publishers, 2005, BOOTH, Ken & VALE, P., Critical Security Studies and Regional Insecurity: The case of Southern Africa, in (eds) KRAUSE and WILLIAMS *Critical Security Studies: Concepts and Cases*: 329-58, (London, UCL Press, 1997).

[14] Poder-se-ia aqui referir ainda uma terceira escola, a escola de Paris, e designadamente a tónica posta por Paris na fusão da segurança interna e da externa, na centralidade de "agências de segurança", e na supremacia da "praxis" sobre o discurso – tónicas essas muito diversas do alargamento de âmbito, da "emancipação" e da "construção social de ameaças inimigos e relações com os "outros", de Abersystwyth e das preocupações nucleares de Copenhaga com a "construção discursiva da segurança", com a *"desecuritization"* e os limites que deveriam ser impostos à retórica securitária e a noções como o de "estado de excepção" de Carl Schmitt e a sua distinção programática entre *"securitizing actors"* e *"referent objects"*: todos eles pontos a que fizemos já alusão *en passant*. Ver, para este caso, o pequeno artigo de WAEVER, Ole, "Aberystwyth, Paris, Copenhagen. New 'Schools' in Security Theory and their Origins between Core and Periphery", um paper apresentado no annual meeting da *International Studies Association,* Montreal, um encontro que decorreu entre 17 e 20, de Março de 2004, e que está disponível para download em constructivismointegracion.wikispaces.com/.../Aberystwyth,+Paris,+Copenhagen+New+ 'Schools'+in+Security.doc

preocupações desenvolvidas nesta monografia, na medida em que procura avaliar as dinâmicas institucionais associadas ao entrelaçar da segurança interna e da externa. Isto, de novo, independentemente das conotações políticas e metodológicas das opções analíticas assumidas. Actualmente, a Escola de Paris reúne investigadores de variadas áreas, como a Sociologia, Criminologia, Relações Internacionais e Direito e têm tratado temas como a criação de um espaço de segurança interna na União Europeia e a imigração e asilo como problemas securitários de fundo[15]. Tendo como figuras centrais Didier Bigo e Jef Huysmans, esta Escola usa uma abordagem teórica essencialmente inspirada em Pierre Bourdieu e no seu conceito de 'campo', temperada com alguns conceitos Foucaultianos como o de 'tecnologia governamental de segurança' para tratar as construções políticas de (in)segurança e ameaça – seguindo uma agenda de investigação focada nos papéis e no impacto dos profissionais de segurança, nas racionalidades governamentais de segurança, e nos efeitos politicamente estruturantes das tecnologias e conhecimentos de segurança. Para esta Escola, o *linguistic turn* constitui um momento importante; contudo, os seus membros são de opinião que a construção social da (in)segurança tem lugar por intermédio de diversos outros mecanismos de securitarização para além dos *speech acts* Austinianos, que como vimos tão centrais são para os membros da Escola de Copenhaga. Muito do que iremos aflorar neste estudo, nomeadamente nas nossas conclusões, remete de facto, de maneira inexorável, para os papéis e impactos dos profissionais de segurança, bem como para as racionalidades governamentais em seu redor.

Talvez o mais importante na produção teórica da Escola de Paris, do ponto de vista do presente estudo, seja no entanto a discussão de Didier Bigo sobre a natureza da fusão entre segurança interna e segurança externa. Segundo Bigo, e embora ele concorde com um alargamento do conceito "tradicional" de segurança, há que saber manter alguma diferenciação entre segurança nacional/estatal e segurança social/identitária. Num artigo justamente famoso[16], Bigo propôs uma compreensão em forma de "Fita de Möebius" da segurança, capaz de conter, nesses termos, a incer-

---

[15] Por exemplo, no livro de HUYSMANS, Jef, *The Politics of Insecurity: Fear, Migration and Asylum in the EU*, Routledge, 2006.

[16] BIGO, Didier, *Internal and External Security(ies): The Möbius Ribbon*, in *Identities, Borders and Orders*, edited by Mathias Albert, David Jacobson and Yosef Lapid: 91-136. (Minneapolis, Minnesota University Press, 2001).

teza e insegurança como topologias abertas e infinitas – uma compreensão que sublinha a sobreposição crescente entre segurança interna e externa, mas que em simultâneo coloca limites efectivos nos processos de securitarização daí advenientes[17].

Vários outros exemplos poderiam aqui ser fornecidos das alterações de fundo quanto à conceptualização da ideia de "segurança". Sem pretendermos ser exaustivos, atenhamo-nos a apenas a mais outro exemplo, um quarto grande quadro teórico: um outro horizonte de problematização destas questões tem vindo a emergir, que por via de regra se delineia como um *'New Regionalism'* e visa precisamente responder a este tipo de inclusividade alargada – embora o tenda a levar a cabo, em nossa opinião, de maneira por via de regra pautada por preferências político-ideológicas implícitas. O ponto focal das análises 'novo-regionalistas' tem sido o constituído pelo Sul político, *lato sensu* o antigamente apelidado de "o Terceiro Mundo". De acordo com a perspectiva partilhada por este agrupamento de autores, a melhor maneira de conceptualizar as formatações contemporâneas de governação de segurança é encarando-a como "regional", bem como "plural" e "informal"[18]. Temos assistido a um des-

---

[17] Com efeito, Bigo sublinha três níveis em cujos termos a fusão da segurança interna com a segurança externa provoca mudanças fundamentais na nossa concepção daquilo que significa 'segurança': primeiro, ao verem-se desafiadas pela liberdade de circulação de bens, pessoas e ideias, as fronteiras estaduais "transformam" os inimigos em "inimigos de dentro"; segundo, as normas gizadas sobre Direitos Humanos e cosmopolitismo competem com as normas nacionalistas 'clássicas', o que leva nalguns casos e aspectos a uma perda de sentido das fronteiras enquanto barreiras contra a insegurança, a desordem e o "Outro"; terceiro, o autor alega que hoje em dia a segurança se vê "individualizada", num sentido pouco diferenciado – em que, por exemplo, os discursos contemporâneos tendem a estabelecer uma ligação quase umbilical e demasiado simples entre os medos individuais (e.g. o medo do desemprego) e o medo mais 'tradicional' nas terias 'clássicas' relativo a sobrevivência colectiva.

[18] A heterogeneidade de perspectivas contra este pano de fundo comum marca esta 'escola': o argumento geral esgrimido é o de que informalidade, pluralidade, e regionalização, são mal capturadas pelo foco posto nos Estados, nas suas agências, e nos seus respectivos arranjos institucionais formais. Os analistas que integram este agrupamento comparativamente difuso, tendem antes a conceber "segurança" – e muito em particular a cada vez mais importante segurança urbana – enquanto multidimensionadas [traduzimos *multi-layered*] – envolvendo, nomeadamente, Estados, mercados, e sociedades, e estas últimas em diversos planos de inclusividade), e como transversais [traduzindo *cross-cutting*][18]. Um argumento diacrítico é o de que apenas uma boa compreeensão-destrinça dos

pertar de interesse, sobretudo na última década, em trabalhos relativos a processos de consolidação estadual e de noções como as de "segurança" ou de "soberania". Esta conotação é, mais uma vez, irrelevante para os nossos esforços no presente trabalho, já que a utilidade desta abertura de horizontes se prende apenas com as vantagens advenientes de compreender os processos incipientes de 'regionalização' envolvidos na actuação portuguesa no quadro europeu comunitário e no da Lusofonia.

Como encarar tudo isto em conjunto – estes quatro grandes enquadramentos – e como extrair daqui ilações que possam ser úteis para a presente monografia? Não nos parece abusivo considerar que os paralelismos que acabámos de equacionar se prendam com a emergência de uma "aldeia global" e com os processos, complexos, de *empowerment* e *disempowerment* que caracterizam as sociedades contemporâneas. E é nesta última linha que pretendemos inscrever o presente estudo monográfico – aproveitando, aqui e ali, sempre que tal consideremos como sendo analiticamente útil, alguns dos *insights* dos autores e das Escolas a que fizemos alusão – mas sempre nos termos de uma perspectivação que julgamos mais abrangente[19].

---

mecanismos em operação no "regionalismo contemporâneo" nos permite perceber na sua integridade própria a realidade, por intermédio de '*a theoretical framework that does not privilege the state and avoids assumptions* a priori *of who is the 'driving actor'*'"A citação é de GRANT F. & A. SÖDERBAUM (2003), *op. cit:*, p. 197.

[19] A teoria democrática tem tendido a assestar baterias sobre as formas segundo as quais a mobilização de capacidades no interior de organizações cívicas pode melhorar substancialmente a qualidade dos *inputs* em processos democrático-representativos e, mesmo fora deles, nas instituições e mecanismos de tomada de decisão e *governance* – ou seja, no quadro *interno* dos Estados. O argumentário utilizado tem por norma posto a tónica em questões como a educação política, a resistência concertada face a abusos, o *checking* e as pressões de *accountability* dos poderes 'governamentais', na agregação de interesses e representações e na dinâmica das deliberações públicas. Mas as argumentações esgrimidas têm-se revelado pouco convincentes. Mesmo se nos restringirmos àquilo que se passa nos domínios *intra-estatais*, é fácil constatar que no decurso da última dezena de anos, embora muitos estudiosos se tenham nos últimos tempos vindo a debruçar sobre exemplos de participação democrática, a verdade é que, por norma tais casos não têm desencadeado – ou sequer envolvido – um real revigoramento da vida associativa em contextos de uma qualquer modalidade de governação representativa como chave de uma por vezes muito tangível revitalização democrática. Ao invés, o ponto focal tem sido colocado na participação directa dos cidadãos. O que está subjacente a esta perspectivação é a ideia de que a "sociedade civil" dá corpo a capacidades sub- ou mal utilizadas para a resolução

Para reiterar o que antes fizemos questão de sublinhar, interessante é tomar em boa atenção que estes denominadores comuns não ocorrem de maneira aleatória – exprimem, antes, alterações muito concretas que têm vindo a ocorrer no Mundo e perspectivações sobre elas oriundas de lugares estruturais diferentes dos que as enunciam. Embora de ângulos diversos e de qualidade variável, estas novas abordagens convergem com a propensão 'epistémica' das anteriores, insistindo na multiplicidade de planos sociais em que se afirma a "estaticidade", e nas diversas "frentes" nas quais a "globalização"[20] afecta as dinâmicas estaduais, a segurança, e as práticas de governação[21]. Note-se, a título de exemplo, que na larga maioria dos casos em apreço, a pluralidade e heterogeneidade empírica emergente em largos sectores do Mundo contemporâneo derrogam na presumida 'unidade' do Estado, do seu funcionamento, e das práticas de governação que lhe são imputadas – pondo também no palco modelos

---

de problemas colectivos – que podem com facilidade ver-se potenciadas. Como é bem sabido, nas últimas décadas, tanto no Sul como no Norte, têm sido levadas a cabo experiências de participação democrática directa e *grass-roots* em diferentes sectores da vida social – de áreas como a definição de orçamentos locais, ao micro-crédito, à educação, à regulação de recursos naturais e do meio-ambiente, ao policiamento e à segurança em geral. Nos mais diversos domínios, uma reconceptualização que redunda na ideia da "democracia como uma forma de vida" têm enraizado e medrado. A narrativa – veremos por quanto tempo – tornou-se virtualmente hegemónica.

[20] Para Anthony Giddens existem quatro grandes dimensões da globalização: o sistema do Estado-Nação, a economia capitalista, a divisão internacional de trabalho, e a ordem militar mundial. GIDDENS, Anthony, *As Consequências da Modernidade* (Lisboa: Celta Editores, 1990 [2005]), pp. 39-54

[21] Para alguns exemplos relativos ao continente africano, ver (eds.) COMAROFF, Jean & COMAROFF, John L., *Law and disorder in the postcolony*. (Chicago and London, University of Chicago Press: 2006); TROILLOT, Michel-Rolph, *Global transformations. Anthropology and the modern world*. (New York and Houndmills: Palgrave Macmillan, 2003); MARQUES GUEDES, Armando, LOPES, Maria, MIRANDA José Yara, DONO, João e MONTEIRO, Patrícia, *Litígios e Pluralismo em Cabo Verde O sistema judicial e as formas alternativas*, Themis. Revista da Faculdade de Direito da UNL 3: 1-69, Lisboa: 2001; MARQUES GUEDES, Armando, TINY, N'gunu, AFONSO PEREIRA, Ravi, DAMIÃO FERREIRA, Margarida e GIRÃO, Diogo, *Litígios e Pluralismo. Estado, sociedade civil e Direito em São Tomé e Príncipe*, (Coimbra: Almedina, 2003); MARQUES GUEDES, Armando, *Entre a justiça tradicional e a popular. A resolução de conflitos num campo de refugiados, em finais de 2002, nas cercanias do Huambo*, Angola, SubJudice 25: 21-35, Lisboa; MARQUES GUEDES, Armando, *Can 'Traditional Authorities' and a Democratic State co-exist in Angola?*, Política Internacionala XI-XII: 169-217, Bucuresti, Romania, 2008.

complexos e multi-dimensionais de uma governação cada vez mais encarada como policêntrica. E muitos são os autores que insistem em tomar tais mudanças em boa linha de conta[22].

Nas nossas paisagens conceptuais e nos nossos novos e correlativos horizontes de problematização, as alterações não têm tido só lugar na ordem "interna". Por intermediação de uma curiosa analogia, também tem sido assim nas arenas internacionais, nas quais discursos sobre os Direitos Humanos, sobre o Direito de Ingerência, ou sobre a Responsabilidade de Proteger, têm ganho foros de cidade. Por outras palavras, a narrativa hegemónica também manifestamente tem vindo a ganhar terreno no que toca ao relacionamento *entre Estados*. Bom ou mau, tudo isto pode ser encarado como a emergência e cristalização de um *"overlapping consensus"* quanto à natureza universal da justiça e ao núcleo duro de valores humanos, uma forma de comunicação sobre a liberdade e dignidade humanas a fazer-se ouvir alto e bom som num Mundo marcado por dolorosas fragmentações, iniquidades, e uma insegurança crescente. Dois aspectos comuns e interligados desta nova "grande narrativa emergente" têm-se manifestado por apelos a um comprometimento crescente com formas de *"change from below"*, e uma maior sensibilidade a contextos culturais, sociais e políticos diferentes, designadamente os "não-Ocidentais". Em

---

[22] Segundo Ian Clark, para de novo nos atermos a apenas um exemplo, *"globalization is often thought of as an extreme form of interdependence. This sees it exclusively as an outside-in development. The implication of such analyses is that states are now much weaker as actors. Consequently, they are in retreat or becoming obsolete. If this were the case, ideas of international order would be much less relevant to our concept of order. But if globalization is considered as a transformation in the nature of states themselves, it suggests that states are still central to the discussion of order: they are different but not obsolete. This leads to the idea of a globalized state as a state form, and introduces an inside-out element. In this case, there is no contradiction between the norms and rules of a state system operating alongside globalized states. This international order will nonetheless have different norms and rules in recognition of the new nature of states and their transformed functions. Rule of sovereignty and non-intervention are undergoing change as symptoms of this adaptation"*. Seria difícil ser-se mais claro, tanto quanto ao diagnóstico feito das alterações em curso, quanto das reconceptualizações que tais mudanças exigem dos analistas de hoje – quanto, ainda, às alterações cognitivas de dimensão verdadeiramente *tectónica* a que temos estado sujeitos.Ver CLARK, Ian, *Globalization and the Post-Cold War Order* in BAYLIS, John, SMITH, Steve & OWENS, Patricia (coord.) *The Globalization of World Politics* (New York: Oxford University Press, 2008), pp. 560-575.

larga medida, em nossa opinião, esta narrativa visa resolver problemas de poder e afirmação – mormente naqueles Estados que se sentem internacionalmente menos *empowered* do que desejariam, ou ambicionariam.

Das reorientações securitárias na política externa do Estado democrático português

Portugal não tem constituído aqui excepção. Neste como decerto noutros casos, não se trata, em boa verdade, de levar a cabo o rastreio de um verdadeiro "regresso do Estado" num qualquer sentido 'clássico', mas antes da emergência de comportamentos estatais, no quadro da "aldeia global", que transmutam os Estados numa espécie de novos "cidadãos" da comunidade política mundial que consideram estar emergente. Mais, 'cidadãos' participativos que o fazem, e isto em vários sentidos, *em rede*: em primeiro lugar, em articulação estreita com outras entidades estaduais, designadamente as da sua 'região', em coligações que se afirmam como estáveis, integradas em modalidades robustas, e muitas vezes institucionalizadas, de 'integração regional', e que também não raramente dão corpo a curiosas formas de divisão interna (e externa, em muitas vezes estreita concertação com agrupamentos similares) de trabalho; fazem-no, em segundo lugar, não só pela via dos seus Ministérios dos Negócios Estrangeiros, mas em colaboração estreita (e nem sempre fácil) com *outros* Ministérios nos quais que para o efeito brotam departamentos dedicados a uma projecção externa; em terceiro lugar, levam-no também a cabo, os Estados novos cidadãos globais, em conjugação com entidades *privadas* do seu âmbito interno *e* com *ONGs externas* com que se enredam. Tal como muitas outras entidades estaduais do sistema internacional pós--bipolar, o Estado português, embora sempre tentando ciosamente assegurar uma defesa dos nossos 'interesses nacionais' (um conceito cada vez mais difícil de circunscrever, quanto mais de definir) tem-se embrenhado nessa via não-estatocêntrica de actuação em rede.

É nosso argumento na presente monografia que este tem sido o caminho pelo qual a Democracia portuguesa tem vindo cada vez mais claramente a enveredar depois de 1974 – e, sobretudo, a partir de 1976. Tem-no feito, sobretudo, como solução para uma ambição política de um Estado que se não quis acomodar às suas novas exiguidade e periferalidade geográficas, e a qual, por isso, se viu abalada pelas descolonizações que se lhe seguiram – e pela percepção de que este é porventura o melhor percurso na senda de uma afirmação regional e global que nos permita ultrapassar a percepção que as elites estatais no poder mantêm quanto às limitações intrínsecas de escala de que padecemos. Compreensivelmente, dadas as fortes condicionantes conjunturais existentes, a via tem sido a da utilização de um curioso tipo de *soft power*, apostado na projecção de imagens de um *hard power* que ambicionaríamos ter e de um envolvimento em *high politics* de que nos encontramos arredados pela exiguidade da nossa escala – e que assim tentamos ultrapassar tanto quanto as limitações empíricas o permitem – por exemplo ao nível da CPLP e dos países Ibero--Americanos, embora nem aí a política externa nacional consiga (ainda) assumir o protagonismo almejado.

Voltaremos a este ponto central ao longo do presente estudo monográfico e a ele regressaremos nas nossas conclusões. Vale porém a pena dar de imediato alguma ideia, ainda que por ora tão só indicativa, do que a par e passo fornecemos como quadro analítico-interpretativo genérico para as projecções de forças que abordamos.

É banal hoje em dia asseverar que o Mundo mudou – mais interessante é decerto dar realce ao facto de que a transição democrática portuguesa conjuntural em larga medida se deu em paralelo e em consonância com estas alterações estruturais de fundo. A Revolução de Informação que varreu o Mundo a partir de finais dos anos 80, e que têm vindo a acelerar o passo desde os 90, criou um 'ecossistema' global complexo e 'informação-intensivo' no qual as crises internacionais preenchem papéis centrais – nos debates políticos domésticos como nos regionais e mundiais, essas crises cada vez mais se vêem debatidas por audiências estrangeiras. Num âmbito global, tal tem significado uma participação crescente de cidadãos, ONGs, departamentos ministeriais dia a dia mais diversificados, empresas multinacionais privadas, académicos, e outros actores avulsos, nos debates sobre política externa – antes um "domínio reservado" a diplomatas e Ministérios dos Negócios Estrangeiros e da Defesa[23]. Como escreveu, há meia dúzia de anos, a propósito de um tema afim, Peter van Ham, "*there is a shift on political paradigms from the modern world of geopolitics*

---

[23] Para uma discussão algo semelhante, embora com um ponto de aplicação muito diferente (a "diplomacia pública" da Noruega e do Canadá) ver BÁTORA, Jozef, "Public Diplomacy in small and medium sized States: Norway and Canada", *Discussion Papers in Diplomacy* 97, Clingendael, 2005.

towards a postmodern world of images and influence. Power in such an environment no longer stems solely from persuasion or coercion, but increasingly from information sharing and attraction, which are essential for the development of soft power"[24]. Sem querer de modo nenhum entrar aqui numa discussão sobre *soft power* e os seus fundamentos, virtualidades, e limites, parece-nos óbvio que, para pequenas e médias potências, estas alterações sistémicas contemporâneas apresentam uma magnífica oportunidade para ganhar posição e prestígio, e ainda, por essas e outras vias conquistar alguma influência e conseguir enformar as agendas internacionais de maneiras que ultrapassem os seus recursos, por definição limitados, em *hard power* – ou seja de adquirir um "peso específico" nos palcos internacionais que esteja para lá dos relacionados com o seu tamanho, a força militar e económico-financeira. Assim é com Lisboa.

O nosso argumento genérico nas páginas que se seguem será o de que é, em larga medida, precisamente isso mesmo aquilo que o Estado democrático português, depois do fim inglório do nosso Terceiro Ciclo Imperial, está a ensaiar com a projecção externa de forças, sejam elas militares ou civis – afirmando-se como Estado nacional e posicionando-se em sintonização com as redes, internas e externas, de que decidiu tornar-se parte integrante. Ou seja, que o projectar de forças – no caso aqui em apreço, forças não-especificamente militares – redunda numa estratégia, mais ou menos deliberada, de conectar os seus diversos recursos "domésticos" com esforços governamentais para assim promover o *soft power* que logremos ir tendo, por um lado; e, por outro lado, para tentar garantir ao Estado português e às suas elites um melhor posicionamento no sistema internacional de Estados em que estamos embrenhados. Na presente monografia, tentamos, assim, explorar os mecanismos de intervenção e coordenação utilizados pelo Estado português na condução de uma relativamente nova política externa pró-activa que usa questões emergentes de segurança e "securitarização", e que mobiliza os potenciais de actores e *stakeholders* domésticos variados para tanto: que as manuseia para lograr esse peso específico acrescido a um país agora mais pequeno, numa Europa e num Mundo em mudança.

Seria no entanto um erro pensar-se que é apenas ao redor de estruturas estaduais e de Estados estrangeiros que se desenvolvem estes esforços

---

[24] HAM, Peter van, *Branding territory: inside the wonderful world of PR and IR theory*, in *Millenium*, 31 (2): 252 249.269, 2002.

de afirmação e posicionamento do Estado português. Regiões, agrupamentos mais ou menos difusos ligados por uma história comum, religiões, e movimentos políticos materiais e virtuais supra e infra-estaduais atraem hoje em dia a imaginação, populam a imagética produzida, e apelam a lealdades das populações do Mundo. A União Europeia e a Lusofonia, o "Ocidente" e os Estados Unidos da América, as Nações Unidas e a NATO convergem assim com a Cristandade e o *umma'* islâmica, a África Central e os palestinianos, a Esquerda anti-globalista e os ambientalistas, as comunidades do *Facebook* e do *Twitter*, no meio ambiente internacional informação-intensivo em que contracenamos. Mais, competem connosco na luta "*to occupy the mind space*" de que falaram de modo tão eloquente G.S. Smith e A. Sutherland[25].

Como escreveu, com brilho e lucidez características, John Gerhard Ruggie, esta competição generalizada pela atenção e a imaginação das gentes do Mundo – a opinião pública internacional e local – está a ter lugar num domínio global emergente que constitui "*an institutionalized area of discourse, contestation, and action organized around the production of global public goods. It is constituted by interactions among non-state actors as well as states. It permits the direct expression and pursuit of a variety of human interests, not merely those mediated (filtered, interpreted, promoted) by states. It 'exists' in transnational non-territorial spatial formations, and is anchored in norms and expectations as well as institutional networks and circuits within, across, and beyond states. Furthermore, it differs from anything in the past that might resemble it in its dynamic density and by operating in real time*"[26].

Um outro ponto há, que importa ainda sublinhar. A capacidade acrescida de um Estado em ocupar o "*mind space*" não se vê naturalmente limitado ao exterior – um segundo de pausa torna claro que quaisquer aumentos do poder do Estado no estrangeiro amplifica a sua imagem *interna* e aumenta a probabilidade de que actores político-sociais domésticos vejam uma adequação e vantagens em se lhe associar. Esta é, de resto, uma das

---

[25] SMITH, G.S. and SUTHERLAND, A., "The New Diplomacy: Real-Time Implications and Applications": 158, em (ed.) POTTER, E.H., *Cyber-Diplomacy.Managing Foreign Policy in the Twenty-First Century*. Montreal: McGill-Queen's University Press, 2002.

[26] RUGGIE, John Gerhard, "Reconstituting the GlobalPublic Domain: Issues, Actors, and Practices", European Journal of International Relations, 10 (4): 519.

dimensões mais interessantes e inovadoras do "enredamento" [traduzimos *networking*] com que cada vez mais convivemos.

Nos vários capítulos que integram o corpo substantivo deste trabalho, esforçar-nos-emos por ir dando corpo a estas perspectivações, como nos dedicamos a ir matizando estas afirmações, ora tacteando os seus limites ora adequando-as aos diversos contextos da actuação securitária externa do Estado democrático do pós-25 de Abril de 1974. No quadro em simultâneo retrospectivo e prospectivo, elaboramos um esquisso, no final; uma modelização genérica daquilo que julgamos estar em curso.

Cabe no entanto, para já, enunciar o que iremos, de imediato, levar a cabo. *Grosso modo*, o esforço central das páginas que se seguem será de "delineação": um retomar em termos mais analítico-descritivos aquilo que até ao momento apresentámos em planos mais teórico-metodológicos. Fazemo-lo em termos diacrónicos. O que nos permitirá tornar mais transparente a nossa estratégia de análise das acções e actividades do Estado português num Mundo em mudança em que nos tentamos reposicionar.

Uma delineação geral do tema à luz das novas teorizações da segurança

Delinear nestes casos delimita – e uma perspectivação "histórica" torna-o por via de regra muito nítido. Aplicar os novos enquadramentos teórico-metodológicos a que aludimos às realidades emergentes torna assaz visíveis e muitíssimo mais inteligíveis as mudanças "securitárias" a que temos vindo a estar sujeitos. Cá como lá fora, foi longo o período durante o qual segurança se via, de maneira implícita, equacionada com aquilo que comummente apelidamos de "segurança interna". No decurso desse longo segmento temporal, o falar de segurança internacional exigia um qualificativo: era a "segurança externa" que aludíamos. Hoje em dia, o panorama mudou e a dicotomia "interna" vs. "externa" constitui um elemento diacrítico essencial para uma clara especificação do objecto do que dizemos: o que esconde, paradoxalmente revelando-a, a progressiva abolição empírica de uma diferença que cada vez menos diferença faz. É também certo, como os autores das várias 'escolas' teóricas sobre segurança têm vindo a insistir de diversas perspectivas, que há uma marcada distinção entre as dimensões objectiva e subjectiva da segurança – o que se torna particularmente relevante, note-se, uma vez que a fluidez comunicacional permitida pelas novas tecnologias digitais acentuou a percepção de insegurança.

Enunciados genéricos, é bem verdade, tornaram-se de regra – "o dia-a-dia cada vez está menos seguro", é disso paradigmático, de entre inúmeros exemplos possíveis. Certo é, porém, que ao dizê-lo torneamos a questão da origem da insegurança em causa; quando queremos pô-la em evidência, vemo-nos na contingência de ter de especificar um ponto de aplicação – ao falar de segurança "interna", ou "externa", referimo-nos, assim, não à 'fonte' mas antes ao 'lugar' da instabilidade que sentimos. Especificamos precisamente para evitar uma confusão que de outro modo não deixaria muitas vezes de se ver suscitada. Na experiência que temos, com efeito, o interno e o externo, nesta como em tantas outras áreas confundem-se de maneira crescente[27].

---

[27] É infindável a bibliografia recente e disponível sobre este tema. Para estudos dois muito bem gizados sobre o progressivo esbatimento da linha divisória entre segurança 'interna' e 'externa' na Europa comunitária em geral, ver LUTTERBECK, Derek "Blurring the Dividing Line: The Convergence of Internal and External Security in Western Europe", *European Security*, 14:2,231 – 253, 2005, e o de LAVENEX, Sandra and WICHMANN, Nicole, "The External Governance of EU Internal Security", *European Integration*, vol. 31, no. 1, 83-102, January 2009. Como escreveu D. Lutterdeck, *"from the perspective of EU or western European countries in particular, the enhanced role being played by police forces in international peacekeeping missions can be seen as a consequence not only of the growing importance of public security tasks arising from post-war reconstruction efforts, but also of the increasing concern with transnational challenges originating from countries emerging from conflict, which are seen as having a direct impact on the security of the EU. As places such as Bosnia, Kosovo or Albania are nowadays viewed as major breeding grounds for various illicit cross-border activities directly affecting the internal security of EU countries, such as human smuggling or drug trafficking, the deployment of police forces to these places is often seen as a means not only to combat crime and maintain order 'on the spot' but also to prevent these illegal cross-border activities before they reach EU territory. In this respect as well one can thus speak of an externalisation of internal security provision beyond the borders of the state"* (LUTTERBECK, D.,. *op. cit*.: 238). Generalizando, "[a] *somewhat different but at least partially related form of internationalization of policing over recent years can be seen in the ever more important role played by police forces in the context of international peacekeeping missions. Since the beginning of the 1990s multilateral peace support operations have not only multiplied in number, they have also changed fundamentally in nature. While the peacekeeping missions of the Cold War period were typically confined to monitoring a ceasefire between warring factions, most of the operations which have been carried out from the early 1990s onward have been much more multifaceted and complex, and have also*

Há para tanto razões histórico-sociológicas e motivos organizacionais. Muitos dos observadores mais atentos do Mundo contemporâneo têm vindo a constatar que as entidades organizadas em rede se multiplicam um pouco por toda a parte. As sociedades ordenam-se hoje, dentro delas próprias como entre si, segundo padrões marcadamente reticulares. Caracterizam-se, dentro delas e entre elas, em consonância, por uma interpenetração densa e sempre cambiante das suas partes que os analistas tantas vezes intitulam de "interdependência complexa" – precisamente aquilo que, de outra perspectiva mais ampla, poder-se-á argumentar, por via de regra apelidamos de globalização, ou de mundialização[28]. Tal facto deu azo, por um lado, a novas oportunidades resultantes da comunicação contínua entre cidadãos, organizações, empresas, e outras entidades de diferentes Estados, viabilizada por tecnologias de informação, numa lógica crescentemente ora concorrencial ora colaborativa – os mesmos factores, note-se, que estiveram na origem da emergência progressiva do Mundo cada vez mais interdependente em que vivemos.

Essa crescente interdependência entre partes de um todo maior gera oportunidades mas também perigos: o incremento nas interacções, por outro lado, tem levado à importação e exportação de novas ameaças e a riscos inesperados – de impacto transversal e multidimensional – que afectam diferentes regiões do globo. A reticulação galopante tem permitido que agrupamentos bem sincronizados se possam embrenhar em confrontações assimétricas, com sucesso, face a adversários mais fortes a quem possam querer fazer frente – sejam quais forem os motivos que possam ter para os enfrentamentos, muitas vezes violentos, que desencadeiam.

---

involved a variety of public order or law enforcement tasks, such as crowd control, combating organised crime, protecting returning refugees, or the reorganisation of local police forces" [*op. cit*: 237).

[28] O texto clássico e em muitos sentidos fundacional é seguramente o estudo KEOHANE, Robert O. and NYE, Joseph S., Power and Interdependence, World Politics in Transition, Little, Brown & Company, 1977. Muitos outros se lhe seguiram, modelando a seu bel-talante conceitos como o de *"complex interdependence"*. Bastará citar alguns dos mais recentes: BENKLER, Yochai *The Wealth of Networks, how social production transforms markets and freedom*, Yale University Press, 2006,. SLAUGHTER, Anne-Marie, *A New World Order*, Princeton University Press, 2004, e BALKIN Jack e Beth Noveck, *The State of Play: Law, Games and Virtual Worlds*, New York University Press, 2006. Ver, ainda, o já citado HELD, D., A. McGREW, D. GOLDBLATT and J. PERRATON, *Global Transformations: Politics, Economics and Culture.*, Cambridge: Cambridge, Polity Press, 1999.

Em resultado, o Mundo vive actualmente uma das épocas em que a percepção de insegurança é mais marcada e mais marcante[29]. Marcante, pelo sentimento de incerteza e instabilidade com que convivemos mal. Marcada, não tanto pela intensidade, em termos absolutos, de uma insegurança que já foi muito pior; mas antes pela imprevisibilidade que sentimos ter uma insegurança que julgamos, com algum fundamento, empiricamente estar em crescimento acelerado. O processo de 'coagulação' deste estado de coisas vem de trás, e tem passado por diferentes momentos, pautados por ritmos distintos uns dos outros.

O mais superficial dos escrutínios mostra-o de maneira muito clara. Em guisa de introdução vale decerto a pena aflorar o modo como o tem vivido – e seguramente ganhamos em fazê-lo respeitando tanto a tónica posta pelos académicos da Escola de Paris na fusão da segurança interna e da externa, na centralidade de "agências de segurança", e na supremacia da "praxis" sobre o discurso, do alargamento de âmbito, da "emancipação" e da "construção social de ameaças inimigos e relações com os "Outros", como naquelas, muito diversas, da Escola "crítica" de Abersystwyth e das suas preocupações "emancipatórias" e "individualistas" nucleares que atrás sublinhámos, aquelas outras a que aludimos também já, oriundas da Escola de Copenhaga como a "construção discursiva da segurança", a "*desecuritization*", ou noções como o de "estado de excepção" e os limites que deveriam ser impostos à retórica securitária, ou ao *multi-layering* dos *New Regionalists*.

A estratégia seguida, aqui como nos capítulos que se seguem, será compósita, ou talvez melhor, *híbrida*. Sem alinhamentos "doutrinários", recorremos a todos os *insights* disponíveis que nos permitam iluminar recantos de outra maneira pouco ou nada visíveis. Pomos o acento tónico, naturalmente, naquilo que consideramos como essencial, sem tomar partido 'teórico', um gesto que seria para tanto pouco útil.

---

[29] Umas poucas páginas ora apresentadas nesta introdução seguem de perto o texto preparado pelo primeiro dos autores do presente estudo (em conjunto com o Major--General Doutor José Manuel Freire Nogueira e o Dr. André Inácio) para o Relatório de 2008 do OSCOT, não publicado senão *online* e, aí, de forma truncada. De algum modo como homenagem, uma pequena parte desse texto é aqui retomada, com algumas alterações contextuais, com a simpática aquiescência dos seus dois outros autores materiais e as do Tenente-General José Eduardo Garcia Leandro e do Professor Doutor José Manuel Anes, então respectivamente Presidente e Secretário Executivo desse Observatório.

Ordenar a nossa exposição em modelos de algum modo *narrativos* parece o melhor percurso para levar a bom termo esse esforço de hibridização. Atendo-nos ao intervalo entre o fim da Segunda Guerra Mundial e o presente, é fácil constatar que após um período de um tenso (mas comparativamente estável) equilíbrio geoestratégico que vulgarmente se designou como Guerra-Fria, entrámos, no início da última década do século XX, no denominado 'momento unipolar', caracterizado pela existência de uma única potência hegemónica – o qual com rapidez se esbateu, dando azo, desde meados dos anos 90, à emergência do que aparenta constituir um novo ciclo de funcionamento do sistema internacional de Estados e até, porventura, da ordem internacional; desde a implosão da União Soviética, têm-se repetido, com efeito, os clamores que uma nova ordem estaria iminente; mas o alarido pode, no entanto, ser prematuro.

Podemos ainda estar numa fase de transição entre modelos, como muitos dos analistas a quem demos realce têm insistido. O ciclo de facto encetado parece porém ter sido mais um de descongestionamento difuso que propriamente uma mudança cuja direcção seja límpida ou sequer previsível[30]. Trata-se de um ciclo caracterizado por uma repartição cada vez maior do poder – ele próprio cada vez mais fragmentado – entre quatro ou cinco grandes potências: Estados Unidos da América, União Europeia, China, e porventura a Índia, tudo isto num quadro de fundo no qual a Rússia tenta a todo o custo voltar a afirmar a sua posição de "paridade" com os norte-americanos. Nada há que nos garanta que o resultado não venha a ser, não um Mundo multipolar, mas antes um outro marcado por uma a-polaridade inopinada, embora seja de prever que os Estados Unidos continuem a manter a hegemonia durante o século XXI, pelo menos do ponto de vista militar.

Em todo o caso seria difícil minimizar o impacto das mudanças havidas. Não foi só a ordem bipolar, em si mesma, aquilo que desmoronou com a Queda do Muro de Berlim e a implosão da URSS e do seu império. Acresce que toda a paisagem se modificou: a implosão do Bloco de Leste conduziu à criação de um amplo conjunto de novos Estados – diferentes uns dos outros e internamente heterogéneos muitas vezes de maneiras

---

[30] Ao longo do texto iremos fornecendo referências bibliográficas pertinentes para um aprofundamento destes diversos pontos, ordenada temática e cronologicamente, pelo que nos dispensamos de o fazer aqui. Acoplamo-lo com discussões de pormenor sobre cada um dos tópicos que vamos aflorando.

politicamente consequentes. Sobretudo, no que diz respeito à paz mundial, o fim do Mundo bipolar veio permitir o reacender de velhos conflitos étnicos, territoriais e religiosos no coração da Europa – para não falar daqueles que eclodiram um pouco por todo o Mundo, como consequência de a lógica hegemónica em dois grandes blocos político-ideológicos se ter desfeito. Mais ainda, muitos foram os novos actores não-estatais que entraram de rompante em cena, e que vieram para ficar. Com estas e outras mudanças, num ápice a nossa percepção do Mundo complexificou-se de maneira sensível. Como Barry Buzan e Ole Waever, ou Ken Booth, Andrew Linklater, Michael Williams e Didier Bigo nos tornaram claro, respondemos na maioria dos casos reactivamente: ao fazê-lo, securitizámos uns tantos, dessecuritizámos outros.

O que se torna compreensível uma vez que notemos que o resultado da transição entre modelos que vivemos e experienciamos foi o que seria de esperar. Na ausência das duas grandes potências que partilhavam, de maneira largamente indiscutida, parcelas do sistema internacional, os anos 90 do século XX deram expressão a uma cavalgada de tensões identitárias de todo o tipo que vieram a ter o seu auge no início do século XXI – tiveram-no logo no primeiro ano do novo século, quando um novo actor não-estadual, a al-Qaeda, se fez ouvir de maneira estrondosa. O atentado às Torres Gémeas ocorrido em 11 de Setembro de 2001, em Nova Iorque – e aquele outro que atingiu o Pentágono, em Washington, nesse mesmo dia – anunciaram o início de um novo regime de funcionamento do sistema internacional e da retórica que o exprime e dá "substância" à maneira como o entrevemos. Embora não possamos ainda avaliar a sua alçada ou permanência, o que parece claro é que nada voltará a ser como antes em matéria de 'segurança' e de 'segurança e defesa', devido aos efeitos deste rude golpe, desferido em pleno coração do Mundo Ocidental – um golpe cujas reverberações e consequências se vêm, desde então, e de maneira muito patente, multiplicando por todo o globo.

Seja qual for a leitura político-"securitária" que prefiramos sobre o 11 de Setembro, com efeito, não era porventura caso para menos[31]. Como foi para muitos desde o primeiro momento evidente, nos ataques brutais

---

[31] Ver por exemplo, por todos, para essa variedade de posicionamentos intepretativos, a colectânea de BOOTH, K. & DUNNE, T. (eds.), *Worlds in Collision: Terror and the Future of Global Order* (London: Palgrave, 2002).

perpetrados contra o Pentágono e as Torres Gémeas, actos de tal dimensão careciam de uma logística gigantesca, não podendo obviamente ter sido gizadas nem efectuados sem apoio de Estados, financiamentos elevadíssimos, planificação pormenorizada e a colaboração do crime organizado transnacional. Embora, desde 2001, interpretações alternativas tenham emergido – que colocam o ponto focal e insistem, meramente, na eficácia de novas formas organizacionais para a execução dos ataques – o facto indisputado é que, tanto para o seu planeamento como para a mobilização e logística das acções dos agrupamentos de terroristas que levaram a cabo as atrocidades cometidas, a organização clandestina al-Qaeda esteve presente e actuou com eficácia letal[32].

Seja como for, o certo é que um novo patamar foi atingido. Face ao horror e à escala dos ataques, assumiu-se então a evidência de o Mundo se encontrar perante um novo capítulo de ameaças, em que a uma nova forma de terrorismo, estruturado em rede, como que uma mutação da *guerra assimétrica* – uma forma assimétrica de guerrear que durante a segunda metade do século XX assumira, fundamentalmente, a forma de guerrilha nas lutas de "libertação nacional" contra "forças ocupantes" – a que vieram associar-se outras realidades e a necessidade amplamente sentida (embora não de maneira consensual) de uma sua "securitarização", como sejam o reforço das redes de criminalidade organizada, a proliferação das armas de destruição em massa e a facilidade de as obter no mercado negro, os atentados ao ecossistema, a agressão e até a guerra cibernética. Foi ainda largamente interiorizada a convicção – decerto também bem fundamentada em evidências não controversas – de que os novos agrupamentos dedicados a actos de violência deste e doutros tipos se organizavam hoje em dia muitas vezes de acordo com formatos novos, particularmente ágeis e difíceis de detectar.

Qualquer que tenha sido a postura "cognitiva" em que nos tenhamos colocado, a primeira década do novo século foi dolorosa. No caso particular de um terrorismo transnacional como o jihadista, que permite compensar parte da disparidade existente de forças, mesmo as grandes potências se vêem atacadas em casa por agressores invisíveis externos – que recorrem, em muitos casos, a operacionais que aí residiam como cidadãos

---

[32] MARQUES GUEDES, Armando, *Ligações Perigosas. Conectividade, Coordenação e Aprendizagem em Redes Terroristas*, (Coimbra: Almedina, 2007).

insuspeitos, o que sucedeu de facto em Nova Iorque, Washington, Bali, Ankara, Madrid, Londres, Beslan, Bombaím ou Jacarta, para só mencionar os mais brutais dos muitos que tiveram lugar. E agressores sem pejo de atacar alvos civis, operacionais 'civis' bem treinados cujas motivações não são por norma nem tão lineares como antes o eram – nem sempre tão fáceis de vislumbrar. Às mudanças de paisagem vieram acrescentar-se novas e inusitadas personagens, dando azo ao despontar de novos enredos conjunturais.

Como pusemos em realce na subsecção anterior da presente monografia, custa pouco cartografar algumas das diferenças diacríticas associadas a uma consciencialização política e pública confirmadas e intensificadas por acontecimentos de tal monta. Por tudo isto, esbateram-se bastante as diferenças entre 'segurança' e 'defesa', crime e guerra, bem como as entre ameaças internas e externas. No alvor do século XXI – e este ponto, como vimos, tem sido amplamente discutido por académicos e políticos contemporâneas de todas as cores – ao sentimento de uma urgência de "securitarização" começou a generalizar-se, e os Estados viram-se em geral forçados a redefinir os seus conceitos estratégicos de defesa e segurança, os quais se tornam ainda mais simbióticos. Também as políticas preferidas de alianças foram muitas vezes revistas, tendo numerosos Estados voluntariamente abdicado de alguma soberania face às organizações a que pertenciam, de forma a intensificar também no exterior a segurança interna que consideravam fundamental.

Algumas destas alterações vinham de trás, designadamente os de uma sua crescente "juridificação". Novos quadros de Direito Internacional começaram a ser configurados logo na última década do século passado. Pela mesma ordem de motivos, os Estados têm-se também desde então visto na contingência de reformar o seu Direito Interno, com natural destaque para o Direito Penal e Processual Penal – sem descurar outros ramos como sejam a regulamentação da imigração, as entidades financeiras, o ambiente, a segurança alimentar, a protecção civil, para só dar alguns exemplos[33]. Menos não seria de esperar. Há quase dois decénios que participamos neste duplo adensamento – o de uma insegurança crescente em

---

[33] É muitíssimo numerosa a bibliografia sobre estes temas. Ver, aqui, o já citado trabalho de SLAUGHTER, Anne-Marie, *A New World Order*, Princeton University Press, 2004, por todos.

sintonia com uma cada vez maior imprevisibilidade sentida, e o de uma resposta normativa "securitizante" compreensível. É trivial asseverar que as reformas empreendidas no Direito Interno e no Internacional resultaram e continuam a responder, tanto directa quanto indirectamente, ao clima de insegurança – objectiva e subjectiva – que se faz sentir actualmente um pouco por todo o Globo – e à consequente necessidade de prevenir e combater as "ameaças difusas"; e afirmar, também, que este ambiente poroso porventura tem tido como principal paradigma as já referidas organizações terroristas como a al-Qaeda.

Mas muitas outras há, porventura menos gritantes no seu embate, embora nem por isso mais ligeiras nas consequências que induzem – e estas não deixaram de ter o seu impacto. Não nos podemos iludir: um pouco por toda a parte, embora de novo de maneiras muito heterogéneas, num sistema internacional em descompressão pós-bipolar, sujeito a reajustamentos de fundo e a re-acomodações várias, o terrorismo transnacional não é o único foco de preocupações e de urgência de securitização. Também a criminalidade organizada – mobilizada por motivos muito diferentes dos dos terroristas – tem vindo a conhecer uma tremenda escalada, nas palavras de Sebastian Roché, "a delinquência moderniza-se"[34], seja ao nível dos meios técnicos e humanos, seja ao nível da violência utilizada, assim como as várias organizações reticulares transnacionais de tráfico, da droga às armas, conheceram na última década novas variantes e uma intensificação de antigas tendências: uma amplificação que vai de marcados incrementos em actividades como o tráfico de pessoas (trabalhadores ilegais e escravas sexuais) ou de órgãos, bem como uma proliferação de redes, muitas vezes agora de base 'virtual', ligadas à pedofilia e a diferentes esquemas ligados à prostituição.

Sem querermos ser exaustivos, uma pretensão descabida, podemos enumerar outras frentes de imprevisibilidade e insegurança. O intuito é o de fornecer algum fundamento *material* para a urgência tão amplamente sentida de reagir securitariamente de maneira proactiva. Com o estertor da ordem internacional bipolar, a criminalidade económico-financeira em crescimento explosivo, designadamente a corrupção cada vez mais endémica em diversas regiões do globo, o tráfico de influências e o branquea-

---

[34] ROCHÉ, Sebastian, *Sociologie Politique de L'Insécurité* (Paris: PUF, 1998), p. 28.

mento de capitais em "paraísos fiscais" inexpugnáveis, atingiu dimensões que se revelam como potencialmente catastróficas para a economia mundial e para a estabilidade e sustentabilidade dos Estados de Direito, tal como hoje os conhecemos. Dados do *Grupo de Acção Financeira Internacional* (GAFI) permitem apontar para um valor de "economia paralela", oriunda de todos estes ramos de actividade que equivalerá a cerca de dez por cento do PIB Mundial[35]. Sem nos querermos embrenhar em teorizações, cabe-nos notar que se trata de valores que parecem demonstrar que a actual economia de mercado tal como a conhecemos, em bóia verdade não poderia subsistir nos mesmos moldes sem os fluxos financeiros provenientes do branqueamento de capitais dessas actividades ilícitas que são injectadas na economia legal. O impacto estrutural que tais fluxos têm a diversos outros níveis não é também despiciendo. A percepção generalizou-se, segundo a qual na actual conjuntura político-económica de crise irá, seguramente, exigir a adopção de profundas reformas no sistema financeiro, sobretudo no que respeita à sua regulação e ao consequente sancionamento das infracções detectadas.

Perspectivar mudanças também em termos cognitivos, apresenta sempre vantagens. Sem pretender discutir aqui os motivos das várias entidades que se têm empenhado em erigir organizações em rede de modo a defrontar com vigor inesperado os poderes 'tradicionais', é evidente que as reacções que ocorreram ao nível internacional não podem ser compreendidas fora dos quadros disponibilizados pelas percepções gizadas quanto ao que teve lugar. Para entrever a recepção das mudanças que temos sofrido, vale a pena citar alguns dos analistas que sobre este tema se

---

[35] O GAFI (na sigla inglesa FATF – *Financial Action Task Force*), tem actualmente como membros trinta e dois países ou territórios (África do Sul, Alemanha, Argentina, Austrália, Áustria, Bélgica, Brasil, Canadá, China, Dinamarca, Espanha, E.U.A., Finlândia, França, Grécia, Hong Kong (China), Irlanda, Islândia, Itália, Japão, Luxemburgo, México, Noruega, Nova Zelândia, Países Baixos, Portugal, Reino Unido, Rússia, Singapura, Suécia, Suíça e Turquia) e duas entidades internacionais (Comissão Europeia e Conselho de Cooperação do Golfo). Para os mais recentes relatórios do GAFI sobre Portugal, designadamente os *Portugal – Third Mutual Evaluation Report on Anti-Money Laundering and Combating the Financing of Terrorism*, de 2006, e o *Portugal – Update Report September 2008*, ambos apenas em inglês, ver e descarregar no *site* oficial do Banco de Portugal, em http://www.bportugal.pt/pt-PT/Supervisao/SupervisaoPrudencial/BranqueamentoCapitaisFinanciamentoTerrorismo/Paginas/GrupodeAccaoFinanceiraInternacional.aspx,

têm debruçado. Segundo uns, a questão remete para modalidades de interacção entre grupos: insistem, assim, que no mundo actual, com a intensificação das "relações sociais de escala mundial"[36], tipos mais especializados de relacionamentos seguem-lhes o passo – e "a segurança é garantida na fronteira dos interesses em quadros colectivos cooperativos"[37]. Para outros, em muitos casos, as estruturas anteriores, apanhadas de surpresa, deixam de plenamente preencher as funções para as quais foram criadas: na conjuntura pós-11 de Setembro de 2001, face a fenómenos como os conflitos intra-estatais, a criminalidade organizada, o terrorismo, o narcotráfico, os crimes ambientais, a proliferação de armas de destruição em massa, as migrações, a corrupção endémica que mina as estruturas do Estado de Direito, verifica-se uma "aceitação da ideia que o mundo actual se caracteriza por um ambiente infinitamente complexo e caótico"[38], marcado pelo risco e pela dificuldade de o prever; de acordo com esta perspectiva, encontrando-se a segurança orientada para a prevenção e reacção a ameaças, riscos e actores, ambos crescentemente imprevisíveis, os sistemas soçobram. De um ou outro modo, a deriva securitária, chame-se-lhe isso, parece ter vindo para ficar, exigindo-se muitas vezes, da parte das populações, a assunção de um sentimento de "resiliência", e pedindo-se-lhe – ou extorquido-se-lhe – que a exprimam abdicando de uma parte dos seus direitos fundamentais, no interesse da segurança colectiva...

Sem querer tomar posição quanto a motivos, importa sublinhar que sejam quais forem as nossas percepções – e independentemente da nossa postura analítica – não são de subestimar as consequências das características estruturais dos cenários contemporâneos no plano das reconfigurações na prática preferidas. Em resposta os Estados esforçam-se, cada vez mais, por se integrar em espaços políticos, económicos, sociais e culturais de cariz multinacional e projectar a sua política externa em novos formatos – ou seja, no seu labor de adaptação a circunstâncias profundamente

---

[36] GIDDENS, Anthony, *As Consequências da Modernidade*, Oeiras: Celta Editora, [1990], 200: 455.

[37] GARCIA, Francisco Proença, *As Ameaças Transnacionais e a Segurança dos Estados, Subsídios para o seu Estudo*, in Revista Negócios Estrangeiros n.º 9.1., Lisboa: Instituto Diplomático, Ministério dos Negócios Estrangeiros, 2006: 340.

[38] SARMENTO, Cristina Montalvão, *Poder e Identidade, Desafios de Segurança*, in VALENTE, Manuel Monteiro Guedes, (coord.), II Colóquio de Segurança Interna, Coimbra, Almedina, 2006: 161.

alteradas e em fluxo, os Estados ensaiam, nos cenários e palcos bipolares, novas formas de cooperação e coordenação de esforços para lograr erigir alguma ordem nos ambientes de desordem e imprevisibilidade a que se tem visto condenado o sistema internacional. A resultante, ao nível macro, não deixa de ser interessante. Por iniciativa dos Estados, reordenam-se regiões. É seguramente certo, como tem vindo a ser realçado, que a criação de blocos regionais "não implica o desaparecimento dos Estados individualmente considerados, mas, em conjunto, formarão uma nova forma de Estado, o Estado em rede"[39].

A certeza, no entanto, é que essa nova forma de organização das comunidades políticas nos conduz a reconfigurações estaduais infelizmente nem sempre assumidas num sentido pleno por analistas presos a pré-compreensões de que não sabem descartar-se. Um exemplo: segundo Rupert Smith, e por muito que possamos considerar excessiva e algo maximalista a sua interpretação é decerto difícil discordar pelo menos com as tendências de fundo que faz sobressair, "no novo paradigma da guerra, o indivíduo virou-se contra o Estado-Nação, através de ataques terroristas ou empregando a força fora da estrutura do Estado contra os símbolos (incluindo os Exércitos) do Estado-Nação. Ainda está por esclarecer se vivemos num mundo pós-Estado-Nação, mas é possível acreditar que o Estado-Nação combate pela sua supremacia. E é no contexto deste combate que envia as suas forças em operações, procurando preservar e promover os seus interesses de Estado, mas em formulações não estatais. É por esta razão que as forças do Estado carecem frequentemente de utilidade"[40].

A dinâmica desta resultante é todavia bem conhecida – e a partir dela podemos compreender muitas das medidas adoptadas que hoje tomamos como adquiridas. A verdade é que, tenham ou não consciência da mecânica das alterações em curso, por meio de uma estratégia de pequenos passos, os Estados modernos têm lidado com as mudanças apostando em garantir e, se necessário, impor, a segurança fora das suas fronteiras

---

[39] CASTELLS, Manuel, *A Sociedade em Rede,* Vol. III, Lisboa: Fundação Gulbenkian, 2005: 136.

[40] SMITH, Rupert, *A Utilidade da Força. A Arte da Guerra no Mundo Moderno* (Lisboa: Edições 70, Lda, [2005] 2008). O uso por Rupert Smith do conceito de "Estado--Nação" poderia aqui com vantagem ser substuído pela ideia de "um Estado, uma nação, um território".

físicas[41] – reagindo, quantas vezes espontaneamente, de forma a defender, por exemplo, interesses geo-estratégicos e a não sofrerem, em "efeito *boomerang*", as consequências nefastas da criação de paraísos "fora da lei". Uma só citação, particularmente rica, servirá por todas, das muitas possíveis: segundo J.E. Garcia Leandro, "à inicial fronteira de soberania foram adicionadas a fronteira da segurança, a fronteira dos interesses, a fronteira da vulnerabilidade, a fronteira da globalidade e a não-fronteira da solidariedade"[42]. O primeiro resultado, por assim dizer, foi o de uma espécie de 'desmultiplicação' por fraccionamento.

Na maioria dos casos, as reacções havidas têm respondido a percepções de ameaças avulsas. Com o intuito de manter algum controlo sobre conjunturas em fluxo, os Estados têm vindo a reagir empenhando-se, designadamente, em desenvolver políticas que promovam a solidariedade comum, incrementando a cooperação multilateral, bilateral, a ajuda ao desenvolvimento de diferentes países, perseguem e punem criminosos de guerra suspeitos de autoria de crimes contra a humanidade[43], apostam numa participação activa das respectivas forças armadas e forças de segurança em operações de apoio à paz (OAP) da Organização das Nações Unidas (ONU) e de gestão civil de crises da União Europeia ou no âmbito de missões coordenadas por outras organizações regionais. Um processo não surpreendentemente encetado logo após a dissolução da União Soviética e que parece não ter fim à vista.

O facto é, porém, que o acervo cada vez maior de intervenções reactivas avulsas tem tido implicações sistémicas. Em boa verdade, outra coisa não seria de esperar, uma vez que as reacções têm vindo a ter lugar em catadupa – ao que acresce a circunstância de que o fluir de reacções tem

---

[41] Caso da intervenção no Iraque da coligação internacional liderada pelos Estados Unidos, da intervenção da NATO no Afeganistão, das operações de apoio à paz desenvolvidas pela ONU e das missões PESD da U.E em diferentes regiões do globo.

[42] LEANDRO, José Eduardo Garcia, *A Teoria da Diversificação e Articulação das Fronteiras e os Sistemas de Forças*, in Boletim n.º 28, Instituto de Altos Estudos Militares, Lisboa, 1992: 11-28.

[43] A criação do do Tribunal Internacional de Justiça em Junho de 1945 e do Tribunal Penal Internacional em 17 de Julho de 1998 são exemplos da vontade da comunidade internacional, pelo menos, no campo dos princípios, em perseguir e punir criminosos de guerra, de forma a evitar a impunidade e o descrédito das populações em relação à aplicação da justiça nas fases pós-conflito. Muitos outros exemplos há que poderiam ser aduzidos.

tido efeitos cumulativos impossíveis de erradicar; e essas ressoam alto e bom som com a deriva securitizante com que crescentemente vivemos no plano cognitivo. Como consequência, uma nova realidade vai sedimentando – e é ela que tem provocado um esbatimento crescente, em muitos aspectos, entre a dimensão externa e interna da segurança, associado à criação de entidades diversas que visam fazer a ponte entre estas duas dimensões com que nos tínhamos, durante tantos anos a fio, habituado a conviver.

'Incidentes de percurso' têm contribuído para um acordar de consciências numa opinião pública cada vez mais alerta para os horrores que têm vindo a lume com o fim da ordem bipolar e com a revolução nas telecomunicações. Seguramente, o caso do genocídio no Ruanda (e no Burundi) foram diacríticos – não só pelos horrores que nos fizeram divisar, mas também pelas insuficiências ao nível de uma futura governação supra-estadual que tornaram patente para todos aqueles quem quem desponta um conceito genérico de "Humanidade', ou que se preocupam com o potencial contemporâneo de alastramento regional – e depois porventura global – do que começa como conflitos locais.

Sem de maneira nenhuma querer minimizar a importância das OAPs da ONU, importa sublinhar que estas estão, muitas vezes, eivadas de dificuldades estruturais tão dramáticas quanto absurdas. Como escreveu Roméo Dalaire, o General canadiano chefe da Missão das Nações Unidas (*UN Assistance Mission for Rwanda* – UNAMIR) no Ruanda antes e durante o confronto étnico entre da força internacional presente no terreno o genocídio Tutsi-Hutu que ali e no Burundi teve lugar em 1994, as OAPs apresentam problemas muito diferentes dos das operações militares típicas: "*the UN* [is] *a 'pull' system, not a 'push' system like I had been used to with NATO, because the UN had absolutely no pool of resources to draw on. You had to make a request for everything you needed, and then you had to wait while that request was analyzed...For instance, soldiers everywhere have to eat and drink. In a push system, food and water for the number of soldiers deployed is automatically supplied. In a pull system, you have to ask for those rations, and no common sense seems to ever apply*"[44]. O desalento de Dalaire é fácil de compreender: apesar dos seus

---

[44] Em Roméo Dalaire, *Shake Hands with the Devil: The Failure of Humanity in Rwanda*: 99-100, Da Capo Press, 2004.

pedidos lancinantes de um reforço em homens para supervisionar um acto eleitoral, a sede em Nova Iorque não deu resposta. O resultado – na opinião de Dalaire, dois ou três mil homens teriam evitado a catástrofe – numa curta centena de dias, entre 6 de Abril e 16 de Julho de 1994, um número estimado em mais de um milhão de pessoas, na sua maioria Tutsis e Hutus moderados, foi brutalmente assassinado, muitos deles a golpes de machete, perante a impotência de forças internacionais mal apetrechadas e ralas.

Em 1988, meia-dúzia de anos antes, o Prémio Nobel da Paz fora atribuído às Forças de Manutenção de Paz das Nações Unidas pela Academia norueguesa; o comunicado de imprensa deu realce ao face de que elas *"represent the manifest will of the community of nations"* e têm vindo a dar *"a decisive contribution"* para resolução de conflitos *"around the world"*. O livro de Dalaire, recebeu a *Canada's Governor General's Award*. Nos anos que se seguiram, o General tentou várias vezes o suicídio, incapaz de se libertar dos fantasmas do que, impotente, foi forçado a testemunhar. As suas descrições do desmoranamento do Ruanda são indizíveis: *"I then noticed large piles of blue-black bodies heaped on the creek banks"*. Desde então o conflito transvazou para o vizinho Congo, onde ainda grassa em 2010, com provavelmente mais mortes do que aquelas que ocorreram no Ruanda.

O resultado deste e de vários outros acontecimentos semelhantes, ao nível da 'fermentação' institucional global – dos "Balcãs Ocidentais"[45] ao

---

[45] Veja-se o massacre de Srebrenica na Bósnia-Herzegovina, em Julho de 1995, de mais de 8.000 bósnios muçulmanos, após a tomada da cidade de Srebrenica pelo Exército Sérvio da Bósnia sob o comando do General Ratko Mladiç – e com a participação das forças especiais da Sérvia conhecidos como "Escorpiões". O enclave encontrava-se sob protecção de capacetes azuis holandeses, os quais revelaram uma inépcia confrangedora no proteger da população civil e no evitar da acção planeada de "limpeza étnica" por parte dos sérvios. Rosalyn Higgins, a Presidente do Tribunal Internacional de Justiça (TIJ), proferiu uma declaração em 26 de Fevereiro de 2007, mencionando que "foi um acto de genocídio cometido pelos membros do Exército sérvio bósnio". Esta foi a primeira vez que o Tribunal Internacional de Justiça definiu os actos praticados em Srebrenica como um genocídio, aplicando uma convenção adoptada pela Assembleia Geral da ONU após a II Guerra Mundial. Até então, apenas o Tribunal Penal Internacional para a ex-Jugoslávia usara esta definição para classificar as atrocidades cometidas no enclave. O massacre de Srebrenica foi o maior assassinato em massa da Europa desde a Segunda Guerra Mundial – e é considerado por muitos como um dos eventos mais terríveis da história europeia recente. Tratou-se do primeiro caso legalmente reconhecido de genocídio na Europa depois do Holocausto.

Sri Lanka e do Cáucaso ao Grande Médio Oriente – está cada vez mais à vista. Muitas novas entidades se têm vindo a estabelecer – e a crescer e multiplicar-se. A influência global da ONU e regional de diversas organizações internacionais, entre as quais a União Europeia[46], tem-se operacionalizado através da criação de "agências", de "sistemas" de informação, de "redes de peritos" e de "pontos de contacto" (i.e. ao nível do Gabinete das Drogas e Crime da ONU, Interpol, Europol, Eurojust, Frontex, Rede Europeia de Prevenção da Criminalidade, etc.) – todas entidades que desenvolvem um manancial de programas de cooperação, de planos de acção, de decisões/recomendações, tendo em vista garantir a segurança colectiva e, no processo, fazendo com que a segurança dos Estados dependa, cada vez mais, de tais mecanismos; trata-se de um facto que constitui simultaneamente um paradoxo e um desafio para uma soberania que muitas vezes incautamente assumiam como una e indivisível.

Segurança, insegurança e complexos de interioridade

Nunca é demais insistir na evidência que – tanto no plano político quanto no do Direito – o horizonte e os panoramas da segurança mudaram muitíssimo com o fim do Mundo bipolar. Numa abordagem genérica inicial, e mantendo em mente muitos dos alertas críticos suscitados pelos enquadramentos teóricos atrás dessecados, vale decerto a pena esmiuçar, ainda que tão-só pela rama, os resultados desta galgada jurídico-política de transformações globais e a sua dinâmica no plano específico da segurança. Por um lado, "partes do que antes era considerado pelo "sistema político" como "segurança pública", e de cuja manutenção dele dependia, deixaram de ser encaradas como responsabilidade do Estado"[47]. De algum modo, migraram. A segurança tem vindo a ser delegada, partilhada, co-produzida e "desestatizada", gerando-se uma convicção generalizada de que o conceito Weberiano de monopólio do uso legítimo da força por parte do Estado está em crise, face a uma miríade de actores internacionais, nacionais e locais, privados e semi-privados que passaram também a fornecer

---

[46] GIDDENS, Anthony, *As Consequências da Modernidade*, Oeiras: Celta Editora, [1990], 2005: 49.
[47] SARMENTO, Cristina Montalvão, *Políticas de Segurança na Sociedade Contemporânea* – Lição Inaugural do Ano Lectivo 2007/2008, Lisboa: ISCPSI, 2007: 28-29.

segurança, quer aos particulares, quer ao próprio Estado, nos níveis interno e supranacional, numa perspectiva concorrencial, complementar ou subsidiária. Tivemos já a oportunidade de constatar como tal tem sido interpretado, em termos do seu enquadramento genérico, pelo menos, nos últimos anos, designadamente no que diz respeito às implicações políticas dessas dinâmicas institucionais e representacionais paralelas.

Mas tem havido mais, já que, por outro lado, e isto apesar da 'tradição' vestfaliana de separação das duas dimensões, a interna e a externa, "a segurança interna tem vindo a ser *externalizada* e a segurança externa a ser *internalizada*"[48], de forma a fazer face a fenómenos como o terrorismo e a criminalidade organizada transnacional, cada vez mais fluidos, dinâmicos, tecnológicos, configurando uma alteração qualitativa da ameaça[49], factores que criam novos desafios para os Governos e para as respectivas Forças de Segurança e Forças Armadas. Mesmo o crime organizado e a criminalidade "de oportunidade" estão indirectamente ligados à interdependência crescente e ao sentimento de imprevisibilidade e risco em que vivemos. Para alguns autores, coabitamos num momento de desregulação da segurança, sendo a delinquência de anonimato e o seu carácter furtivo um sintoma típico desta mesma desregulação. Em boa verdade esta delinquência não é um fenómeno novo, é na realidade bastante antiga, mas tornou-se na actualidade massiva, com tendência para continuar a crescer, sendo cada vez mais negligenciada pelos poderes públicos[50].

A urgência de criar novos quadros conceptuais para fazer frente às novas necessidades de segurança cuja percepção tem vindo a alastrar – o que tem vindo a dar azo a noções de que seria preciso saber ultrapassar os limites sentidos como cada vez mais constrangentes do 'vestfalianismo' que antes tomávamos como natural. Assim, vivemos como que que embrenhados na convicção de que vivemos hoje num Mundo "pós-vestfaliano", uma ideia que se generalizou nos mais diversos sectores. Thall defende

---

[48] COLLINS, Alan, *Contemporary Security Studies*, New York: Oxford University Press, 2007: 3.

[49] A alteração qualitativa da ameaça é representada designadamente pela possibilidade de utilização de substâncias nucleares, radiológicas, biológicas ou químicas por parte de organizações terroristas ou outras.

[50] ROBERT, Philippe, *O Cidadão, o Crime e o Estado* (Lisboa: Editorial Notícias [1999] 2002), p. 83.

que se verifica "uma erosão progressiva das identidades nacionais" em proveito de "um centro de poder no exterior"[51].

Implicações, no que toca à compreensão que temos destas dinâmicas que tanto nos afligem? Nos novos enquadramentos conceptuais cada vez mais genericamente partilhados, as modelizações estato-cêntricas 'clássicas' em que nos habituámos esbatem-se, perdendo parte da utilidade analítica que tinham. Ou seja, embora a conjuntura o já não o apoie como antes o fazia, vigora (ainda) amplamente, no que toca aos nossos quadros mentais de eleição, uma delimitação conceptual entre segurança interna e externa, de par com uma outra que padece do mesmo esbatimento, a entre questões nacionais e internacionais, mas mais e mais atenuadas e porosas. A realidade no chão, com o esbatimento de distâncias e a porosidade cada vez mais patente das barreiras 'clássicas' parece corroborá-lo. Torna-se necessária, para alguns analistas como consequência natural dessa nova fluidez de fronteiras, "uma coordenação e coerência entre a dimensão interna e externa da segurança. Os Estados deverão [em resultado das mudanças que vão tendo lugar] considerar o impacto das suas estratégias nacionais no contexto internacional ou regional, os modos como as estratégias nacionais dos diferentes Estados podem ser complementares e as contribuições que essas estratégias podem dar para a realização dos objectivos de uma estratégia de segurança global"[52].

Bem ou mal, muitos são os que assim consideram, que um afloramento mais ou menos rápido de modalidades globais de governação é uma inevitável implicação dessa nova dinâmica internacional. Outros há, é certo, que preferem manter incólumes modelizações mais estanques, insistindo, ao invés, num reforço dos poderes de pelo menos alguns Estados, vendo antes, nos acontecimentos que têm vindo a anunciar os reajustamentos pós-bipolares, o prenúncio de um regresso em força de uma política internacional 'clássica' de Grandes Potências – as únicas realmente soberanas. Pequenas e médias potências há, no entanto, que, em simultâneo com uma ou outra destas posturas, e embora ansiosas, vêem também nas novas conjunturas hipotéticas janelas de oportunidade. Portugal inscreve-se decerto neste último conglomerado. Todos concordam, no entanto, com o

---

[51] NELSON, Thall, *TV, Radio, Multimedia*, in Le Monde, 6 et 7 Octobre, 1996, p. 34.

[52] GOMES, Paulo, *A Cooperação Policial na União Europeia: Um Desafio Estratégico para a PSP*. Trabalho Final do 1.º CDEP. (Lisboa: ISCPSI, 2005), p. 484.

diagnóstico retrospectivo óbvio: que o crescendo para formas supra-estatais de governação da segurança, para nos atermos a este exemplo, é o resultado sistémico do adensar de interdependências com que deparamos na dinâmica do Mundo moderno – sobretudo o Mundo pós-bipolar.

Um só exemplo, mas paradigmático, das dinâmicas de "internalização" e "externalização" sistémicas a que temos vindo a aludir. O relativo apagamento da distinção, operada e em curso, entre segurança interna e externa – e o impulso, a isso ligado, de uma maior coordenação entre os domínios correspondentes – formam o que são das mais importantes alterações estruturais que têm ocorrido nos relacionamentos internacionais nas duas últimas décadas. O progresso da integração europeia, porventura mais do que nenhum outro, tem-no acentuado e tem-no tornado particularmente evidente. Tomando em boa linha de conta discussões como as de Didier Bigo e da sua 'Fita de Möebius", ou as Ken Booth – para só dar dois dos exemplos possíveis – não se trata apenas da evidência de que a emergência gradual de uma livre circulação de pessoas na Europa comunitária (ou em grande parte dela) tem vindo a gerar percepções comuns partilhadas quanto a prioridades no âmbito da segurança interna[53] – de par com uma cada vez mais rápida intensificação de formas de cooperação técnica e política na região.

Mais do que seja onde for, é nos Estados Unidos da América e na Europa Ocidental que a dimensão "externa" (concebida como extra-UE) das "ameaças internas à segurança" se tem visto enfatizada. O resultado tem sido misto, por assim dizer. Focando-nos no caso europeu: infelizmente – e ainda que a situação se tenha vindo a alterar a passos largos desde os ataques de 2001 nos EUA e dos de 2004 e de 2005 em Espanha e na Grã-Bretanha – nem sempre tal tem significado que uma atenção suficiente tivesse começado a ser dada à coordenação efectiva entre a segurança interna e a externa da União – um *deficit* que os acontecimentos subsequentes se encarregaram de tornar patente no plano institucional como

---

[53] Mesmo as de D. Bigo e da Escola de Paris, sobre o facto de que "ao verem-se desafiadas pela liberdade de circulação de bens, pessoas e ideias, as fronteiras estaduais "transformam" os inimigos em "inimigos de dentro", as normas gizadas sobre Direitos Humanos e cosmopolitismo competem com as normas nacionalistas 'clássicas', levando nalguns casos e aspectos a uma perda de sentido das fronteiras enquanto barreiras contra a insegurança, a desordem e o 'Outro'", espelham uma generalização pan-europeia de perspectivações.

no plano político. Não que não houvesse quem tivesse disso consciência: assim, à época do 11 de Setembro foi com presciência possível afirmar-se, num estudo do então importante *Institute for Security Studies*, em Paris, que nem os mecanismos de tomada de decisão instalados respondiam capazmente aos novos desafios, nem a sua conceptualização política tem ido além de uma mera justaposição das perspectivas, tidas como complementares, de duas comunidades dedicadas, respectivamente, à "segurança interna" e à "externa"[54].

Os ataques terroristas contra os Estados Unidos e o Ocidente em geral perpetrados no 11 de Setembro tiveram consequências multifacetadas: debelaram vidas, inquietaram consciências e desestabilizaram economias e ordenamentos políticos e jurídicos. Fizeram mais. Desferiram também um golpe aos nossos quadros conceptuais e à nossa capacidade de compreender o Mundo em que vivemos. No campo do político, a distinção tradicional entre as esferas interna e externa – e, muito em particular, aquela operada entre segurança externa e segurança interna – que em boa verdade estavam desde há muito sob escrutínio, foram as primeiras vítimas a tombar.

Nos novos panoramas emergentes pós-actos terroristas em Nova Iorque e Washington (e a sua cristalização ainda não definitiva, apesar dos anos volvidos) as políticas de segurança têm de ser re-imaginadas, recompostas, e re-analisadas a partir da base – e por aí acima até aos equilíbrios estratégicos mais macro que as padronizam. Não será exagero afirmar que é no fundo para isto mesmo que apontam, como horizonte "normativo" potencial, pelo menos, as diversas teorizações a que aludimos. A exigência desde há muito reconhecida de lograrmos uma maior e mais densa e sistemática coordenação entre políticas internas e externas de segurança têm vindo a ver-se dramaticamente reforçadas e aceleradas[55].

Note-se que, na Europa, estas questões naturalmente têm adquirido uma importância decisiva – não só pela acuidade das ameaças percebidas,

---

[54] PASTORE, Ferruccio, *Reconciling the Prince's Two 'Arms?: Internal-external security policy coordination in the European Union*, Occasional paper 30: v, (Paris: The Institute of Security Studies, Western European Union, 2001).

[55] Ver, quanto a isto o já referido PASTORE, Ferruccio, *Reconciling the Prince's Two 'Arms?: Internal-external security policy coordination in the European Union*, Occasional paper 30: v, (Paris: The Institute of Security Studies, Western European Union, 2001).

como pela ressonância e oportunidades que apresentam para um processo de intergação institucional e política que vinha de trás. No que é hoje a União Europeia, efectivamente, o pulverizar desta dicotomia 'tradicional' não é novo. Nova não é, também, a sugestão contida nas páginas que se seguem. Como o atrás citado analista italiano, Ferruccio Pastore[56], num estudo publicado pelo referido *Institute of Security Studies* da frágil *Western European Union*, insistiu há quase uma dezena de anos, "[t]*he blurring of the distinction between internal and external security, and the connected impulse towards better coordination between the correspondent policy fields, are among the fundamental structural changes in international relations that have occurred during the last decades*".

Sem embargo do que tem vindo, em paralelo, a ocorrer nos Estados Unidos da América, num sentido forte, o crescente apagamento de uma distinção 'clássica' como esta tem sido porventura sobretudo sensível na Europa comunitária, já que [s]*uch overall trends were accentuated and made particularly evident in Western Europe by progress in supranational integration. The gradual emergence of the EU as an area of freedom of circulation has fostered a common perception of internal security priorities and the intensification of technical and political cooperation in this area. In Western Europe, more than elsewhere, the 'external' (extra-EU) dimension of 'internal security threats' has been increasingly emphasized*". É fácil ver porquê. Na década de 80, os Acordos Schengen, celebrados em 1985 e seguidos meia dúzia de anos depois pela muito mais influente "Convenção de Implementação" de 1990 e, de imediato pelo Acto Único Europeu de 1986 empurraram de ângulos diferentes mas com firmeza na direcção de transformar a então Comunidade Europeia num espaço unificado no qual a liberdade de circulação se transformou em regra a as restrições que lhe são impostas na excepção.

Bem ou mal, esta uniformização do espaço europeu foi apresentada, na retórica política dominante, como uma conquista política maior, pese embora trouxesse com ela uma mão cheia de implicações negativas. O discurso gizado é bem conhecido: o levantamento de controlos e restrições no que a uma enorme parcela da circulação intra-europeia de bens, pessoas e capitais diz respeito – disse-se e continua a ser lamentado – não poderia deixar de vir criar novas oportunidades para crimes e inúmeras outras

---

[56] PASTORE, Ferruccio (2001), *op. cit.*: vi.

formas de actividade ilegal. Os riscos internos de segurança, como Pastore entre muitos outros sublinhou tendem a ser *"apprehended and tackled at the national level, within the reassuring enceinte of state borders, now needed to be redefined and countered at the European level"*. O resultado está à vista, e seguramente os analistas versados no neo-funcionalismo encontrarão aqui amparo empírico para muitas das suas estratégias de actuação e para as suas convicções; como constatou Pastore logo em 2001, *"[w]ith a somewhat puzzling linguistic twist, internal security was now defined and treated as a European matter"*[57].

Na prática a situação no terreno, depois de um arranque complicado, não se perfila hoje em dia como desastrosa. Não é, todavia e em todo o caso, famosa. Nos últimos anos a situação tem vindo a melhorar de maneira sensível, embora muito haja ainda por fazer[58]. Não é facto para menos: a atenção gigantesca dedicada nos últimos anos ao terrorismo transnacional tem tido ecos no fenómeno das migrações, fazendo fervilhar novas inseguranças (e, em paralelo, como vimos, agudizando representações sobre elas) nas sociedades europeias. Muito do planeamento de acções violentas foi gizado em células montadas em cidades europeias por emigrantes de países terceiros ou mesmo por descendentes seus de 2.ª ou 3.ª gerações – e tais factos viram-se abundantemente propalados por uma comunicação social e por opiniões públicas sedentas de encontrar explicações para um risco percebido como cada vez maior, ao mesmo tempo que se tornava mais opaco e imprevisível. Neste cenário genérico, tornou-se evidente para o mais incauto dos observadores que as novas ameaças perfiladas contra a Europa ultrapassam os limites dos Estados-Membros e estão interligados pelos laços múltiplos resultantes do processo de globalização. Nenhum Estado pode dar conta, por si só, da pletora de desafios que se põem à sua própria segurança, tal como nenhum Estado logra gerir as ameaças à segurança dos seus vizinhos oriundos seja de dentro seja de fora da Europa. As democracias liberais europeias, como aliás as do resto do Mundo, reagiram a este estado de coisas lutando para fazer frente aos desafios às suas seguranças por meio de ligações firmes entre as medidas

---

[57] PASTORE, Ferruccio (2001), *op. cit*.: 2.

[58] Quanto a este ponto, sobre o qual muito haveria a dizer, ver, por todos, DUKE, Simon & OJANEN, Hanna, *"Bridging Internal and External Security: Lessons from the European Security and Defence Policy"*, *Journal of European Integration*, vol 28, no 5, 2006: 477-494.

anti-terroristas que tomam e as políticas de migração que aprovam. Ou seja, a segurança tem-se visto globalizada e as migrações têm sido postas no centro da equação.

Como iremos verificar, Portugal não escapou a este processo complexo de interdependências multifacetadas – ainda que evidenciando pontuais lacunas, seja no domínio da interoperabilidade dos diversos actores, seja por conflito de competências ou na racionalização de meios. Para entrever como tal tem tido lugar, começamos por um enquadramento 'teórico' de 'meio fundo'.

A projecção 'securitária' como uma das grandes linhas de força da política externa portuguesa

Um ângulo de entrada evidente para uma análise e interpretação do tema da presente monografia é o bem conhecido e já atrás aflorado conceito de *soft power* de Joseph Nye Jr.. *Soft power*: ou seja – sem entrar em grande pormenores quanto a uma noção, visto tal ser desnecessário – a capacidade de um actor para conseguir resultados desejados, sem recurso a meios robustos como a força militar, ou económico-financeira, directa. Um tipo de poder que actua, designadamente, levando a que os nossos interlocutores queiram, ou desejem, aquilo que nos convém que desejem ou queiram, através de meios comparativamente inócuos tais como a mobilização de imagens, convicções, ou afiliações políticas ou religiosas que os levem a decisões ou posturas consentâneas com os nosso objectivos – e não por recurso ao uso da força[59].

O próprio Nye contrastou os dois tipos de poder alegando que o "*soft power*" tem "*the ability to shape what others* want", enquanto o "*hard power*" envolve, antes, "*the ability to change what others* do". De acordo com este contraste, o poder "cco-optativo" *soft* depende, sobretudo, da

---

[59] Sem entrar em grandes detalhes: o conceito de *soft power*, sobre o qual Nye tem desde então escrito bastante, foi inicialmente apresentado e discutido no seu NYE, Joseph, *Bound to Lead: The Changing Nature of American Power*, Basic Books, 1990. A noção teve grande impacto, mas foi sobretudo depois de 2003 e da invasão do Iraque pela Adminstração Bush que se tornou claro que a utilização de hard power pelos norte--americanos, longe de ajudar os seus interesses, os estava aminar; Nye publicou, então o seu NYE, Joseph, *Soft Power* (PublicAffairs, 2004).

atracção e da persuasão, consistindo segundo ele, por isso, sobretudo em "valores, ideologia, cultura, e 'instituições'", o que tem repetido nos seus escritos. Segundo ele, este tipo de poder tem-se tornado cada vez mais patente nos cenários internacionais – embora a Adminstração Bush não se tenha tornado na mais árdua das suas defensoras.

Em termos da utilidade analítica que têm para o presente estudo monográfico, para além de Joseph Nye e do seu *"soft power"*, há também de tomar em linha de conta Susan Strange, e um seu par de conceitos: o de *"relational power"* e o de *"strucutural power"*[60]. Torna-se aqui proeminente o contraste que ela operou entre a noção de *"structural power"* e a de *"relational power"*, este segundo um tipo "clássico" de poder, que Strange define, pura e simplesmente, como a possessão de uma maior capacidade do que dos outros actores internacionais para influenciar, e fazer inflectir, numa ou noutra direcção, os enquadramentos "institucionais" dos relacionamentos em direcções convenientes para o sujeito desses esforços de inflexão. O 'poder estrutural', ao invés, é entrevisto por Strange *"in the notion of enveloping structures that [...] set the agendas and determined the range of options within which states, and other groups and individuals contested all the major who-gets-what issues of politics, both within the state and in the world economy"*[61]. Trata-se de um tipo de poder, por outras palavras, que actua com maior abrangência e de uma forma muitas vezes 'antecipatória'. Consiste, no fundo, na capacidade para definir implicitamente agendas por meio da instalação de um 'tabuleiro', à nossa medida, por assim dizer, em que os relacionamentos tomam lugar. Strange define tais 'tabuleiros' como estruturas, enquanto *"structures of power"*, e considera-as como constituindo uma determinante central das relações de poder entre pessoas, agrupamentos, e Estados.

Note-se que embora muito neste tipo de poder se assemelhe ao *soft power* de Nye, muito dele o distingue. Para Strange, este *"structural*

---

[60] Dois textos desta autora atípica da Escola Britânica são imprescindíveis para uma melhor compreensão deste contraste: STRANGE, Susan, *States and Markets* (Pinter Publishers, London, 1988), bem como, 'An Eclectic Approach' in C. N. Murphy and R. Tooze eds., *The New International Political Economy* (Lynne Rienner Publishers, Boulder, 1991), pp.33-49. É também útil a consulta do seu magistral STRANGE, Susan, *The Retreat of the State. The diffusion of power in the world economy*, (Cambridge University Press, 1996).

[61] STRANGE, Susan, 'An Eclectic Approach', *op. cit.*, p.34.

power" é mais decisivo e permanente nos seus efeitos do que o "*relational (bargaining) power*", já que, enquanto, como vimos, o "*relational power*" é apenas a capacidade de levar outros a fazer coisas que de outro modo eles não fariam, o "*structural power*" dá corpo a bem mais do que isso: é o poder que enforma e determina a "estrutura" da "economia política mundial", como ela prefere encarar aquilo a que chamamos o sistema internacional, a 'macro-estrutura' no interior da qual Estados, instituições, grupos e indivíduos têm de operar. Ou seja, o poder estrutural é aquele poder que determina, ou influencia decisivamente, como as coisas irão ser feitas, mas que o faz como que 'a montante': sendo o poder que dá forma e textura aos enquadramentos e contextos nos quais Estados, instituições e indivíduos estão interligados[62]. O "poder estrutural", tal como Strange o concebe, por outras palavras, ultrapassa os contextos sociais, económicos e políticos de uma maneira inatingível para o "poder relacional".

De notar que, para Strange, o "*structural power*" permeia todos os domínios estruturais concretos, não estando concentrado – ao contrário do "*relational power*" – em âmbitos particulares. O que tem implicações curiosas, e que podemos ver como nos dizendo respeito, enquanto pequena-média potência: um Estado, para dar de novo apenas um exemplo, pode não lograr exercer poder estrutural sobre mais de um ou alguns domínios, não conseguindo alçada para outros – mas se conseguir assegurar, par apenas nos atermos aos casos mais óbvios, um controlo efectivo (ou seja, ter poder) sobre a segurança das pessoas, as agendas que definem a sua 'securitização', os meio de produção e distribuição, ou o 'conhecimento' e as tecnologias comunicacionais de ponta, tal pode não o impedir de exercer um poder efectivo sobre os outros – tornando-se-lhe possível, desse modo,

---

[62] Idem, *States and Markets*: pp. 23-42, 1988. Assim, ao invés, por exemplo, do poder político, económico, ou militar 'puros e duros' – o "*structural power*" torna-se no motor organizacional de domínios cruciais como a segurança, a energia, ou as finanças, para só referir alguns pontos de aplicação, por períodos muito mais longos – e é mais decisivo do que o "*relational power*", visto que em resposta a este último, no qual as escolhas dos actores envolvidos não estão senão momentaneamente constrangidos por situações conjunturais de uma "capacidades relativa" comparativamente pontual. Para Susan Strange, há aquilo que ela intitulou "*primary and secondary power structures as such*". Caracterizá-las nos seus termos é simples. Nas suas palavras "*while primary structures comprise "security", "production", "financial" and "knowledge" structures, secondary structures include the "transport systems (sea and air)", "trade", "energy" and "welfare" power structures*".

exercer um poder desmesurado relativamente ao que a sua escala ou capacidade relacional 'mecânica', espontaneamente poderia sugerir.

Sem querer enveredar por uma discussão teórica aprofundada – mas tocando no essencial – há, porém, mais, que pode ser utilmente aduzido: um outro tipo de perspectivação útil para compreendermos as coordenadas e implicações dos modos de actuação que preferimos. Uma perspectivação que dá corpo a uma 'decriptação' mais 'fenomenológica', se se quiser. Num artigo relativamente recente, Michael Merlingen e Rasa Ostrauskaite[63], utilizando com proficiência e *gusto* as teorizações de Michel Foucault quanto à "microfísica do poder", ao invés das "leituras liberais" habituais como as de Strange e Nye que acabámos de esquissar, esgrimem *"the argument that peacebuilding brings into play microphysical and non-sovereign forms of power that circulate through opaque capillaries that link foreign peacebuilders and indigenous populations.* [Uma leitura complementar, mas também alternativa, que] *examines the governmentality of liberal peacebuilding and the practices of 'unfreedom' it licenses; brings into focus the constellation of social control that is effected by the EU's efforts, in the context of its security and defense policy, to promote democratic policing in Bosnia; and shows how a normatively committed form of governmentality theory can be employed to limit the inevitable political pastorate in the international construction of liberal peace in posthostility societies"*. Para quem esteja familiarizado com a terminologia, os ecos foucaultianos são evidentes nestas formulações.

Formulações deste tipo, sublinhamos, acrescentam uma camada crítica a perspectivas como as de Nye e Strange. Trata-se, note-se, de uma perspectiva que disponibiliza uma interpretação interessante (e decerto com uma forte verosimilhança), segundo a qual o que apelidam de *"liberal peacebuiding"* põe para além de tudo o mais em evidência que nas intervenções que têm tido lugar há relações de dominação-subordinação que por elas são produzidas; relações essas que se vêem "autorizadas" por noções como a de uma "melhoria" das sociedades em que as forças policiais internacionais actuam. Fazem-no por intermédio de um "discurso humanista" que, se nem sempre visa de forma consciente a criação de um "império humanitário", por via de regra, em última instância em tal des-

---

[63] MERLINGEN, Michael and Rasa OSTRAUSKAITE, "Power/Knowledge in International Peacebuilding: The Case of the EU Police Mission in Bosnia", *Alternatives*, 20: 297-323, 2005.

camba – designadamente por meio de formas de "micropoder" que penetram profundamente as ordens políticas domésticas sobre as quais impõem os seus modelos, sem respeitar as suas especificidades. Somos de opinião que, se utilizada de maneira construtiva e não como uma forma politicamente motivada de denúncia virulenta, uma compreensão desta camada 'fenomenológica' ilumina um tipo complementar de poder presente nas OAPs em que estamos envolvidos – e nos permite melhor desvendar as escolhas que fizemos de nelas empenhar esforços. De uma maneira interessante, Merlingen e Ostrauskaite vão mais longe do que as críticas, hoje em dia comuns, que sublinham os paralelismos entre as intervenções policiais em Estados e cenários pós-conflito, e que tendem a colocar a tónica em coisas como o exercício de formas de censura, a manipulação de eleições, a remoção de funcionários ou líderes democraticamente eleitos, etc.. Pois, de acordo com estes dois autores, estas leituras críticas liberais clássicas (ou "funcionalistas", como também as denominam) não formulam reais considerações, que os nossos autores consideram imprescindíveis, sobre o que intitulam *"the humble and mundane practices through which 'unfreedom' operates in such international projects of improvement"*.

Os exemplos escolhidos no artigo são relativos às actuações da União Europeia na Bósnia (intitulada EUPM), que, no quadro da PESD formularam, *ab initio*, como seu objectivo: a (re)forma das forças locais de polícia por via da disseminação do que foi descrito como as *"best European policing practices"*. Mas podem ser utilizados como grelha interpretativa muito mais genericamente. Os dois autores argumentam, com exemplos muito vívidos, que aquilo que é empreendido consiste, afinal – e tal como outras formas de "ajuda ao desenvolvimento" – numa "inscrição" sistemática das populações "objectificadas", por vias por regra através de "processos de subjectificação" mal conhecidos, que operam de maneiras muitas vezes marcadamente eficazes na criação de "estruturas de disciplina e normalização" no que graficamente tende a ser implicitamente encarado, nas formas discursivas e narrativas da burocracia e dos decisores políticos de Bruxelas como *"the restless European Elsewhere"* (idem, 301).

Merlingen e Ostrauskaite são críticos, é certo – e o ponto de aplicação das críticas que formulam alicerça-se nas incongruências internas das actuações levadas a cabo. Em boa verdade, o que ensaiam é uma exploração das 'contradições' entre a postura assumida e as formas de actuação tomadas. Longe do ideal liberal que arvoram, notam, a reestruturação da polícia da Bósnia fá-lo, argumentam, por meio de uma "tecnologia de poder" muito concreta, que descrevem – "[a] *technology* [which] *manipulates relations of visions and mobilizes "truth" to spin fine meshes of a Web through which pastoral power gains access to individual police officers: their "souls," know-how, and conduct. At the heart of co-location is a disciplinary regime centered on visibility. Any such regime brings into play three elements: hierarchical observations, normalizing judgments, and corrections*". Fazem-no através de "*co-location*" e de "*mentoring*". Assim, na Bósnia, por exemplo, "[d]*eviants are made the target of repetitive normative corrections. Regimes of power based on visibility work on the assumption that the threat of constant surveillance incites individuals to become their own overseers, exercising surveillance over and against themselves and subjecting themselves to the strictures of normality as defined by those in power. In short, such regimes construct fields of visibility only to transform them into domains of power*". Por outras palavras, as missões de paz operam por meio daquilo que encaram como consubstanciando "[a] *vision-centered technique of domination*" (*ibid*.: 306). Ou seja na realidade fazem-no – e radica aqui a crítica que sugerem – "iliberalmente", redesenhando, designadamente, os modos de "subjectivação" das populações e entidades policiais-alvo: segundo Merlingen e Ostrauskaite, e nas suas próprias palavras, "[t]*his highly personalized form of pedagogical development aid is supplemented by efforts to reshape the relations of mentees to their own selves. Thus, co-locators provide them with norms and little techniques for managing stress and pressure; developing clear career aspirations, and learning how to work effectively toward them; coping well in complex and uncertain environments; increasing self-confidence, and so forth. In short, through mentoring, co-locators effectively integrate techniques of the self into a panoptic regime of domination*" (idem, 308). Tais técnicas e estratégias dão claramente corpo a uma forma de poder. Mas também fazem mais do que isso: os "dispositivos" utilizados, e nisso os dois autores põem algum acento tónico – estão longe de ser neutros, no plano das consequências *políticas* que deles fluem. São uma espécie de replicação de arquitecturas de segurança interna, de modelos, de (boas) práticas, importadas de contextos sócio-políticos e criminológicos distintos, numa lógica essencialmente *copy-paste* que potencia disfunções, incompreensão e o insucesso dos programas de *co-location* e de formação no médio/longo-prazo.

Os oficiais bósnios de polícia, em muitas questões, em resultado da actuação dos "operadores de paz", cedo começam a sentir-se, *de facto*, como em última instância responsáveis perante os oficiais europeus comunitários eles mesmos, e não apenas perante as suas próprias populações, os seus co-cidadãos, ou/e as estruturas políticas locais. Sob as vestes de uma "pacificação pós-conflito", argumentam Merlingen e Ostrauskaite, aquilo que se desenrola é um processo de subalternização político-hierárquica sistemática dos locais aos internacionais (embora não deixe de ser uma subalternização resistente e crítica). No que diz respeito ao caso da Bósnia – e, de novo, insistem, este é um padrão bem mais generalizado de "legitimação" da forças internacionais de polícia – são invocados argumentos muitas vezes exagerados relativo, designadamente aos perigos da criminalidade organizada" para a construção-consolidação nacional de um Estado de Direito nos cenários em que a intervenção toma lugar.

Talvez o mais interessante do ponto de vista da presente monografia seja o facto de que a linha de argumentação seguido por estes dois autores não pretende de modo nenhum formular uma crítica *radical* das OPAs, mas antes de pôr a nu *as condições* da sua eficácia e *o lastro* que acarretam – e ajuda-nos, com alguma nitidez potencial, pelo menos, a desvendar os mecanismos de "securitarização", como Buzan e Waever decerto os apelidariam, em causa. Nos casos aludidos e esmiuçados dos *gangs* locais de tráfico de armas e mulheres, ou de lavagem de dinheiro, não se trata assim, designadamente, de negar a existência de criminalidade organizada, nem de desdenhar o seu potencial dissolutor relativamente à criação de um Estado bósnio democrático e pacífico, ou de presumir motivos ulteriores conscientes que, de forma hipócrita ou mal-intencionada, os *peacekeepers* europeus se embrenhariam; mas antes de trazer à luz os mecanismos de "micropoder" esgrimidos para tal lograr, pondo em relevo algumas das implicações que isso tem. Ou seja, iluminar recantos mal iluminados de uma realidade complexa que urge saber compreender.

Ao trocar impressões, em Lisboa, tanto com os decisores políticos nacionais do Ministério da Administração Interna, do Ministério da Justiça, do Ministério da Defesa Nacional, do Ministério dos Negócios Estrangeiros ou da Presidência de Conselho de Ministros, como com operacionais que participaram em missões no terreno ou as coordenam à distância, a transponibilidade desta linha de argumentação para o caso português torna-se por demais evidente. Com efeito, grande parte dos participantes nacionais nas Operações de Apoio à Paz nas quais o Estado decidiu envolver forças nossas, insiste, precisamente nos claros "resultados positivos" que elas têm tido. A tónica, na esmagadora maioria das narrativas enunciadas, é posta na criação, ou "re-criação" de uma nova e mais palatável imagem (o melhor termo é *re-casting*) para os nossos homens e mulheres em missões deste tipo, no caso dos Estados e população do Mundo lusófono para quem as forças de segurança portuguesas tendem a ver-se associadas com a dominação colonial; de "laços umbilicais", por um lado "funcionais" e por outro "afectivos" entre os nossos representantes e as suas congéneres locais e as populações envolvidas nas actuações que têm tido lugar – numa curiosa bévue, é de resto nete quando que por via de regra nos comprazemos a referir a "especial aptidão" dos portugueses para o diálogo com outros povos.

Tudo isto que acabámos de expor, sem grandes ilusões idealistas ou cosmopolitas – e esta constitui uma asserção que iremos repetir na última secção substantiva do presente estudo – tende a sublinhar, com ênfase, o que é genericamente tido como uma clara vitória do *soft power* português após a implantação da Democracia – com o acento tónico colocado na palavra *power*. Não colocamos nisto, claro está, nenhuma crítica: trata-se de mera constatação. Em nossa opinião, sem tomar estas três linhas de análise em boa conta, condenamo-nos a compreender pouco e mal tanto a profusão de OAPs desde a transição democrática portuguesa quanto o surpreendente consenso a que elas se têm visto sujeitas no nosso espectro político-partidário.

Com efeito, e num balanço prévio geral, estamos em crer que não valerá a pena explicar as vantagens de perspectivações deste tipo para iluminar a projecção de forças portuguesas para o exterior depois da instauração da Democracia em 1974. De maneira muitas vezes implícita, nalguns casos de modo mais explícito, fazemo-lo no que se segue. As práticas concretas abordadas conduzem-nos a uma leitura interpretativa de substância muito particular. Uma interpretação pouco intuitiva, dada a profusão e dispersão das inúmeras acções e actividades securitárias 'externas' do Estado português Por trás dos reajustamentos funcionais pós-bipolares, esconde-se uma grande dose de continuidade estrutural; sem que isso acrescente seja o que for à eficácia do exercício deste tipo de poder. Não é difícil pôr o dedo na ferida antiga. Como sublinharemos ao longo deste trabalho, o Estado português tende a ainda assumir na sua política de segurança e defesa, pelo menos na sua variante não-explicitamente militar, aquilo a que podemos sem dúvida chamar um marcado *hiper-realismo corporativo* – uma propensão que vem de trás e que induz inexoravelmente limitações e restrições aos seus campos potenciais de actuação, uma infeliz tentação que as dinâmicas políticas 'domésticas' tornam aparentemente incontornável; e o processo está longe de ter terminado.

É nossa opinião que só com perspectivações do género da que aqui tentamos delinear que podemos esperar tornar inteligível o esforço complexo e multidimensionado que o Estado tem levado a cabo nas suas tentativas de manejar algum "poder *soft*" (para utilizar uma expressão consagrada por Joseph Nye), ou que visam garantir o exercício afim de algum "poder estrutural" (para citar Susan Strange) num Mundo em mudança. Julgamos ser inelutável que é precisamente nestes termos que as acções e actividades securitárias externas do Estado se tornam inteligíveis. Como iremos ver, no entanto, a utilização desse poder *soft*, ou "estrutural", e dos "micropoderes" que lhe seguem na esteira, estão condicionados por corporativismos internos de difícil ultrapassagem – como sublinharemos ao logo da nossa monografia e caso a caso, culminado na sua parte final.

Cremos que é nesse nexo denso de perspectivas que podemos esperar compreender a postura das elites estatais apostadas (naturalmente nos seus próprios termos) em lograr condições para o exercício de um poder desse tipo. Por outras palavras, e antecipando um pouco as nossas conclusões: as acções e actividades securitárias 'externas' oficiais portuguesas são pouco mais do que o conjunto das intervenções e projecções gizadas pelas elites do Estado para activamente agir, segundo os seus próprios modelos políticos ideais, e com as tecnologias institucionais *soft*, *hard*, e estruturais disponíveis, face a cenários internacionais cambiantes – e para tentar afirmar e posicionar as suas convicções e o peso específico do Estado, com a finalidade última de proteger os seus próprios interesses e os interesses nacionais portugueses tal como essas mesmas elites que controlam o Estado os concebem.

Se há, no nosso estudo, um 'arco narrativo' macro, é este.

Um mapa do percurso

Sem nos querermos aqui posicionar face a uma polémica cosmopolita que excede os limites do nosso trabalho, no presente estudo pretendemos fundamentalmente analisar o impacto da segurança interna na política externa nacional portuguesa no início do século XXI, cumpridos cerca de 18 anos desde a primeira participação de um contingente policial português numa Operação de Apoio à Paz (doravante, OAP), na ex-Jugoslávia, em

Março de 1992[64]. Esse é o seu tema central. Note-se que não é de modo nenhum nossa intenção levar a cabo um qualquer levantamento genérico de tudo o que tem sido feito nem teorizar, interpretativamente, o seu eventual alcance político, jurídico, securitário, ou outro. Embora estas sejam questões fundamentais a que atribuímos enorme importância, não fazem parte, no presente trabalho introdutório e meramente indicativo, do nosso *core business*, por assim dizer. Deixamos por isso de lado, pelo menos para já, tais análises, que parece preferível reservar para um momento ulterior.

Apesar de o tema central deste trabalho estar com firmeza focado na dimensão 'não-explicitamente militar' externa da segurança interna – a qual tem sido muito pouco discutida em Portugal – não é, de modo nenhum, nossa intenção sobrevalorizar o papel das forças de segurança em detrimento das muitas outras componentes da nossa política externa: diplomacia, *intelligence*, defesa, protecção civil, justiça, ou qualquer outra. Pelo contrário, procuramos salientar a necessidade de coordenação, a urgência de abandonar abordagens corporativas e unidimensionais – e a cada vez mais clara indispensabilidade e premência na implementação de uma Estratégia de Segurança Nacional que reenvie, com olhos de ver, para o quadro interno mas também para a projecção internacional do nosso país.

No presente estudo, em consonância com o exposto, mantemos os olhos postos na progressão do processo de "internacionalização" a que a segurança se tem visto submetida entre nós – sem nunca perder de vista o facto, correlativo e, ao que tudo indica, com este emparelhado, de que também a segurança interna se externaliza, num curioso vai-e-vem que importa saber compreender. Mais ainda, sem nos atermos aos quadros teóricos que aflorámos, mas sem os perder nunca de vista, tentamos, nas páginas que se seguem, trazer à tona a mecânica deste duplo processo de "internalização do externo" e "externalização do interno", e ensaiamos modelizar a dinâmica dessa propensão para alguma permeabilidade.

Como finalidade subsidiária, o trabalho ora apresentado visa apurar o sentido em que o Estado português tem vindo a reagir, reconfigurando-

---

[64] A Polícia de Segurança Pública (PSP) foi a primeira força de segurança a participar em OAP's, quando em Março de 1992, integrou a componente policial da missão UNPROFOR na ex-Jugoslávia. A participação da GNR em operações de paz teve início durante o ano de 1995, altura em que, entre 1 de Janeiro e 31 de Junho desse ano, um Oficial desempenhou funções no Posto de Comando de Calafate – Roménia, durante a supervisão do embargo da ONU à ex-Jugoslávia.

-se adaptativamente, às alterações muitas vezes profundas de uma ordem internacional em mudança acelerada. Estes fins não são, de maneira nenhuma, independentes um do outro, embora pudessem ser tratados em separado. No que se segue, presumimos a sua interpenetração – e embora não tenhamos como fito dissecar a convicção de que estamos perante uma reconstrução da própria ideia de 'Segurança' e de 'Estado', ou de 'nacional' e 'internacional', mantemos os olhos postos, de modo menos ambicioso, no tema central a que nos propusemos desde o primeiro momento.

Levamo-lo a cabo por fases. Assim, na prossecução dos dois objectivos modestos mas emparelhados que enunciámos, teremos em consideração quatro vectores fundamentais da participação internacional das forças e serviços de segurança: i) o desenvolvimento da cooperação técnico-policial com os Países Africanos de Língua Oficial Portuguesa (PALOP) e Timor-Leste no quadro da cooperação para o desenvolvimento; ii) as características e tónicas da institucionalização crescente e a progressão das mudanças de findo ocorridas na cooperação policial europeia no âmbito da Justiça e Assuntos Internos (JAI) da União Europeia; iii) a cada vez maior participação em missões de gestão civil de crises ao nível da Política Externa de Segurança e Defesa (PESD) da União Europeia; iv) os contornos da participação em OAP da ONU. A ideia é a de ir progressivamente mostrando várias das dimensões externas dos esforços das forças portuguesas de segurança – sublinhando, sempre, a sua ancoragem interna.

A estrutura do presente trabalho monográfico aborda estes quatro vectores nessa mesma ordem. Num último passo – ou fase do nosso trabalho, para reter a metáfora antes usada – ensaiamos um esforço final de puxar os fios à meada, apresentando, para tanto, uma série de conclusões tentativas. Não tentamos ir muito mais longe. Face à complexidade da nossa temática e tendo consciência de que será naturalmente difícil abrangê-la em toda a sua extensão num trabalho introdutório como este, constitui nossa intenção, apenas, tentar pôr em evidência a transversalidade das missões desempenhadas pelas forças e serviços de segurança ao nível internacional, a sua relevância para a política externa nacional e o respectivo impacto no sistema de segurança interna num contexto de crescentes imbricações entre as dimensões externa e interna da segurança. O nosso desígnio, por outras palavras, é nas páginas que se seguem pouco mais que 'cartográfico'. O fito, se há um – e ele permeia toda a nossa monografia – é o de, em simultâneo, evitar a formulação, infelizmente comum, de conclusões e críticas apressadas ou 'politicamente' convenientes por um lado e, pelo outro lado, mas de par com isso, encetar o estabelecimento de uma base sólida para estudos futuros de maior fôlego e alçada.

Tendo em vista o carácter pioneiro deste estudo e tendo em mente o seu intuito de dar origem a outros trabalhos, sectoriais e mais aprofundados, para o levar a bom termo preferimos uma sistematização simples e assaz linear. Analisaremos assim, nestas páginas, o contributo das Forças e Serviços de Segurança na dependência do Ministério da Administração Interna (MAI), designadamente a PSP e a Guarda Nacional Republicana (doravante, GNR, esta última, dependendo também do Ministério da Defesa Nacional, apenas para as questões uniformização, normalização da doutrina militar, do armamento e do equipamento), e do Serviço de Estrangeiros e Fronteiras (SEF), embora pontualmente, façamos referência ao papel desempenhado pela Polícia Judiciária (a PJ, integrada no Ministério da Justiça) sobretudo no até há bem pouco tempo chamado Terceiro Pilar da União Europeia; e não abordaremos a vertente de Cooperação, cuja importância em todo o caso não subestimamos, entre serviços de informações e entre serviços de protecção civil.

Um conjunto de questões-chave orienta a nossa análise, designadamente as seguintes: como se caracteriza a cooperação policial internacional num contexto de densificação do conceito de segurança interna? Quais os enquadramentos legais e institucionais da cooperação policial ao nível da Comunidade dos Países de Língua Portuguesa (CPLP), da União Europeia e da ONU? Qual a mais-valia da integração das polícias em organizações, missões, redes e agências de carácter supranacional para a estabilização de situações pós-conflito, para a reforma dos sistemas de segurança e justiça em Estados fragilizados e na prevenção e combate ao terrorismo e criminalidade transnacionais?

Uma rápida cláusula de salvaguarda seguida de uma breve declaração de intenções: à medida que a leitura progrida, tornar-se-á patente que tecemos aqui e ali críticas e sempre que o consideramos útil enunciamos recomendações. Embora de modo nenhum seja nossa finalidade produzir um *policy paper* – longe disso – não nos coibimos de formular avaliações "técnicas" do que a par e passo vamos descrevendo.

Formulamos, deste modo, dois pares de hipóteses de estudo, as quais tentaremos confirmar ou infirmar no esquisso de balanço genérico que ensaiamos no final do presente trabalho: 1. as Forças de Segurança desempenham um papel determinante nos processos de reconstrução pós-

-conflito e de prevenção e combate ao terrorismo e criminalidade organizada coordenados por diferentes organizações internacionais; 2. a dimensão internacional da cooperação policial, nas suas vertentes lusófona, europeia e global, constitui-se como um eixo fundamental da política externa portuguesa e redunda, simultaneamente, numa mais-valia para a segurança interna; 3. as autoridades nacionais, intergovernamentais e supranacionais necessitam de ultrapassar o paradigma tradicional de compartimentação estanque entre segurança interna e externa, entre justiça e administração interna, entre gestão militar e gestão civil de crises, entre os conceitos de criminalidade organizada e a criminalidade de massa mais difusa e entre prevenção e repressão; e. 4. a participação das Forças e Serviços de Segurança tutelados pelo MAI em missões, em acções de formação, em *fora* e reuniões internacionais, poderia ser melhor rentabilizada para efeitos de uma defesa dos interesses nacionais nos territórios ou regiões que se situem na esfera de interesse estratégico de Portugal e/ou da União Europeia – bem como ponderada para efeitos do gizar de melhorias nos mecanismos de articulação que existem e funcionam entre as forças e serviços de segurança dependentes do MAI e MJ no quadro de segurança interna. Sobre tudo isso nos iremos debruçar.

Antes de passar a segmentos mais substantivos, alguns breves comentários quanto aos métodos de que iremos fazer uso. No que toca a métodos, a posição que assumimos é multidisciplinar: assim, a metodologia utilizada adopta, no curto estudo que se segue, um carácter marcadamente compósito, pois iremos recorrer a noções e conhecimentos oriundos do âmbito das Ciências Policiais, do das Relações Internacionais, da Ciência Política e da Sociologia, bem como a outros gerados no cruzamento de teorias e métodos de múltiplas origens. Optaremos por realizar um estudo de carácter teórico-descritivo, baseado na análise bibliográfica, num levantamento ordenado de legislação e de documentos oficiais provenientes de diversos tipos de fontes, quer nacionais, quer internacionais. Para garantir a necessária sustentação das conclusões que nos propomos formular, ou pelo menos equacionar a traço espesso, tentaremos fundamentar metodologicamente as diferentes fases da investigação, delineando raciocínios e linhas de argumentação que nos habilitem a descortinar a forma como tem evoluído a projecção internacional das forças e serviços de segurança portugueses – e qual o impacto desta vertente no sistema de segurança interna.

É esse o mapa que tentamos delinear, fundeando-o na progressão inexorável da interdependência crescente dos palcos contemporâneos e na do lugar estrutural que o Estado português – por via da estratégia de posicionamento que em boa hora fez sua – neles tem vindo a assumir. Como iremos verificar, atribuímos enorme importância a esta escolha 'originária' que reputamos de essencial. Na nossa leitura, é justamente aqui que radicam as pressões sistémicas que desencadeiam e mantêm vivo o vai-e-vem a que aludimos.

O presente estudo não se esgota, porém, em meras análises multidisciplinares. De par com estas, ensaiamos um levantamento de perspectivas entretidas por vários especialistas quanto ao tema que nos ocupa nas próximas páginas; também nisso pretendemos ser pioneiros. Para tanto, foram conduzidas entrevistas selectivas com perguntas abertas a responsáveis nacionais da área da Segurança Interna e das Forças Armadas, bem como a investigadores universitários[65] – e foram-no para tentar melhor perceber as diferentes perspectivas e ângulos de análise que preferem aqueles que sobre estes temas se debruçam. Para esse levantamento, utilizámos o método de entrevistas semi-dirigidas, orientadas por uma série de perguntas-guia, sobre as quais tentaremos receber informação por parte dos entrevistados – dando-lhes total liberdade para desenvolver conexões a partir delas. Os resultados obtidos são, na íntegra, apresentados em anexo. As respostas constituem um primeiro apanhado das posturas assumidas por especialistas nacionais, de várias origens e orientações, quanto à natureza dos desafios que enfrentamos ao deparar com um crescendo de interdependência como aquele com que hoje convivemos.

---

[65] Foram entrevistadas as seguintes pessoas: Dra. Rita Faden (Directora-Geral da Administração Interna), Major-General José Freire Nogueira (Presidente do Centro Português de Geopolítica, então Vice-Presidente do OSCOT, Vice-Presidente da Comissão de Relações Internacionais da Sociedade de Geografia), Major-General Carlos Branco (Subdirector do Instituto de Defesa Nacional), Professor Doutor Armando Marques Guedes (então Presidente do Instituto Diplomático e Director-Geral de *Policy Planning*, Ministério dos Negócios Estrangeiros, e Professor Associado e Agregado da Faculdade de Direito da Universidade Nova de Lisboa), Intendente Paulo Gomes (Director do Instituto Superior de Ciências Policiais e Segurança Interna), Intendente Paulo Lucas (Secretário-Geral Adjunto do Sistema de Segurança Interna), Intendente Paulo Pereira (Oficial de Ligação do MAI na Representação Permanente de Portugal junto da União Europeia), Intendente Pedro Gouveia (Director do Departamento de Operações da Direcção Nacional da PSP), Tenente-Coronel Carlos Alves (Chefe da Divisão de Planeamento Estratégico e Relações Internacionais da GNR) e Subintendente Luís Guerra (Oficial de Ligação da PSP no MAI).

Capítulo I – A Política Externa Portuguesa de Segurança Interna no Contexto da Internacionalização Contemporânea

> *Quel principe che dà di sé questa opinione, è reputato assai; e contro a chi è reputato, con difficultà si congiura, con difficultà è assaltato, purché s'intenda che sia eccellente e reverito da' sua. Perché uno principe debbe avere dua paure: una dentro, per conto de' sudditi; l'altra di fuora, per conto de' potentati esterni. Da questa si difende con le buone arme e con li buoni amici; e sempre, se arà buone arme, arà buoni amici; e sempre staranno ferme le cose di dentro, quando stieno ferme quelle di fuora, se già le non fussino perturbate da una congiura; e quando pure quelle di fuora movessino, s'elli è ordinato e vissuto come ho detto, quando non si abbandoni, sempre sosterrà ogni ímpeto.*
>
> MACHIAVELLI, Niccolò, *Il Principe*, XIX-2

A finalidade principal desta secção do nosso trabalho é a de começar a delinear, em maior pormenor, um enquadramento analiticamente útil para os processos de internacionalização do Estado português, em particular os ligados à externalização da segurança nacional portuguesa. Fazemo-lo neste e no capítulo que se lhe segue. Tal como indicámos logo de início, iremos dedicar o grosso dos esforços à nossa internacionalização securitária não-militar – desbravando terreno e complementando, assim, os numerosos estudos que têm nos últimos anos vindo a ser produzidos no nosso país sobre esta forma de projecção externa. Num como noutro dos casos, fá-lo-emos nos termos gerais do enquadramento teórico híbrido que indicámos já preferir.

Posto isso, lançamos a rede num arco mais amplo, por assim dizer. Nos capítulos que se lhes irão seguir, progredimos, num primeiro momento, do mais para o menos abrangente – começando assim pela

"Lusofonia", daí para os processos de integração regional europeia, e depois, num segundo passo, menos identitário e mais político, para a emergência de modalidades globais de governação – neste caso um processo de natureza sistémica focado sobretudo em organizações internacionais como as Nações Unidas e, subsidiariamente, a União Europeia ou a NATO. Tornamos a sublinhar que o fito que temos com a presente monografia não é de modo nenhum apresentar uma qualquer relação exaustiva de causas, motivos, ou sequer actuações – mas apenas o de traçar linhas de força que permitam investigações futuras bem sustentadas.

Um exemplo servirá por todos. Assim, o domínio das informações (a *intelligence*, para usarmos a expressão anglo-saxónica consagrada) – embora estas sejam infelizmente cada vez mais importantes, e dêem corpo a histórias de sucesso – não será abordado, mas apenas referido. De facto, a *intelligence* é cada vez mais uma actividade central do Estado que se encontra ligada ao núcleo duro dos poderes soberanos. No contexto actual, com a mutabilidade de novas ameaças, desafios em relação aos quais as mais variadas instituições estatais nem sempre conseguem responder com a eficácia necessária, a *intelligence* tornou-se indispensável – pois trata-se de uma actividade que actua de forma antecipada e possibilita, por isso, a implementação de medidas que podem dar resposta adequada a este novo quadro, constituindo-se, assim, como uma primeira linha de defesa e de segurança. Tanto como lá fora, tal marcada transversalidade tem vindo a ser-lhe cá amplamente reconhecida: para Jorge Carvalho, por exemplo, as informações estão intimamente ligadas a outras actividades, nomeadamente, a militar, a policial, a de segurança e a de investigação criminal; no entanto, funcionam de forma antecipada em relação a todas as outras, traduzindo-se em resultado num instrumento que permite intervir num primeiro momento – ou seja, sempre *antes* (e quantas vezes *em lugar*) da utilização do poder coercivo[66]. A globalização da segurança – e designadamente a crescente interdependência dos conflitos – implica o desenvolvimento de uma estratégia ao nível das informações, exigindo simultaneamente uma estreita coordenação entre todos os organismos nacionais competentes nos domínios da segurança e defesa.

Com o desígnio de fornecer um guião geral para os quatro capítulos substantivos que se seguem ao presente e ao que se lhe segue e que com

---

[66] Na nossa utilização no que se segue, engloba o termo "as Forças de Segurança", em sentido estrito, os Órgãos de Polícia Criminal (OPC) e as Forças Armadas.

este está emparelhado – e seguindo a ordem de exposição escolhida – são úteis umas breves palavras e considerações de abertura de maior fundo sobre as motivações e a periodização do que tem sido a 'internacionalização' terceiro-republicana do Estado português.

1.1. Os Três Grandes Palcos de Internacionalização do Estado Português

Comecemos por desenhar grandes quadros quanto à motivação e legitimação interna e externa para a actuação política nacional em palcos internacionais no período pós-transição democrática. Equacionar diacronicamente a progressão destes panoramas apresenta óbvias vantagens em termos de inteligibilidade. Os motivos para a rápida emergência de uma ajuda pública portuguesa ao desenvolvimento dos países lusófonos são diversificados – e trata-se de fundamentos que foram sendo alterados ao longo dos anos. Sem pretensões excessivas no que constitui um mero estudo introdutório, e no seguimento do que delineámos no que toca às reorientações que a Democracia trouxe à política externa portuguesa, comecemos pelo que viria a ser apelidado de "a Lusofonia": um direccionamento, primeiro, para os cinco países africanos lusófonos que se tornaram independentes em 1975 e, depois, para Timor-Leste – para além, claro está, do Brasil.

Um esboço inicial e informal de 'periodização' destes processos intrincados de projecção securitária externa nacional é simples de gizar. Na segunda parte da década de 70 e ao longo da de 80, por um lado, a convicção largamente partilhada era de que uma ajuda sistemática ao que viria a ser apelidado de "mundo lusófono" convinha ao Estado português – estando este, como estava, empenhado em manter alguma influência sobre os cinco países africanos recém-independentes (Angola, Cabo Verde, Guiné-Bissau, Moçambique e S. Tomé e Príncipe) de maneira a manter algum do peso específico que antes tivera no Mundo. As razões para este consenso de largo espectro tendiam a ser expressas como uma transformação mais ou menos linear da velha "missão civilizacional", articulada com uma ampla dose de uma *Realpolitik* que emergia como resposta compreensível a uma conjuntura generalizada de crise. Para a Direita destronada pelo 25 de Abril de 1974, o que estava em causa era a assunção, em novas vestes, do que era encarado como uma versão doméstica de um nosso "Destino Manifesto"; já para a Esquerda política vitoriosa, tal era reinterpretado, quantas vezes com arrebatamento, como o assumir de uma "responsabilidade histórica" cuja genealogia dele se distinguia mal. Tanto para uns como para outros, dos dois lados do espectro político, fazê-lo parecia viabilizar algum descongestionamento político e económico num país desde o início da década embrenhado numa crise petrolífera dolorosa que parecia ter vindo para ficar – e que acabara de receber quase um milhão suplementar de habitantes "despossuídos" então 'retornados', sobretudo, desses cinco novos países absorvidos em transições por vezes muitíssimo violentas.

Uma maior resolução de imagens, mesmo se pontuais, mostra-o com muita nitidez. Num artigo interessante sobre as oscilações históricas da política externa portuguesa, Nuno Severiano Teixeira[67] teve possivelmente razão ao caracterizar as opções diplomáticas do "período pré--Constitucional" de pós-25 de Abril de 1974 como um "avatar, agora socializante, da tese tão cara a Salazar, da 'vocação africana' de Portugal"[68]. Não obstante as divergências, as oscilações, e as dúvidas havidas[69], insistiu, "durante os governos provisórios e em particular aqueles de maior preponderância militar, a orientação global da política externa portuguesa tende para uma opção terceiro-mundista e para o desenvolvimento de relações privilegiadas com os novos países saídos da descolonização portuguesa"[70]. Com efeito, os olhos do poder continuaram postos em África; e, com eles, muitas das prioridades da nossa política internacional. A acção externa do Estado, naturalmente (e num prenúncio de uma tensão, que se iria agravar, entre modelos ideais e práticas diplomáticas concretas) não escapou a esta orientação largamente intrínseca e tácita.

No período imediatamente depois da revolução tal era muito nítido. Para citar o que escreveu há uma dezena de anos um dos autores desta monografia, num artigo sobre a genealogia e arquitectura da "cooperação"portuguesa, "[t]rês teses, chamemos-lhes assim, estavam então em confronto: uma federativa, de António de Spínola, de que alguns propo-

---

[67] SEVERIANO TEIXEIRA, Nuno, "Entre África e a Europa: política externa portuguesa, 1890-1986" *Política Internacional* 12: 81-82, 1996.

[68] *Ibid*: 82

[69] Ou, segundo Nuno Severiano Teixeira, "apesar das lutas, das hesitações e da indefinição" (*ibid*. 81).

[70] *Ibid*: 82

nentes não enjeitavam a variante que previa a "independência branca"; outra, terceiro-mundista, que favorecia independências depois de "períodos de transição" de autodeterminação crescente, protagonizada por Melo Antunes; e uma última, a vencedora, cuja face visível era Vasco Gonçalves, que insistia na independência imediata das colónias, sob liderança dos movimentos político-militares que nelas tinham conduzido "lutas armadas" contra a "ocupação portuguesa"[71]. Hoje em dia, é certo, esta nitidez desvaneceu-se em larga medida. Não é porém difícil encontrar equivalentes estruturais, nas décadas seguintes, e que hoje emergem sob nossas roupagens, para esta distribuição de posturas ideológico-representacionais. Ao invés do que foi afirmado no artigo citado, afase conturabada do pós-25 de Abril não constituiu, por conseguinte, o "último avatar". Tratou-se, e este ponto parece-nos fundamental, de uma orientação que se iria prolongar muito para lá do "período pré-Constitucional" – e que em larga medida ainda se mantém.

É certo que há um enorme *deficit* na sua conceptualização de fundo. Em 1974-1975, tal como hoje, mais que propriamente uma postura assumida, ideológica ou politicamente fundamentada com minúcia ou coerência, tratava-se – como ainda agora é o caso – como que da permanência, *largamente impensada*, de uma orientação geopolítica e de uma perspectivação estratégica já então de uma centralidade secular para os modelos oficiais da identidade nacional portuguesa. Não que estivesse ausente alguma 'teorização' desta postura 'quasi-espontânea' nos anos iniciais da Democracia; mas era rala. Esta fase de gestação das novas opções internacionalistas do Estado democrático e das novas elites em ascensão foi todavia crucial, ao implicitamente conceptualizar a ajuda pública ao desenvolvimento como uma das finalidades *centrais* do Estado português. *A Cooperação [...] emergiu assim desta época gestacional e formativa dos anos imediatamente subsequentes à Revolução como um dos instrumentos de eleição,* supra *político ideológico, da acção externa do Estado português.* Uma parcela de início concebida *não* como um utensílio *político*: antes como um meio pragmático, para o qual havia um largo e muito abrangente consenso nacional, em que todas as ideologias se podiam

---

[71] MARQUES GUEDES, A.. "A dispersão e o centralismo burocrático. Disputas na Cooperação Cultural do Estado português, 1974-1999" *Themis. Revista da Faculdade de Direito* 1: 33-80, Universidade Nova de Lisboa, Lisboa. 2000.. pp. 39-40.

rever; e um meio com virtualidades amplamente consideradas indiscutíveis. Mas sem que tais ambições passassem de meros projectos. Numa visão crítica de conjunto, a fase de gestação da 'cooperação' [...] portuguesa pode ser caracterizada por uma grande generosidade de declarações aliada a uma notória paucidade de realizações concretas. Muito se gizou e se sublinhou ser de empreender; e, talvez sobretudo, muito se aventou quanto aos nobres objectivos e à consequente natureza ética e humanitária da 'cooperação' oficial. Mas muito pouco foi efectivamente feito. Um menu rico, para o que afinal redundava numa dieta frugal"[72].

Era semelhante a receptividade para tanto – a gestação de uma "Lusofonia" – do lado dos novos Estados africanos, embora nestes casos ela tivesse, ancilarmente, raízes diferentes: porventura mais terra a terra, a disponibilidade para manter e cultivar um relacionamento prendia-se antes com uma carência gritante ao nível dos quadros precisos para os seus processos de construção estadual – e, talvez sobretudo nos dois arquipélagos "crioulos" de Cabo Verde e S. Tomé e Príncipe, e em Angola, com considerações de cariz mais realista no que toca a uma ligação umbilical difícil de apagar num ápice. Ao que se vinha acrescentar, nas 'ex-colónias africanas', como começaram a ser apelidadas os novos Estados pós-coloniais, a convicção profunda – de nova encarável como uma transformação simples de quadros conceptuais herdados do período colonial – de que a manutenção de uma unidade dos "Cinco" era vantajosa para todos. A consciência da existência e do relativo sucesso da *Commonwealth*, da *Francophonie*, e da *Hispanidad* também era aguda, e a nenhuma das elites pós-coloniais passou despercebida a analogia que se poderia estabelecer entre a nova situação a que acediam e a vivida gerações antes, pelos seus "antecessores" e "camaradas de luta".

Curiosamente, o fim inesperado e rapidíssimo da ordem internacional bipolar alterou muito pouco estes enquadramentos conceptuais, tanto

---

[72] Para tornar a citar Armando Marques Guedes, tal foi expresso por "um padrão de ideias que configurava *de facto* um legado do passado colonial, transmitido, no essencial, aos vários regimes políticos que se foram sucedendo. A transformação foi simples. Imperceptivelmente, o 'discurso civilizador' do regime autoritário deslizou para a 'responsabilidade histórica' da Democracia recém-instaurada. Numa versão não esbatida mas *reinvigorada* por novas e mais legítimas coordenadas de 'correcção política' *avant la lettre*, o excepcionalismo português tradicional pôde melhor articular essa responsabilização ético-humanitária com enunciados sobre o interesse nacional numa síntese "solidarista" rica em potencial(, *ibid*..

no plano da *Realpolitik* como no dos legados pós-coloniais mais idealistas. De um lado como dos outros, os anos 90 vieram acrescentar a tais feixes de motivos vários outros, articulados sobretudo com questões mais sistémicas e por via de regra presas a dimensões económico--desenvolvimentistas – na maioria dos casos no essencial, sublinhe-se, preocupações de reorientação política, e problemas político-militares por resolver, nos casos (os de Angola, Moçambique e o do recém-chegado Timor-Leste) em que os havia. A realidade nua e crua da luta pela sobrevivência política encarregou-se, quase de maneira implacável, de remeter para um limbo com sabor a irrealismo as representações ideológicas das décadas anteriores.

Não que as linhas divisórias político-ideológicas se tenham desvanecido de um dia para o outro. Não se apagaram. Mas viram-se subalternizadas por considerações mais imediatistas. Assim, por exemplo, os esforços de internacionalização portuguesa seguiram, naturalmente, no seu extravasar para o que começou a ser concebido e afirmado como "o domínio lusófono", as preferências políticas existentes e largamente partilhadas, embora equacionadas segundo fórmulas superficialmente diferentes. Num sentido forte, de algum modo colaram-se-lhes. Mas as motivações e os discursos legitimadores viram-se imperceptivelmente modificados nos seus pontos de aplicação. O mesmo se passou nos novos Estados "lusófonos", como começaram a apelidar-se. A chegada do século XXI mudou pouco o quadro herdado, limitando-se a impor à ajuda pública recebida uma tónica cada vez mais ligada às exigências urgentes de construção de Estados que se revelavam muitíssimo mais complicadas do que fora esperado. A complexidade cresceu na justa medida em que, em simultâneo, acelerou o passo uma série de mudanças estruturais no sistema internacional – no tabuleiro, por assim dizer, em que as construções políticas iam tendo lugar.

E as motivações e os modos de legitimação, interna e externa, para a actuação política nacional do Portugal democrático na Europa? Num padrão fiel a uma oscilação continental-marítima que vinha de longe, e embora as causas profundas se tivessem mantido, seria um erro pensar que o que levou à "viragem europeia" da Terceira República portuguesa se pautou por uma lógica semelhante à do nosso "re-encontro com a África". No que respeita ao envolvimento do regime democrático de Portugal com a Europa e o compromisso com o processo de integração continental, tanto os períodos circunscritíveis como as motivações para eles identificáveis revelam-se como sendo bastante diferentes daqueles que levaram o Estado português ao seu empenhamento lusófono. Depois de 1974, uma ampla maioria das elites que controlavam o Estado considerou que o desenvolvimento económico e a estabilidade político-democrática nacionais não eram em boa verdade dissociáveis de uma adesão portuguesa a uma Europa Comunitária que se ia consolidando na nossa vizinhança imediata. Ao invés do que se passava no que à "lusofonia" diz respeito, a parada na adesão à Europa Comunitária visava um firmar político doméstico por meio de um envolvimento regional – simétrica e inversamente, no que toca à aposta na construção "lusófona", aquilo que estava em causa foi lograr uma mais digna e menos impotente integração regional por intermédio de uma ampliação do nosso peso específico global.

Também aqui, no entanto, a receptividade de um e do outro lado convergiam sobejamente. Os motivos, os interesses, e as justificações portuguesas e europeias por norma divergiram pouco entre si neste período democrático e pós-colonial. Atalhando caminhos, importa sublinhar que também neste caso, as motivações-chave de Portugal e das Comunidades, convergiam, embora fossem muito diferentes uma da outra: para a Europa, a absorção-alargamento continental (neste caso a inclusão de Portugal e Espanha no âmbito das Comunidades) aparecia como um garante da eventual criação de uma massa crítica económico-política que pudesse condignamente contracenar com os dois grandes blocos do Mundo bipolar em palcos internacionais cada vez mais exigentes. Esta dualidade ir-se-ia manter mesmo depois do seu fim tão repentino quão inesperado. Depois da Queda do Muro de Berlim em 1989 e da implosão da União Soviética em 1991 – uma mera meia-dúzia de anos depois da acessão de Portugal ao estatuto de Estado-Membro das então Comunidades Europeias – a convergência a que demos realce intensificou-se, e fê-lo sem grandes outras mudanças no plano dos motivos existentes de lado a lado.

Seria de novo um erro, pensar-se que tudo tinha mudado. A História não tinha chegado ao seu fim. Mas seria também excessivo considerar-se, como logo correu célere a convicção, de que o "caos" e a "desordem internacional" se tinham instalado sobre os escombros da ordem do pós-Guerra baseada na divisão em dois blocos antagónicos[73]. A realidade mostrou-se

---

[73] A noção de uma nova (des)ordem internacional foi popularizada, em Portugal, por um muito ambicioso trabalho, já referido, cuja primeira edição remonta a 2002, da

bem mais subtil que essas modelizações. Apesar de um início promissor, o fim da ordem internacional bipolar não trouxe ao Mundo nem a unificação pacífica nem a homogeneidade esperadas por tantos com algum idealismo inocente. É certo que, reanimada pelo fim do imobilismo que lhe tinha sido imposto pelas tensões político-ideológicas e dos "equilíbrios" militares da Guerra Fria, a Organização das Nações Unidas entrou de rompante em numerosos palcos que até aí lhe tinham sido vedados pelos vetos das duas superpotências que desde finais dos anos 40 orquestravam largamente a seu bel-prazer o sistema internacional. Mas à entrada de leão seguiu-se uma saída de sendeiro: infelizmente, a ONU cedo demonstrou não ter nem meios nem adequação estrutural para acorrer a todas as frentes que clamavam pela sua intervenção. Se a invasão no Kuwait e no Iraque, em 1991, por uma força de uma coligação multinacional de trinta e seis Estados, foi levada a cabo com sucesso sob sua égide, a verdade é que um mero ano depois, em 1992, uma operação aparentemente mais simples, ensaiada na Somália, expôs insuficiências graves e redundou num fiasco sério.

 Talvez mais importante do que tudo o mais, a eclosão de numerosos conflitos um pouco por toda a parte depressa demonstrou que o desaire sofrido em Mogadishiu podia ser generalizado: ou seja, que sem meios político-militares suficientes e um redesenho que reconfigurasse – adequando-a ao sistema internacional de finais do século XX – uma organização criada, como a ONU o fora, com 1945 em vista dificilmente sobreviveria por muito tempo na "desordem" pós-bipolar. Em consonância com isso, entidades como a NATO e a União Europeia – então, para o efeito, dotada de alguns meios de intervenção – vieram acrescentar-se-lhe. A janela de oportunidade que tudo isto representou para o novo Estado democrático português não poderia ter passado despercebido a ninguém; uma mera década depois da revolução de Abril, e antes do fim da ordem bipolar, Portugal tornara-se num membro pleno das três organizações então em ascensão nos novos palcos que o fim abrupto do império soviético tinha tornado imprevisíveis.

 Com os benefícios da retrospecção, o que aconteceu pouco teve de surpreendente – e é aqui que nos parece radicar muito do que talvez deva-

---

autoria de ROGEIRO, N., intitulada *Guerra em Paz. A Defesa Nacional na Nova Desordem Mundial*, Hugin.

mos apelidar de a visão internacional do Portugal do pós-25 de Abril. Nos termos em que antes o equacionámos, a periodização do empenhamento do Estado português nas missões destas três organizações – a ONU, a NATO e a União Europeia – pôs em evidência o nosso interesse em participar, como parte activa, em actuações colectivas de entidades nas quais uma pertença empenhada e leal nos podia claramente beneficiar no *qui pro quo* inevitável de *inputs* e *outputs* que marcaram e marcam esse (este) período de transição – tal como, aliás, o protagonismo conseguido, e o prestígio angariado, pelo mero facto da nossa participação nelas.

É mais uma vez fácil delinear, em esquisso, uma periodização informal para as fases do nosso empenhamento global a estes níveis. E só assim podemos compreender o que se iria seguir. Nos anos 70 e 80, o Estado português reingressado à ONU sem *caveats* depois de duas décadas de relativo ostracismo, encontrou assento pleno na organização. Atarefadas como estavam as nossas elites políticas em reorganizar tanto essa participação quanto uma retaguarda problemática – para além da defesa da criação e manutenção de um estatuto transitório para o território de um Timor-Leste ocupado pela Indonésia – pouco mais foi feito, nessa década e meia, do que garantir uma pertença plena portuguesa a uma entidade então ainda pouco activa. Uma vez essa pertença assegurada, a missão de explorar a nova janela de oportunidades via-se, no essencial, cumprida.

Mas o Mundo, entretanto alterou tanto a sua estrutura organizacional como o seu modo de funcionamento. Como é bem sabido, na década de 90, o panorama da ONU mudou: face às novas exigências emergentes para uma organização então muito mais ágil e procurada, empenhámo-nos em acompanhar as missões que lhe foram crescentemente acometidas. Com os desaires sofridos e a entrada em palco de uma NATO alterada q.b. e de uma União Europeia a levantar a cabeça também estas duas entidades começaram a exercer sobre o Estado português uma "efeito gravitacional" cada vez mais marcado. A tendência para nas suas missões nos envolvermos também iria crescer.

Embora seja decerto muitíssimo difícil identificar com segurança um momento diacrítico, o certo é que desde há muito que um ponto de não--retorno tinha sido atingido. E se de início podia haver hesitações, cedo elas se tornaram impensáveis em termos de meros cálculos racionais de ganhos e perdas. Em inícios do século XXI tornara-se claro que cada vez mais estas tinham um carácter securitário marcado – e, nas frentes ONU, NATO e União Europeia, o Estado português não pode nem quis recuar num envolvimento que se tornara num palco cada vez mais importante de participação e afirmação em modalidades inovadoras de uma governança regional e global que se tem vindo a cristalizar. A questão já não é apenas a de uma aposta numa estratégia de ultrapassagem da exiguidade de um peso específico que a descolonização soletrou: trata-se, agora, de tentar assegurar uma participação condigna do Estado em processos de interdependência e governação que nos torne em sujeitos pró-activos deles e não em seus objectos passivos. Para o tentar conseguir, afirmação, posicionamento e imagem andam hoje, como vimos a defender, de mãos dadas.

Como então decompor de maneira útil o crescente entrosamento, securitário mas *não explicitamente militar*, do Estado português nestes três grandes cenários internacionais – a Lusofonia, a Europa Comunitária, e as organizações internacionais – dando assim corpo à interdependência securitária a que fizemos alusão? Por meio de pequenos passos analíticos cumulativos sobre isso mesmo nos debruçaremos nas páginas que se seguem.

1.2 Pontos de Aplicação e a sua Delimitação Genérica

Para tanto – e embora nos pareça de pouca utilidade proceder a quaisquer definições no âmbito do presente trabalho – impõe-se a operacionalização e delimitação de um conjunto de conceitos que iremos aplicar ao longo da análise que se segue: designadamente os de política externa nacional, segurança interna e defesa nacional, de forças e serviços de segurança, cooperação policial europeia (CPE), gestão civil de crises, operações de paz e cooperação técnico-policial (CTP). É de salientar que o objectivo, aqui, não é senão pragmático-operacional – não tendo a subsecção que se segue quaisquer ambições teóricas ou metodológicas. Começamos pelo enquadramento normativo mais genérico desta mão--cheia de conceitos.

Aflormos a sua circunscrição (ou, talvez melhor, a formatação) *jurídico-legal* na ordem em que enumerámos os pontos de aplicação identificados, com plena consciência que ela nos diz pouco sobre o que na prática tem lugar em termos de uma sua eventual aplicação *in action* – embora nos disponibilize um retrato útil de como o Estado encara a sua actuação nestas frentes daquilo que afirma tomar como prioritário, e a audiência interna e externa que visa endereçar. A nossa perspectivação e o nosso intuito têm no que se segue por isso pouco de uma qualquer análise *normativa*: cingem-se, antes, ao dimensionamento político-retórico dos enunciados que o Estado português tem tido por bem anunciar em roupagens jurídicas – a sua expressão sendo encarada como "actos ilocucionários" com a natureza de *performative utterances*, no sentido que a estas noções atribui J.L. Austin[74] – ou seja, encarando esses enunciados como *formas de acção*.

1.2.1. *Política Externa Nacional*

No que toca a noção de política externa nacional importa começar por sublinhar o previsto na Constituição da República Portuguesa (doravante, CRP), ela própria profundamente marcada por uma consciência aguda da nova conjuntura pós-colonial, das limitações resultantes do nosso novo estatuto internacional, e dos imperativos embutidos nos laboriosos processos democráticos com que iríamos doravante ter de lidar. A Lei Fundamental que entrou em vigor a 25 de Abril de 1976 foi exemplar nos cuidados que teve e tem tido na expressão que deu aos modos de tornear essas dificuldades-oportunidades nas inúmeras vezes em que foi desde então revista.

Assim, segundo o Art. 7.º, n.º 1, da Constituição, "Portugal rege-se nas relações internacionais pelos princípios da independência nacional, do respeito dos direitos do Homem, dos direitos dos povos, da igualdade entre os Estados, da solução pacífica dos conflitos internacionais, da não ingerência nos assuntos internos dos outros Estados e da cooperação com todos os outros povos para a emancipação e o progresso da humanidade", pelo "estabelecimento de um sistema de segurança colectiva, com vista à criação de uma ordem internacional capaz de assegurar a paz e a justiça nas relações entre os povos" (Art. 7.º, n.º 2, da CRP), bem como, "em condições de reciprocidade, com respeito pelos princípios fundamentais do Estado de direito democrático e pelo princípio da subsidiariedade e tendo em vista a realização da coesão económica, social e territorial, de um espaço de liberdade, segurança e justiça e a definição e execução de uma política externa, de segurança e de defesa comuns, convencionar o exer-

---

[74] AUSTIN, J.L., *How to do things with Words: The William James Lectures delivered at Harvard University in 1955*. Ed.J.O.Umson (Oxford: Clarendon, 1962).

cício, em comum, em cooperação ou pelas instituições da União, dos poderes necessários à construção e aprofundamento da União Europeia" (Art. 7.º, n.º 6, da CRP). Como será fácil de constatar, e como seria de esperar, trata-se de um tipo de discurso característico de uma pequena-média potência apostada em encontrar um lugar numa ordem internacional em que reentrou como membro pleno.

Como é natural dadas as características formalmente jurídicas destes verdadeiros actos políticos performativos e os constragimentos que esse tipo de formatação exige, à medida que descemos na "pirâmide normativa", os diplomas legais tornam-se mais específicos, e circunscrevem com mais clareza tanto finalidades quanto prioridades visadas. Assim, por exemplo, de acordo com a Resolução do Conselho de Ministros (RCM) n.º 43/99, de 18 de Maio, que aprovou o documento intitulado *A Cooperação Portuguesa no limiar do século XXI*, "o importante desafio que se coloca a Portugal é o de saber articular, nos planos político, económico e cultural, a dinâmica da sua integração europeia com a dinâmica de constituição de uma comunidade, estruturada nas relações com os países e as comunidades de língua portuguesa no mundo, e de reaproximação a outros povos e regiões".

Com a preocupação de respeitar as regras do jogo de legitimação formal destes actos normativos, e em parte talvez apenas por isso, encontram-se identificados, no anexo à RCM n.º 196/2005, de 22 de Dezembro (designado *A visão estratégica da cooperação portuguesa)*, objectivos muitíssimo claros enquanto pilares da nossa política externa: "a relação com os países africanos de expressão portuguesa (...), a integração europeia e a aliança atlântica"; "a profunda ligação a Timor-Leste"; "a língua portuguesa que constitui um valor fundamental para a nossa política externa" e ainda "a promoção da nossa capacidade de interlocução e influência em redes temáticas internacionais cujos centros de decisão são supranacionais". Com uma óbvia dose de intencionalidade e lisura, e movida decerto também por uma questão 'técnica' de transparência e "completude sistémica", o Governo português não se ficou por aqui, bem pelo contrário. O Programa do XVII Governo Constitucional, no seu capítulo V – intitulado *Portugal na Europa e no Mundo* – prevê que a política externa nacional assente em sete pontos-chave: 1) uma participação activa nos centros de decisão da vida e das instituições mundiais; 2) a aposta de Portugal na construção europeia; 3) a internacionalização da economia portuguesa; 4) a assunção de responsabilidades na manutenção da paz e da segurança internacional; 5) um relançamento da política de cooperação; 6) uma política cultural externa; 7) a valorização das Comunidades Portuguesas.

Esforços ilocucionários e performativos de fazer coalescer em textos e projectos jurídicos todos esses constrangimentos relativamente avulsos, num quadro programático concomitantemente mais coeso e útil para a projecção de uma imagem nova e benévola de um Estado português cada vez mais apostado num "*re-casting*" da sua imagem, não se fizeram esperar. Atesta-o, assinaladamente, a aprovação da RCM n.º 73/2009 de 30 de Julho, onde foi definida a *Estratégia Nacional sobre Segurança e Desenvolvimento*[75], a qual nos parece bastante relevante por traçar um conjunto de objectivos e instrumentos de implementação, difíceis de concretizar face à pouca coordenação interministerial na acção externa em matéria de segurança e desenvolvimento. Mais, porque de novo tal se coaduna bem com o lugar estrutural de uma pequena-média potência preocupada em fornecer ao exterior *e também* a si própria uma imagem positiva dos seus objectivos e das suas motivações, embora com o atraso de pelo menos uma década[76], se compararmos com estratégias delineadas por outros Estados.

A conceptualização-quadro subjacente ao documento de orientação estratégica da cooperação portuguesa subscreve uma abordagem ampla de segurança humana, contemplando as dimensões da segurança pública e do desenvolvimento humano *(aludindo a coisas como freedom from fear e freedom from want)*. O que tem como subtexto a vontade de comunicar alto e bom som a ideia meritória de que o Estado português, avisadamente, considera que a adopção de uma abordagem de segurança humana na resposta a situações de fragilidade – tornando os indivíduos, de par com os Estados, o centro das estratégias de segurança – permite mapear de forma mais completa as causas e expressões das situações de fragilidade, enfati-

---

[75] De acordo com o capítulo de enquadramento do documento em referência, "a Estratégia Nacional sobre Segurança e Desenvolvimento traduz o empenho de Portugal em dar continuidade à dinâmica internacional em curso, procurando identificar os mecanismos e instrumentos existentes e aqueles a criar para que o País possa assumir uma intervenção internacional com base em políticas mais coerentes, integradas e coordenadas. A promoção interna de coerência de políticas tem ainda a vantagem de conferir a Portugal a legitimidade e a credibilidade internacionais para influenciar de forma significativa processos em países que enfrentam situações complexas de fragilidade".

[76] Como lamentou em 2007 J.E. Garcia Leandro, numa entrevista publicada no no. 2 da revista *Segurança e Defesa*, "Portugal não soube instruir e educar as suas gentes".

zar a prevenção de conflitos e a consolidação da paz, e exige uma programação da cooperação que integre os planos de segurança, desenvolvimento e direitos humanos numa abordagem abrangente, que envolva actores diversos como as forças armadas, as forças de segurança, o sistema judicial e agentes de desenvolvimento na articulação de uma resposta integrada e sustentada a estas ameaças e constrangimentos. Uma formulação *legitimadora* de forte eficácia, como vimos, que visa lograr impacto interno como externo – e não muito diferente do que fizeram outras pequenas-médias potências como o Canadá, a Noruega, ou a Holanda.

Virando-se depois sobretudo para interlocutores internos – o timbre dos textos e enunciados parece indiciá-lo – os diplomas legais têm vindo a regulamentar aquilo que dizem querer fazer para atingir os objectivos elencados. Conforme mencionado neste documento, "o papel da cooperação portuguesa passa pelo apoio à organização de unidades e estabelecimentos de formação militar e pela formação em Portugal, bem como pelo reforço das instituições estatais responsáveis pela segurança interna na missão de implementação da lei, designadamente as forças de segurança pública, os serviços de migrações e fronteiras e a investigação criminal nas dimensões de organização, métodos e formação como meios de consolidar a estabilidade interna". Como medidas ou instrumentos de implementação da estratégia são mencionados os seguintes[77]: 1) promover uma maior coerência e coordenação da intervenção do Estado português na acção externa global em matéria de segurança e desenvolvimento; 2) identificar mecanismos e instrumentos existentes e a criar que permitam uma programação e acção mais integrada da cooperação nos países em situação de fragilidade; 3) promover a sistematização das boas práticas e a partilha da informação entre os actores no âmbito da segurança e desenvolvimento, na sede e no terreno; 4) potenciar o diálogo político com as redes da sociedade civil detentoras de conhecimento útil sobre as realidades em questão; 5) aprofundar a interacção com os parceiros internacionais neste domínio. Seria difícil não ver neste elenco-súmula, o que é típico numa qualquer sociedade democraticamente organizada: uma colecção desigual de concessões a interlocutores internos – tanto as entidades interessadas que participam nos processos de produção legislativa, como as os *lobbies*

---

[77] Ainda na RCM n.º 73/2009 de 30 de Julho em que foi definida a *Estratégia Nacional sobre Segurança e Desenvolvimento*.

corporativos e outros activados, a *constituencies* genéricas existentes caso a caso a que estão sujeitos e as audiências e eleitorado relevantes.

Vale a pena, aqui, levar a cabo um recuo crítico. Os intuitos político-performativos que apontámos para a feitura destes diplomas legais limitam, como não podia deixar de ser, a alçada do que é produzido. O que se tem visto abordado e alinhado exprime, sem dúvida, consciência de tocar vectores importantes, embora no que de normativo tem sido produzido fique por perceber qual o órgão regulador no seio do MNE ou estrutura flexível que coordenará a implementação destas medidas. Com efeito, num cômputo geral, parece-nos insuficiente aquilo que é regulado – nomeadamente, tendo em vista quer a prática concreta dos agentes, quer a excessiva ambição 'consensualista' dos diplomas, que nos parece apenas vinculada a um reflectir de equilíbrios entre os interesses a que dão em larga medida expressão[78]. Regressaremos a estes pontos nas nossas conclusões, mas podemos avançar já que não nos parece que esta tarefa complexa deva ficar entregue a um mero grupo de trabalho ou outra estrutura não permanente. No documento em análise parece-nos particularmente relevante a medida enunciada de articular a concepção e definição dos programas de cooperação técnico-militar, de cooperação técnico-policial e de cooperação judiciária no âmbito dos Programas Indicativos de Cooperação (daqui por diante, PIC) com o Instituto Português de Apoio ao Desenvolvimento (doravante, IPAD), a que aludiremos no capítulo dedicado à cooperação Lusófona, bem como a criação de equipas *ad hoc,* a nível interministerial, por cada país parceiro de Portugal em situação de fragilidade. Face à evolução recente e perspectivas futuras estamos perante uma verdadeira geometria variável da política externa nacional (ver anexo 2), que cremos favorece esse tipo de soluções.

---

[78] Para uma defesa da inerpretação segundo a qual as dinâmics normativas e reulatórias que foram sendo gizadas respondiam, no essencial, a tensõese conflitos burocráticos internos à orgânica do Estado português e não a quaisquer considerações políticas externas, ver MARQUES GUEDES, Armando, "A dispersão e o centralismo burocrático. Disputas na Cooperação Cultural do Estado português, 1974-1999" *Themis. Revista da Faculdade de Direito* 1: 33-80, Universidade Nova de Lisboa, Lisboa, 2000.

1.2.2. Defesa Nacional

Com isto em mente, prossigamos a nossa desconstrução política dos textos jurídicos legais e diplomas a eles associados. Quanto à "Defesa Nacional" – e conforme previsto no Art. 273.°, n.° 2, da Constituição da República Portuguesa – a acção política do Estado tem por objectivos garantir, no respeito da ordem constitucional, das instituições democráticas e das convenções internacionais, a independência nacional, a integridade do território e a liberdade e a segurança das populações contra qualquer agressão ou ameaça externas. Constitui obrigação do Estado assegurar a defesa nacional (Art. 274.°, n.° 1). De acordo com o Art. 1.°, n.° 1, da Lei de Defesa Nacional (Lei n.° 31-A/2009, de 7 de Julho), a Defesa Nacional tem por objectivos garantir a soberania do Estado, a independência nacional e a integridade territorial de Portugal, bem como assegurar a liberdade e a segurança das populações e a protecção dos valores fundamentais da ordem constitucional contra qualquer agressão ou ameaça externas. Segundo o Art. 1.°, n.° 2, do mesmo diploma, a Defesa Nacional assegura ainda o cumprimento dos compromissos internacionais do Estado no domínio militar, de acordo com o interesse nacional.

De seguida, hibridiza. No seu Art. 24.°, n.° 1 alínea e), introduz a ideia de que incumbe às Forças Armadas cooperar com as Forças e Serviços de Segurança tendo em vista o cumprimento conjugado das respectivas missões no combate a agressões ou ameaças transnacionais[79] – apesar de, ao longo deste diploma legal, se continuar a utilizar, certamente por imperativos constitucionais, a expressão "agressões ou ameaças externas". O Art. 48.° do mesmo diploma legal prevê que as forças de segurança colaboram em matéria de defesa nacional nos termos da Constituição e da lei, competindo ao Chefe do Estado-Maior-General das Forças Armadas e ao Secretário-Geral do Sistema de Segurança Interna assegurar entre si a articulação operacional, para os efeitos previstos na alínea *e*) do n.° 1 do Art. 24.°.

---

[79] Segundo o art. 4.° n.° 1 alínea e) da Lei Orgânica de Bases da Organização das Forças Armadas (Lei Orgânica n.° 1-A/2009 de 7 de Julho), "nos termos da Constituição e da lei, incumbe às Forças Armadas cooperar com as forças e serviços de segurança tendo em vista o cumprimento conjugado das respectivas missões no combate a agressões ou ameaças transnacionais".

1.2.3. Segurança Interna

Em patamares mais baixos de inclusividade, a legislação depois limita-se a cartografar o óbvio, no sentido 'clássico' enquanto profissão de fé democrático-estadual 'moderna'. A Segurança Interna, de acordo com o Art. 1.º, n.º 1, da Lei n.º 53/2008, de 29 de Agosto (Lei de Segurança Interna – LSI) "é a actividade desenvolvida pelo Estado para garantir a ordem, a segurança e a tranquilidade públicas, proteger pessoas e bens, prevenir e reprimir a criminalidade e contribuir para assegurar o normal funcionamento das instituições democráticas, o regular exercício dos direitos, liberdades e garantias fundamentais dos cidadãos e o respeito pela legalidade democrática"[80]. O articulado depois pormenoriza o que isso significa: segundo o Art. 1.º, n.º 3, da LSI, as medidas previstas na lei destinam-se, em especial, "a proteger a vida e a integridade das pessoas, a paz pública e a ordem democrática, designadamente contra o terrorismo, a criminalidade violenta ou altamente organizada, a sabotagem e a espionagem, a prevenir e reagir a acidentes graves ou catástrofes, a defender o ambiente e a preservar a saúde pública".

Há, porém, mais – e trata-se de acrescentos que põem em evidência as opções tomadas com o fito de assegurar uma maior projecção externa do Estado português num sistema internacional cada vez mais marcado pela complexidade das suas interdependências, mas com o cuidado de sem com isso perder o seu novo *facies* democrático e benevolente. Uma das vertentes da dimensão externa da segurança interna pode ser encontrada no Art. 4.º, n.º 2, da LSI, que estipula que "no quadro dos compromissos internacionais e das normas aplicáveis do direito internacional, as Forças e os Serviços de Segurança podem actuar fora do [espaço sujeito aos poderes de jurisdição do Estado Português], em cooperação com organismos e serviços de Estados estrangeiros ou com organizações internacionais de que Portugal faça parte, tendo em vista, em especial, o aprofundamento do espaço de liberdade, segurança e justiça da União Europeia". Curiosamente, e talvez vejamos isto corrigido a breve trecho, a projecção externa da segurança interna não tem qualquer menção na Constituição, ao contrário da das Forças Armadas[81].

---

[80] O diploma 53/2008, de 29 de Agosto revogou a anterior lei, com data de 1987.
[81] No Art. 275., n.º 5 , da Constituição Portuguesa compete às forças armadas, nos termos da lei, satisfazer os compromissos internacionais do Estado Português no âmbito

Apesar de tais tipos de lacunas, como expressões performativas características de uma pequena-média potência, os diplomas legais não se ficam por aqui: o Art. 25.º, n.º 2, da LSI estabelece que são forças e serviços de segurança, a Guarda Nacional Republicana (GNR), a Polícia de Segurança Pública (PSP), a Polícia Judiciária (PJ), o Serviço de Estrangeiros e Fronteiras (SEF) e o Serviço de Informações de Segurança (SIS)[82]. Os seus *Leitmotifs* e limites são semelhantes, como iremos ver abaixo. É todavia pena que os "legisladores" não tenham incorporado nas suas formulações *acquis* amplamente disponíveis – como, pragmaticamente, o fazem muitos dos Estados nossos 'equivalentes laterais', por assim dizer.

1.2.4. *Operações de Paz*

Operações de Paz, Operações de Apoio à Paz (OAP) ou Operações de Manutenção de Paz, são conceitos que não estão previstos na Carta das Nações Unidas. Um ex-Secretário-Geral da ONU, o sueco Dag Hammarskjold, referiu-se a este tipo de operações como estando "ao abrigo do Capítulo VI e meio" (UN, 1996: 5), dado serem uma ponte entre a adopção de instrumentos para a solução pacífica dos conflitos a que se refere o capítulo VI da Carta, e a aplicação de mecanismos coercivos prevista no capítulo VII da Carta. O termo "Operações de Apoio à Paz" (OAP), ou *Peace Support Operations* (PSO), que têm uma listagem oficial, é, de resto, discutível, já que muitas das operações de paz são, na realidade, verdadeiras operações "bélicas". A paz é o objectivo a atingir mas, frequentemente, tal objectivo é atingido com a utilização, em maior ou menor grau, da força.

Um só exemplo das formulações consentâneas com os nossos novos projectos de envolvimento externo e posicionamento no sistema internacional a que poderíamos ir beber inspiração. O Suplemento da Agenda para a Paz, de 1995, apresentado pelo então Secretário-Geral da ONU, Boutros Boutros-Ghali, foca a necessidade das operações de paz e do uso

---

militar e participar em missões humanitárias e de paz assumidas pelas organizações internacionais de que Portugal faça parte.

[82] Segundo o Art. 25.º n.º 3 da LSI "exercem ainda funções de segurança, nos casos e nos termos previstos na respectiva legislação: os órgãos da Autoridade Marítima Nacional; e os órgãos do Sistema da Autoridade Aeronáutica.

da força serem encaradas como técnicas alternativas, não devendo ser confundidas umas com as outras. Vale a pena citá-lo neste contexto: *"nothing is more dangerous for a peace-keeping operation than to ask it to use force when its existing composition, armament, logistic support and deployment deny it the capacity to do so. The logic of peace-keeping flows from political and military premises that are quite distinct from those of enforcement; and the dynamics of the latter are incompatible with the political process that peace-keeping is intended to facilitate. To blur the distinction between the two can undermine the viability of the peace-keeping operation and endanger its personnel"*. Boutros Gahli sublinhou ainda com lucidez a necessidade de implementação de programas sustentados e sustentáveis, dado que: *"international problems cannot be solved quickly or within a limited time. Conflicts the United Nations is asked to resolve usually have deep roots and have defied the peacemaking efforts of others. Their resolution requires patient diplomacy and the establishment of a political process that permits, over a period of time, the building of confidence and negotiated solutions to long-standing differences. Such processes often encounter frustrations and set-backs and almost invariably take longer than hoped. It is necessary to resist the temptation to use military power to speed them up. Peace-keeping and the use of force (other than in self-defence) should be seen as alternative techniques and not as adjacent points on a continuum, permitting easy transition from one to the other"* (Boutros Boutros-Ghali, 1995)[83].

---

[83] No mesmo Suplemento da Agenda para a Paz de 1995, Boutros-Gahli referiu: *"there are three aspects of recent mandates that, in particular, have led peace-keeping operations to forfeit the consent of the parties, to behave in a way that was perceived to be partial and/or to use force other than in self-defence. These have been the tasks of protecting humanitarian operations during continuing warfare, protecting civilian populations in designated safe areas and pressing the parties to achieve national reconciliation at a pace faster than they were ready to accept. The cases of Somalia* [um exemplo em que tudo correu mal] *and Bosnia and Herzegovina* [um caso em que através da força foi imposta a paz, embora persistam tensões e questões estruturais por resolver] *are instructive in this respect. In both cases, existing peace-keeping operations were given additional mandates that required the use of force and therefore could not be combined with existing mandates requiring the consent of the parties, impartiality and the non-use of force. It was also not possible for them to be executed without much stronger military capabilities than had been made available, as is the case in the former Yugoslavia. In reality, nothing is more dangerous for a peace-keeping operation than to ask it to use force when*

Seja qual for o retrato que a legislação delas pretende fornecer, o facto é que as Operações de Apoio à Paz consistem, assim, "na imposição de forças neutrais e ligeiramente armadas na sequência da cessação das hostilidades, com a permissão do Estado em cujo território essas forças são estacionadas, de forma a desencorajar o reacender do conflito militar e a promover um ambiente conducente à resolução da disputa (...). Incluem actividades como observação, a interposição, a manutenção da lei e da ordem e a actividade humanitária" (Diehl, 1987: 13). Podem também ser definidas como "intervenção de uma organização internacional para, com o acordo das forças em conflito, apoiar e criar condições de segurança para a pacificação interna de um Estado" (Ribeiro & Ferro, 2004: 139). Ou ainda como "uma presença da ONU no terreno com o consentimento das partes interessadas e, como norma, com recurso a efectivos militares e/ou de polícia das Nações Unidas, bem como, em muitos casos, a pessoal civil. Esta técnica aumenta as possibilidades de prevenção de conflitos e de restabelecimento da paz".

As organizações internacionais desde há muito que o assumem como evidente. Na Agenda para a Paz de 1992 foi definido o conceito de operações de paz da seguinte forma: *"peace-keeping is the deployment of a United Nations presence in the field, hitherto with the consent of all the parties concerned, normally involving United Nations military and/or police personnel and frequently civilians as well. Peace-keeping is a technique that expands the possibilities for both the prevention of conflict and the making of peace"* (Boutros-Ghali, 1992)[84]. De acordo com o Relatório Brahimi[85], *"peacekeeping is a 50-year-old enterprise that has evolved*

---

its existing composition, armament, logistic support and deployment deny it the capacity to do so. The logic of peace-keeping flows from political and military premises that are quite distinct from those of enforcement; and the dynamics of the latter are incompatible with the political process that peace-keeping is intended to facilitate. To blur the distinction between the two can undermine the viability of the peace-keeping operation and endanger its personnel" (Boutros-Ghali, 1995). De notar que há tradução portuguesa da Agenda para a Paz e do Suplemento, facilmente obtenível na *net*; por uma questão de fidedignidade, referimos, no entanto, citá-la na língua original.

[84] *An Agenda for Peace Preventive diplomacy, peacemaking and peace-keeping.* Report of the Secretary-General pursuant to the statement adopted by the Summit Meeting of the Security Council on 31 January 1992.

[85] Este relatório tem a designação de Brahimi devido ao coordenador da equipa de trabalho ter sido Lakhdar Brahimi. (ex-ministro dos negócios estrangeiros da Argélia). Em

rapidly in the past decade from a traditional, primarily military model of observing ceasefires and force separations after inter-State wars, to incorporate a complex model of many elements, military and civilian, working together to build peace in the dangerous aftermath of civil wars" (Brahimi, 2001).

A comunidade internacional não se ficou por aqui. Um pouco por toda a parte, o conceito de *Peace Support Operations* [entre nós, como vimos, OAPs] passou igualmente a ser adoptado para demonstrar o largo espectro de missões que podem ser desenvolvidas no quadro destas "novas" operações de manutenção, de apoio, de construção e de imposição da paz. A nova abrangência estende-se dos formatos da sua actuação aos mecanismos que as autorizam. Oiçamos uma analista: segundo Nicola Johnston, *"the term Peace Support Operations (PSO) describes organised international assistance initiatives to support the maintenance, monitoring and building of peace and prevention of resurgent violent conflict. There are two categories of PSOs: peacekeeping and peace enforcement. Peacekeeping operations monitor and support the establishment of peace, usually in the context of a peace agreement and peace enforcement operations create conditions for peace and are permitted to use force. Most PSOs are authorised by a UN Security Council resolution under the UN Charter. Peacekeeping operations are generally authorised under Chapter VI and peace enforcement operations under Chapter VII. A UN Security Council resolution can authorise a UN PSO, or a regional organisation or coalition of willing states to undertake a PSO. UN Security Council resolutions determine the PSO's mandate, which defines the operation's core tasks. A mandate may be altered only by passing a new Security Council Resolution, usually if conditions have changed in the conflictaffected country or region in which the PSO is based. Over the past two decades, PSOs have adapted to deal with the changing nature of conflicts in different regions of the world"* (Johnston, 2005).

Março de 2000 o Secretário-Geral da ONU Kofi Annan nomeou um grupo de peritos internacionais, encabeçado pelo diplomata argelino, para elaborar um relatório com uma análise aprofundada sobre as operações de paz em todos os seus aspectos. O objectivo era repensar a própria forma como as operações eram planeadas, executadas e financiadas. O relatório tem a referência A/55/305–S/2000/809, *Comprehensive review of the whole question of peacekeeping operations in all their asp*ects de 21 de Agosto de 2000.

A tipologia de operações que em resposta às conjunturas emergentes foi sendo segregada é extensa e diversificada, assim como os respectivos mandatos: *"mandates range from the traditional monitoring of ceasefire agreements and conducting disarmament, demobilisation and reintegration programmes, to protecting civilians from fighting factions, to the newer mandates for nation building, through which governing structures and the security sector are totally rebuilt"* (*ibid.*). Apesar da rigidez doutrinária de separação entre as operações de apoio à paz e as operações de imposição da paz, preconizada nas Agendas para a Paz de 1992 e 1995, estas aparecem de forma cada vez mais combinada e interdependente. Com efeito, *"peace enforcement operations where multinational forces are permitted to use force to establish peace are relatively recent phenomena, including the operations in Afghanistan and Kosovo. PSOs are usually conducted in the context of a larger effort to reform and rebuild a nation, which can include confidence-building measures, power-sharing arrangements, electoral support, strengthening the rule of law and economic and social development"* (Johnston, 2005, idem).

1.2.5. *Gestão Civil de Crises*

A que aludimos, então, quando fazemos referência a uma "gestão civil de crises" – independentemente das representações que a legislação disso fornece? Sem querer, naturalmente, oferecer quaisquer definições que teriam uma muito reduzida utilidade, note-se que a gestão civil de crises pode ser designada como a "intervenção de pessoal não militar numa crise violenta ou não, com intenção de prevenir uma escalada da crise e de contribuir para a sua resolução" (Lindborg, 2002: 4). Alguns autores diferenciam o que pode ser considerado "prevenção de conflitos" e "gestão de crises". Neste caso a "prevenção de conflitos" abarca somente as actividades que ocorrem antes do início de quaisquer hostilidades; enquanto a "gestão de crises" tem lugar depois da irrupção da violência. Dado que as iniciativas para construção da paz em cenários pós-conflito são vistas como um meio de prevenir crises subsequentes, são frequentemente entendidas como fazendo parte da gestão civil de crises em sentido amplo (Lindborg, 2002: 4). Trata-se, muitas vezes, de um processo laborioso. A gestão civil de crises é composta por várias etapas e por vários intervenientes, não estando os seus limites, claramente, definidos, entre gestão civil de crises e prevenção de conflitos, por um lado e a gestão civil de crises e a gestão militar de crises, por outro (ICG, 2001). Os seus limites, por outras palavras, são difusos.

E a sua modelização varia. Segundo Renata Dwan, por exemplo, a gestão civil de crises "potencialmente, indica qualquer política ou meios utilizados na gestão de crises que não seja política militar ou meios militares (...) como tema, a gestão civil de crises é própria da União Europeia e não tem equivalente no léxico da ONU, Organização para a Segurança e Cooperação na Europa (OSCE) ou organizações regionais não europeias" (Dwan, 2004: 1). Numa outra perspectiva, mais dinâmica, a gestão civil de crises contempla as "capacidades operacionais civis dos Estados-Membros (EM) que se desenvolveram desde 1999 em paralelo aos aspectos militares da gestão de crises no âmbito da Política Europeia de Segurança e Defesa (PESD)" (Nowak, 2006: 17). Em todas as descrições-circunscrições que possamos preferir, em todo o caso, um núcleo duro mantém-se, porém: a gestão civil de crises da União Europeia refere-se às operações que não são de carácter militar, mas que utilizam recursos civis – polícia, reforço do Estado de Direito, reforço da administração civil e protecção civil[86].

1.2.6. CooperaçãoTécnico-Policial

Elenquemos, agora, questões relacionais de pormenor. A cooperação policial e judiciária, integra um dos mais importantes objectivos da construção europeia, ou seja, manter e desenvolver a União Europeia como um espaço de liberdade, segurança e justiça, conforme dispôs o Art. 2.º, 4.º travessão, do Tratado da União Europeia. Eis uma excelente descrição: a cooperação policial no seio da União Europeia consiste "na actuação combinada ou a assistência entre os Estados-Membros [daqui por diante referidos como EM], no vasto espectro que abrange a prevenção e o combate à criminalidade em geral, e, em particular, a que, assumindo natureza transnacional, pode afectar diversos Estados-Membros – como os tráficos ou a criminalidade económico-financeira – ou a que atenta contra os

---

[86] Estas missões civis coexistem, muitas vezes, no mesmo território sob uma cadeia de comando única liderada pelo Representante Especial da UE.

valores mais basilares das sociedades democráticas – como é o caso do terrorismo – tendo como objectivo último garantir um elevado nível de protecção dos cidadãos (...) resulta da necessidade de implementação de medidas de segurança que permitam o exercício pleno da liberdade e circulação num imenso espaço sem fronteiras internas" (Gomes, 2005: 11). A adopção de novas definições do que é 'segurança' está implícita.

Um derradeiro exemplo: a cooperação técnico-policial de âmbito multilateral ou bilateral visa "contribuir para o desenvolvimento de formas de organização do sistema de segurança interna, controlo de fronteiras, gestão de informações, manutenção de ordem pública e combate à criminalidade dos países com quem cooperamos, privilegiando as relações entre forças e serviços de segurança ao nível de organização, métodos, formação e treino, participando no reforço das condições de estabilidade interna, autonomia das instituições políticas e segurança das populações e na consolidação do primado de valores essenciais da democracia e do Estado de Direito" (IPAD-MNE, 2006: 20-21).

A questão pode ser abordada segundo uma perspectivação mais substantiva, embora também formal – e embora o legislador português possa parecer disso não estar ciente, muitos são os textos disponíveis que o fazem – e pena é que não sejam aproveitados. É nossa convicção – a que regressaremos, repetimo-lo, no final desta monografia – que o Estado português poderia com destreza, com um pouco mais de atenção ao repertório de formulações disponíveis, ir mais longe nas afirmações político-jurídicas que enuncia. Muito mais poderia naturalmente ser dito, mas sem ganhos de maior. A traço grosso – mas de espessura e nitidez suficiente para efeitos do presente estudo – esta é a 'cercadura' formal e pública delineada pelo dimensionamento político-retórico dos enunciados que o Estado português tem vindo a anunciar em vestes jurídicas – a sua expressão enquanto "actos ilocucionários" formalizados.

Desbravado este terreno mais formal de circunscrição, e as insuficiências nele induzidas por uma propensão "juridificante" e performativa que tem como 'efeito secundário' uma comparativa desatenção aos quadros políticos em que se movem, podemos agora voltar a nossa atenção para questões de maior fundo.

1.3. Alçada e Sentido da Projecção Externa da Segurança Interna

Deixando para trás a dimensão jurídica *in the books*, foquemos, agora, a realidade concreta em que tais enunciados performativos actuam. No seguimento do que atrás escrevemos sobre à mecânica da interdependência crescente das entidades integrantes do sistema internacional contemporâneo, podemos começar por notar que a globalização e "desterritorialização" de algumas das questões da segurança e da ameaça terrorista têm provocado uma crescente descoincidência entre a "fronteira geopolítica" e a "fronteira da segurança" – e têm conduzido a uma indissociável ligação e interpenetração entre a segurança externa e interna. A segurança interna deixou de ser um fenómeno geograficamente assente, tornando-se possível argumentar que o vector internacional (ou externo) "passa a constituir uma dimensão construtiva e explicativa da dimensão interna da segurança" (Fernandes: 2005: 145). Nada de muito surpreendente: a fundamentação e sentido da projecção externa da segurança interna podem ser encontrados num quadro de densificação do conceito de segurança que excede – e fá-lo cada dia mais – os limites herdados da concepção vestefaliana[87] do Estado-Nação, de soberania, e de delimitação estável entre a segurança interna e a segurança externa.

No mundo contemporâneo em permanente mudança, globalizado, massificado e marcado pela complexidade, as crises, os conflitos armados inter- e intra-Estados, tal como a criminalidade transnacional, são cada vez mais multidimensionais, dinâmicos, flexíveis e reticulares, não se restringindo a estruturas rígidas. Na sociedade de risco dá-se um alargamento marcado do espectro das ameaças e das vulnerabilidades (Beck, 1992: 19). Não custa compreender em que sentido. As ameaças tradicionais "eram originadas por adversários politicamente identificados e geograficamente localizados. As novas ameaças são originadas por adversários múltiplos e

---

[87] Os tratados de Vestefália, assinados em 1648 em Munster e Osnabruck, puseram termo à grande vaga de guerras religiosas do século XVII (embora a Guerra dos Trinta Anos, tenha sido mais que uma guerra religiosa – a França católica alinhou, aliás, com os contendores protestantes contra a Espanha – e não tenha em boa verdade constituído o último conflito armado quer "esxterno" entre católicos e protestantes, quer "interno"; muito sangue ainda se verteu em nome da "verdadeira fé", nalguns países europeus) e reconheceram a proeminência dos Estados enquanto actores internacionais e investidos de soberania.

polimorfos, não identificados e de difícil localização. Os desafios "tradicionais" concorrem com "novas" ameaças, com carácter assimétrico e transnacional e com elevada imprevisibilidade quanto à sua emergência (tempo, local e forma), intensidade e ritmo de evolução" (IPRI-UNL, 2006: 4). Porém, os riscos na hodiernidade foram também apropriados pela economia de mercado, convertendo-se paradoxalmente em oportunidades de negócio. Segundo Beck, *"risks are no longer the dark side of opportunities. As the risk society develops, so does the antagonism between those afflicted by risks and those who profit from them (...). New antagonisms open up between those who produce risk definitions and those who consume them.These tensions between business and the elimination of risks, and between the consumption and the production of risk definitions, range across all areas of social action. Here lie the essential sources of the definitional struggles over the scale, degree and urgency of risks. In the fixing of acceptable levels, the numbers of people afflicted as patients or victims increase or decrease. By drawing lines of causation, companies and occupations are caught in the firing line of accusation. Politicians and politics release pressure by holding individuals and not systems responsible for the accidents and damage. On the other hand, viewers of risk definition take over and expand their market opportunities. Some, like chemists, are both sides at the same time; they make people sick and then feed them pills to cure their secondary sickness (allergy medication, for example)"* (Beck, 1992: 46).

Ou seja, como que um novo *plateau* foi atingido. Um primeiro levantamento das problemáticas suscitadas, esboçado pela via indirecta de um desdobramento de algumas das principais questões levantadas por uma mão cheia de analistas, não é difícil de alinhar. Para relembrar aquilo que equacionámos como novas definições na parte introdutória deste estudo, uns poucos de exemplos provenientes dos novos horizontes de problematização que têm vindo a ser esboçados valerão por todos. Na "modernidade líquida" geradora de incerteza (Bauman, 2000: 12), os Estados tentam responder aos novos desafios colocados pela crescente demanda de segurança por parte das organizações e dos cidadãos. É comum entre os analistas a ideia de que o terrorismo e a criminalidade organizada recorrem às tecnologias de informação, às facilidades de transporte, à especialização de tarefas, à inteligência combinada com violência, à internacionalização, ao trabalho em rede, caracterizando-se por um grande espírito de iniciativa e mentalidade empresarial, respondendo a situações de mercado em constante mutação, factores que preconizam "uma resposta dinâmica, coordenada, integrada e multidisciplinar" (Sousa, 2006: 326). Num contexto como este, a segurança militar deixou de ser o único e principal domínio da segurança, mas "um de cinco sectores principais da segurança, juntamente com a segurança ambiental, económica, societal e política" (Buzan, 1991: 24), transportando assim para o âmbito da segurança, riscos decorrentes, entre outros, de potenciais pandemias, de problemas na cadeia alimentar, da circulação rodoviária, com consequências para a saúde e o bem-estar dos cidadãos.

Num balanço geral, notemos, verifica-se uma alteração do objecto e dos instrumentos da segurança, bem como do número e tipologia dos actores que produzem e distribuem aquele "bem" no plano supranacional. A produção e distribuição de segurança já não se limitam ao vector estatal, focando-se cada vez mais no actor (a pessoa humana como objecto de segurança) e não no sector (militar ou não militar) (Brandão, 2004: 51). De igual modo, são utilizados de forma combinada *hard power* e *soft power* e as componentes de *security* e *safety* de forma flexível e num *continuum* para fazer face "à geopolítica do caos" (Ramonet, 2001: 11-12) e, concretamente, à internacionalização de ameaças e riscos. O furacão Katrina em Nova Orleães em 29 de Agosto de 2005 e os sismos no Haiti em 12 de Janeiro de 2010 e em L' Aquila (Itália) em 6 de Abril de 2009, para dar apenas três exemplos recentes, são casos paradigmáticos da interconexão e relação dialéctica entre a segurança, a protecção civil e a emergência médica. Com efeito, nos dias e semanas após as catástrofes mencionadas, registaram-se roubos e furtos de forma generalizada, e no Haiti tumultos e uma implosão do sistema prisional e da polícia – factos que demonstram que estes fenómenos devem ser enquadrados de forma cada vez mais integrada e sistémica, abandonando-se abordagens parcelares e unidimensionais.

Numa cinquentena de anos muitíssimo foi o que se alterou – e, se o passado recente é representativo, e decerto que o é, ainda a procissão vai no adro. Face ao quadro contemporâneo de diluição de fronteiras, os Estados não podem actuar isoladamente para prevenir e combater fenómenos como o terrorismo, a criminalidade organizada, os tráficos de pessoas, de droga, de armas e de seres humanos – facto que tem levado ao aprofundamento da cooperação policial e judiciária. Por outro lado, os Estados de hoje apostam em prevenir ameaças e riscos e defender a sua segurança longe das suas fronteiras (por exemplo: através de operações da NATO, da ONU e da U.E), de modo a tentarem evitar efeitos directos ou colaterais das multinacionais do crime e da violência no seu território. As alterações a que tudo isto dá corpo não podem ser subestimadas. Como refere Adriano Moreira, para citar um nome português, "os países não podem hoje proteger os interesses próprios, inevitavelmente articulados com os interesses comuns dos povos, sem parcerias com o resto do mundo. Esta referência às parcerias tem seguramente o sentido de evitar uma admissão explícita de que toda a soberania, no sentido que ainda informa o direito internacional vigente, exige uma reformulação conceitual, pois nenhum Estado detém hoje as capacidades que lhe deram identidade e função"[88].

Mudou aquilo que tinha de mudar. Nesta conjuntura, as forças de segurança interna ajustam-se ao carácter reticular do "novo crime" e das "novas crises", flexibilizam estruturas e *modi operandi*, especializam-se, recorrem às novas tecnologias, cooperam entre si ao nível global e regional, projectando segurança para fora do território nacional e criando simultaneamente valor no quadro de segurança interna, fruto da colaboração e experiência internacional. As forças e serviços de segurança configuram-se, de facto, como actores privilegiados no plano supranacional, sobretudo, em quatro níveis macro-estratégicos: i) no da componente policial das operações de paz da ONU; ii) no da gestão civil de crises da União Europeia; iii) no da cooperação policial europeia no espaço de liberdade, segurança e justiça; e, iv) no da cooperação técnico-policial, de âmbito bilateral ou multilateral com os PALOP, Timor-Leste e Brasil. Deste modo, torna-se expectável que esta dimensão externa da segurança interna se alargue, tendo em vista uma prevenção e combate mais eficaz aos (novos) fenómenos criminógenos transnacionais – o que cria desafios e oportunidades no que ao plano securitário interno diz respeito.

Seria isto evitável? Estamos em crer que nem por sombras o poderia ter sido. Vale decerto a pena 'teorizar' – talvez equacionar em termos pré-teóricos (sem grandes apegos a perspectivações atidas a quaisquer 'escolas' mas nunca as perdendo de vista) seja uma representação mais fidedigna do que tentamos levar a cabo – neste ponto um pouco sobre a dinâmica sistémica (a 'causalidade estrutural, se se preferir) destes pro-

---

[88] Artigo de Adriano Moreira, in Diário de Notícias, 4 de Novembro de 2008.

cessos de 'internacionalização' de uma segurança até aí concebida como 'interna'. Como irá sendo constatado, é aqui, no quadro de uma nossa integração europeia amplamente processada nestes mesmos termos, que encontra a sua expressão porventura mais nítida na lógica de pequenos passos cumulativos que caracteriza a dinâmica 'neo-funcionalista' de aparente irreversibilidade.

Sobre isto nos debruçamos de seguida.

Capítulo II – Na Esteira de Uma Nova Governação da Segurança e de Um (Novo) Conceito de Segurança Interna

> *"The pessimist complains about the wind; the optimist expects it to change; the realist adjusts the sails"*
>
> WARD, William Arthur

> *"Any road followed precisely to its end leads precisely nowhere. Climb the mountain just a little bit to test it's a mountain. From the top of the mountain, you cannot see the mountain".*
>
> HERBERT, Frank (1965), *Dune*

Tal como notámos na nossa introdução, em termos 'sociologísticos' e 'multi-sectoriais' a governação da segurança surgiu em face da crescente complexidade da sociedade actual, "caracterizando-se [aquela] pela passagem da tutela ao contrato, da centralização à descentralização, do Estado redistributivo ao Estado-regulador, da gestão do serviço público à gestão segundo princípios de mercado, da direcção pública à cooperação entre os actores públicos e privados" (IPRI-UNL, 2006: 25). O Estado deixou de ser o único actor e produtor de segurança, apesar de manter a sua centralidade no sistema internacional, na medida em que um conjunto de novos actores actuam de forma subsidiária e complementar à sua actividade (*ibid.*, 2006: 8) num contexto de anarquia[89]. Em boa verdade, a situação

---

[89] O termo anarquia "não é equivalente a desordem no meio do caos, mas somente a ausência de governo efectivo no sistema internacional", falta de uma autoridade que

gerada não é de todo homogénea. Mas o facto é que está organizada segundo padrões bastante simples de compreender.

Com a globalização, e embora padrões inusitados de entre-ajuda tendam a emergir, a boa verdade é que para a maioria das entidades "as relações internacionais são caracterizadas pela "auto-ajuda", sendo os Estados obrigados a salvaguardar eles mesmos a sua segurança (...). Enquanto algumas das grandes potências mantêm uma preocupação constante com a sua segurança e estão prontas, a todo o momento, a recorrer à força se necessário, a maioria dos Estados (...) prossegue uma cooperação pacífica por largos períodos de tempo e procura estabelecer entre si uma ordem estável e equilibrada" (Dougherty & Pfaltzgraff, 2003: 46). Nesta conjuntura, muitos são os Estados que tendem a integrar-se em blocos regionais que desvalorizam a "fronteira geopolítica", o que reduz a importância da segurança interna, "enquanto realidade autónoma e circunscrita ao interior das fronteiras (...) e, desde logo, porque a interiorização pode constituir factor de erro na concepção das políticas públicas de segurança" (Fernandes, 2006: 55). Radica também aqui, em considerações securitárias, muita da propensão regionalizante contemporânea que tantos observadores têm vindo a constatar caracteriza o Mundo pós-bipolar.

Pese embora decisores políticos e analistas nem sempre mostrem ter consciência do facto, Portugal não é nisso excepção. Com efeito a 'visão internacional portuguesa do pós-25 de Abril', como a aplidámos, inscreve-se sem grandes cambiantes – que não as sublinhadas no último capítulo – neste enquadramento recente de ambivalência.

2.1. Um novo quadro matricial?

As questões suscitadas podem com vantagem ser abordadas de um novo ângulo, e vale por isso a pena levar aqui a cabo uma espécie de *rewind*. Os Estados pós-bipolares debatem-se com um paradoxo difícil

---

se sobreponha à autoridade dos Estados, em caso de necessidade (Dougherty & Pfaltzgraff, 2003: 46). João Cravinho refere que este conceito não é muito convincente "por vivermos numa era em que a convivência internacional é marcada não por um ambiente de desbragado individualismo e egoísmo dos Estados, mas antes pela existência de múltiplas regras e normas que são fundamentais para a nossa compreensão do panorama internacional" (Cravinho, 2006: 48).

de resolver: "tornaram-se demasiado pequenos para resolver os grandes problemas e demasiado grandes para resolver os pequenos" (Bell, [1960] 2000: 10)[90]. É fácil traduzir este aforismo em termos concretos. Por um lado, os Estados afastam-se das questões de segurança societal local, estabelecendo parcerias, e para esse efeito sub-contratando ou delegando. Por outro lado, não têm capacidade para, por si próprios, prevenir ou combater, determinados fenómenos no quadro de segurança interna, tendo em consideração o paradigma das ameaças ser genericamente "não-governamental, não-convencional, dinâmico, não-linear, com regras de empenhamento desconhecidas, pelo menos por um dos lados, com um modo de actuação e doutrina assimétrica e imprevisível" (Steele, 2002: 5) e o facto de o adversário ter "uma atitude de "santuarização agressiva", não possuir base territorial fixa, ter vontade de destruir e não de partilhar o poder" (Viana, 2003: 4). Tudo isto redundando em alterações de peso, note-se, relativamente ao que até aqui era o caso.

Os Estados, para garantir a sua segurança interna, vêm-se assim na contingência de ter de investir na "cooperação internacional (...) têm de se desnacionalizar e transnacionalizar para o seu próprio interesse nacional, isto é, abdicar da sua soberania, para que, num mundo globalizado, possam tratar dos seus problemas nacionais" (Beck, 2002), criam mecanismos de troca de informações e de trabalho cooperativo, recorrendo a uma rede complexa de acordos e convenções supranacionais (de âmbito global e regional). Implicações? Vivemos num mundo em que a governação da segurança "é multicentrada e exercida em diversos níveis e em rede, sendo a autoridade (e legitimidade) estatal contestada por um conjunto de actores e organizações supranacionais" (Loaeder & Walker, 2007: 235-236). Tal enredamento tem também uma expressão institucional. Assim, a governação da segurança é é produzida e fornecida num plano horizontal (polícias, serviços de emergência médica, protecção civil, protecção do

---

[90] O que de resto pouco teve d enovo: foi um pouco como seguramente os EUA se sentiram no Vietname: depois de quase vinte anos a preparar-se para uma mega-guerra contra a URSS, verificaram que não tinham forças adequadas a combater uma pequena (de início) guerra convencional – e depois o envolvimento fez-se apenas com conselheiros militares, ou seja com "meias tintas" que pouco ou nada vieram ajudar. A tentação ou de impressionar (*shock and awe*) quer de reduzir tudo à boa vontade e/ou ao simbolismo também se aplica às OAP. Por muito impressionante que seja o arsenal ou o esforço dispendido, o que é mesmo necessário é um meio adequado à necessidade. Esta é que dita aquele.

ambiente, segurança alimentar, segurança privada[91], etc.), e ao mesmo tempo geográfico/vertical – o local (autarquias, polícias municipais), o nacional (forças de segurança e forças armadas) e o internacional (*i.e.* NATO, ONU, União Europeia) – os quais têm que articular esforços umas com as outras, sobretudo em situações de crise (ver anexo 3). Por uma questão de economia do texto, e tal como já indicado, mantemos em suspenso quaisquer descrições ou ponderações de temas ligados à *intelligence*, na sua vertente civil ou militar.

Para tomar o pulso ao impacto das mudanças ocorridas basta elencar as exigências que elas impõem – e levá-lo a cabo de novo sem perder de vista (ou pelo menos mantendo sempre em mente) as várias interpretações a que fizemos referência. Por norma, compreensivelmente, em casos como os equacionados a densificação do conceito de segurança concretiza-se através do alargamento das estratégias nacionais, passando os Estados a privilegiar a adopção de políticas internas e externas transversais e multidimensionais: i) do emprego do uso da força à qualidade de vida, patente por exemplo nos esforços diplomáticos, de construção da paz em Estados fragilizados e de cooperação para o desenvolvimento; ii) do monopólio do Estado aos novos actores nacionais e internacionais que actuam de forma subsidiária, complementar ou substitutiva (ong's, organizações internacionais, multinacionais privadas, etc.); iii) da segurança do Estado à segurança das pessoas; iv) do *hard power* ao *soft power*. Na maioria dos casos, como pode ser constatado pela mais leve dos levan-

---

[91] Segundo o Relatório Anual de Segurança Interna (RASI) de 2008, "a segurança privada em Portugal constitui um sector importante, sendo objectivo do Governo, expresso também nas Grandes Opções do Plano, assegurar a efectiva regulação e coordenação do sector. Assumindo um papel complementar e subsidiário das Forças e Serviços de Segurança do Estado no quadro da política de segurança interna, o sector assume crescente importância, em resultado das necessidades e solicitações dos cidadãos em geral, visando aumentar a sua segurança e qualidade de vida. O sector de segurança privada envolveu, durante o ano de 2008, 160 entidades autorizadas, das quais, 105 são entidades prestadoras de serviços de segurança privada. Em termos de vigilantes existem 38.928 activos, ou seja, vinculados por contrato de trabalho a entidades que exercem actividades de segurança privada. O volume global de negócios das actividades de segurança privada, legal e regulada pelo regime jurídico da segurança privada, ascende a cerca de 650 milhões de euros. O sector de segurança privada, numa dimensão global, é um sector em evolução e em crescimento, assumindo no caso de Portugal uma dimensão importante, quer pelos meios envolvidos, quer pelo crescimento sustentado que se tem verificado nos últimos anos" (RASI, 2008, p. 53).

tamentos de exemplos, essa densificação ocorre por via de regra em diversos planos em simultâneo.

Hoje em dia, existe uma aparente tendência de privatização da segurança nos Estados pós-conflito, acompanhando a evolução deste sector nos Países mais desenvolvidos[92]. Porém, o potencial de utilização abusiva de recursos de segurança privada e de nepotismo, os riscos de sobreposição, concorrência e conflito com as forças de segurança pública (vulgo Polícias) e de violação de direitos, liberdades e garantias dos cidadãos, vêem-se muitíssimo ampliados nos territórios dilacerados por conflitos internos, sobretudo os mais fragilizados por crises humanitárias e pela desestruturação das instituições estatais[93].

---

[92] Sobre este assunto consultar também COCKAYNE, James e MEARS, Emily Speers, *Private Military and Security Companies: A Framework for Regulation* (New York: International Peace Institute, March 2009).

[93] É já extensa a bibliografia sobre estes temas. Ver, por exemplo (e por ordem cronológica): HALL, Rodney e BIERSTEKER, Thomas, *The emergence of private authority in global governance*, Cambridge (UK), Cambridge University Press, 2002. BUTTON, Mark: "Private security and the policing of quasi-public space", *International Journal of the Sociology of Law*, vol. 31, 2003, pp. 227-237. LUTTERBECK, Derek, "Between Police and Military – the new security agenda and the rise of gendarmeries", in *Cooperation and Conflict*, vol. 39, nr. 1, 2004, pp. 45-68. SINGER, Peter Warren, "Corporate Warriors – the rise of the privatised military industry and its ramifications for international security", in: Michael E. Brown *et. al.* (eds.), *New Global Dangers – changing dimensions of international security*, the MIT Press, Cambridge (MA, USA, pp. 512-546), 2004. SINGER, Peter Warren, "Outsourcing War", *Foreign Affairs*, vol. 84, 2, pp. 119-132, Março/Abril de 2005. HOLMQVIST, Caroline, "Engaging armed non state actors in post-conflict settings", in: Alan Bryden *et. al.* (eds.), *Security Governance in post-conflict peacebuilding*, LIT Verlag, Münster (RFA) e Transaction Publishers, Londres, pp. 45-68, 2005. AVANT, Deborah D., *The Market for Force – the consequences of privatizing security*, Cambridge (UK), Cambridge University Press, 2005 e 2006. LIPPERT, Randy & O'CONNOR, Daniel, "Security Intelligence networks and and the transformation of contract private security", *Policing and Society*, vol. 16, nr. 1, Março de 2006, pp. 50-66. IISS, "Contractors in War – Blackwater case will test regulation", *Strategic Comments* , vol. 13, issue 9, Novembro de 2007, pp. 1-2. DORN, Nicholas & LEVI, Michael, "European Private Security, Corporate Investigation and Military Services: Collective Security, Market Regulation and Structuring the Public Sphere", *Policing and Society*, vol. 17, 3, pp. 213-238 Setembro de 2007. ROSÉN, Frederik, "Commercial Security: Conditions of Growth", *Security Dialogue*, vol. 37, nr. 1, 2008, pp. 77-97. OWENS, Patricia, "Distinctions, distinctions: public and private force?", *International Affairs*, vol. 84, nr. 5, 2008, pp. 977-990. ROSÉN, Frederik, "Off the record: Outsourcing security and state building to private firms and the question of record keeping, archives, and collective memory", in *Archive Sciences*, vol. 8, 2008,

Os *Leitmotifs* para tanto são bem conhecidos. A crescente actuação das companhias de segurança privada em cenários de crise constitui, na maioria dos casos, uma panaceia para evitar a utilização das Forças Armadas em determinadas funções de risco ou de apoio, ajudando a poupar recursos humanos e financeiros e a estancar a pressão da opinião pública sempre que se verificam baixas entre as tropas empenhadas nos teatros de operações – embora também não sejam alheios ao desenvolvimento deste sector, os interesses económicos neste ramo de negócios lucrativo. Para Francisco Proença Garcia, "a relevância actual das empresas militares privadas (EMP) que prestam serviços e tarefas militares em cenários críticos, fez emergir [o conceito] de *civilinização* das forças armadas e dos conflitos modernos" (Garcia, 2009: 117-119). Outros autores há, no entanto, que consideram esta questão como muito discutível, salientando, designadamente, que muitos são os casos concretos que têm corrido mal (i.e. Iraque) e também o facto das "lições aprendidas" poderem no futuro próximo inverter a tendência de empenhamento crescente de empresas militares privadas em áreas de conflito.

Nos Estados Unidos esta matéria controversa tem sido cada vez mais debatida nos mais diversos meios políticos, conforme se pode observar no Relatório do *Congressional Research Service* norte-americano de 25 de Agosto de 2008[94]. De acordo com dados citados neste relatório: "*it is esti-*

---

pp. 1-14. SINGER, P.W., "Militares privados: benefícios vs. Política pública", *Política Exterior*, núm. 125, sep./oct. 2008, pp. 65-77. SCHOONER, Steven L., "Why contractor fatalities matter", *Parameters*, Vol. XXXVIII, Nr. 3, 2008, pp. 78-91. disponível http://www.carlisle.army.mil/usawc/Parameters/08autumn/contents.htm. GARCIA LEANDRO, J.E., "O Estado, o cidadão e a segurança – novas soluções para um novo paradigma", *Segurança e Defesa*, 2, pp. 12-19, Fevereiro de 2007. WAKEFIELD, Alison,"Private policing – A view from the mall", *Public Administration*, vol. 86, nr. 3, 2008, pp. 659-678. NEVERS, Renée de, "Private Security Companies and the Laws of War", *Security Dialogue*, vol. 40, nr. 2, 2009, pp. 169-190. WELCH, Michael, "Fragmented power and state-corporate killings: a critique of Blackwater in Iraq", *Crime, Law and Social Change*, vol. 51, pp. 351-364, 2009. del PRADO, José L. Gómez, "Private Military and Security Companies and the UN working group on the use of mercenaries", *Journal of Conflict and Security Law*, vol. 13, nr. 3, 2009, pp. 429-450. HEDAHL, Marcus, "Blood and Blackwaters – a call to arma for the profession of arms", *Journal of Military Ethics*, vol. 8, nr. 1, 2009, pp. 19-33.

[94] ELSEA, Jennifer K., SCWARTZ, Moshe & NAKAMURA, Kennon H., *Private Security Contractors in Iraq: Background, Legal Status, and Other Issues*, Congressional Research Service (CRS) Report for Congress, Updated August 25, 2008.

mated that some 50 private security contractors employing more than 30,000 employees are working in Iraq for an array of clients, including governments, private industry, and international organizations such as the United Nations. Peter Singer of the Brookings Institution estimates that citizens of some 30 countries are employed by private security companies in Iraq (...). Some 20 different PSCs, employing 10,000 people, are working directly for the U.S. government, primarily for DOD and the Department of State.10 These security contractors are providing an array of armed and unarmed security services, including static security, personal security details, intelligence analysis, and operational coordination. The United States also has an indirect contractual relationship with many PSCs. For example, reconstruction contractors working for the United States Agency for International Development (USAID) have in turn subcontracted with PSCs to acquire security services".

As somas envolvidas são verdadeiramente astronómicas ao que se sabe. Retomemos o Relatório referido: "[t]*he total direct cost to the U.S. government for acquiring security services in Iraq is not known. The U.S. Congressional Budget Office (CBO) recently estimated that between 2003--2007 the U.S. government obligated between $3 billion and $4 billion to PSCs to acquire security services.11 In 2005, the U.S. Government Accountability Office (GAO) reported that as of December 31, 2004, U.S. agencies had already obligated over $450 million to acquire security. CBO has estimated that starting in 2005, agencies have spent between $500 million and $1.2 billion annually on security services. The total cost to the U.S. government for private security services acquired by government contractors in Iraq is also unknown. CBO recently estimated that between 2003-2007, U.S.-funded contractors spent between $3 billion and $6 billion to acquire security services. In 2007, House Oversight and Government Reform Committee Chairman Henry Waxman stated at the committee's February hearings on Iraq reconstruction that almost $4 billion 'has been paid for private security services in the reconstruction effort alone'. The amount of money spent by government contractors on security represents a significant portion of available reconstruction funds"*. Uma conclusão genérica que nada tem de surpreendente.

Uma outra questão de fundo reside nas alegações repetidas de abuso da força e de uma cada vez mais gritante falta de supervisão e escrutínio das actividades das empresas de segurança privada em territórios em situação de conflito – como o são os casos trazidos a lume no Iraque e no Afeganistão[95]. Neste âmbito, a continuando a citar o Relatório do Congresso norte-americano: "*members of Congress have also raised questions about the State Department's oversight of its protective service contractors' activities in Iraq. They accuse the State Department of not only failing to supervise contractor performance adequately but also of failing to properly investigate alleged killings by PSCs. PSCs' use of deadly force, the killing of allegedly innocent Iraqi civilians by Triple Canopy and Blackwater employees, and the State Department's alleged lack of concern about accountability, many believe, have undermined U.S. foreign policy and specifically U.S. standing in Iraq. Many in the military reportedly expressed concerns that Blackwater's actions that day and over time could alter and degrade relationships that the military is seeking to build with Iraqis.47 Speaking prior to the September 16 killings, an Iraqi Interior Ministry official discussing Blackwater's actions in previous deadly fire incidents and the company's attitude in ignoring Iraqi law and customs, explained that Blackwater and its actions are part of the reason for the hatred of Americans. 'Iraqis do not know them as Blackwater or other PSCs but only as Americans'. In a broader foreign policy context, the State Department's alleged protection of Blackwater as its employees act as if they are above Iraqi law and kill Iraqis with impunity makes it difficult to advocate for such issues as the importance of the rule of law and human rights as U.S. foreign policy objectives. Advances in worldwide communications make it possible for allegations of human rights violations by those associated with the United States to be spread worldwide almost instantaneously, and may affect both the perception of the United States as a country respectful of human rights as well as the international environment in which the United States works to advance its foreign policy objectives*".

Na mesma linha – e alertando para as lacunas na regulamentação da segurança privada expedicionária – Francisco Proença Garcia defende que "ficam ainda a faltar os mecanismos de controlo e inspecção a nível internacional, uma vez que enquanto a regulamentação e fiscalização não forem eficientes, receamos que este tipo de empresas não possam ou

---

[95] Ver, por exemplo, o já atráscitado estudo de WELCH, Michael, "Fragmented power and state-corporate killings: a critique of Blackwater in Iraq", *Crime, Law and Social Change*, vol. 51, pp. 351-364, 2009.

não queiram entender, na mira do lucro, a 'natureza complexa dos interesses nacionais e aceitem participar num jogo em que a sua posição, sem ser claramente oposta aos interesses do seu país, também não possa considerar-se favorável', subsistindo assim o perigo real de existir um poder militar armado não residente na legitimidade do Estado" (Garcia, 2009: 118)[96].

Em Portugal deparamos com um exemplo sintomático da mutação nas concepções sobre segurança, tanto ao nível do debate académico [ainda insípido] que se vai a pouco e pouco desenvolvendo acerca desta temática, em sintonia com o novo enquadramento jurídico do Sistema de Segurança Interna e de Defesa Nacional. A mudança de paradigma a que os processos de transformação-integração global dão corpo pode ser constatada, por exemplo, na Lei de Segurança Interna (de ora em diante, LSI) – ao incluir, para além da tradicional protecção das pessoas e da ordem e segurança pública, a "prevenção e reacção a acidentes graves ou catástrofes, a defesa do ambiente, a preservação da saúde pública" (Art. 1.º, n.º 3 da LSI) e os serviços prisionais (Art. 12.º, n.º 2 al. m)[97]. Podemos enunciar questões suscitadas em "académês", insistindo que s e trata do estabelecimento de um "sistema alargado com uma geometria variável e que tem como principais características ser suportado por um conceito interdisciplinar de segurança interna e possuir uma composição robusta, coerente e com flexibilidade" (IPRI-UNL, 2006: 32). Mas fazê-lo não nos levaria mais longe. Tais características do sistema de segurança interna poderão contribuir para a maior eficácia da prevenção, da contenção e da resposta a transformações rápidas e imprevisíveis no espectro de ameaças e riscos e, ao mesmo tempo, para resistir às várias pressões que se exercerão sobre o mesmo – melhorando as coisas, sem que nunca, porém, possamos em boa verdade escapar a uma interdependência que de nós não depende.

---

[96] Para um aprofundamento teórico muito rico, *sui generis*, e fascinate, do tema da uitlização de forças privadas de segurança, ver FITZSIMMONS, Scott, "A Rational-constructivist Explanation for the Evolution and Decline of the Norm against Mercenarism", *Journal of Military and Strategic Studies*, vol. 11, issue 4. 1-34, 2009. Em termos muitissimo genéricos mas sem reducionismos, podemos dizer que o tema abordado neste artigo é o de saber até que ponto "[t]*he notion that norms evolve on a rational basis*" pode ser fundamento de maneira convincente. O autor conclui que pode.

[97] O Art. 12.º n.º 2 alínea m) prevê que o Director-Geral dos Serviços Prisionais faz parte do Conselho Superior de Segurança Interna.

E foi isso o que teve lugar. A LSI prevê, com efeito, um conjunto de mecanismos acrescidos de coordenação, direcção, controlo e comando operacional no quadro de segurança interna – embora, na nossa opinião, não vá suficientemente longe no sentido de desmistificar as concepções clássicas de divisão estanque entre a dimensão interna e externa da segurança, não se sublinhando, designadamente, de forma suficientemente clara, os aspectos de interpenetração e de complementaridade entre ambas em território nacional e no estrangeiro. Faz referência: à actuação fora do território nacional das forças e serviços de segurança (no já aludido Art. 4.º da LSI); às competências do Secretário-Geral do Sistema de Segurança Interna (SGSSI) como ponto nacional de contacto permanente para situações de alerta e resposta rápidas às ameaças à segurança interna, no âmbito dos mecanismos da União Europeia (Art. 17.º n.º 2 al. e); às competências do SGSSI de desenvolver no território nacional os planos de acção e as estratégias do espaço europeu de liberdade, segurança e justiça que impliquem actuação articulada das forças e dos serviços de segurança (Art. 16.º, n.º 2, al. d); às competências do SGSSI de estabelecer com o Secretário-Geral do Sistema de Informações da República Portuguesa (SGSIRP) mecanismos adequados de cooperação institucional de modo a garantir a partilha de informações, com observância dos regimes legais do segredo de justiça e do segredo de Estado, e o cumprimento do princípio da disponibilidade no intercâmbio de informações com as estruturas de segurança dos EM da União Europeia (Art. 16.º, n.º 3, al. c); e às competências do Gabinete Coordenador de Segurança (GCS) para estudar e propor formas de coordenação e cooperação internacional das forças e dos serviços de segurança (Art. 22.º, n.º 1, al. e).

De algum modo fechando o círculo, o Art. 35.º da LSI prevê que as Forças Armadas colaborem em matéria de segurança interna nos termos da Constituição e da lei, competindo ao SGSSI e ao Chefe do Estado-Maior--General das Forças Armadas assegurar entre si uma boa articulação operacional. A verdade, porém, é que o círculo não foi realmente fechado a contento, em termos de eficácia funcional. Embora muito tenha sido feito no plano normativo, o certo é que permanece em aberto um largo espectro de missões e de funções em que as forças e serviços de segurança e forças armadas podem (e devem) trabalhar em conjunto, fica por perceber de que forma se estabelecerá a coordenação, comando e controlo, cooperação, complementaridade, e regras de empenhamento em território nacional (em situações que não as do estado de sítio e do estado de emergência), e sobretudo ao nível da intervenção conjunta ou combinada na política externa, pelo que se terão que aguardar novas iniciativas legislativas que estabeleçam em concreto o quadro em que irá decorrer esta imprescindível articulação.

Mas, como iremos verificar, seria, no entanto, um erro grosseiro imaginar que, nesse plano da normatividade estadual, se vive num vácuo. No plano prático, parece-nos, central é o facto de a normatividade emergente tornar a política e a execução da segurança em algo de controlável e sindicável pelo poder democrático. Que esteja ou não escrito na lei ou na CRP não faz grande diferença: o não estivesse escrito, de nada nos impediria; a estar escrito, a nada nos obriga – mas tem o condão de suscitar o debate público, e isso é meritório.

2.2. Sobre o Alcance Securitário 'Interno' do Conceito Estratégico de Defesa Nacional

Mantendo a mesma linha, subamos de patamar por meio de simples acrescentos. No seguimento dos últimos parágrafos, retemos como ponto focal a geometria variável da demarcação entre dimensões "militares" e dimensões "policiais"; e tal como antes foi o caso, mantemos em suspenso as questões ligadas à *intelligence*[98], civil ou militar. Feito isto, o que

---

[98] A importância da componente *intelligence* na luta contra o terrorismo tem vindo a ser salientada por diversos especialistas. Recentemente, na edição de 26 de Setembro de 2009 do Diário de Notícias, o Intendente Matos Torres ex-director do Departamento de Informações da PSP, ao abordar a monografia que elaborou no âmbito do Curso de Defesa Nacional do IDN (a qual será em breve publicada), defende esta tese, ao referir que: *muito mais do que a 'força' dos militares são as informações, recolhidas no terreno pelas forças de segurança e pelas 'secretas', que devem assumir o protagonismo da luta contra o terrorismo*. Na sua pesquisa conclui que, apesar de Portugal não estar incluído nos alvos prioritários da al-Qaeda, existem, por um lado, um conjunto de sinais (ver caixa em baixo) que indicam a movimentação de operacionais no nosso país e, por outro lado, que o grau de risco tem vindo a aumentar. Quer pelo maior protagonismo internacional de figuras portuguesas, como J.M. Durão Barroso (UE) ou António Guterres (ONU), quer pela presença de militares lusos em zonas como o Afeganistão *"facto que decerto não deixará de ser considerado pelos ideólogos da Al-Qaeda na formulação da sua lista negra"*. Ainda ontem, aliás, numa mensagem, ainda não confirmada oficialmente, o líder da al-Qaeda, Osama bin Laden, ameaçou atacar os países europeus que mantém presença militar naquele país, no âmbito da missão da NATO. O oficial da

podemos aventar como resposta à pergunta que dá o título a esta subsecção do nosso estudo?

PSP considera que não se deve "alinhar" pela corrente protagonizada pelos EUA da "guerra contra o terrorismo" com as Forças Armadas na linha da frente das estratégia, que levou à ida para o Iraque ou Afeganistão, "*sem que o problema se tenha resolvido*". Na sua opinião, num país de parcos recursos financeiros como o nosso, "*deve ser conferido um especial enfoque à actividade contínua de recolha de informações, não só através do Serviço de Informações, mas também pelas diversas polícias que estão implantadas no terreno, incluindo num quadro de cooperação internacional, bem como um maior investimento na fiscalização das actividades potenciais de apoio ao terrorismo, como o controlo de armas e explosivos*". Isto porque, apesar de ainda não termos sido alvo de atentados, segundo a investigação deste quadro da polícia, "*o nosso país tem todas as condições para se tornar um local de recuo de excelência para qualquer organização terrorista*". Entre outros, explica, "*situa-se em pleno espaço Schengen, a poucas milhas da região do Magreb e a meio caminho entre a América e a Europa (região Autónoma dos Açores)*". Mais "grave", "*Portugal tem um sistema de segurança interna ainda radicado na fase clássica do terrorismo doméstico, um sistema judicial moroso, formalista e vocacionado para o crime convencional, documentos de identificação muito expostos a contrafacção e a falsificação tem um arquétipo legal predominantemente garantista e forças de segurança financeiramente atrofiadas, com índices de investimento inferiores a 1% do seu orçamento*". Defende que "*ninguém melhor faz a guerra que os militares, na verdadeira acepção da palavra, mas em questões de segurança interna devem assumir funções de estrita complementaridade sistémica. Colocar as FA no epicentro de um combate a uma ameaça difusa, como é a do terrorismo islâmico, perfeitamente disseminada entre a comunidade, pode até ser contraproducente por questões de vocação, de filosofia de actuação e de preparação técnico-táctica*" Considera que "*qualquer tipo de terrorismo, maxime o de inspiração islâmica, merece a preocupação de qualquer governo ou população, já que, por princípio, é uma ameaça à escala global. No entanto, como se trata de um terrorismo estratégico, orientado e calculista, existem países que são considerados alvos prioritários e outros secundários. Portugal encontra-se neste último grupo*". Finalmente, na sua opinião, no quadro de segurança interna, "*assume funções cruciais como a protecção das populações e infraestruturas urbanas, o controlo das armas e explosivos, a segurança pessoal de altas entidades, a segurança dos aeroportos internacionais, a protecção da quase totalidade das instalações diplomáticas, a actuação táctica, em casos de incidentes excepcionalmente violentos através da Unidade Especial de Policia, ou até a investigação de um tipo de criminalidade de pequena-média dimensão precursora e alimentadora do terrorismo*". Ainda segundo Stan Taylor, "*two approaches to combating contemporary Jihadist terrorism have been to create new intelligence agencies and sub-agencies and to devote even larger sums to counterterrorism. These very responses increase the cumbersome nature of intelligence agencies and diminish coordination and correlation – the very source of intelligence failures. The tendency to assume that the next terrorist attack

Comecemos, de novo, pelo plano mais geral. E façamo-lo com uma visão panorâmica útil. De acordo com Rupert Smith, "existem confrontos, conflitos e combates por todo o mundo, e os Estados ainda dispõem de forças armadas que utilizam como símbolos de poder. No entanto, a guerra (...) como combate num campo entre homens e máquinas, a guerra como evento de massas e de decisão numa disputa internacional, a *guerra industrial* – esta guerra já não existe. Hoje travamos, constantemente e em muitas permutas, *a guerra entre o povo*. Temos que adaptar a nossa abordagem e organizar as nossas instituições em função desta realidade incontornável, se pretendemos triunfar nos confrontos e conflitos que enfrentamos" (Rupert Smith, [2005] 2008: 460).

Nesta conjuntura, em Portugal o Conceito Estratégico de Defesa Nacional foi revisto através da Resolução do Conselho de Ministros (RCM) n.º 6/2003, de 20 de Janeiro. Neste documento é referido, por uma vez com algum *panache* estilístico infelizmente raro no documento, que Portugal "foi, é e será sempre um país euro-atlântico. Esta circunstância nacional permite operar, harmoniosamente, uma multiplicidade de 'fronteiras'. A nossa geografia política e económica é europeia. A nossa geografia de segurança e defesa é atlântica e europeia. A nossa geografia de identidade passa, decisivamente, pelo relacionamento com os países que falam português. O lugar de Portugal no mundo é tudo isto; seria redutor, e não convém ao interesse nacional, esquecer qualquer destas dimensões". O documento refere ainda a importância crescente e prestigiante da participação de Portugal no quadro de intervenções multinacionais da NATO, da ONU, da União Europeia, no âmbito militar – curiosamente não sendo, no entanto, referidas outras vertentes, como a judiciária, policial e alfan-

---

will be like the last one takesintelligence assets away from the developments that may lead to the next, and different, attack. The 2003 Iraqi War (in ways merely part of the War on Terrorism) was initiated on the basis of faulty intelligence brought about by decision makers so hungry for supporting evidence that they could shop around for analytical products that supported their predilections and could use raw, unprocessed, intelligence if it supported their views. The question of whether the decision to invade Iraq was an intelligence failure or a policy failure is still open to debate, although sufficient blame exists to taint both decision makers as well as the practices of some intelligence agencies" (TAYLOR, Stan A., *The Role of Intelligence in National Security* in COLLINS, Alan (coord.), Contemporary Security Studies (New York: Oxford University Press, 2007), pp. 248-269.

degária, vectores que, como é óbvio, são igualmente imprescindíveis no âmbito da segurança internacional.

Essa lacuna é estranha, sobretudo visto que, no mesmíssimo documento, este novo conceito considera que "o terrorismo transnacional se apresenta como uma ameaça externa e, quando concretizado, como uma agressão externa, pelo que a sua prevenção e combate se inserem claramente na missão das Forças Armadas (...) e que o crime organizado transnacional constitui igualmente uma forma de agressão externa e uma ameaça interna que é dirigida contra a vida das pessoas, a autoridade dos Estados e a estabilidade das sociedades"[99]. Não é essa, neste plano da segurança, a sua única omissão: o conceito também não especifica "a necessária articulação entre as forças armadas e forças de segurança [no quadro externo] para rentabilizar meios e melhorar a eficiência no combate aos actuais riscos e ameaças, de acordo com os princípios e normas de ordem constitucional e legal portugueses" (Sousa, 2006: 83).

Fica por perceber qual o real alcance dos conceitos de prevenção e combate e de agressão externa mencionados: implicam um envolvimento das forças armadas na investigação criminal, na recolha e tratamento de informações criminais e de segurança? Não deverá ser esse empenhamento essencialmente supletivo? Trata-se, em tais casos, de uma lógica de combate a forças inimigas no sentido clássico, ou antes de missões de reforço e como tal sujeitas ao comando e controlo das unidades reforçadas? E, na actualidade, não têm as agressões internas vindo a receber, na sua maioria, estímulos e apoio externos?

---

[99] No programa do XVII Governo Constitucional, no Capítulo V – Ponto II – Defesa Nacional, grande parte destas ideias são retomadas, ao ser mencionado que "são cada vez menos as ameaças e conflitos tradicionais de natureza inter-estatal e surge cada vez mais um novo tipo de conflitos infra-estatais e ameaças e riscos transnacionais (...) ameaças sem rosto, desterritorializadas, por vezes desmilitarizadas de actores não estatais que colocam desafios estratégicos à segurança internacional (...). Neste novo quadro, o conceito de Segurança regista duas alterações fundamentais. Primeiro, a segurança não é, exclusivamente, a segurança dos Estados. É, também, a segurança das pessoas: é um quadro de Segurança Humana. Segundo, contra riscos, ameaças e conflitos transnacionais, a resposta terá que basear-se, essencialmente, na cooperação internacional: é um quadro de Segurança Cooperativa". Neste contexto, é referido que as Forças Armadas deverão, "assumir a sua parte nas missões de luta contra o terrorismo transnacional em quadro legal próprio e em coordenação com os instrumentos internos para esse combate, nomeadamente as Forças e Serviços de Segurança".

No documento em análise é preconizada uma alteração de paradigma, e prevêem-se por conseguinte, "consequências, não apenas na componente militar mas também nas componentes não militares que o enformam, dando-se aqui particular relevância aos interfaces da defesa com as políticas educativas, económicas, industriais, ambientais, de infra-estruturas e comunicações, bem como a sua articulação com as políticas externa e de segurança interna". As acções dos actores não tradicionais caracterizadas pelo combate assimétrico e pela maximização dos princípios da surpresa e da decepção nas economias, na segurança e na estabilidade internacionais "transcendem a capacidade de resposta individualizada dos Estados e inter-relacionam os conceitos de segurança interna e externa e os objectivos que estes prefiguram".

Tanto como a LSI, também este documento estratégico tem diversas disposições gerais sobre a coordenação entre as forças de segurança e forças de armadas (ao nível interno), não se abordando, porém, a sua articulação no âmbito supranacional[100]. Consideramos, assim, que tal como é estatuído no Conceito Estratégico de Defesa Nacional e por diversos autores noutros textos, a existência de uma vertente interna da defesa nacional que se distingue da segurança interna pela natureza externa da ameaça[101], existe também uma vertente interna da segurança externa – corporizada, por exemplo, na cooperação policial europeia e nas operações policiais da ONU e de gestão de crises da União Europeia

Com efeito, a intervenção em relação a ameaças de cariz eminentemente criminal, bem como a aspectos de reforma de serviços policiais, de justiça e prisionais em Estados falhados ou pós-conflito, deverá ser efectuada prioritariamente pelas componentes de justiça e de polícia, admitindo-se, em regime de complementaridade, uma abordagem, ou resposta, militar. O combate ao terrorismo, por exemplo, não é um empreendimento que possa obedecer a estratégias unidimensionais e apoiado em meios exclusivamente militares (Simões, 2004: 511)[102], mas é antes sobretudo

---

[100] É enunciado que a defesa nacional "deverá ter a capacidade para participar na segurança interna, nos termos da lei" e que as forças armadas deverão "ter capacidade para, em colaboração com as forças de segurança, na ordem interna, e em estreita relação com os aliados, na ordem externa, prevenir e fazer face às ameaças terroristas".

[101] Parecer n.º P001472001 da Procuradoria-Geral da República, nota 67. Disponível em www.pgr.pt. Consultado em 12 de Fevereiro de 2009.

[102] A tentativa sistemática de dar ao terrorismo, em algumas das suas vertentes, respostas exclusivamente militares – no âmbito de uma abordagem unidimensional,

"uma tarefa das forças policiais e do sistema judicial, uma vez que o terrorismo é mormente uma forma de crime organizado" (Oeter, 2006: 233-234). O que modo nenhum significa que forças militares não possam intervir pontualmente. Mas o núcleo duro da resposta ao terrorismo, daqui parece decorrer, "deve ser dada pelo direito e não através de declarações de guerra" (Booth, 2007: 436)[103].

Como resulta da nossa introdução geral, esta relação entre o plano interno e externo da segurança deverá ser, no nosso ponto de vista, biunívoca, complexa e intrincada e não num só sentido, "não devendo também ser esquecidas competências, tempo de acção e unidade de direcção" (Espírito Santo, 2002: 667). Há, também, que saber deixar para trás alguns dos fantasmas do passado. A Segurança constitui, primordialmente, "uma questão de Estado, mas, mais do que isso, é um bem público, porque contrariamente a um pensamento tradicional que defendia que mais Segurança era igual a menos Liberdade, é claro, hoje, que a Segurança é um factor da Liberdade" (Severiano Teixeira, 2002: 10). É certo que, em larga medida a asserção é pouco mais do que trivial, mas não o são as suas implicações, já que embora devamos sempre ter cautela no arredar de noções de alçada garantística, a verdade é que a dicotomia "entre segurança e insegurança deve ser definida em função de vulnerabilidades – internas e externas – que ameaçam ou têm o potencial de destruir ou enfraquecer as estruturas territoriais e institucionais do Estado" (Ayoob, 1995: 9) – e não em termos de antinomias e equações lineares pré-concebidas.

Repetindo aquilo que antes asseverámos: as Forças Armadas poderão ter um papel importante a desempenhar na segurança interna, bem vincado no âmbito do Conceito Estratégico de Defesa Nacional e na novíssima Lei de Defesa Nacional (LDN), aprovada pela Lei n.º 31-A/2009, de 7 de Julho – mas, simétrica e inversamente, teria sido importante enfatizar

---

segundo a qual a violência se combate apenas pela violência – se não resolveu o problema, mesmo que tenha ocasionalmente atenuado as suas manifestações, quando este assumia ainda um carácter raro e disperso, mais difícil será atenuá-lo actualmente quando estes operam e têm impacto à escala global. A este combate unidimensional de algumas formas de terrorismo não estarão, por um lado, alheios grupos de interesses ligados a complexos militares-industriais e governos com interesses geo-estratégicos que preferem apenas o uso da violência directa para consolidar os seus interesses hegemónicos (Simões, 2004: 511).

[103] Conferir, em anexo, entrevista ao Tenente-General Carlos Branco, ao Intendente Pedro Gouveia e Subintendente Luís Guerra (respostas à pergunta 2).

nos normativos legais as missões desempenhadas pelas polícias no âmbito internacional e a relevância que esta dimensão tem vindo a adquirir ao nível da segurança interna, para a defesa nacional e para a política externa. Entre os militares, pelo menos, parece reinar um consenso quanto a estes pontos. Mas há que saber ter a cautela de evitar maximalismos reducionistas. Para J.E. Garcia Leandro, "embora se tenham realizado avanços conceptuais lentos mas de monta, este problema tem sido encarado de modo pouco profundo, considerando que embora a Segurança actualmente seja centrada no Cidadão, tal não apaga a necessária defesa do Território em caso de agressão, missão exclusiva das Forças Armadas; que não existe uma total sobreposição entre actividades de segurança interna e de segurança externa, mantendo-se em cada uma algumas áreas exclusivas de acção. Mesmo a situação em que vivemos, e aqui analisada, é muito específica da União Europeia, não se estendendo ao resto do mundo; mais, a intenção para a participação das Forças Armadas na segurança interna (já legislada) faz-se apenas em reforço das Forças de Segurança e depois destas esgotadas ou quando ultrapassadas as suas capacidades, de acordo com um enquadramento jurídico, estrutural, operacional e de coordenação bem definido, perante grandes desastres ambientais, acções de criminalidade organizada e de terrorismo transnacional; não faz parte de qualquer conceito ou intenção envolver as Forças Armadas em missões de investigação criminal ou de segurança pública tradicional"[104].

2.3. Dos Quadros Legais e Institucionais

Na senda da lógica de pequenos passos a que fizemos alusão, qual o enquadramento normativo-institucional que as alterações abordadas têm tido? Comecemos de novo pelo topo. E já que na secção anterior nos debruçámos sobre o esbatimento de fronteiras entre o interno e o externo e entre o militar e o policial, desta feita tomaremos como exemplo o nosso quadro geral da projecção externa de segurança. Para o enquadramento institucional da política externa nacional constituem referências essenciais

---

[104] Este assunto tem sido tratado nas aulas e conferências proferidas pelo General Garcia Leandro no Mestrado do IEP/UCP, no IDN e IESM, na FD/UNL, na UAL, e em conferências diversas, além de fazerem parte do Relatório Curto do OSCOT, apresentado em 28OUT08 aos OCS e enviado para a PR, PCM, MAI e MJ.

o Programa do Governo e as Grandes Opções do Plano 2005-2009, bem como as competências legais do Ministério dos Negócios Estrangeiros (MNE), do Instituto Português de Apoio ao Desenvolvimento (IPAD), da Comissão Interministerial para a Cooperação (CIC) e da Comissão Interministerial para os Assuntos Europeus (CIAE).

A principal prioridade da política externa nacional, conforme previsto no Programa do XVII Governo Constitucional, no seu Capítulo V (Portugal na Europa e no Mundo) prende-se com a promoção de Portugal a uma posição internacional que lhe permita "ser mais forte na Europa e no Mundo, confiante na sua identidade, na sua capacidade de modernização e na projecção global da sua língua". Refere ainda que "a cooperação portuguesa nos últimos anos viveu um período de relativa indefinição (...). A reorganização da cooperação portuguesa deve subordinar-se a um princípio de coordenação política e institucional que permita o melhor aproveitamento dos recursos humanos e financeiros e impeça a continuação da dispersão de meios e a fragmentação das acções".

De onde virá a imprescindível coordenação, que evite, pelo menos, conflitos positivos e negativos de competências? O Ministério dos Negócios Estrangeiros é claramente o ponto focal dos esforços empreendidos. No enquadramento em vigor, de uma perspectiva jurídico-normativa não poderia ser de outra maneira. O MNE é o departamento governamental que tem por missão formular, coordenar e executar a política externa de Portugal (Art. 1.º do Decreto-Lei n.º 204/2006, de 27 de Outubro – Lei Orgânica do MNE)[105]. O MNE articula-se ainda com o Ministério da

---

[105] Segundo a respectiva Lei Orgânica são atribuições do MNE: *a*) Preparar e executar a política externa portuguesa, bem como coordenar as intervenções, em matéria de relações internacionais, de outros departamentos, serviços e organismos da administração pública; *b*) Defender e promover os interesses portugueses no estrangeiro; *c*) Conduzir e coordenar a participação portuguesa no processo de construção europeia; *d*) Conduzir e coordenar a participação portuguesa no sistema transatlântico de segurança colectiva; *e*) Assegurar a protecção dos cidadãos portugueses no estrangeiro, bem como apoiar e valorizar as comunidades portuguesas espalhadas pelo mundo; *f*) Defender e promover a língua e cultura portuguesas no estrangeiro; *g*) Promover a lusofonia em todos os seus aspectos e valorizar e reforçar a Comunidade dos Países de Língua Portuguesa; *h*) Definir e executar a política de cooperação para o desenvolvimento, especialmente com os Países Africanos de Língua Oficial Portuguesa e Timor-Leste, e coordenar a acção desempenhada nessa matéria por outros departamentos, serviços e organismos da administração pública.

Defesa Nacional (MDN) e com o MAI para a "definição do quadro político de participação das forças armadas e das forças de segurança portuguesas em missões de carácter internacional" (Art. 2.º n.º 2 al. c) da Lei Orgânica do MNE).

O Instituto Português de Apoio ao Desenvolvimento (IPAD) foi criado em 2003 tendo a sua estrutura sido reconfigurada no âmbito do Programa de Reestruturação da Administração Central do Estado (PRACE) em 2007[106]. O IPAD foi resultado da fusão do Instituto da Cooperação Portuguesa (ICP) com a Agência Portuguesa de Apoio ao Desenvolvimento (APAD). O novo Instituto do MNE responde aos objectivos de unidade, eficácia, e racionalidade das novas orientações estratégicas da política externa portuguesa, no âmbito da cooperação, concentrando numa única estrutura organizativa a coordenação da APD, visando um melhor cumprimento dos compromissos internacionais assumidos por Portugal e uma maior consentaneidade com as necessidades dos países receptores. De acordo com o Art. 18.º da Lei Orgânica do MNE, o IPAD tem por missão propor e executar a política de cooperação portuguesa e coordenar as actividades de cooperação desenvolvidas por outras entidades públicas que participem na execução daquela política. E, pelo menos institucional e formalmente, o Instituto está para tanto bem apetrechado. Constituem atribuições do IPAD: *a)* assegurar o planeamento, a programação, o acompanhamento da execução e a avaliação dos programas e projectos de cooperação portuguesa; *b)* financiar programas e projectos de cooperação, na íntegra ou em co-financiamento com outras entidades públicas ou privadas, nacionais ou internacionais; *c)* representar o Estado português nos debates internacionais sobre a cooperação e a ajuda pública ao desenvolvimento, sem prejuízo das atribuições do Ministério das Finanças quanto às instituições financeiras internacionais[107].

---

[106] O IPAD foi criado pelo Decreto-Lei n.º 5/2003, de 13 de Janeiro, entretanto revogado pelo Decreto-Lei n.º 120/2007, de 27 de Abril.

[107] O Art. 3.º do Decreto-Lei n.º 120/2007 de 27 de Abril, vem detalhar competências do IPAD nos seguintes termos: i) preparar os programas plurianuais de cooperação para o desenvolvimento, bem como a sua programação financeira; ii) coordenar o Programa Orçamental da Cooperação Portuguesa para o Desenvolvimento (PO5), instrumento de orçamentação plurianual; iii) coordenar as acções de cooperação desempenhadas por outros departamentos, serviços e organismos da Administração Pública; iv) emitir parecer prévio vinculativo sobre os programas, projectos e acções de cooperação para o desenvolvimento, financiados ou realizados pelo Estado, seus organismos e demais entidades

A Comissão Interministerial para a Cooperação (doravante, CIC) constitui também aqui um organismo relevante, tendo sido criada pelo Decreto-Lei n.º 127/97, de 22 de Maio (alterada pelo Decreto-Lei n.º 301/98, de 7 de Outubro, para a introdução de um secretariado permanente). Trata-se de um órgão sectorial, também na dependência do MNE, de apoio ao Governo na definição da política de cooperação com os países em desenvolvimento, para promover o planeamento articulado dos programas e projectos de ajuda pública ao desenvolvimento e promover a coordenação da execução dos programas e projectos de cooperação de iniciativa pública na área da política de cooperação para o desenvolvimento. Surge da necessidade de concertação de esforços de ministérios, entidades públicas e privadas. Esta Comissão[108] é presidida pelo MNE – que pode delegar essa competência no Presidente do IPAD, que dele depende – reúne duas vezes por ano, ou sempre que convocada pelo seu Presidente.

A Comissão Interministerial para os Assuntos Europeus (daqui por diante, CIAE) funciona na dependência da Direcção-Geral dos Assuntos Europeus (DGAE) do MNE. Segundo o Art. 5.º do Decreto-Lei n.º 207/2007, de 29 de Maio, é o órgão com funções de coordenação dos diversos ministérios e órgãos de governo próprio das Regiões Autónomas, com vista à definição de orientações e posições portuguesas concertadas, a nível técnico, junto das diferentes instituições da União Europeia. A RCM n.º 5/2005, de 7 de Janeiro, refere que "o aprofundamento da integração europeia e o crescente fenómeno de globalização implicam que todas as áreas sectoriais nacionais trabalhem em interacção com o exterior com o consequente imperativo de se apetrecharem para a dimensão internacional do tratamento das matérias da sua competência" e ainda que "sem prejuízo do interesse em assegurar o desenvolvimento da actividade de

---

públicas; v) assegurar a articulação com as autoridades dos países beneficiários de cooperação para o desenvolvimento; vi) proceder à identificação, análise, acompanhamento e avaliação dos resultados da execução, dos programas, projectos e acções de cooperação para o desenvolvimento, com vista a melhorar a racionalidade, eficácia e eficiência da ajuda; vii) assegurar e coordenar as intervenções portuguesas no domínio da ajuda humanitária e de urgência; assegurar, no âmbito das suas atribuições, a participação portuguesa nas actividades da Comunidade dos Países de Língua Portuguesa (CPLP) relacionadas com a cooperação.

[108] Tem 4 secções especializadas: Assuntos de Administração e Justiça; Assuntos de Educação, Ciência e Cultura; Assuntos Económicos; e Assuntos Sociais e Humanitários.

cada ministério neste domínio, tendo em conta a especificidade das suas atribuições, tal transversalidade não deverá comprometer a coerência e a continuidade da acção externa do Estado, garantida pelos serviços do MNE"[109]. O que no ambiente estadual interno português nem sempre é fácil, como é vem sabido: trata-se, assim, de uma *tall order indeed*, como diriam os anglo-saxónicos.

Tanto normativa quanto operacional e tendencialmente, quais são, então, os domínios centrais de actuação externa do Ministério da Administração Interna, o MAI?

2.4. A Estratégia Sectorial Emergente do Ministério da Administração Interna

O MAI, sendo o departamento governamental responsável pela formulação, coordenação, execução e avaliação das políticas de segurança interna[110], tutelando as forças de segurança, tem como uma das suas atribuições "a manutenção de relações no domínio da política de administração interna com (…) outros governos e organizações internacionais, sem prejuízo das atribuições próprias do MNE e dos objectivos fixados para a política externa portuguesa"[111]. Com as mudanças políticas ocorridas, logo aqui houve inovações de monta. Ao nível da estratégia sectorial do MAI, é de salientar a possibilidade, já mencionada anteriormente, de as forças e de os serviços de segurança poderem actuar fora do território nacional (Art. 4.º, n.º 2 da LSI) para a prossecução dos desígnios estratégicos da política externa nacional.

Tal como antes fizemos, cabe pormenorizar um pouco o que acabámos de realçar. Comecemos pela sua inserção orgânica formal. A

---

[109] A RCM n.º 5/2005 determina que, com a periodicidade mínima de dois meses, mediante convocatória e sob a presidência do director-geral de Política Externa do MNE, se reúnam os responsáveis pelos organismos e serviços da administração directa e indirecta do Estado encarregados do acompanhamento e tratamento das questões internacionais, com a finalidade de proceder à troca de informações sobre as acções desenvolvidas neste âmbito, visando imprimir-lhes a coordenação e eventual complementaridade necessárias à unidade e coerência da acção do Estado na ordem internacional.

[110] Decreto-Lei n.º 203/2006, de 27 de Outubro que aprova Lei Orgânica do MAI (Art. 10.º n.º 3).

[111] Idem, Art. 2.º, alínea m).

Direcção-Geral de Administração Interna (DGAI) encontra-se inserida na orgânica do MAI[112], destacando-se neste quadro as seguintes atribuições: *a*) apoiar a definição e a execução da política de relações internacionais e cooperação no âmbito do MAI, sem prejuízo das atribuições próprias do MNE; *b*) assegurar a coordenação das relações externas e da política de cooperação entre todos os serviços e organismos do MAI; *c*) coordenar a representação do Estado Português em todas as comissões, reuniões, conferências ou organizações similares que, no plano internacional, se realizem na área da administração interna; *d*) assegurar a coordenação e a ligação funcional e técnica com os representantes do MAI [Oficiais de Ligação] junto das missões diplomáticas de Portugal, sem prejuízo das competências próprias dos respectivos chefes de missão; *e*) manter actualizado um sistema de informação sobre as disposições normativas vigentes constantes de diplomas internacionais, comunitários e nacionais com aplicação na área de atribuições do MAI, bem como o arquivo e conservação dos instrumentos internacionais assinados no âmbito do MAI; *f*) dar apoio às delegações internacionais presentes em Portugal para participar em iniciativas do Governo relativas à área da administração interna.

Mantenhamo-nos no plano da *law in the books*. Na Lei Orgânica da DGAI[113] são detalhadas as atribuições deste serviço central ao nível das relações internacionais, cabendo-nos de entre elas destacar as seguintes: i) coordenar a participação das forças e serviços de segurança do MAI em missões internacionais; ii) acompanhar a actividade das jurisdições internacionais e do Tribunal de Justiça das Comunidades Europeias nas questões relativas ao contencioso do Estado português nas áreas de atribuição do MAI; iii) assegurar a representação do Ministério na CIAE, na CIC, no secretariado permanente da CIC e no secretariado permanente da Conferência dos Ministros da Administração Interna e da Segurança da CPLP[114]. Na área das relações internacionais, a DGAI assume-se como

---

[112] Idem, Art. 10.º n.º 3.

[113] Decreto-Lei n.º 78/2007, de 29 de Março, que estabelece a orgânica da DGAI (Art. 2.º, n.º 4).

[114] A DGAI apresenta a sua visão nos seguintes termos: "tornar-se um centro de referência com crescente valor público na promoção da segurança e qualidade de vida dos cidadãos e no exercício de uma cidadania activa, no contexto da estratégia internacional". Disponível para descarga em: http://www.mai.gov.pt/.../%7B712D5317-704D-4F5F99801B78941EEE54%7D_Plano%20de%20Actividades%20DGAI%202008.pdf. Consultado em 10 de Fevereiro de 2009

um serviço com funções de coordenação, de representação das, e participação nas, actividades do Ministério, assente em dois pilares fundamentais: a União Europeia, no âmbito da política de cooperação com os PALOP[115].

Não é tudo, já que, entretanto, através do Despacho n.º 16554/2008, de 4 de Junho, foi criado o Secretariado para a Cooperação entre os Países de Língua Portuguesa em Matéria de Segurança Pública na dependência directa do MAI, com o objectivo de apoiar e coordenar a execução da Declaração de Lisboa[116] e do Protocolo de Cooperação entre os Países de Língua Portuguesa no domínio da segurança pública, de 9 de Abril de 2008, acompanhar os assuntos relativos à cooperação entre os países de língua portuguesa no domínio da segurança pública, no âmbito do MAI e desenvolver a sua actividade no âmbito das relações internacionais do MAI – sem prejuízo das competências do MNE e de acordo com os objectivos definidos para a política externa portuguesa, salvaguardando a autonomia das forças e serviços de segurança e as competências da DGAI.

Entretanto, através do Despacho n.º 26115/2009, de 9 de Novembro, é expresso que *"esta estrutura estava incumbida de, designadamente, preparar a próxima reunião do Fórum de Ministros Responsáveis pela Área*

---

[115] Neste sentido, no Plano de Actividades de 2008 da DGAI são definidos, entre outros, os seguintes objectivos estratégicos para as relações internacionais do MAI: i) desenvolver uma política de cooperação com os PALOP, através da assessoria e a formação das Forças e Serviços de Segurança (FSS); ii) conceber e consolidar uma estratégia integrada de cooperação em matéria de missões internacionais e de cooperação técnica; iii) reforçar o contributo de Portugal na definição das políticas comuns da UE em matéria de Assuntos Internos; iv) desenvolver medidas que contribuam para um melhor acompanhamento dos dossiers em negociação em matéria de Assuntos Internos (Plano de Actividades de 2008 da DGAI, p. 16).

[116] Na Declaração de Lisboa, datada de 8 de Abril de 2008, os Ministros da Administração Interna decidiram na área da segurança e ordem pública conferir particular atenção: à prevenção e ao combate à criminalidade, incluindo a criminalidade transnacional; à cooperação policial, envolvendo a troca de informações disponíveis, com respeito pela legislação de cada Estado; ao policiamento de proximidade, envolvendo programas de protecção de vítimas especialmente vulneráveis e de controlo de fontes de perigo; à segurança rodoviária, no que diz respeito à prevenção e policiamento rodoviários com vista à redução de factores de risco e sinistralidade; à formação e troca de boas práticas, designadamente em matérias que envolvam a utilização de novas tecnologias; ao desenvolvimento futuro de parcerias de protecção da natureza e do ambiente, para minimizar o impacto de danos ecológicos e prevenir e combater a criminalidade nesta área específica.

da Administração Interna dos Países da CPLP, de ser interlocutora relevante na preparação das cimeiras da CPLP no tocante à organização do debate de políticas de segurança, bem como de dinamizar a cooperação bilateral ou multilateral entre Portugal e os demais Estados da CPLP no âmbito da segurança pública", concluindo-se que é necessária a manutenção do secretariado, na medida em que *"no contexto actual, considera-se que esta estrutura especializada continua a possuir potencialidades que urge aproveitar e aprofundar, entendendo-se ser oportuna a sua manutenção, na dupla perspectiva de consolidação dos objectivos preconizados e de lançamento de novas acções que se afigurem úteis para a construção de um processo de mudança catalisador da ideia de coordenação da cooperação no domínio da segurança pública"*.

Apesar dos princípios enunciados, esta estrutura, embora esteja assaz direccionada para um fim específico, vem criar alguma ambiguidade e eventual redundância nas iniciativas de cooperação e previsíveis dificuldades de coordenação com a DGAI e as próprias Direcções das Forças e Serviços de Segurança[117] – pelo que só no futuro se poderá eficazmente avaliar a complementaridade entre estes organismos.

Também a nível político-normativo, a mudança de regime veio soletrar alterações de monta. No programa do XVIII Governo Constitucional no capítulo VII – Justiça, Segurança e Qualidade da Democracia, não é feita qualquer referência à externalização da segurança interna, nos seus diversos vectores. Por outro lado, no Capítulo VIII, subordinado às temáticas da Defesa Nacional, Política Externa, Integração Europeia e Comunidades Portuguesas vê-se mencionada a "prestigiosa experiência internacional" das Forças Armadas portuguesas e a capacidade da defesa nacional "projectar segurança no plano externo e cooperar no quadro dos sistemas e alianças em favor da segurança internacional e da Paz", sendo também sublinhada a relevância da cooperação técnico-militar, sobretudo com os países africanos de expressão portuguesa. Esta lacuna – não perturbando de todo, naturalmente, a cooperação internacional por parte

---

[117] No preâmbulo do Despacho n.º 16554/2008, de 4 de Junho, encontra-se previsto que esta estrutura deverá, preparar as reuniões do Fórum de Ministros responsáveis pela área da administração interna dos países da CPLP, ser interlocutora relevante na preparação das cimeiras da CPLP no tocante à organização do debate de políticas de segurança, bem como dinamizar a cooperação bilateral ou multilateral entre Portugal e os demais Estados da CPLP no âmbito da segurança pública.

das forças e serviços de segurança e da justiça – reflecte, contudo, o reduzido peso político que ainda é atribuído em Portugal a esta dimensão não-militar.

Mais poderia ser notado. Do genérico passemos ao particular. Parece-nos ainda existir pouca consistência entre a estratégia sectorial do MAI e a de outros Ministérios com atribuições conexas ou relacionadas – tal como o Ministério da Justiça (ao nível da capacitação das polícias judiciárias, na organização da investigação criminal, na organização da segurança prisional, na organização dos tribunais, entre outras), o Ministério da Defesa [na coordenação entre a Cooperação Técnico-Militar (CTM) e a Cooperação Técnico-Policial (CTP)], o Ministério das Finanças (na cooperação entre os serviços alfandegários e policiais) e o Ministério da Economia (ao nível da segurança alimentar e económica). O que pode ser feito nesta frente? Não se advogando que a criação de outra estrutura seja a solução, será fundamental que os Ministérios intervenientes neste processo, as forças armadas e forças de segurança, a CIC, a CIAE e o IPAD consigam garantir uma coordenação mais eficaz de maneira a lograrmos definir e operacionalizar uma agenda da cooperação portuguesa efectivamente holística, transversal e integrada[118].

De um ponto de vista formal, pelo menos, uma harmonização – tanto no plano genérico como no mais particular – não seria difícil de gizar nem de executar com sucesso. As leis orgânicas da PSP e GNR têm atribuições idênticas em termos de relações internacionais. Compete, assim, a ambas "participar, nos termos da lei e dos compromissos decorrentes de acordos, tratados e convenções internacionais, na execução da política externa, designadamente em operações de gestão civil de crises, de paz, e humanitárias, no âmbito policial, bem como em missões de cooperação policial internacional e no âmbito da União Europeia e na representação do País em organismos internacionais"[119]. O Serviço de Estrangeiros e Fronteiras (SEF) tem plasmado, na respectiva lei orgânica um conjunto de atribuições

---

[118] Paradigmas experimentados não faltam. Uma estrutura de coordenação nos moldes da Estrutura de Missão para os Assuntos do Mar, a funcionar no MDN, poderia ajudar.

[119] Art. 3.º n.º 2 al. o) da Lei n.º 53/2007 de 31 de Agosto (LO PSP) e Art. 3.º n.º 1 al. o) da Lei n.º 63/2007 de 6 de Novembro (LO GNR). Para esta e outras questões conexas, ver, por todos, GUEDES VALENTE, Manuel. M., *Teoria Geral do Direito Policial*, 2.ª ed., Almedina, 2009, e RAPOSO João, *Direito Policial*, Almedina, 2006.

neste âmbito, designadamente a de representar o Estado Português em diversos grupos da União Europeia e outras organizações internacionais, no desenvolvimento do Acervo Schengen e a de assegurar, através de oficiais de ligação, os compromissos assumidos ao nível da cooperação internacional[120] – um ponto a que iremos regressar.

Sem com isso perder muito tempo, vejamo-lo um pouco mais em pormenor. O Comandante-Geral da GNR tem na sua directa dependência uma divisão encarregue do enquadramento estratégico das relações internacionais[121]. O Director-Geral do SEF alberga também na sua dependência um gabinete de relações internacionais e cooperação[122]. Quanto à PSP, tem as competências de cooperação internacional espartilhadas sobretudo entre o Departamento de Operações – para a coordenação da cooperação policial europeia, missões PESD e OAP da ONU –, o Departamento de Formação – para a coordenação da cooperação técnico-policial com os PALOP, o Departamento de Informações, que coordena a cooperação no âmbito Schengen, Europol e Interpol, bem como outros Departamentos, o Instituto Superior de Ciências Policiais e Segurança Interna (ISCPSI) e a Unidade Especial de Polícia (UEP)[123]. A GNR tem ainda prevista, no seio da Unidade de Intervenção, a criação de um Centro de Treino e Aprontamento de Forças para Missões Internacionais[124].

De acordo com dados da DGAI e a título indicativo, em 2007 o orçamento da participação externa da PSP, GNR e SEF na vertente PESD, ONU, CTP com os PALOP e acolhimento de requerentes de asilo foi de 15.279.243 Euros. Em 2008, este montante ascendeu aos 20.466.203,11 Euros. E ao que tudo indica, a subida irá continuar fruto da experiência entretanto adquirida e dos novos desafios securitários da geopolítica internacional.

Nas últimas páginas dedicámos atenção ao modo como alguns dos processos sistémicos de internacionalização securitária têm operado –

---

[120] Art. 2.º do Decreto-Lei n.º 252/2000 de 16 de Outubro.
[121] Art. 26.º n.º 2 da Lei n.º 63/2007 de 6 de Novembro.
[122] Art. 18.º da Lei n.º 63/2007 de 6 de Novembro.
[123] A Lei n.º 5/99, de 27 de Janeiro (anterior Lei de Organização e Funcionamento da PSP), previa um Gabinete de Relações Exteriores e Cooperação (GRECOOP) na dependência directa do Director Nacional da PSP, tendo sido extinto após a aprovação da Lei n.º 53/2007 de 31 de Agosto (nova LO da PSP).
[124] Art. 44.º n.º 3 da Lei n.º 63/2007 de 6 de Novembro.

tanto em termos de um crescendo de pressões estruturais como nós da dinâmica de um alargamento progressivo de âmbitos que as novas configurações internacionais tornam incontornáveis. A finalidade foi a de esquissar um esboço de 'teorização'.

Viremo-nos, agora, para a dimensão estratégica efectiva da cooperação existente, começando pela chamada Lusofonia e progredindo mais empírica e descritivamente a partir daí.

Capítulo III – As Estratégias Nacionais e as Linhas de Força da Cooperação Técnico-Policial Portuguesa com os Países da CPLP

> *"Imaginemos uma criança e um adulto no Paraíso, ambos mortos na Fé Verdadeira, mas tendo ao adulto nele sido atribuído um lugar mais elevado. E a criança pergunta a Deus, 'Porque deste àquele homem um lugar mais alto?'. E Deus responde, 'Ele fez muitas boas acções'. Então pergunta a criança, 'Porque me deixaste morrer tão cedo que fui impedido de praticar o Bem?'. Deus responde, 'Eu sabia que irias crescer como um pecador, foi por isso melhor que morresses enquanto criança'. Sobe então um grito dos condenados nas profundezas do Inferno, 'Porquê, ó Senhor, não nos deixaste morrer antes que nos tornássemos pecadores?'".*
>
> AL-GHAZALI, *Tahafut Al-Tahafut* (A Incoerência da Incoerência), século X, tradução nossa a partir da versão inglesa de Simon van der Bergh (1978: X)

No seguimento do que antes escrevemos sobre as motivações e periodização da nossa ajuda pública ao desenvolvimento – bem como do dimensionamento político-performativo, como o apelidámos – é certamente útil fornecer algum pano de fundo cronológico-normativo-institucional quanto aos esforços de criação de um Mundo lusófono. Embora o façamos, naturalmente, contra o pano de fundo das suas fases primordiais, a nossa atenção estará, no essencial, focada nos últimos anos – ou seja, no derradeiro dos períodos que identificámos, aquele que caracteriza o século XXI e o pós-11 de Setembro.

Tendo em vista o crescimento explosivo de que tem vindo a beneficiar a articulação do Estado português com a Europa Comunitária, desdobrámos a sua discussão em duas secções. O modelo de exposição que seguimos será tão semelhante quanto possível com aquele que seguimos no capítulo anterior. Assim, no presente capítulo atemo-nos à progressiva delineação de estratégias nacionais nessa frente e nas suas linhas de força – guardando, para a próxima secção, a tónica mais empírica nas cada vez mais importantes processos de gestão de crises que têm vindo a caracterizar a sua progressão.

3.1. Sobre a Dimensão Estratégica Geral da Cooperação Portuguesa

A cooperação internacional tem sido, sobretudo a partir da década 90 do século XX, crescentemente direccionada para a cooperação para o desenvolvimento. No ano 2000, Portugal adoptou com mais 189 Estados-Membros presentes na Assembleia-Geral da ONU, a designada "Declaração do Milénio" que definiu os Objectivos de Desenvolvimento do Milénio (ODM)[125], o que constituiu um passo decisivo da cooperação global no século XXI.

Passos largos têm sido dados em tal sentido. Neste contexto, nos últimos dez anos Portugal definiu uma estratégia para a cooperação nacional através de dois documentos importantes a que já aludimos anteriormente: a RCM n.º 43/99, de 18 de Maio, que aprovou o documento intitulado *A Cooperação Portuguesa no limiar do século XXI* e a RCM n.º 196/2005, de 22 de Dezembro, que aprovou o documento do IPAD denominado *Uma Visão Estratégica para a Cooperação Portuguesa*. O documento de 2005 tem por finalidade cotejar e articular "mais rigor e coerência estratégica, um comando político mais eficaz, uma organização mais racional e um sistema de financiamento adequado", sublinhando ainda que "a política de cooperação reflecte a política externa portuguesa, entre outras, na relação com os países africanos de expressão portuguesa[126] e com Timor-Leste"

---

[125] Os ODM a serem atingidos num prazo de 15 anos são: 1 – Erradicar a pobreza extrema e a fome; 2- Alcançar a educação primária universal; 3 – Promover a igualdade do género e capacitar as mulheres; 4 – Reduzir a mortalidade infantil; 5 – Melhorar a saúde materna; 6- Combater o HIV/SIDA, a malária e outras doenças; 7 – Assegurar a sustentabilidade ambiental; 8- Desenvolver uma parceria global para o desenvolvimento.

[126] O Continente Africano reveste-se, actualmente, de uma grande importância estratégica para Portugal devido, segundo Severiano Teixeira (2007), a quatro razões fundamentais: a necessidade da sua integração no contexto político global; o auxílio ao

(AAVV, 2006:12). Nos termos desta nova lógica, tem-se registado um crescimento significativo da ajuda pública ao desenvolvimento (APD)[127] por parte de Portugal, a qual, no ano de 2007, de acordo com dados do IPAD, quase que atingiu os 344 Milhões de Euros[128], uma subida de 28 Milhões face a 2006[129], sendo que 61% do total da APD bilateral em 2007, foi direccionada para os PALOP e para Timor-Leste, correspondendo a 121 Milhões de Euros, dos quais, 5 Milhões e 335 Mil Euros foram direccionados para a Cooperação Técnico Policial (CTP).

Em que âmbitos securitários o faz? Iluminemos alguns deles. A cooperação nacional para o desenvolvimento com os países da CPLP[130] tem

---

desenvolvimento sustentável e melhoria das condições de vida dos seus povos, que contribui para a paz e estabilidade global; a necessidade de cooperação dos Estados africanos para fazer face às novas ameaças à segurança; e a importância dos recursos energéticos existentes que originam interesses de várias potências.

[127] De acordo com a definição internacionalmente aceite, a APD consiste "no conjunto dos recursos, postos à disposição dos países em desenvolvimento e das suas instituições, os quais considerados separadamente ao nível de cada operação devem: a) ser fornecidos por organismos oficiais; b) ser aplicados com o objectivo de favorecer o desenvolvimento económico e a melhoria do nível de vida dos países em desenvolvimento, e; c) revestir o carácter de subvenções ou donativos" in Observatório de Relações Exteriores, Ajuda Pública ao Desenvolvimento in Revista JANUS: Lisboa, 2007.

[128] Segundo dados do IPAD do montante total de APD, 197 Milhões foram gastos na APD bilateral (57,3%) e 147 Milhões na APD multilateral (42,7%). Enquanto a APD bilateral é essencialmente centrada nos PALOP e Timor-Leste, 71% da APD multilateral é canalizada, através da União Europeia, para o Fundo Europeu de Desenvolvimento (FED) que financia a ajuda da UE para os Países ACP (África, Caraíbas e Pacífico), e para o Orçamento da Comissão Europeia de Ajuda Externa que financia a ajuda aos países em desenvolvimento não contemplados pelo FED.

[129] De acordo com o IPAD, o rácio entre a APD e o Rendimento Nacional Bruto em Portugal cifrou-se nos 0,22% em 2007, o que representou uma subida face aos dois últimos anos. Não obstante o esforço em aumentar a APD, Portugal continua aquém do compromisso assumido de atingir o rácio APD/RNB de 0,33%, o qual deveria ter sido alcançado em 2006. O actual período de controlo do défice público e de consolidação orçamental, com vista ao cumprimento das regras estabelecidas pelo Pacto de Estabilidade e Crescimento da UE, dificultam o cumprimento destas metas.

[130] A CPLP é uma instituição de afirmação do espaço lusófono, criada em 17 de Julho de 1996, congregando sete países de diferentes continentes, Portugal, Brasil, Angola, Cabo-Verde, Guiné, Moçambique, São-Tomé Príncipe e Timor-Leste. Para Maria Marchueta, "os grandes objectivos traçados pela CPLP destinam-se a alcançar o desenvolvimento económico e social dos sete países, consolidar a realidade cultural nacional e plurinacional dos países integrantes promover a luta contra as formas de violência,

como um dos seus principais vectores a cooperação técnico-militar (CTM), operacionalizada através da formação e assessoria técnica. A Cooperação Técnico Policial, por seu lado, tem obedecido a uma maior sistematização desde 2005, apresentando-se, em consequência, como uma componente inovadora da construção da segurança humana[131] de países marcados pelas sequelas de conflitos e pela fragilidade, através da capacitação das respectivas instituições policiais. Entre 2005 e 2008, Portugal despendeu 13 milhões e 174 mil Euros nos programas de Cooperação Técnico Policial.

A maior parte dos estudos publicados sobre o envolvimento póscolonial português com os novos Estados lusófonos, africanos ou asiáticos, tem infelizmente sido marcada ora por um curiosos carácter hagiográfico, ora um tom crítico e depreciativo pouco agradável. Não tem de ser assim, e no capítulo agora encetado as nossas finalidades orientam-nos em direcções bem diferentes: dirigem-nos no sentido de um balanço mais neutro daquilo – uma revoada de *rapprochements* pós-independências – que tem vindo a tornar-se numa parcela integral do entrosamento-afirmação externo de um Estado português apostado em garantir uma maior segurança e estabilidade pela via de uma implantação externa que a ampare num Mundo cada vez mais interdependente. As páginas que se seguem visam iluminar algumas das dinâmicas securitárias mais importantes de tais processos de reaproximação.

Não é difícil desenhar um levantamento das tónicas e linhas de força mais substantivas das várias fases porque passou a ajuda pública ao desenvolvimento disponibilizada pelo Estado português aos PALOP entre 1975 e 2009 – ou seja, não custa muito ultrapassar o que tem sido estudado, de modo a, ao invés de enumerar 'feitos' ou 'desastres', pôr carne nos ossos.

---

garantir a paz interna, regional e internacional e preservar os valores humanistas e universais da pessoa humana e o património comum da humanidade". cf. MARCHUETA, Maria Regina, *CPLP e seu Enquadramento*, (Lisboa: Instituto Diplomático, MNE, 2003), p.17.

[131] A necessidade de mudança de paradigma respeitante à segurança, após a dissolução do sistema bipolar existente durante a Guerra-Fria, conduziu à concepção da ideia de Segurança Humana, a qual foi estabelecida em 2003, pela Comissão de Segurança Humana da ONU. O termo de segurança humana foi pela primeira vez mencionado em 1994, num relatório do Plano das Nações Unidas para o Desenvolvimento (PNUD) onde se alertava para a necessidade de transitar da Segurança Nuclear para a Segurança Humana.

É certo que no que se segue não nos debruçaremos sobre as acções e actividades concretas a que tal carne deu corpo, sem as quais, em boa verdade, não sabemos formular estimativas quanto à eficácia da chamada "cooperação portuguesa". Mas encetamos, no presente capítulo, um percurso analítico-descritivo imprescindível (e decerto prévio a esse elencar) a uma qualquer eventual avaliação das actividades e acções específicas que têm sido levadas a cabo. Numa frase, tentamos discernir mecânicas relacionais.

Uma cláusula de salvaguarda para este como para os capítulos seguintes. Não há, felizmente, no trabalho que aqui como nas outras parcelas deste estudo iremos empreender, nem preocupações normativistas ostensivas, nem expressões políticas mais comezinhas: trata-sede tentar circunscrever, com o recuo possível, um objecto que, a par e passo, se foi constituindo como um ingrediente importante e *sui generis* da nova política externa portuguesa que se foi, depois das independências dos anos 70 do passado século XX, concertando no nosso relacionamento complexo com a África e depois a Ásia lusófonas – e daí para o resto do Mundo. Uma política de afirmação em rede.

Uma primeira demão: estamos longe da frieza sobranceira de quaisquer "responsabilidades históricas" que se constituem, é bom de ver, como variações pouco subtis sobre o tema, clássico, da nossa famosa "missão civilizacional" na África subsaariana e na parte que historicamente nos coube da Ásia – a localizada na interface entre o Índico e o Pacífico. Não estamos, porém, em resultado, mais perto da inocência generosa de um contratualismo puro e duro que nos manteria unidos uns aos outros numa comunidade política tão idealizada como virtual[132]. É impossível, todavia, deixar de reconhecer que, enquanto parcela emergente da política externa nacional, a ajuda pública portuguesa ao desenvolvimento africano e asiático também é mais do que isso: dá corpo a um desígnio nacional "solidarista", naquilo a que podemos talvez chamar a 'parcela global específica' de que fazemos parte. E a ajuda pública portuguesa ao desenvolvimento fá-lo no quadro maior de contextos locais e organizações e entidades inter-

---

[132] Escusado será aqui entrar em pormenores quanto á muitíssimo extensa bibliografia disponível sobre estas e outras matérias afins. Com efeito, vários dos Estados-membros da União Europeia se degladiaram com questões semelhantes. Outros, como a Suécia, ancoram num 'cosmopolitismo democrático' preocupações e noções de algum modo paralelas para explicar o seu empenhamento em externalizações.

nacionais que importa não perder de vista se quisermos compreender a dinâmica dos processos em que se joga a nossa política externa em geral.

De um ângulo suplementar, porém, talvez o ponto mais importante no que toca à projecção externa do Estado a que a chamada 'cooperação portuguesa' dá corpo seja a seu altíssimo grau de consensualidade – a aposta externa do Estado, embora refractada e legitimada de maneiras diferentes pelas diversas forças políticas em presença, foi sempre unânime em Portugal desde pouco depois do 25 de Abril de 1974[133]. Para melhor o entrever, ponhamo-lo em contexto. Tendo em vista a natureza e finalidades do presente estudo, não vale a pena mais do que indicar uma periodização plausível da 'cooperação portuguesa', recapitulando aquela proposta por Armando Marques Guedes há uma dezena de anos[134]: uma primeira "fase de *gestação*" (1974-1977), uma segunda, de "*enquadramento jurídico*" (1977-1982), e uma última, que ainda perdura, de "*construção de relações de interdependência*" com alguma sistematicidade (1982-presente).

Outras perspectivações são, naturalmente possíveis – e complementam a sequência de fases proposta. Um só exemplo. Em finais dos anos 90, Abel Mateus, um docente da Faculdade de Economia da Universidade Nova de Lisboa e Conselheiro da Administração do Banco de Portugal[135], pôde escrever sem hesitações que "[n]os anos 1960, um certo idealismo

---

[133] Como é bem sabido, até 1975 tal não foi de todo o caso, bem pelo contrário. Segundo Severiano Teixeira, "apesar das lutas, das hesitações e da indefinição" (SEVERIANO TEIXEIRA, N., 1996), "Entre África e a Europa: política externa portuguesa, 1890--1986" *Política Internacional* 12: 55-86.] três teses, chamemos-lhes assim, estavam então em confronto: uma federativa, de António de Spínola, de que alguns proponentes não enjeitavam a variante que previa a "independência branca"; outra, terceiro-mundista, que favorecia independências depois de "períodos de transição" de autodeterminação crescente, protagonizada por Melo Antunes; e uma última, a vencedora, cuja face visível era Vasco Gonçalves, que insistia na independência imediata das colónias, sob liderança dos movimentos político-militares que nelas tinham conduzido "lutas armadas" contra a "ocupação portuguesa". Como escreveu Severiano Teixeira, "sob as lutas ruidosas do processo de democratização interna, trava-se uma outra luta, silenciosa, sobre os objectivos e as opções estratégicas da política externa portuguesa" (p. 81).

[134] Em MARQUES GUEDES, Armando, "A dispersão e o centralismo burocrático. Disputas na Cooperação Cultural do Estado português", *1974-1999* in Themis. Revista da Faculdade de Direito 1: 33-80, Universidade Nova de Lisboa, 2000

[135] Ver MATEUS, Abel (1999), "Que estratégia para a cooperação portuguesa?", descarregado em *docentes.fe.unl.pt/~amateus/publicacoes/Est_cooperacao.htm*.

caracterizava o esforço dos países industrializados para o desenvolvimento dos países mais pobres. Muitos se lembram seguramente do Relatório Brandt, dos discursos de MacNamara, etc. Nessa altura os países da OCDE tinham fixado como objectivo para as próximas décadas atingir um esforço de ajuda oficial ao desenvolvimento equivalente a 1% do PIB. Na década que está prestes a encerrar este esforço quedou-se por cerca de 40% daquele objectivo, apesar dos países industrializados terem atingido um nível de bem-estar pelo menos do dobro de 30 anos atrás. Cada vez se fala mais em 'fadiga da ajuda ao desenvolvimento', e se substitui esta retórica por 'internacionalização e globalização'"[136]. Como iremos ter a oportunidade de verificar, o século XXI foi mais favorável a estas ambições desencadeadas pela transição democrática portuguesa associada à perda do Império colonial e coeva com os processos de globalização; embora o tenha sido sempre na mesma direcção – a de criação de laços cada vez mais firmes e intrincados de interdependência[137].

---

[136] *Ibid..* Adiante, Abel Mateus, forneceu dados comparativos interessantes: "ajuda oficial, com uma média de 0,29% do PIB no período de 1991-96, contra 0,42% da UE, corresponde a cerca de 67% desta, que é o mesmo rácio entre o PIB *per capita* português e da UE.As flutuações que se têm verificado na ajuda oficial são em grande parte devidas à reforma ou perdão da dívida dos Países em Vias de Desenvolvimento (PVD). Do total da nossa ajuda em 1996 72% foi bilateral, e cerca de 28% foi dada através de contribuições para instituições multilaterais. A assistência técnica absorve um pouco mais de metade dos donativos concedidos, e os custos administrativos são bastante baixos (3% contra 8% do total dos países do CAD). Também em relação aos fluxos privados de capitais para os PVD Portugal contribuía em 1996 com 0,56% do PIB, o que compara favoravelmente com os 0,58% da média dos países do CAD. Se tomarmos outras referências, as comparações já não são tão favoráveis. Primeiro, Portugal comprometeu-se na Conferência do Rio, em 1992, a canalizar para a ajuda pública ao desenvolvimento 0,7% do PIB, estando, pois, a menos de um terço desta meta. Segundo, uma parte substancial da ajuda ao desenvolvimento – cerca de um terço – assume a forma de perdão ou reforma da dívida dos PALOP's ao Tesouro português. Se excluirmos esta parcela, que corresponde apenas ao perdão de encargos financeiros presentes e financiamentos passados, temos que o esforço da ajuda pública foi apenas de cerca de 0,14% do PIB em 1996". Uma série de impulsos quantitativos que levaram à criação de uma teia densa e complexa – e, por isso, mesmo dificilmente delével.

[137] Nas palavras do programa do IPAD para a cooperação portuguesa, "[a] Cooperação Portuguesa desembolsou ao longo de 2008 um total de 430 M€, superando os valores médios apresentados ao longo dos últimos quatro anos (300 M€). De acordo com este total, o rácio APD/RNB cifrou-se nos 0,27%, em 2008, o que representou uma subida face aos últimos anos: Em 2008 a APD portuguesa registou um acréscimo de 86 M€ face

O que está em causa, como iremos constatar, não é a mera reaquisição de alguma influência – o que, em todo o caso, já não seria pouco. Aquilo que se joga é a criação de um maior grau de previsibilidade num Mundo cada vez mais complexo, intrusivo, e perigoso. É nesse sentido mais genérico que a pensabilidade da cooperação como uma forma simples daquilo que Joseph Nye[138] apelidou de *soft power* encontra os seus limites. Porque se trata, em simultâneo, de mais e menos do que isso. Aquém de mera expressão de uma forma linear de *Realpolitik*, a "cooperação" emerge antes como uma modalidade de "poder estrutural", para utilizar uma expressão famosa de Susan Strange[139]: define tabuleiros, por assim dizer. Reestrutura o 'meio político' em que vivemos e convivemos. Para além dela, gera cumplicidades comunicacionais constitutivas de uma comunidade política partilhada que em resultado vai cristalizando, em que as diferenças, sem se ver reduzidas, se vêem domesticadas, já que se posicionam em ligações profundas de uma afinidade mais forte, pois que consentida pela via da "naturalização", como decerto diriam os estudiosos pós-modernistas.

Trata-se, por conseguinte, de um gizar sistemático e sistémico de cumplicidades comunicacionais que empurram a alteridade para fora do todo que circunscrevem, inventando-o no processo – que criam, ou pelo menos gizam, comunidade política. Ou melhor, dado o lastro histórico que temos em comum com a maioria daqueles com que nos embrenhamos em relações de "ajuda pública", reinventam esse todo num formato mais asséptico. É precisamente por essa via que produzem segurança, num sentido amplo. Desde há muito que nos habituámos a vislumbrar na 'cooperação portuguesa' (mesmo na militar e policial, estranhamente) uma série de empreendimentos sobretudo económicos e ético-políticos – ou histórico-culturais. É-o e é também mais do que isso; e tendo em vista as fina-

---

a 2007, e já em 2007 havia registado uma subida de 28 M€ face a 2006. Portugal continua, contudo, aquém do compromisso assumido de atingir o rácio APD/RNB de 0,33%, o qual deveria ter sido alcançado em 2006 mas a actual conjuntura de controlo do défice público e de consolidação orçamental, com vista ao cumprimento das regras estabelecidas pelo Pacto de Estabilidade e Crescimento da UE, tem dificultado o cumprimento das metas internacionalmente assumidas"; em www.ipad.mne.gov.pt/index.php? .

[138] Em NYE, J.S, "O Mundo pós-Guerra Fria: uma nova ordem no Mundo?", *Política Internacional* 5(1): 79-97, Lisboa, 1992, original em língua inglesa 1990.

[139] No livro STRANGE Susan, *The Retreat of the State. The diffusion of power in the world economy*, (Cambridge: Cambridge University Press, 1996).

lidades do estudo monográfico presente, mais interessante será seguramente ver nesses esforços uma luta acesa pelo controlo de uma externalização por todos tida como imprescindível para o Estado português. Pois trata-se de um adensamento de interdependências que aumenta tanto o nosso peso específico internacional quanto a nossa capacidade de influenciar, num ou noutro sentido (e aí as opiniões têm-se dividido) os mecanismos e dispositivos emergentes de governação global – ao mesmo tempo que mitiga riscos. Focaremos, no essencial, os esforços de colaboração policial, ou seja os securitários de "baixa intensidade". Na economia do estudo a que nos propomos, deixamos assim de lado outros, mais conhecidos e porventura de não menor importância, como os relativos à cooperação militar propriamente dita – talvez desde os seus primórdios a história de sucesso da cooperação portuguesa[140].

O que dizer sobre tudo isto? Boas ou más, estas inovações portuguesas seguiram de perto aquilo que tem tido lugar noutros países. O desenvolvimento foi *securitizado* (Marenin, 2005:7), assim como a paz e segurança passaram a ser consideradas como pré-condições para o desenvolvimento (Bayley, 2006: 499; Wang *et. al.*, 2005: 8), pois sem estabilidade política, sem lei e ordem, os processos de reconstrução e reabilitação do Estado de Direito em regiões do globo marcadas pela exclusão, dominação, humilhação e pobreza (Garcia Leandro, 2007: 215) são insustentáveis. Neste âmbito, será importante que a cooperação nacional aproveite "a experiência que as forças de segurança portuguesas e que a CTM têm adquirido após um longo período de cooperação com as instituições de segurança e defesa dos PALOP"[141], de modo a fortalecer a sua organização, competências técnicas e respeito pelos direitos, liberdades e garantias. A RCM n.º 43/99, de 18 de Maio, constituiu-se como "a primeira descrição completa e coerente de uma política de cooperação portuguesa" (AAVV, 2006: 11), preconizando ainda que o nosso país deverá "articular, nos planos político, económico e cultural, a dinâmica da sua integração europeia, com a dinâmica de constituição de uma comunidade

---

[140] São muitos os estudos que a este tema se dedicam. Bastará sublinhar o papel que Portugal tem tido na formação de oficiais superiores dos países lusófonos, a influência decisiva que tem havido tanto na criação de Academias Militares como na feitura de legislação relativa às Forças Armadas, etc..

[141] Resolução do Conselho de Ministros n.º 43/99, D.R. – I Série B, n.º 115, 18 de Maio – A Cooperação Portuguesa no limiar do século XXI.

estruturada nas relações com os países e as comunidades de língua portuguesa no mundo, e de reaproximação a outros povos e regiões"[142]. É fácil reconhecer aqui a tónica retórico-política da nova juridificação democrática a que atrás fizemos alusão de pormenor.

Qual o resultado, até ao momento, dos esforços desenvolvimentistas de projecção e *re-casting* de imagem do Estado democrático português? De novo, uma meia dúzia de notas. Com a Resolução do Conselho de Ministros em referência, Portugal reestruturou, de facto, a sua cooperação, em especial a CTM e CTP, incrementou o número e diversificou a temática dos projectos e de acções concretas, aumentou a respectiva dotação financeira – mas a cooperação nacional, neste e em outros âmbitos, ainda não é verdadeiramente transversal e integrada, apesar da criação em 1997 da CIC.

O que, para dizer o mínimo, é pena. Esta RCM pode ser designada "como o primado legislativo da cooperação internacional portuguesa, tendo pela primeira vez, sido utilizada a expressão *cooperação técnico-policial,* embora já muitas vezes utilizada pelas instituições policiais portuguesas, até aqui nunca havia sido consagrada em qualquer referência legislativa nacional" (Caldas, 2006: 11). As Grandes Opções do Plano para 2005-2009 definem como objectivo do Estado português: "construir uma política de cooperação para o desenvolvimento que utilize os recursos de forma coordenada, contando com um orçamento integrado para a ajuda pública que a torne mais coerente, coesa e eficiente. A execução e imple-

---

[142] Salientamos as seguintes quatro referências de orientação estratégica para a cooperação portuguesa: a) *clarificação estratégica* – os objectivos e os princípios devem ser traduzidos em programas e acções a desenvolver e nas prioridades estabelecidas; sendo que os mesmos devem ser ajustados à dinâmica do sistema internacional e à imagem e responsabilidades que Portugal tem vindo a assumir; b) *controlo político da cooperação* – a responsabilidade política pela definição e condução da cooperação, enquanto vector de política externa, cabe ao MNE; c) *dispositivo da cooperação* – a necessidade de dotar a política de cooperação de uma base organizativa mais sólida e eficiente, o que passa pela clarificação das funções e competências das diferentes instituições no âmbito do MNE, e dos diferentes departamentos que, na orgânica dos diversos ministérios, têm competências no domínio da cooperação; d) *financiamento* – a questão dos recursos afectos às políticas de cooperação é, hoje, no plano internacional uma questão central do debate em torno dos problemas do desenvolvimento. Portugal propôs-se participar na ajuda pública ao desenvolvimento com 0,7% do PNB até 2006, meta não atingida até à presente data.

mentação da estratégia da cooperação portuguesa para o desenvolvimento deverão ser acompanhadas de uma política de avaliação que analise os respectivos impactos e eficácia".

É de sublinhar, em todo o caso, que a 'brecha' existente em resultado desta carência na completude normativa do 'sistema' se vê, *tant bien que mal*, colmatada num plano menos inclusivo: a cooperação portuguesa com os PALOP é materializada através de dois instrumentos fundamentais: os Programas Indicativos de Cooperação (PIC) materializados pelos Planos Anuais de Cooperação (PAC). O financiamento dos PIC e PAC tem origem exclusiva no Orçamento de Estado, reunindo as dotações orçamentais dos diferentes organismos públicos participantes na cooperação com o país beneficiário. A dotação orçamental do IPAD é uma das principais financiadoras da cooperação portuguesa e assume, muitas vezes, o papel de co-financiador nas acções promovidas por outros organismos – este é, nomeadamente, o caso dos projectos de CTP.

3.2. Da Cooperação Bilateral, do Apoio ao Desenvolvimento, e da Capacitação

O que está nisto em causa? Se nos debruçarmos um segundo sobre conteúdos, verificamos que a CTP pode revestir a vertente de formação, assessoria dos quadros locais, e capacitação institucional. Um dos seus objectivos centrais é o desenvolvimento das competências locais em áreas específicas, tendo em vista aumentar o nível de conhecimento ou a sua capacidade em rentabilizar ou utilizar de forma mais eficaz os bens ou infra-estruturas doadas. Este tem constituído precisamente um dos pontos menos fortes da cooperação portuguesa e da CTP em particular, na medida em que normalmente tem-se investido mais no *capital humano* do que na doação de bens, infra-estruturas ou serviços, o que constitui um factor de desvantagem competitiva em relação a outros países doadores.

O *imbróglio* que muitas vezes se pressente resulta do facto que a formação, sem ser apoiada com o suporte material é menos atractiva, tornando-se a cooperação menos sustentada e sustentável do que a opção de apoio global ou "de pacote completo" (assessoria, formação e equipamento), pelo que, na nossa opinião, a estratégia da CTP deverá procurar investir em paralelo na componente material, à semelhança de outros países doadores, de acordo com as necessidades dos países receptores[143]. Salienta-se ainda, neste âmbito, a importância dos Oficiais de Ligação do MAI para o incremento da CTP, aos quais iremos aludir posteriormente – uma importância que adquirem pelo seu papel de contacto permanente com as entidades de segurança interna dos Estados onde se encontram a desempenhar funções, bem como no acompanhamento da execução dos projectos de CTP.

Um breve *tour d'horizon*. A CTP com a África Lusófona "emergiu em 2005 com Moçambique e S. Tomé e Príncipe, e parece definitivamente despontar em 2006 com o alargamento a Angola e Cabo Verde" (Caldas, 2006: 56). No período entre 2004 e 2006 nos PIC's entre Portugal e Angola, Cabo Verde, S. Tomé e Príncipe não há referências específicas ao vector de CTP, passando este a ser incluído em todos os PIC subsequentemente aprovados. O PIC de Moçambique aprovado em 2004 foi o primeiro a mencionar a CTP, já que tinha como prioridade a reforma da polícia[144], representando assim o surgimento do MAI como financiador e executor dos PAC e também, pela primeira vez, o empenhamento de formadores e especialistas da PSP e GNR para a execução de um programa comum no estrangeiro.

Desmontemo-lo por partes, começando pelos Estados lusófonos maiores, restringindo-nos à cooperação civil – ou seja, pondo de lado a enorme massa de cooperação militar que tem sido de maneira crescente levada a cabo. No PIC Portugal/Moçambique 2007-2009 a CTP aparece como um dos eixos prioritários enquadrado no título "Capacitação Institucional"[145], de forma a desenvolver a capacidade técnica e operacional da Polícia da República de Moçambique, da Direcção Nacional de Migração e do Serviço Nacional de Bombeiros. De referir também a cooperação técnica com a Academia de Ciências Policiais, designadamente para a formação de oficiais em Portugal e com a presença de formadores da PSP e GNR na Academia em Moçambique desde 2003. Este projecto assenta no "Acordo de Cooperação em matéria de Segurança Interna", assinado entre o Ministério do Interior de Moçambique e o MAI de Por-

---

[143] Saliente-se, a este propósito, a aposta na venda de equipamento policial por parte de Espanha a Angola e Moçambique e por parte da China à maior parte dos PALOP.

[144] IPAD – Programa Indicativo de Cooperação Portugal: Moçambique (2004--2006). Lisboa: IPAD, 2005, p. 16.

[145] IPAD – Programa Indicativo de Cooperação Portugal: Moçambique (2007--2009). Lisboa: IPAD, 2007, p. 80.

tugal em 12 de Setembro de 1995, previsto no Decreto-Lei n.º 57/97, de 8 de Outubro.

No PIC Portugal/Angola 2007-2010[146], a componente policial encontra-se inserida na área de reforço das instituições públicas. O programa tem por objectivo desenvolver competências técnicas e operacionais das forças e serviços de segurança na dependência do Ministério do Interior de Angola: Polícia Nacional de Angola, Serviço de Migração e Estrangeiros e Serviço Nacional de Bombeiros e Protecção Civil. De uma perspectiva material, os projectos contemplam a assistência técnica e a formação de quadros em território angolano ou em Portugal, de forma a criar capacitação institucional. Este PIC centra-se em colaborar na garantia de condições de segurança pública[147], na formação e na capacitação dos quadros médios e superiores das Forças de Segurança[148]. Desde 2006, a PSP e GNR têm enviado anualmente equipas de formadores para leccionarem diversas matérias técnico-policiais no Instituto Médio de Ciências Policiais e em unidades policiais específicas. O projecto em vigor enquadra-se no âmbito do "Acordo Especial de Cooperação em Matéria de Segurança Interna, assinado entre o Ministério do Interior de Angola e o MAI de Portugal, previsto no Decreto-Lei n.º 25/97, de 31 de Maio). Por ora, tem-se revelado uma história de sucesso.

Outro tanto tem sido o caso com as mais pequenas das ex-colónias. O PIC de Portugal/Cabo Verde 2008-2011[149] prevê como prioridades: a melhoria do funcionamento interno, das competências técnicas e operacionais da Polícia Nacional e do Serviço Nacional de Protecção Civil,

---

[146] Disponível em: http://www.ipad.mne.gov.pt/images/stories/Publicacoes/PICAngola0710.pdf

[147] Os objectivos específicos da cooperação técnico-policial portuguesa em Angola são: reforçar a segurança dos cidadãos, através de políticas de reorganização das instituições responsáveis pela segurança interna em Angola e de formação dos seus quadros; prestar apoio ao processo eleitoral através de políticas de implementação de estruturas necessárias e formação de quadros; contribuir para a criação/reforço das capacidades nas Forças de Segurança, para uma eventual participação em operações humanitárias ou de apoio à paz, no quadro da ONU ou de Organizações Regionais; implementação de um Programa-Quadro de apoio.

[148] IPAD – Programa Indicativo de Cooperação Portugal: Angola (2007-2010). Lisboa: IPAD, 2007, p. 49.

[149] Disponível em: http://www.ipad.mne.gov.pt/images/stories/Publicacoes/piccv0811.pdf

ambos sob tutela do Ministério da Administração Interna de Cabo Verde. Visa igualmente a elevação dos níveis de formação técnico-profissional, a modernização técnica, logística e de infra-estruturas, a melhoria das condições sociais dos efectivos e a contenção das taxas de criminalidade e sinistralidade rodoviária[150]. Este projecto enquadra-se nos vários programas de cooperação bilateral já em vigor, um dos quais é o Acordo de Cooperação Técnica no Domínio de Polícia entre Portugal e Cabo Verde, previsto no Decreto-Lei n.º 35/90 de 9 de Agosto. Trata-se de um sucesso que augura estabilidade.

Ao nível do PIC Portugal/Guiné-Bissau 2008-2010[151] é referida a questão da utilização crescente daquele território por parte das redes internacionais de narcotráfico, enquanto *placa giratória* entre a América do Sul e a Europa, o que leva a que a ligação entre a segurança interna e a CTP seja considerada uma área prioritária. Ou seja, neste como noutros casos, a Cooperação molda-se adaptativamente à realidade local e regional. A CTP visa, assim, desenvolver competências técnicas e operacionais das Forças e Serviços de Segurança, nomeadamente da Polícia de Ordem Pública (POP) e da Direcção-Geral de Migrações e Fronteiras, bem como incrementar a assessoria técnica para as áreas organizacionais e funcionais[152]. Este projecto tem por base o "Acordo Especial de Cooperação no Domínio da Administração Interna" celebrado entre os dois países, aprovado pelo Decreto-Lei n.º 26/97, de 3 de Junho.

---

[150] Em termos de objectivos específicos, destacamos os seguintes: melhorar o sistema de ordem e segurança pública da Polícia Nacional; melhorar a capacidade da Polícia na prevenção e combate ao crime; potenciar a capacidade de planificação e controle operativos; formar efectivos especializados na manutenção da ordem, da segurança e da protecção e controle de fronteiras; criação de Programas de Policiamento comunitário; reforçar o papel da assessoria técnica especializada.

[151] Disponível em: http://www.ipad.mne.gov.pt/images/stories/Publicacoes/picguine0810.pdf

[152] São preconizados os seguintes objectivos específicos: assistência técnica ao Ministério do Interior e à POP, com o objectivo de incrementar a capacidade da POP; assistência técnica à POP, através da Academia de Polícia e no melhoramento da capacidade de detecção e intercepção criminal através do desenvolvimento de curricula de formação policial; assistência técnica de curta duração à Direcção-Geral de Migração e Fronteiras; acções de formação ao nível básico e médio com vista a dotar a POP, a breve prazo, com elementos policiais de referência na prevenção e combate à criminalidade; fornecimento de fardamento individual e de equipamento de primordial importância para garantir a ordem pública.

O mesmo se passa com micro-Estados. No PIC de Portugal/São Tomé e Príncipe 2008-2011[153] as prioridades da reforma do sector de segurança são a capacitação institucional (na vertente organizacional e operacional), formação e assistência técnica especializada. A formação técnico-profissional desenvolve-se transversalmente em várias áreas e a todos os níveis da hierarquia das forças e serviços de segurança[154]. Este PIC visa desenvolver as competências técnicas e operacionais das Forças e Serviços de Segurança na tutela do Ministério da Defesa e Ordem Interna de São Tomé e Príncipe. Polícia Nacional, Serviço de Migração e Serviço de Bombeiros e Protecção Civil. Este projecto tem por base o "Acordo de Cooperação Técnica no Domínio Policial" celebrado entre os dois países, previsto no Decreto-Lei n.º 25/90, de 5 de Julho.

Rumando à Ásia e a uma outra situação complexa a requerer adequações locais e regionais muito específicas: no PIC de Portugal/Timor-Leste entre 2007-2010 o eixo "consolidação do sistema de segurança interna" prevê o seguinte: desenvolvimento das capacidades dos serviços policiais, nomeadamente a construção da base de recursos humanos e institucionais do sector; desenvolvimento de políticas e procedimentos no seio da Polícia Nacional de Timor-Leste (PNTL); fortalecimento das capacidades administrativas; e criação de um departamento de ciências forenses"[155]. A conjuntura exige-o.

Como talvez fosse inevitável, a precursora da cooperação com os PALOP acabou por ser a Escola Superior de Polícia (actual ISCPSI). Na verdade, desde 1988 é ministrada formação a quadros policiais dos PALOP no curso de formação de Oficiais de Polícia (CFOP), tendo sido formados até hoje um total de 87 oficiais de polícia africanos (40 de Angola, 21 de Cabo Verde, 18 de Moçambique e 8 de S. Tomé) ao abrigo

---

[153] Disponível em: http://www.ipad.mne.gov.pt/images/stories/Publicacoes/picstp2008-2011c.pdf

[154] Enquanto objectivos específicos estipulados para o programa de CTP, são destacados os seguintes: melhorar a capacidade da Polícia na prevenção e combate ao crime; aumentar a eficácia da segurança dos cidadãos e dos seus bens; prover a Polícia Nacional de S. Tomé e Príncipe com competências técnico-operacionais específicas; potenciar a capacidade de planeamento e controle operacional; formar efectivos especializados na manutenção da ordem, da segurança em geral e da protecção das fronteiras marítima e terrestre; reforçar o papel da assessoria técnica especializada.

[155] Disponível para leitura e descarga em: http://www.ipad.mne.gov.pt/images/stories/Publicacoes/PICTimor0710.pdf

de acordos de cooperação entre Portugal e os Países em referência, sem contabilizar outras acções formativas e técnicas para Oficiais.

As frentes deste entrosamento têm sido múltiplas. A aposta da PSP, no quadro da CTP, tem sido sobretudo efectuada ao nível da formação de Oficiais – incluindo Cursos de Direcção e Estratégia Policial (CDEP) em Cabo Verde e Moçambique – e, cada vez mais, em áreas técnico-policiais especializadas, nomeadamente a segurança de grandes eventos, gestão de incidentes táctico-policiais, técnicas de intervenção policial, investigação criminal, informações policiais, ordem pública, operações especiais e formação pedagógica de formadores. A assessoria técnica prestada aos PALOP, no âmbito da CTP, constitui também uma actividade em que a PSP detém uma larga experiência, sendo de referir a deslocação em 1991 de dois oficiais a S. Tomé e Príncipe, com vista a desenvolver assessoria jurídica e estudos de cariz policial. Actualmente, destaca-se a assessoria técnica à POP da Guiné-Bissau, tendo em vista a reforma do sector de segurança interna – a criação e organização da Academia de Polícia e a segurança fronteiriça – dado o aumento exponencial da criminalidade organizada transnacional que tem utilizado aquele país como entreposto no tráfico de droga que tem como destino, essencialmente, o continente Europeu.

3.3. Da Cooperação Multilateral no Espaço da CPLP

A mais leve das perspectivações diacrónicas de conjunto mostra cm nitidez uma progressão cumulativa focada numa interdependência multicentrada: no plano multilateral, o aprofundamento da cooperação policial entre os Estados da CPLP[156] é cada vez mais uma realidade. Mais uma vez, comecemos pela dimensão jurídico-formal da *law in the books*. Assim, ao abrigo do Art. 3.º dos Estatutos da CPLP, que incorporam a cooperação no domínio da segurança pública, realizou-se, em Lisboa, em 8 e 9 de Abril de 2008, o I Fórum de Ministros responsáveis pela área da Administração Interna dos países da CPLP, tendo sido celebrada a Decla-

---

[156] A criação da CPLP deu-se em 17 de Julho de 1996, em Lisboa, reunindo Angola, Brasil, Cabo Verde, Guiné-Bissau, Moçambique, Portugal e São Tomé e Príncipe. Em 20 de Maio de 2002 Timor-Leste tornou-se o oitavo EM da Comunidade.

ração de Lisboa, a qual instituiu formalmente este encontro periódico, bem como assinado o Protocolo de Cooperação entre os Países de Língua Portuguesa no Domínio da Segurança Pública[157] – o documento que veio consagrar, institucionalizando-o, o Conselho de Chefes de Polícia dos Países da CPLP. A Declaração de Lisboa definiu as áreas prioritárias de acção conjunta: segurança e ordem pública, migração e fronteiras e a protecção civil. Prevê igualmente a criação de uma rede de pontos focais na área da Administração Interna, tendo em vista lograr melhor garantir uma eventual coordenação das futuras decisões, iniciativas e medidas que venham a resultar das reuniões do Fórum Ministerial

A convergência tem ido ao pormenor, mantendo-se o seu sentido. Na II Reunião do Conselho de Chefes de Polícia da CPLP de 8 de Abril de 2008 foi aprovado o projecto de criação de uma Rede de Boas Práticas Policiais, um projecto de cooperação em matéria de policiamento de proximidade e um projecto de cooperação em matéria de protecção da natureza e do ambiente. Entretanto, e de modo bem sincronizado, no que diz respeito à III Reunião do Conselho de Chefes de Polícia da CPLP, que se realizou em Brasília em 10 de Julho de 2008, realça-se a criação de uma Comissão de Policiamento de Proximidade e de Prevenção da Criminalidade e de uma rede de pontos de contacto (coordenada pela PSP de Portugal), e de uma Comissão de Protecção da Natureza e do Ambiente (coordenada pela GNR de Portugal) no seio do Conselho de Chefes de Polícia[158].

Com os olhos postos no futuro, foi-se mais longe. Em 14 de Janeiro de 2008 foi assinada uma declaração entre o MAI e o Ministro da Justiça do Brasil sobre cooperação no domínio da formação policial que preconiza a cooperação entre o ISCPSI e a Escola Superior de Polícia Federal (em fase de instalação), actual Academia Nacional de Polícia Federal. Por meio de pequenos passos, o esboço de uma teia vai-se instalando.

---

[157] O Protocolo de Cooperação entre os Países de Língua Portuguesa no domínio da segurança pública tem os seguintes objectivos: promover a cooperação em matérias do domínio policial; difundir informações sobre actividades criminosas, necessárias ao controlo da criminalidade dos EM; analisar estratégias comuns de prevenção e combate à criminalidade e promover a troca d experiências; promover estratégias conjuntas de treino e formação; promover estratégias de cooperação multilateral em matérias específicas.

[158] Foi também mencionada na Acta da reunião a possível criação de uma rede para a cooperação policial em matéria de fiscalização de armas e explosivos.

Um só exemplo que vale por todos. Em 5 de Junho de 2009, em Cabo Verde, realizou-se a IV reunião do Conselho de Chefes de Polícia da CPLP, da qual, se deve salientar a criação da comissão de armas e explosivos no seio do mesmo, por forma a promover: o intercâmbio de informação de armas e explosivos; a articulação directa e assistência mútua entre os serviços responsáveis pelo licenciamento de armas e explosivos em sede de importações, exportações, identificação de armas, explosivos, proprietários e empresas [no caso de Portugal, a entidade por tanto responsável é a PSP]; conhecimento e intercâmbio de experiências, informação técnica e formação em matéria de armas e explosivas; conhecimento, harmonização e simplificação de procedimentos e de documentos em matéria de importação e exportação de armas e explosivas.

3.4. O Papel dos Oficiais de Ligação

Para o efeito, boas práticas importadas de domínios afins vão sendo implementadas – neste caso a criação de uma via única de comunicação personalizada para efeitos do estabelecimento e manutenção da teia emergente. Os Oficiais de Ligação do MAI são uma figura relativamente recente, com sensivelmente uma década, mas só nos últimos anos, o seu papel tem sido verdadeiramente reconhecido, na sequência de uma maior aposta efectuada na CTP com os países da CPLP. A existência de Oficiais de Ligação do MAI surgiu com a publicação do Decreto-Lei n.º 139/94, de 23 de Maio. A nomeação, colocação e exercício de funções do Oficial de Ligação, de acordo com diploma citado, obedece aos seguintes requisitos: nomeação por despacho do MAI (em alguns casos, por despacho conjunto MAI-MNE-MFAP); a escolha só pode recair de entre oficiais da GNR, oficiais de Polícia da PSP ou funcionários de investigação e fiscalização do SEF; a nomeação é efectuada por um prazo de três anos em comissão de serviço, prorrogável e revogável a todo o tempo; equiparação a secretário ou a conselheiro de embaixada, em função da sua categoria; a sua articulação funcional é objecto de despacho conjunto do MAI e do MNE. Por regra, o seu conteúdo funcional enuncia que coadjuva os serviços competentes do país acreditado, em trabalhos de assessoria técnica, designadamente no plano legislativo, no âmbito da segurança interna e principalmente na área policial. No âmbito da cooperação policial, um Oficial de Ligação serve de elo de ligação entre as forças e serviços de segurança portugueses e as do país beneficiário.

Os primeiros Oficiais de Ligação do MAI foram nomeados em 1999 para desempenharem as funções nas embaixadas de Portugal em Moçambique e S. Tomé e Príncipe. A escolha recaiu em dois Oficiais da PSP. O trabalho por eles desenvolvido é ainda hoje reconhecido como tendo sido essencial para o impulsionar de uma CTP mais estruturada e expressiva nestes países e posteriormente nos restantes PALOP. Neste momento, encontram-se a desempenhar funções nove oficiais de ligação do MAI em diversas representações diplomáticas de Portugal no estrangeiro[159]. Assim, a GNR tem três oficiais de ligação, respectivamente nas embaixadas de Portugal em Díli (Timor-Leste), Madrid (Espanha) e Haia (Países Baixos)[160]. A PSP inclui cinco oficiais de ligação, respectivamente nas embaixadas de Portugal na Cidade da Praia (Cabo Verde), em Luanda (Angola), em Maputo (Moçambique), em S. Tomé e Príncipe e na Representação Permanente de Portugal junto da União Europeia em Bruxelas. O SEF tem um oficial de ligação na Representação Permanente de Portugal junto da União Europeia em Bruxelas[161].

Vale a pena desdobrar mais graficmente esta projecção de forças. Eis o quadro detalhado dos Oficias de Ligação do MAI em Setembro de 2009:

---

[159] Embora este número peque por defeito, pois não estamos a contabilizar os Oficiais de Ligação da PJ em algumas representações diplomáticas, a diferença é significativa em relação a França. Nas representações diplomáticas de França no estrangeiro estão colocados 93 Adidos de Segurança e 75 Oficiais de Ligação da Polícia Francesa e *Gendarmerie*.

[160] Este Oficial da Guarda tem por atribuição principal a ligação entre a Unidade de Apoio da Task Force dos Chefes Europeus de Polícia – *Police Chiefs Task Force Support Unit* – e o MAI, tendo sido entretanto nomeado oficial de ligação da GNR junto da Europol em Haia.

[161] Disponível em: http://www.dgai-mai.org/index.php?area=102&mid=104&sid=105&ssid=105. Consultado em 8 de Fevereiro de 2009.

[162] Decreto-Lei n.º 290-A/2001 de 17 de Novembro.

EMBAIXADA	OFICIAIS DE LIGAÇÃO DO MAI
Cidade da Praia (Cabo Verde)	Oficial da PSP
Díli (Timor-Leste)	Oficial da GNR
Europol - Haia (Países Baixos)	Oficial da GNR
Luanda (Angola)	Oficial da PSP
Madrid (Espanha)	Oficial da GNR
Maputo (Moçambique)	Oficial da PSP
S. Tomé e Príncipe	Oficial da PSP
Bruxelas (REPER junto da UE)	Oficial da PSP e Inspector Superior do SEF

Algumas palavras quanto à figura dos Oficiais de Ligação de Imigração. Esta apareceu regulada pela primeira vez em 2001, no Estatuto do Pessoal do SEF[162]. Mais uma vez, como seria de esperar, a sua emergência respondeu à necessidade de resolução *cooperativa* de problemas comuns concretos. Evidenciando a dimensão avulsa e pragmática da resposta adaptativa a que tais lugares dão expressão, este diploma legal determina que o conteúdo funcional do lugar é definido no despacho de nomeação – podendo, portanto, ver-se redesenhado caso a caso. A nomeação é da competência do MNE, por proposta do MAI. Portugal, através do SEF, tem assim seis Oficiais de Ligação de Imigração para cobrir oito países, respectivamente em Cabo Verde e S. Tomé e Príncipe (é exercida pela mesma Inspectora Superior do SEF) e ainda junto das embaixadas de Portugal na República de Angola, na República Federativa do Brasil, na Ucrânia, na Federação Russa e dos Consulados-Gerais de Portugal na Guiné-Bissau/Senegal[163]. De um ponto de vista da delimitação-caracterização da figura, este pragmatismo tem consequências interessantes: conforme refere Paulo Caldas, qualquer esforço de definição geral das atribuições dos Oficiais de Imigração decorre de uma análise conjunta dos diferentes despachos de nomeação, "competindo-lhe, em cooperação com as entidades nacionais (...), e com utilização das ferramentas tecnológicas adequadas, combater a partir da origem, a imigração ilegal e regular os fluxos migratórios" (Caldas, 2006: 42).

---

[163] Disponível em: http://www.dgai-mai.org/index.php?area=102&mid=104&sid=105&ssid=105. Consultado em 8 de Fevereiro de 2009.

Oficiais de Ligação e Oficiais de Ligação da Imigração convergem mas não se confundem, portanto. Ambas as figuras constituem instrumentos cruciais para o acompanhamento *in loco* da cooperação portuguesa ao nível da segurança interna, perspectivando-se, na nossa opinião, novas funções no futuro neste âmbito, face à crescente maturidade dos processos de capacitação, à necessidade de aprofundar a troca de informações, e ao imperativo de adoptar estratégias comuns de prevenção e combate à criminalidade (*i.e.* ao nível da CPLP).

E num âmbito mais alargado? Não se enquadrando especificamente na CTP, mas configurando-se como a projecção externa das forças de segurança, são de salientar as missões de segurança em representações diplomáticas no estrangeiro integradas em cenários de risco, tais como Bagdad, Argel, Kinshasa, Luanda, Benguela, Díli e Sarajevo, efectuadas desde 1991 por elementos do Grupo de Operações Especiais (GOE) da PSP.

Conforme pode ser constado no quadro seguinte, foram empenhados nesta missão, até Janeiro de 2009, 1.720 polícias, um número significativo que demonstra a elevada experiência da PSP neste âmbito:

PAÍS/MISSÃO	DATAS	ELEMENTOS	TOTAL
CHADE	19MAI08 A 31DEZ08	24	
	1JAN09 - PRESENTE	12	36

PAÍS/MISSÃO	DATAS	ELEMENTOS	TOTAL
TIMOR	07MAI06 A 31DEZ06	35	
	01JAN07 A 31DEZ07	36	
	01JAN08 A 31JAN08	18	
	01JAN09 - PRESENTE	4	93

PAÍS/MISSÃO	DATAS	ELEMENTOS	TOTAL
CONGO/ZAIRE	28SET91 A 31DEZ91	16	
	01JAN92 A 31DEZ92	28	
	29JAN93 A 31DEZ93	12	
	21MAR97 A31DEZ97	25	
	10AGO98 A 31DEZ98	8	
	01JAN99 A 31DEZ99	20	
	01JAN00 A 31DEZ00	20	
	01JAN01 A 31DEZ01	20	
	01JAN02 A 31DEZ02	22	
	01JAN03 A 6ABR03	4	
	28JUL06 A 31DEZ06	20	
	01JAN07 A 31DEZ07	38	
	01JAN08 A 31DEZ08	22	
	01JAN09 A 09FEV09	4	259

PAÍS/MISSÃO	DATAS	ELEMENTOS	TOTAL
GUINÉ-BISSAU	17JUN98 A 31DEZ98	19	
	01JAN99 A 31DEZ99	26	
	01JAN00 A 31DEZ00	22	
	01JAN01 A 31DEZ01	19	
	01JAN02 A 31DEZ02	22	
	01JAN03 A 31DEZ03	22	
	01JAN04 A 31DEZ04	27	
	01JAN05 A 31DEZ05	40	
	01JAN06 A 31DEZ06	30	
	01JAN07 A 31DEZ07	22	
	01JAN08 A 31DEZ08	20	
	01JAN09 - PRESENTE	4	273

PAÍS/MISSÃO	DATAS	ELEMENTOS	TOTAL
S. TOMÉ E PRÍNCIPE	28JAN06 A 31DEZ06	8	
	01JAN07 A 06JAN07	2	10

PAÍS/MISSÃO	DATAS	ELEMENTOS	TOTAL
IRAQUE	13JAN04 A 31DEZ04	61	
	01JAN05 A 31DEZ05	70	
	01JAN06 A 31DEZ06	76	
	01JAN07 A 15MAR07	22	229

PAÍS/MISSÃO	DATAS	ELEMENTOS	TOTAL
ANGOLA	31OUT92 A 31DEZ92	18	
	01JAN93 A 31DEZ93	41	
	01JAN94 A 31DEZ94	22	
	01JAN95 A 31DEZ95	30	
	01JAN96 A 31DEZ96	34	
	01JAN97 A 31DEZ97	40	
	01JAN98 A 31DEZ98	40	
	01JAN99 A 31DEZ99	49	
	01JAN00 A 31DEZ00	40	
	01JAN01 A 31DEZ01	36	
	01JAN02 A 31DEZ02	40	
	01JAN03 A 17MAR03	8	398

PAÍS/MISSÃO	DATAS	ELEMENTOS	TOTAL
BENGUELA	29AGO99 A 31DEZ99	8	
	01JAN00 A 31DEZ00	20	
	01JAN01 A 31DEZ01	20	
	01JAN02 A 11NOV02	16	64

PAÍS/MISSÃO	DATAS	ELEMENTOS	TOTAL
ARGÉLIA	25MAR94 A 31DEZ94	24	
	01JAN95 A 31DEZ95	30	
	01JAN96 A 31DEZ96	31	
	01JAN97 A 31DEZ97	30	
	01JAN98 A 31DEZ98	30	
	01JAN99 A 31DEZ99	30	
	01JAN00 A 31DEZ00	30	
	01JAN01 A 31DEZ01	30	
	01JAN02 A 31DEZ02	27	
	01JAN03 A 15FEV03	3	265

PAÍS/MISSÃO	DATAS	ELEMENTOS	TOTAL
SARAJEVO	29MAR96 A 31DEZ96	20	
	01JAN97 A 31DEZ97	25	
	01JAN98 A 31DEZ98	30	
	01JAN99 A 03SET99	18	93

Número total de elementos empenhados no conjunto das missões: 1720

Antes de ensaiar alguns comentários de maior fundo que estas numerosas acções de 'externalização' de segurança levadas a cabo pelo estado português – e de as colocar no contexto mais amplo que lhes acrescenta sentido e inteligibilidade, não podemos deixar de aludir à "cooperação técnico-militar" que desde o início as acompanha de perto. Não nos espraiando quanto ao tema – que por si só justificaria um estudo independente – faremos em curtas páginas alusão ponderada ao que consideramos o caso mais paradigmático da nossa projecção externa: o da actuação político-militar do Estado português junto dos Estados africanos lusófonos.

3.5. A Cooperação Técnico-Militar (CTM) entre o Estado português e os Estados africanos lusófonos – algumas notas

Um rápido lembrete. Tal como sublinhámos logo à partida, a presente monografia não toma como seu objecto a projecção militar portuguesa, mas antes a securitária mas 'não-propriamente militar'; os parágrafos que se seguem não pretendem senão ter um carácter indicativo. A sua inclusão neste estudo tem três finalidades: em primeiro lugar, prestar tributo ao que tem sido a evidente *pièce de résistance* da projecção externa do Estado democrático português – a escala da Cooperação Técnico-Militar [relembramos, CTM] é muitíssimo maior do que a da Cooperação Técnico-Policial [CTP]; segundo, é nosso intuito começar a oferecer um termo de comparação, que, pelo menos quantitativamente, culminará nas nossas conclusões; e, por último, queremos, com estes parágrafos pôr em clara evidência os paralelismos patentes nos tipos de escolhos e dificuldades com que temos com regularidade vindo a deparar nos nossos laboriosos e recentes processos de afirmação e posicionamento 'em rede'.

Para dar conta de algum do sucesso da Cooperação Técnico-Militar entre o Estado português e os Estados africanos lusófonos [o caso de Timor-Leste, embora diferente e mais tardio, de maneira nenhuma destoa neste conjunto] vale a pena citar extensivamente um breve mas incisivo levantamento-ponderação de Rogério Neves e Castro, publicado no *Mundo em Português*: "[a] boa prestação dos militares portugueses nos processos de paz de Angola e Moçambique vieram dar um grande impulso à CTM de Portugal com os PALOP. Já no período de desanuviamento de final dos anos 80, Portugal tinha assinado os primeiros acordos nesta área, primeiro com Cabo Verde, S. Tomé e Príncipe e Moçambique (1988), depois com a Guiné-Bissau (1989) e, mais tarde, em 1996 com Angola. O desenvolvimento destes acordos determinou a criação, por Decreto Regulamentar n.º 32/89 de 27 de Outubro, do Departamento de Cooperação Técnico Militar (CTM), integrado na Direcção Geral de Política de Defesa Nacional (DGPDN) do Ministério da Defesa. Entre outros objectivos gerais que lhe foram atribuídos nesse texto surge o de 'contribuir para a segurança e estabilidade interna dos PALOP através da formação de forças armadas apartidárias, subordinadas ao poder político e totalmente inseridas no quadro próprio de regimes democráticos'" (Neves e Castro, 2002). Estão actualmente em vigor com cada um dos PALOP Programas Quadro de CTM bianuais, que se desdobram em diversos sub-programas abrangendo o apoio à organização e funcionamento dos Ministérios da Defesa, do Estado Maior das Forças Armadas e dos Comandos dos Ramos (Marinha, Exército e Força Aérea).

Estes sub-programas incluem: por um lado, o sistema de instrução e formação militar, com incidência para as forças especiais; e, por outro, o sistema logístico, com incidência para as suas componentes de engenharia e saúde. Os programas-quadro contemplam formação na área de prevenção de conflitos e manutenção da paz, desenvolvendo a adopção de procedimentos normalizados e o treino especializado, inter-ramos e conjunto de forças. A CTM coordena actualmente com o IPAD e o MNE as acções que desenvolve no âmbito dos Programas Quadro específicos. A CTM, para além dos fundos da Direcção Geral de Política de Defesa Nacional, a DGPDN (50%), conta com outros financiamentos por parte dos ramos das forças armadas (despesas com salários dos militares portugueses em cooperação nos PALOP, 40%) e do IPAD (despesas com militares dos PALOP nas Academias Militares, 10%). Tem havido um investimento crescente que se traduziu num aumento de 300% entre 1991 e 1999 do orçamento da CTM.

A formação tem sido uma das componentes essenciais da CTM. A formação em Portugal, vocacionada para o nível superior e técnico de alta especialização militar, inclui os estabelecimentos de ensino militares: o Colégio Militar, o Instituto de Odivelas, a Academia Militar e as diversas Escolas Práticas, bem como vários estabelecimentos técnico profissionais e unidades militares dos três ramos das forças armadas"[164]. Não see trata, porém, de um mero conglomerado. A CTM foi, desde o início, estruturada de modo a que os seus assessores trabalhassem com condições mínimas de apoio e com a necessária autonomia e – quando fora – em segurança. Para tal foram cedidas instalações pelos respectivos Governos hospedeiros dos PALOP (períodos de 20 anos), foram reabilitados e equipados alguns edifícios de modo a funcionarem como residências da CTM.

Vale decerto a pena entrar nalguns pormenores quanto ao como e ao porquê destes sucessos. Dois curtos exemplos bastarão. Tanto a nível da cooperação técnico-militar como da participação nas forças de paz em Angola e Moçambique, a presença militar portuguesa nos PALOP ao longo da última década saldou-se por uma prestação que deve ser tida como exemplar, apesar das contingências havidas. Durante a Guerra Fria, e até à implosão da URSS, tanto Angola como Moçambique viveram guerras civis brutais em que defrontaram não só tropas locais mas outras de países vizinhos e distantes – bem como com apoios dos países líderes de cada um dos dois blocos do Mundo bipolar. No início dos anos 90, a ONU simultaneamente desencadeou e apoiou processos de paz em Angola e Moçambique. Foi nesse quadro que Portugal e o Brasil participaram pela primeira vez em Missões de Manutenção da Paz, nos dois casos disponibilizando, para tanto, unidades militares para integrar as forças da UNAVEM (1991) e da ONUMOZ (1993). Em boa verdade, porém, o processo começou mais cedo, em plena época Gorbatchev.

O processo de paz em Angola foi o primeiro a ser encetado, logo em 1989, tendo, no seu âmbito, sido fiscalizada pela UNAVEM I a retirada do

---

[164] NEVES e CASTRO, Rogério, "Os militares portugueses na África lusófona: um balanço", *Mundo em Português*, Instituto de Estudos Estratégicos e Internacionais, Lisboa, Fevereiro de 2002. Como sublinhou também R. Neves e Castro, *op. cit.*, "[é] de destacar o elevado número de formandos (cerca de 4000 para os anos de 1990 a 1999) e a especial incidência de Angola (cerca de metade do total). E há que acrescentar ainda a formação ministrada por assessores portugueses nos PALOP, em assessoria institucional e em formação básica nos centros de instrução, (cerca de 11000 para o mesmo período). Para cumprir estas "missões" nos PALOP a CTM conta com um número considerável de assessores militares". Importa realçar o facto que os anos seguintes vieram aumentar estes quantitativos de modo ainda mais significativo.

país das forças militares cubanas (cujo pico atingira os 50 mil soldados). Foi uma história de sucesso. Ao invés, a implementação dos Acordos de Paz de Bicesse, de 31 Maio de 1991, pela UNAVEM II acabou mal, em 31 de Outubro de 1992, quando, na sequência da não-aceitação dos resultados eleitorais por parte da UNITA de Jonas Savimbi, a guerra recomeçou, primeiro em Luanda e depois no resto do país, no que foi apelidado como a "guerra das cidades", a parte mais mortífera e destrutiva do prolongado conflito angolano[165]. No intervalo, a "segunda guerra civil angolana" grassou: novos esforços foram levados a cabo pela UNAVEM III a partir de 8 de Fevereiro de 1995, agora com um elevado número de unidades militares e efectivos de cerca de meio milhão de homens. No final de 1998, as forças das Nações Unidas mostraram a sua incapacidade de controlar o conflito ao não conseguirem evitar o derrube de aviões comerciais e de aeronaves da própria ONU pelo grupo insurgente – o conflito iria durar até 2002, à morte de Savimbi e ao Memorando de Entendimento para a Paz que nesse mesmo ano pôs fim à UNITA militar.

Detalhar um pouco estes processos e o nosso enredamento neles mais não é inútil. As unidades militares portuguesas só participam no processo de paz em Angola tardiamente, na UNAVEM III. Isto é, apenas depois de ter sido demonstrada a sua eficácia e a nossa capacidade de a projectar no feliz e auspiciosamente bem sucedido processo de paz de Moçambique. Tal como fora o caso nessa ex-colónia da África Oriental, em Angola, Portugal fê-lo novamente na costa oeste do continente com a participação de uma Unidade de Comunicações, acrescida agora de uma Companhia Logística, e, na fase fina do UNAVEM III, um Destacamento Sanitário. Foquemos por ora, porém, a atenção no caso moçambicano.

Importa realçar o facto de que o Processo de Paz em Moçambique, implementado a partir de Dezembro de 1992, foi consensualmente considerado por vários observadores atentos um raro exemplo de sucesso[166]. O

---

[165] É escassa mas fascinante a bibliografia sobre estas questões. Para o caso angolano, ver, por todas, a dissertação, não-publicada de FERRARI, Bruno A., *Governance and Natural Resource Conflicts – Wars without end? An assessment of the Angolan civil war*, defendida na Universidade de Uppsala, Suécia, no Department of Peace and Conflict Research, em 2004.

[166] De novo a título meramente ilustrativo, para este caso, ver, por todos, PAVIA, José Francisco Lynce Zagallo, *O Processo de Transformação Política em Moçambique, O Sistema Internacional e a Actuação de Portugal: da Interdependência à Dimensão*

contingente da ONUMOZ, que começou a chegar ao país leste-africano dilacerado por uma feroz guerra civil em Março de 1993, atingiu no seu pico efectivos de cerca de 6.000 homens, que se mantiveram no terreno até Outubro de 1994 (com reforços, no período final, de destacamentos enviados para efeitos policiais e eleitorais). Durante todo o processo, não houve incidentes de maior. As unidades militares portuguesas que participaram no processo de paz em Moçambique incluíram um Batalhão de Transmissões e os membros da Missão Militar Portuguesa em Moçambique (MMPM). A MMPM – uma entidade nascida do compromisso português em apoiar a formação das novas Forças Armadas conjuntas de Defesa de Moçambique, que congregaram tropas da FRELIMO e da RENAMO. De novo uma história de sucesso: a MMPM foi responsável pela reabilitação e apetrechamento de numerosos Centros de Instrução, e conduziu a formação das Unidades de Forças Especiais e de Logística que substituíram as forças da UNOMOZ, garantindo com eficácia a segurança e liberdade de movimentos de pessoas e bens dos principais corredores de transporte de Moçambique – Maputo, Beira e Nacala.

Os resultados, é certo, não foram idênticos em Moçambique e Angola – neste último caso, em abono da verdade, correram menos bem. Em larga medida, tal resultou de um conjunto de deficiências internas inerentes ao sistema da ONU. Vale a pena pormenorizá-lo um pouco, porque as dificuldades identificadas espelham, *mutatis mutandis*, naturalmente, muitas daquelas com que temos infelizmente vindo a deparar na projecção de forças 'não-especificamente militares', como iremos verificar, caso a caso, nalgum detalhe específico – e tal como as avaliaremos, retrospectivamente, nas conclusões com que fechamos o presente trabalho monográfico. Primeiro, a inexequibilidade dos objectivos traçados em tempo útil gerou problemas de credibilidade e dedicação das forças internacionais – o que se viu agravado por planeamentos deficientes das operações empreendidas e dificuldades ao nível do seu comando e controlo; Lélio Rodrigues da Silva, o General brasileiro responsável pela missão, após um ano de comando expressou claramente em declarações públicas o seu marcado desagrado quanto a estes escolhos. Em segundo lugar, verificou-se uma notória falta de articulação entre apoio logístico e a unidade de

---

Externa da Democratização (1974-1994), uma dissertação não-publicada defendida na Universidade do Minho, 2007.

comando – que se exprimiu, designadamente, por um claro fosso entre decisões operacionais do *Force Commander* (FC), decisões logísticas, e a dinâmica da estrutura civil dos funcionários do quadro das Nações Unidas. Em terceiro lugar, deu-se uma desadequação nítida entre as capacidades técnicas do *staff* internacional e as exigências (organizacionais e 'culturais' – incluindo linguísticas, um domínio seriamente deficitário) no terreno, e foi notória uma muitas vezes deficiente qualidade dos recursos humanos utilizados. Nisso, ao que consta, portugueses e brasileiros destacaram-se pela positiva, o que foi tido, por norma, como uma excepção.

Em reforço da distinção atribuída, no caso angolano, à participação portuguesa, adiciona-se a eficácia, visibilidade e prestígio dos agentes envolvidos, no terreno, no que foi a cooperação militar portuguesa durante o processo de paz em Moçambique. Os relatórios de "fim de missão" enfatizaram-no expressamente[167], embora "o regulamento disciplinar da ONU [fosse] muito rígido [...]. Foram criadas restrições [...] ao contacto com a população local que eram completamente incompreensíveis para o nosso pessoal [...]. A verdade é que houve várias declarações proferidas por responsáveis de vários quadrantes, pela imprensa e pelo próprio representante do Secretário Geral, Dr. Aldo Ajello, que afirmaram que os militares portugueses tinham sido os que melhor se adaptaram e inseriram no tecido social e local [...]". Efectivamente, Aldo Ajello, o italiano Chefe da Missão da ONUMOZ, não poupou elogios à "capacidade inventiva" e ao "alto nível de profissionalismo" do nosso contingente. Tornar-se-ia difícil recuar face a sucessos e reconhecimentos desta escala – neste como na maioria dos outros exemplos da CTM, o duplo objectivo de diminuir a nossa "invisibilidadde" aumentando o nosso peso específico parece ter sido plenamente logrado. Por isso, insistimos, generalizando, a cooperação técnico-militar portuguesa – a espinha dorsal, em termos quantitativos da nossa externalização de segurança pós-25 de Abril – constitui um claro exemplo de sucesso, do Congo a Timor-Leste.

Muito mais poderia naturalmente ser exposto sobre o tema, como atrás insistimos mas, repetimos, este pequeno exemplo foi aqui fornecido com meros intuitos comparativos. Contamos, a seu tempo, empreender – ou promover a elaboração – de um outro estudo sobre a progressão das

---

[167] UN Security Council, S/1994/1449, 23 December 1994, *Final Report* of the Secretary-General on the Termination of the United Nations Operation in Mozambique. (*ONUMOZ*), disponível em *www.undemocracy.com/S-1994-1449.pdf*

políticas de projecção de forças *militares* portuguesas. Seria no entanto descabido não prestar aqui homenagem ao labor, em tantos sentidos paralelo, levado a cabo pelas Forças Armadas portuguesas, que nos aforam e projectam nos novos quadros internacionais em que a presença portuguesa ganha em ser mais visível e respeitada.

Dito isto, passemos então a considerações de índole mais geral e abrangente – em consonância com o que afirmámos, re-colocada a tónica em questões não-militares de externalização de segurança. E a evolução dos enquadramentos normativos e institucionais e a projecção de forças de segurança portuguesas na Europa? Que esemelhanças e diferenças exibem com estes casos? Para isso nos vamos agora voltar.

Antes de passar a essa próxima secção, importa porém, remeter o leitor para um passo suplementar e paralelo – tendo em mente a cada vez menos clara distinção entre "crises civis" e "crises militares", e entre "segurança civil" e "segurança militar": aquele que envolve esmiuçar a dimensão/articulação europeia dos nossos esforços de afirmação e posicionamento pós-transição democrática.

Capítulo IV – A Interdependência e a Cooperação Policial Europeia

> *Pode a União Europeia desenvolver realmente uma política externa coerente e integrada? Afinal, os Estados-Membros tendem a proteger aqui a sua autonomia de acção tanto como fazem em relação aos impostos e à previdência social. Mas se houver mudanças na governação da União Europeia, podemos conseguir uma política externa mais eficaz do que aquela que a União Europeia foi capaz até agora (...). A União não tem [por enquanto] nenhuma autoridade federal que possa sobrepor-se às decisões colectivas ou individuais dos seus Estados-membros; mas esta situação pode ser uma força bem como um problema. Pode inibir uma rápida tomada de decisões em situações de crise, mas a necessidade de conseguir um consenso pode também proteger contra riscos irresponsáveis.*
>
> GIDDENS, Anthony, *A Europa na Era Global*
> (Lisboa: Editorial Presença, 2007), pp. 266-267.

Num segundo momento, propomo-nos dedicar atenção, neste quarto capítulo do nosso estudo, ao caso europeu e à dimensão securitária do nosso envolvimento nos seus processos de institucionalização nessa frente de cada vez maior importância. Tendo em vista o carácter introdutório e a ambição teórico-analítica do nosso estudo, a nossa atenção estará mais uma vez assestada no "institucional" e no "muti-sectorial". Mantemo-nos, de novo, no mero plano das traves-mestras.

Tendo em mente a periodização proposta e as motivações aventadas – e tal como foi o caso com o crescendo nas articulações do Estado português com o Mundo lusófono – iremos no que se segue manter, no essencial, os olhos postos no último dos períodos que identificámos. Embora, neste caso, o façamos com algumas imprescindíveis remissões para a fase anterior: o do pós-11 de Setembro, no quadro do Tratado da União Europeia. Como se irá tornar rapidamente evidente, estamos em crer, esta é a frente de internacionalização em que, no quadro securitário como em virtualmente todos os outros, maiores pressões sistémicas se têm vindo a exercer em modalidades 'neo-funcionalistas'. Tal como iremos ter oportunidade de constatar, no âmbito da nossa pertença europeia isto é verdade em termos macro e em termos micro: tanto é certo que uma "externalização" dos elos mais fracos, para nos atermos a um só exemplo, leva inexoravelmente a outras, numa ordem que reflete a palatabilidade política das mudanças exigidas por Estados sempre preocupados com a sua soberania, como o é o facto de que muitos dos passos dados nessa globalização da segurança, para reter o mesmo exemplo, implicam outros passos mais, à partida menos digeríveis, mas que os primeiros tornaram menos prescindíveis. As escolhas vão assim afunilando, vão-se esbatendo enquanto "escolhas" – na medida em que se tornam decisões 'racionais' pouco evitáveis, num processo com sabor a inexorável.

4.1. A Integração e a Construção Europeia

Com o intuito de mostrar mais do contexto em que tais processos têm tido lugar, tornemos a alargar o âmbito da nossa análise. Podemos começar por uma constatação algo maximalista e decerto marcada por algum euro-cepticismo mais cuidadoso do que programático: na Europa "as culturas nacionais são em boa parte, responsáveis pela separação-dispersão dos europeus, pelo desenho das fronteiras e, indirectamente, pelas guerras entre europeus. Consequentemente, nada na história, garante que a Europa seja possível" (Sarmento, 2004: 59). O que de modo nenhum, note-se, gera necessariamente mais de que a cautela imprescindível para quem – como é o caso da ampla maioria das elites político-partidárias ou outras e da opinião pública portuguesa – defenda o projecto europeu.

Nada, porém, nos impõe esta perspectivação, erigida no essencial sobre uma presunção de continuidade e baseada numa leitura pessimista dos processos de construção de uma Europa unificada: de uma outra perspectiva não atida a tais constrangimentos, podemos assim, por exemplo, aventar que aquilo que estamos a erigir tem, no essencial, um papel pragmático de cooperação com vista a ganhos conjuntos não despiciendos: trata-se de uma "Europa-espaço", mas menos que uma potência, no sentido clássico do termo. Todavia, é sem dúvida "uma *potência civil* que se exprime através de uma política externa *sui generis* com objectivos claros de projecção externa das suas políticas internas" (Leitão, 2002: 372). Olhados os processos de consolidação de um projeto europeu deste ângulo alternativo, por assim dizer, as implicações podem ser equacionadas de maneiras fascinantes, que põem em clara evidência tanto a mutabilidade como os riscos que lhes são inerentes: o projecto de integração e construção europeia (a evolução dos Tratados) tem sido levado a cabo através da busca de equilíbrios (Soulier, 2000: 57), e, muito obviamente, não tem evoluído de forma linear e homogénea, tendo sofrido adaptações, reconfigurações e moldagens. Seria difícil, em todo o caso, num plano macro, não vislumbrar nestes processos uma tendência 'neofuncional' cumulativa cuja reversibilidade é menos e menos fácil na justa proporção em que se adensam os laços de interdependência criados.

Cedo tal foi percebido pelos observadores portugueses mais atentos e abertos a quaisquer reformulações políticas de monta que reinserissem o devir nacional português na senda 'regional' comum na Europa ocidental do pós-Guerra[168]. O que as elites portuguesas tinham compreendido nos alvores da 'abertura' marcelista nada teve de atípico. Não só a maioria dos Estados e das opiniões públicas europeias o tinham de há muito vislumbrado, mas o processo de busca de equilíbrios com vista a lograr esta projecção externa da Europa do pós-1945 foi progredindo com firmeza –

---

[168] É imensa a bibliografia disponível relativa a estes temas. Algumas referências servirão por todas. Para um estudo aprofundado das reacções do regime salazarista ao processo de construção-integração europeia, é imprescindível a leitura da notável dissertação de doutoramento de CANTINHO PEREIRA, Pedro, intitulada *Portugal e o Início da Construção Europeia: 1947-1953*, publicada pelo Instituto Diplomático do Ministério dos Negócios Estrangeiros, em 2006, como número 5 da Biblioteca Diplomática. O pano de fundo deste trabalho de levantamento pode ser encontrado na também marcante dissertação de ROLLO, Maria Fernanda, com o título de *Portugal e a Reconstrução Económica do Pós--Guerra. O Plano Marshall e a economia portuguesa dos anos 50*, publicada como número 13 da mesma colecção e Instituto. No que toca ao processo de adesão portuguesa às então Comunidades Europeias, é insubstituível o trabalho aturado e preciso de CUNHA, Alice, *À Descoberta da Europa: A Adesão de Portugal às Comunidades Europeias*, o número 11 da colecção referida. Estes três estudos académicos, elaborados por autores oriundos de perspectivas teórico-metodológicas e político-ideológicas muito diversas – e todos eles publicados e prefaciados por um dos autores da presente monografia, Armando Marques Guedes – pormenorizam de maneira quase cartográfica e de muitíssimo alta resolução, as tomadas de decisão cruciais que deram lugar à aposta europeia de um Estado português empenhado em estabilidade e numa ampliação do seu peso internacional específico em conjunturas diferentes umas das outras mas todas de alto risco.

embora com marcados avanços e recuos – em resposta às alterações de maior peso e implicações que foram ocorrendo nos ecossistemas políticos circundantes.

Comecemos por sublinhar que, embora tal nem sempre tenha o reconhecimento que merece, a verdade é que a história da adesão de Portugal à Comunidade Económica Europeia, a velha CEE, constituiu, desde o início, um autêntico campo de batalha[169]. A consulta da bibliografia existente confirma-o sem sombra de dúvida. Como foi afirmado, "[t]endo em conta os resultados dos poucos trabalhos de qualidade e fôlego e os numerosíssimos 'estudos' artesanais que já estão disponíveis no mercado editorial, cabem-nos, para tanto, vários esforços complementares. Há que tentar subir de patamar. Por um lado, importa colmatar brechas, preenchendo lacunas existentes, cobrindo períodos e temas pouco ou mal conhecidos, homogeneizando o espaço daquilo que sabemos, por assim dizer, preenchendo-o por igual. Mais ainda, devemos a nós próprios e às gerações vindouras, cujos percursos foram largamente condicionados pelas escolhas que fizemos neste âmbito, o tentar compreender a 'descoberta' europeia

---

[169] Como escreveu Armando Marques Guedes no Prefácio ao já referido estudo de Alice Cunha, "É verdade que muito tem sido dado à estampa a respeito da entrada de Portugal no projecto europeu. Mas mesmo a mais cursória das olhadas nos mostra que aquilo que tem sido disponibilizado tende a cair num de vários pólos: ora se trata de trabalhos parcelares, centrados em escolhas racionais empreendidas tendo em mente vantagens sectoriais e localizadas da adesão, ou, ao invés, de colectâneas de autênticos "textos de intervenção" redigidos por um ou mais dos vários intervenientes político-partidários que se embrenharam no processo, ora de agregados de considerações relativas aos antecedentes de apoio e resistência nacional à 'ideia europeia', ou ainda de compilações dos numerosos documentos, internos e externos, que deram corpo à nossa entrada na Europa. É triste verificar que, com raras excepções, o que foi sendo edificado redunda numa verdadeira indústria artesanal, situada algures a meio caminho entre o político-ideológico e o académico. É evidente que tanto uns como outros destes tipos de publicações preenchem papéis indispensáveis de rastreio e esclarecimento, que importa não subestimar; focam aspectos fundamentais do que se ganhou e perdeu, dão realce a posturas mais ou menos triunfalistas que constituem uma parcela essencial das lutas políticas pela supremacia que o têm acompanhado; e fornecem-nos dados formais, da maior utilidade, quanto à maneira como o Estado interagiu com a Europa institucional enquanto nela entrava. Numa palavra, enriquecem a textura das nossas considerações sobre a pertença de Portugal ao que hoje em dia apelidamos de União Europeia". Mas não chegam e a publicação do estudo monográfico de Alice Cunha visou alterar esse cenário. A pouco e pouco tal tem vindo nos últimos anos a ser feito noutras frentes.

para que acordámos, numa fase crucial da história portuguesa, europeia, e global. Por outro lado, é fundamental garantir alguma isenção na abordagem de um processo conturbado e profundamente excitante de uma história contemporânea de que é todavia demasiado cedo para conhecer as implicações – mas não para delinear os seus contornos.

Talvez fundamental seja, no entanto e por último, edificar um repositório de comentários ponderados dos actores envolvidos nos vários momentos da nossa adesão – mas com o cuidado de o fazer nos termos de uma narrativa por nós construída, reduzindo-lhes, desse modo, a tentação de gizar reinterpretações tendenciosas que os enviesem e falseiem. A mais de vinte anos de distância, é tempo de recuo e objectividade, chegou a altura de deixar para trás combates que cada vez fazem menos sentido, num presente que todos queremos seja tão compreensível quanto o seu passado previsível"[170].

Pese embora essa não seja a sua finalidade central, as páginas que se seguem visam dar um contributo nesse sentido – o de tornar claros os esforços levados a cabo em Portugal com vista a um adensamento dos laços de interdependência que, em paralelo, firmassem o sistema democrático instalado em 1974 e, embora nem sempre conscientes dessa consequência, assegurassem uma maior projecção externa de um Estado a que as descolonizações tinham drasticamente reduzido a escala e importância no sistema internacional.

A verdade é que passada uma geração da adesão portuguesa à agora União Europeia uma parte dessas ambições tinha sido cumprida – o nosso peso específico na ordem internacional viu-se grandemente ampliado. Mas nem tudo foram rosas. Portugal tornou-se, é certo, doravante membro de um Europa-espaço, que continuou a ser menos do que uma 'potência', no sentido clássico do termo. Sem dúvida que a União Europeia a que Portugal pertence se tornou numa potência civil que se exprime através de uma acção minimamente concertada com objectivos bastante claros de projecção externa das suas políticas internas – mas só com alguma elasticidade conceptual poderíamos, ainda hoje, uma geração volvida, falar de uma 'política externa' europeia com a qual o Estado português verdadeiramente coordene a sua própria política internacional. E é porventura nos domínios da segurança e defesa (uma parcela central dos domínios da

---

[170] MARQUES GUEDES, Armando, no Prefácio citado ao livro de Alice Cunha.

chamada *high politics*) que a União – e, por arrastamento, o Estado português – tem vindo a sincronizar posições com as alterações de maior peso e implicações que foram ocorrendo nos palcos supra-estaduais em que decidimos intervir de maneira a aumentar o nosso peso específico, como temos vindo a apelidar o nosso *clout* político num sistema internacional que se afirma como mais e mais constrangente.

Talvez não seja excessivo – embora ainda seja cedo para o asseverar com segurança – que o 11 de Setembro de 2001 preencheu um papel de charneira nas alterações do que apelidámos os ecosistemas políticos circundantes. Seja qual for o peso que lhe venhamos a atribuir, parece em todo o caso fácil concordar que amplificou tendências. Não é, por isso, surpreendente que face ao contexto histórico recente marcado por novos riscos e ameaças, as prioridades políticas da União Europeia se tenham voltado a alterar. A aprovação no Conselho Europeu de Bruxelas em 12 e 13 de Dezembro de 2003 de uma Estratégia Europeia em matéria de Segurança – *Uma Europa Segura num Mundo Melhor*[171] é exemplo doutro tanto. Neste documento são propostos objectivos estratégicos concretos: "enfrentar as ameaças", consideradas dinâmicas, não sendo puramente militares, pelo que requerem uma conjugação de meios (policiais, serviços de informações, meios judiciais, meios militares, etc.); e "criar segurança na nossa vizinhança". Um princípio por demais importante implícito nesta estratégia é o de que "numa era de globalização, as ameaças longínquas poderem ser tão preocupantes como as que estão próximas de nós. *A primeira linha de defesa há-de muitas vezes situar-se no exterior*"[172]. Face a

---

[171] Disponível no site http://www.consilium.europa.eu/uedocs/cmsUpload/78367.pdf. Consultada em 20 de Janeiro de 2008. A UE afirmava estar pronta a assumir a sua parte de responsabilidade na segurança global e na criação de um mundo melhor, pretendendo por isso ser um actor mais credível e eficaz. Assume-se que a segurança é uma condição prévia ao desenvolvimento. São identificadas as principais ameaças, consideradas mais diversificadas, menos visíveis e menos previsíveis: o terrorismo, a proliferação das armas de destruição massiva, os conflitos regionais, o fracasso dos Estados e a criminalidade organizada.

[172] Neste contexto, é enunciado que constitui um problema ter na sua vizinhança países envolvidos em conflitos violentos. É necessário consolidar os resultados obtidos nos Balcãs de modo a credibilizar a política europeia. Pretende estender aos países do Leste, os benefícios da cooperação económica e política. A resolução do conflito Israelo--árabe constitui uma prioridade estratégica.

uma tal conjuntura, a União comprometeu-se ser mais proactiva, mais coerente, mais capaz de colaborar com outros parceiros[173].

As corroborações empíricas da adequação deste princípio infelizmente abundam – e o início turbulento do século XXI explicitou-o de maneira contundente. Os atentados de 11 de Março de 2004 em Madrid e de 7 de Julho de 2005 em Londres confirmariam a necessidade da conjugação de esforços e de cooperação estreita. Contudo, este documento não pode ser considerado uma verdadeira estratégia de segurança interna, na medida em que se limita a definir princípios genéricos e de enquadramento da segurança à escala global e não atribui responsabilidades e tarefas específicas aos Estados-Membros (EM). Da mesma forma, os processos de integração desencadeados na área da Justiça e Assuntos Internos (JAI) são ainda de natureza marcadamente intergovernamental, residindo em grande parte na esfera de soberania dos Estados, apesar da comunitarização progressiva de diversas matérias[174] – o que nem é (nem pode ser) factor impeditivo de uma estratégia de cooperação conjunta.

Implicações? No que toca às áreas da segurança, como em muitas outras, torna-se fácil argumentar que processos mais lineares e acelerados de integração responderiam melhor às exigências das conjunturas emergentes. Com o 11 de Setembro e as réplicas europeias que vieram na sua esteira, a Europa tomou consciência das suas debilidades e de que os "novos perigos reticulares" "só podem ser combatidos com esforços globais e contínuos, apoiados por elevados níveis de informação, prevenção e cooperação entre Estados e serviços de polícia às escalas europeia e mundial" (Farinha, 2005: 1). Encarando as coisas numa banda mais larga – a 'de origem', por assim dizer – o Estado português seguiu-lhe as passadas, advogando também, pelo seu lado, uma cada vez mais forte intensificação de laços nestes âmbitos.

---

[173] O documento refere-se aos EUA, assim como ao estreitamento de relações com a Rússia e os laços que ligam os europeus ao Médio Oriente, África, América latina e à Ásia, citando em particular a necessidade de *desenvolver parcerias estratégicas* com o Japão, a China, o Canadá e a Índia.

[174] O Tratado de Amesterdão operou uma transferência do Terceiro para o Primeiro Pilar, das matérias atinentes à política de asilo, imigração e fronteiras e cooperação judicial em matéria civil, implicando a "comunitarização" das mesmas (Bravo, 2008, 227). O Tratado de Lisboa, extinguindo o Terceiro Pilar, também integrou no TFUE a cooperação policial e a cooperação judiciária em matéria penal.

Sem quaisquer pretensões de exaustividade, atenhamo-nos, de novo, a uma mão cheia de exemplos que sirvam por todos. A abertura de fronteiras com a entrada em vigor da Convenção de Aplicação do Acordo de Schengen (CAAS), em 26 de Março de 1995, funcionou como "um catalizador para o desenvolvimento da cooperação policial na União Europeia" (Farinha, 2005: 18). Os EM deixaram de poder delinear e desenvolver "uma política de segurança interna ou de prevenção e combate à criminalidade isolada ou desgarrada do contexto alargado e das opções da União Europeia, pois a maior ou menor eficácia das políticas de um EM terão cada vez maior impacto em todo o espaço europeu. Ao preservarem a segurança nacional, os EM devem ter plenamente em conta a segurança da União como um todo, tendo em vista designadamente a prevenção e combate ao terrorismo" (Gomes, 2006: 230).

As implicações de maior fundo deste estado de coisas não podem ser subestimadas. O já citado Jorge Carvalho defende que "...mais do que o rigor conceptual na separação das competências entre as Instituições, interessa que todos os agentes da Segurança, em sentido lato, que possam desempenhar um papel relevante em matéria de Segurança Nacional, o façam em obediência aos princípios da complementaridade e, principalmente, subsidiariedade de actuação...". Segundo o mesmo autor, a tendência dos Estados europeus tem sido a partilha progressiva da sua soberania para com algumas instituições supra-estaduais. No entanto, nesta partilha, ao nível policial e de justiça tem-se verificado através de uma maior integração[175] entre os Serviços, já o mesmo não poderá ser dito ao nível dos serviços de informações – uma vez que a actividade desenvolvida está ligada ao núcleo duro dos poderes soberanos do Estado. Não obstante essa especificidade eventualmente residual, tal como foi já antes referido o crescente processo de integração europeia e o desenvolvimento dos conceitos de cidadania e território europeu, aproximam-nos de um futuro conceito de segurança interna da Europa.

Constitui um dos objectivos da União Europeia a criação de um vasto espaço sem controlos nas fronteiras internas, onde os cidadãos podem circular livremente, com o corolário, recente, de se procurar consolidar como

---

[175] Importaria clarificar o termo 'integração', de modo a saber sugerir formatos para ela, pois nestas matérias não há delegação de poderes soberanos/supranacionalização ou integração. Por ora, e para efeitos operacionais, sugerimos 'articulação estreita'.

um espaço de liberdade, segurança e justiça[176]. É fácil de ver que medidas neste sentido não podiam deixar de exigir mais esforços de coordenação – sobretudo quando elas implicavam, como foi o caso com a criação do "espaço Schengen", uma ampla abolição dos controlos fronteiriços internos. O passo não deixou, no entanto, de ser dado, como não podia deixar de ser: correspondia a um anseio político profundo partilhado por muitos. Para os seus defensores, a questão era enunciável de maneira simplificada, que torneava largamente eventuais problemas de fundo. Talvez não seja excessivo asseverar que um dos paradoxos de uma União actualmente de 27 Estados e no futuro de 30 ou 40, consubstanciam-se no facto de qualquer identidade pressupor "a existência de interesses comuns e o que acontece é que na Europa temos diferentes tradições nacionais e o seu peso torna (...) difícil a percepção do interesse comum" (Severiano Teixeira, 1999: 16).

O desafio consistirá assim na desconstrução – que se prevê compreensivelmente laboriosa – da lógica da autonomia estatal na elaboração da política externa, num exercício de negociação e de moldagem dos interesses nacionais e de procura de um interesse comum – o qual residirá, ao que tudo indica, na invocação do legado civilizacional de uma Europa que se rege pelos valores da liberdade, da democracia, do Estado de Direito e de respeito pelos direitos humanos. No entanto, e como que naturalmente, a criação de um espaço sem fronteiras internas, no qual as mercadorias, as pessoas, os serviços e os capitais circulam livremente, "tornou clara a necessidade de regras em matéria de asilo, de imigração, de controlo de fronteiras externas, de luta contra a criminalidade transnacional, de cooperação judicial em matéria penal, civil e de polícia" (Martins, 2004: 177).

---

[176] Com a entrada em vigor do Tratado de Lsiboa, todas estas matérias se regem hoje em dia pelo Título V da Parte III do TFUE (artigos 67.º a 89.º). Antes, o Art. 2.º TUE previa a manutenção e desenvolvimento da UE "enquanto espaço de liberdade, de segurança e justiça, em que seja assegurada a livre circulação de pessoas, em conjugação com medidas adequadas em matéria de controlos na fronteira externa, asilo e imigração, bem como de prevenção e combate à criminalidade".Este objectivo vai ser desenvolvido nas disposições relativas à cooperação policial e judiciária em matéria penal (Arts. 29.º a 42.º TUE) e no Tratado CE nas disposições relativas aos vistos, asilo, integração e outras políticas relativas à livre circulação de pessoas (Art. 61.º a 69.º).

4.2. Da Área de Justiça e Assuntos Internos (JAI) na União Europeia à luz do Tratado de Lisboa

Mesmo sem entrar em pormenores, vale a pena elencar alguns dos primeiros passos dados nos domínios ditos JAI até à entrada em vigor do Tratado de Lisboa a 1 de Dezembro de 2009[177]. Como temos vindo a fazer até aqui, começamos pela dimensão normativa mais formal, dita *in the books*.

O Tratado de Maastricht, também conhecido por Tratado da União Europeia (TUE), assinado em 7 de Fevereiro de 1992 e em vigor desde 1 de Novembro de 1993, recriou uma União Europeia, pensada e construída sobre três pilares: as Comunidades Europeias, a política externa e de segurança comum, e a cooperação nos domínios da jusiça e dos assuntos internos. O então chamado "Terceiro Pilar", ou área JAI, foi integrado no seu quadro institucional, acrescentando assim uma nova dimensão à construção da Europa, no Título VI do Tratado. A JAI resultou de "um compromisso entre, por um lado, os EM partidários de uma comunitarização das questões de segurança interna relacionadas com a livre circulação de pessoas e a supressão de controlos nas fronteiras internas e, por outro lado, os partidários da manutenção das medidas compensatórias necessárias à sua plena realização no âmbito meramente intergovernamental" (Urbano de Sousa, 2001: 873). Embora eivada de dificuldades, não se pode dizer que não tenha funcionado bem.

Algum *background* histórico de pormenor pode ser útil[178]. Como sublinhámos, o Tratado de *Maastricht*, que juristas e políticos, seguindo o próprio tratado, denominam o Tratado da União Europeia, trouxe ao projecto europeu um redimensionamento importante: institucionalizou laços de cooperação entre os Estados-Membros aos níveis cruciais da justiça e dos assuntos internos. Ao articular esforços entre os então 'Doze', o Tratado aproximou com prontidão ostensiva uns dos outros os respectivos Ministérios da Justiça e do Interior. Foi assim não só potenciado o diálogo,

---

[177] PIÇARRA, Nuno, "A UE como Espaço de Liberdade, Segurança e Justiça: uma caracterização geral", em *Estudos Comemorativos dos 25 anos do ISCPSI*, Almedina, 2009.

[178] O que é dito nas próximas páginas recapitula, no essencial, aquilo que consta da parte 4. de MARQUES GUEDES, Armando, *Sobre a União Europeia e a NATO*, *Nação e Defesa* 106: 33-76, (Lisboa: Instituto de Defesa Nacional, Ministério da Defesa, 2004).

mas viram-se também activadas formas múltiplas de ajuda recíproca que inevitavelmente começaram a desembocar em actividades conjuntas e em formas cada vez mais estreitas de cooperação entre Polícias, entre serviços alfandegários, serviços de imigração e os congéneres da justiça dos Estados co-signatários. Maastricht foi por conseguinte uma espécie de momento fundador maior também nessa dimensão intergovernamental e supranacional que tanto tem contado para entrosar entre si os Estados europeus.

Em boa verdade porém, a "Cooperação JAI" (como é vulgarmente apelidada esta colaboração mútua no plano "da justiça e dos assuntos internos", de onde o acrónimo) vinha já de trás. O Tratado da União Europeia – e designadamente o seu já referido Título VI (que designadamente abrangia até à entrada em vigor do Tratado de Lisboa a cooperação policial e judiciária em matéria penal, que constituía o chamado Terceiro Pilar da União Europeia) – deu seguimento e inovou num quadro de variadíssimas iniciativas sobre cooperação policial, aduaneira e judiciária que tinham tido início nos longínquos anos 50. O Conselho da Europa formara o seu âmbito e lugar de implantação. Sem quaisquer ligações às então Comunidades Europeias, foram formados e reuniam, desde essa época, diversos agrupamentos de "peritos" especializados em problemas relativos a esses domínios. A base desses grupos era meramente intergovernamental. O Título VI não veio por conseguinte senão dar coerência, racionalizar e evitar uma dispersão excessiva de esforços ao criar um quadro formalizado e maior para essa cooperação, disponibilizando-lhe um Secretariado Permanente, concentrando esforços e nomeando agentes e definindo instrumentos comuns para o que muitas vezes eram questões sensíveis atidas a coutadas ciosamente guardadas daquilo que até à Segunda Guerra Mundial tinham sido expressões privilegiadas da soberania dos Estados europeus.

Como se isso não bastasse, e de novo recapitulando, em poucos anos foi imprimida uma enorme aceleração ao processo com o Tratado de Amesterdão, assinado a 2 de Outubro de 1997 e tendo entrado em vigor em 1 de Maio de 1999. A cooperação *maastrichtiana* nos domínios da justiça e dos assuntos internos viu-se reorganizada por uma nova linha de horizonte: a criação, a prazo, de um espaço único europeu de liberdade, segurança e justiça. Vários sectores destes três domínios foram transferidos para o âmbito comunitário (no jargão de Bruxelas, viram-se "comunitarizados"). Com o Tratado de Amesterdão institucionalizou-se assim, no coração mesmo da União Europeia, o princípio da livre circulação de pessoas, uma meta a vários títulos extraordinária. A cooperação JAI, para o efeito, incidia, nos termos do seu Título VI, sobre domínios como a política de asilo, as regras aplicáveis às passagens nas fronteiras externas dos Estados-membros, a política de imigração, as lutas contra a droga e a fraude internacional, e as já referidas cooperações judiciária em matéria civil, penal, aduaneira e policial. Os instrumentos criados para lograr adoptar medidas conjuntas nestes domínios foram a "acção comum", a "posição comum" e a "convenção".

Talvez o mais importante, no entanto, tenha sido a decisão de integrar, no quadro jurídico dos Tratados da União Europeia e também a prazo, o "Acervo Schengen", uma entidade criada também à sua margem como iniciativa de alguns do Estados-Membros apostados em conseguir desenvolver a livre circulação de pessoas na Europa[179].

Para entrever a dimensão do passo dado basta enunciar as suas implicações no plano difuso da segurança e defesa. Um objectivo primeiro do processo de construção europeia foi a criação de um mercado único ao nível continental – ou, pelo menos, ao nível europeu-ocidental, como este era então concebido. A descompartimentalização consequente aboliu (ou reduziu) as fronteiras entre mercadorias, capitais e serviços, cujas circulações se passaram, a par e passo, a realizar sem entraves. A essas três liberdades veio-se juntar uma quarta, mais difícil, a liberdade de circulação de pessoas. Não é árduo ver a razão para esse acréscimo de dificuldade: a liberdade de circulação de pessoas punha em cheque a forma "tradicional" de garantir a segurança interna de cada Estado por intermédio de fronteiras erigidas com objectivo instrumental (naturalmente entre outros)

---

[179] Alguma história: em 1985, a França, a Alemanha e os Estados do Benelux celebraram, numa base estritamente intergovernamental, o Acordo de Schengen. Em 1990, esse Acordo foi completado por uma Convenção focada na sua aplicação, que criou uma "zona Schengen". Tal como referi, o Tratado de Amesterdão integrou o acervo de Schengen no quadro da União Europeia delineada uns meros quatro anos antes em Maastricht. Dois dos Estados-membros não aderiram a Schengen, a Grã-Bretanha e a Irlanda; um terceiro, a Dinamarca, insistiu em disposições-salvaguardas específicas. *Par contre*, significativamente, dois Estados não-comunitários da NATO, a Noruega e a Islândia, aderiram a Schengen antes da inclusão deste no acervo da União Europeia. Ver, por todos, PIÇARRA, Nuno, "O modelo de integração do acervo de Schengen na União Europeia: Cooperação reforçada e 'ordens de legislar ao Conselho'", in *Legislação – Cadernos de Ciência da Legislação*, n.º 23, 1998, pp. 23 e ss.

de controlar e filtrar a identidade, a entrada e a circulação de pessoas no território sob sua tutela soberana.

Não será por isso surpresa que grande parte da oposição que então se manifestou em vários palcos políticos nacionais europeus tenha precisamente batido nas teclas dos riscos e das perdas de soberania que a criação desse espaço inevitavelmente acarretaria. E torna-se mais fácil de compreender porque é que foram rapidamente adoptadas o que se chamou "medidas compensatórias e complementares", com o intuito de minimizar tanto a redução na segurança da população, da ordem e da liberdade pública, como a percepção de tudo isso por opiniões públicas nacionais muitas vezes atentas e vigilantes[180]. O facto, porém, é que os passos foram sendo dados, com rapidez e eficácia. Dada a sensibilidade presente e sempre inevitável em questões que digam respeito à ordem pública, as matérias relativas à justiça e aos assuntos internos não são postas em prática do mesmo modo em que o são, por exemplo, questões relacionadas com a política agrícola comum ou com a política regional europeia: naquilo que toca a JAI, o Tratado dá uma comparativamente grande importância aos Estados-Membros e àquelas instâncias da União Europeia em que estes participam directamente; com uma *ratio* semelhante, foram no caso da cooperação JAI limitados os poderes da Comissão Europeia, do Parlamento Europeu e do Tribunal de Justiça. Mas, ao que tudo indica, tudo isso foi sol de pouca dura. Com efeito, mais uma vez não demorou muito tempo para que um novo Tratado, no caso o Tratado de Nice, contribuísse para uma intensificação dos processos de cooperação JAI que *Maastricht* encetou. Nice fê-lo regulamentando certos domínios, sobretudo os relativos à livre circulação de pessoas, alargando às decisões tomadas nesses domínios o voto por maioria qualificada[181]. Para esses domínios comuni-

---

[180] Por exemplo, o reforço das fronteiras externas da União (a célebre "Fortaleza Europa"), bem como uma cooperação reforçada das administrações da justiça e do interior, sobretudo no que toca aos serviços policiais, aduaneiros e de imigração. Emergiram assim com novos contornos questões como aquelas que se prendem com políticas de asilo, de imigração clandestina. A criação de um Serviço Europeu de Polícia, a Europol, sediado na Haia, nos Países Baixos, dependeu formalmente da assinatura de uma "Convenção Europol", que entrou em vigor a 1 de Outubro de 1998 e começou a ser efectivamente aplicada desde 1 de Julho de1999, substituída, entretanto, por uma Decisão.

[181] O dossier JAI, porque dividido entre o pirmeiro e o terceiro pilar (pós-Amesterdão), suscitou desde logo alguma confusão junto de leitores menos atentos, pelo que talvez. se justifique aqui clarificar que a comunitarização remonta ao Tratado de Amesterdão

tarizados, passaram a aplicar-se instrumentos mais robustos, como "regulamentos", "directivas", "decisões", e outros de menor robustez, não--vinculativas, como "recomendações" e "pareceres".

De fora ficaram, é verdade, as matérias relacionadas com o Terceiro Pilar (as ligadas à cooperação policial e judiciária em matéria penal), decerto em parte por motivos nacional-corporativos e pelo melindre que tais questões podem muitas vezes assumir para a integridade jurídico--normativa dos Estados-membros. Mas deu-se, de novo, um passo de gigante. Os procedimentos para a "cooperação reforçada" tornaram-se com Nice menos restritivos do que antes. E intensificou-se (com a Eurojust, por exemplo) a tão importante cooperação judiciária, com todo o potencial multiplicador que isso tem. As barreiras existentes e que têm criado dificuldades são fáceis de arrolar: a cooperação JAI confronta tradições e interesses nacionais arreigados, bem como lógicas administrativas e ordenamentos jurídicos à partida nem sempre com facilidade miscíveis entre si.

Não é por isso surpreendente que questões de harmonização e coerência, e aquelas ligadas à eficácia de processos decisórios (o que deu azo, como vimos, à criação, lenta mas progressiva, dos instrumentos apropriados para melhor agilizar a progressão) tenham vindo a ser suscitadas. Longe estamos, é certamente porém óbvio, do comparativamente muito pouco conseguido no plano da PESC, do âmbito do Segundo Pilar. Em termos comparativos, note-se, para só fornecer um exemplo, que muito daquilo que a Administração federal norte-americana apenas conseguiu nos anos 30 do século XX, ou seja mais de século e meio depois da Independência, os europeus lograram numa curta geração. Não restam dúvidas, creio, que mesmo em áreas de grande melindre como o são as relativas à ordem pública, a Europa tem vindo a progredir a passos largos.

O que se poderá daqui decantar? Da estrita perspectiva da segurança – no sentido em que aqui dela falamos – o salto dado com a cooperação JAI foi de facto grande: como vimos, o Art. K1 do TUE previa um conjunto de áreas de cooperação – judiciária, policial e aduaneira – conside-

---

e, em rigor, não afectou as matérias relativas à dita 'segurança interna' (esta manteve-se sob a alçada do terceiro pilar intergovernamentalista). O alargamento do voto por maioria qualificada também não se aplicou nunca ao terceiro pilar, conforme referido no parágrafo seguinte. Já em Nice foram estipuladas: maioria qualificada, circulação de pessoas, cooperação reforçada, e uma intensificação cooperação judiciária. Agradecemos a Ana Paula Brandão as achegas quanto a este ponto 'histórico-genealógico'.

radas de "interesse comum", assim como, uma "Unidade Europeia de Polícia", denominada Europol. A cooperação policial definida pelo TUE "situa-se no centro da oposição entre soberania dos EM e a necessidade de intervenção das instâncias comunitárias para garantir o difícil equilíbrio entre as liberdades e a segurança. Contudo, a evolução verificada redundou num sucesso, ao permitir desenvolver a identidade europeia e, ao mesmo tempo, legitimar a cooperação policial" (Montain-Domenach, 1999: 11). Uma vitória em duas das frentes da integração comunitária.

O Tratado de Amesterdão, assinado a 2 de Outubro de 1997, e entrado em vigor desde 1 de Maio de 1999, encarregou-se do passo seguinte: procedeu à comunitarização efectiva de uma parte das questões que eram anteriormente da competência da cooperação no domínio da JAI, as medidas destinadas a "aproximar a União dos seus cidadãos" e a assegurar a possibilidade de formas de cooperação mais estreitas entre alguns EM (cooperações reforçadas). O Tratado refere-se nomeadamente, a aprovação das normas relativas aos vistos, asilo, imigração e outras políticas relacionadas com a livre circulação de pessoas, "em obediência ao princípio da progressividade" (Martins, 2004: 181), a integração da cooperação Schengen no quadro institucional e jurídico da União Europeia e a sua repartição pelo Primeiro e Terceiro Pilares. Deu-se então uma verdadeira "desterritorialização do direito penal nacional" (Rodrigues, 2004, cit. em Sousa, 2006: 300), bem como um desfazer do paradigma tradicional da cooperação penal interestadual, conferindo à justiça penal uma dimensão europeia, apesar da epígrafe do Título VI (Disposições relativas à cooperação policial e judiciária em matéria penal) ter uma vertente intergovernamental e não de integração. Com Amesterdão, a cooperação policial e judiciária passou a assumir assim "uma natureza híbrida, de *intergovernamentalismo* comunitarizado ou de comunitarismo *intergovernamentalizado*, consoante se acentue as suas características intergovernamentais ou os seus elementos comunitários"[182]; sendo esta, é certo, prejudicada pela

---

[182] O Tratado de Nice, assinado em 26 de Fevereiro de 2001, tendo entrado em vigor em 1 de Fevereiro de 2003, foi essencialmente consagrado ao "remanescente" do Tratado de Amesterdão, ou seja, aos problemas institucionais ligados ao alargamento que não foram solucionados em 1997. Trata-se da composição da Comissão, da ponderação dos votos no Conselho e do alargamento dos casos de votação por maioria qualificada. Simplificou igualmente o recurso ao procedimento de cooperação reforçada e tornou mais eficaz o sistema jurisdicional. Este Tratado "manteve o enquadramento normativo-

pluralidade de quadros normativos e pela desvinculação de certos Estados-
-Membros (Urbano de Sousa, 2001: 913; idem, 2005: 115).

Para quem tenha por finalidade compreender melhor as inovações introduzidas pelo Tratado da União Europeia no que diz respeito à segurança, aprofundar um pouco este ponto preciso não é inconsequente. Tendo em vista perspectivar os objectivos e âmbito da área JAI abordaremos, de forma sucinta, o enquadramento institucional e jurídico actual da União, decorrente das alterações introduzidas pelos diferentes Tratados. Até à entrada em vigor do Tratado de Lisboa, o Art. 29.º do TUE definia como objectivo específico da cooperação policial europeia o de "facultar aos cidadãos um elevado nível de protecção num *Espaço de Liberdade, Segurança e Justiça*, mediante a instituição de acções em comum entre os EM no domínio da cooperação policial e judiciária em matéria penal e a prevenção e combate do racismo e xenofobia". Como? Nos termos do segundo parágrafo do mesmo artigo, esse objectivo seria prosseguido através da prevenção e combate da criminalidade, em especial do terrorismo, dos vários tráficos e da criminalidade económico-financeira.

Neste âmbito, aquilo que no fundo se vê estipulado de modo a garantir uma melhoria sensível nas condições colectivas de segurança é decerto que terá de existir uma cooperação reforçada entre as autoridades policiais, directamente ou por intermédio da Europol, bem como uma cooperação mais estreita entre as autoridades judiciárias, directamente ou, de maneira mais indirecta, por intermédio da Eurojust[183].

-institucional do espaço de liberdade, segurança e justiça, limitando-se a alterar os Art. 29.º e 31.º do TUE, por forma a consagrar "constitucionalmente" a Eurojust (a Unidade de Cooperação Judiciária da União Europeia) e criar, assim, uma base jurídica clara para o seu desenvolvimento" (Urbano de Sousa, 2003: 25), de forma a promover "a coordenação adequada entre autoridades repressivas nacionais e dar apoio às investigações criminais em processos de crime organizado, designadamente com base nas análises da Europol, bem como cooperar de forma estreita com a rede judiciária europeia, em especial, a fim de simplificar a execução de cartas rogatórias" (Prevenção e controlo da criminalidade organizada: Estratégia da União Europeia para o início do novo milénio, consultada no Jornal Oficial das Comunidades Europeias, n.º C 124, de 3 de Maio de 2000, p. 23).

[183] O Art. 30.º do TUE previa o conjunto de matérias abrangidas pela cooperação policial: cooperação operacional entre as várias entidades competentes em matéria de prevenção e detecção de infracções penais e de investigação criminal; recolha, armazenamento, tratamento, análise e intercâmbio de informações entre as entidades nacionais competentes ou através da Europol, sem prejuízo da protecção de dados pessoais; formação,

Apesar das muitas alterações introduzidas, o Tratado de Lisboa, que entrou em vigor a 1 de Dezembro de 2009, veio confirmar a nomenclatura de Justiça e Assuntos Internos e de "Espaço de Liberdade, Segurança e Justiça" – um espaço instituído pela União dentro do respeito pelos direitos fundamentais e pelos diferentes sistemas e tradições jurídicos dos Estados-Membros. Na nova arquitectura legal da União, as matérias relativas à cooperação judiciária em matéria penal e à cooperação policial desaparecem totalmente do TUE, passando a ser reguladas, integralmente, pelo Tratado sobre o Funcionamento da União Europeia (daqui por diante, TFUE). Esta alteração conduz, na prática, ao ocaso da estrutura de três pilares característica da UE, através da "comunitarização" das áreas acima indicadas (nomeadamente no que se refere ao procedimento legislativo), com algumas especificidades. Em termos práticos, o TFUE extingue a estrutura de três pilares, oriunda do Tratado de Maastricht. É o que se tem vindo a apelidar, com *gusto*, de "despilarização".

Uma das principais inovações introduzidas pelo TFUE, no quadro da Justiça e Assuntos Internos, é a extensão do voto por maioria qualificada no Conselho a quase todas as suas matérias, em detrimento da necessidade de unanimidade vigente anteriormente (embora antes da entrada em vigor do Tratado de Lisboa, a unanimidade só fosse requerida para o Título VI), uniformizando-se, ao mesmo tempo, os instrumentos aplicáveis (regulamentos, directivas, decisões, recomendações e pareceres).

Ao nível institucional, o papel do Parlamento Europeu é alargado, com a consagração do procedimento legislativo ordinário (a nova nomenclatura atribuída à "co-decisão") a quase todos os domínios JAI. E mesmo nos casos em que não haverá lugar à co-decisão, o Parlamento Europeu deverá dar o seu consentimento prévio para que uma iniciativa possa ser adoptada.

Já no que se refere aos parlamentos nacionais, também estes verão a sua intervenção expandida, por força do alargamento do prazo para exame da compatibilidade de iniciativas legislativas face ao princípio da subsi-

---

troca de agentes de ligação, utilização de equipamento e investigação forense; e avaliação das técnicas de investigação no domínio da detecção de formas graves de criminalidade organizada. Contudo, de acordo com Art. 33.º do TUE a cooperação desenvolvida naquelas áreas ao nível da União, dizia-se, "não prejudica o exercício das responsabilidades que incumbem aos EM em matéria de manutenção da ordem pública e de garantia da segurança interna".

diariedade (designadamente, a adopção de mecanismos de avaliação da execução das políticas da União – Art. 12.º, alínea c, do TFUE; da sua associação ao controlo político da Europol – Art. 88.º, n.º 2, do TFUE; e à avaliação das actividades da Eurojust – Art. 85.º, n.º 1, do TFUE). Além disso, é previsto um mecanismo de controlo reforçado deste princípio, que permite aos parlamentos nacionais apresentarem uma opinião fundamentada junto do legislador europeu (Conselho e Parlamento Europeu, o PE) e, caso seja obtida uma determinada maioria (55% dos EM e /ou uma maioria simples dos deputados ao PE), suspender o processo legislativo (Art. 69.º TFUE e Protocolo relativo à aplicação dos princípios da subsidariedade e da proporcionalidade). Os parlamentos nacionais vêem o seu envolvimento reforçado.

O alargamento das matérias sujeitas ao procedimento legislativo ordinário e a votação por maioria qualificada em nada contende com o exercício das responsabilidades de cada EM na manutenção da ordem pública e na salvaguarda da segurança interna. O TFUE prevê, expressamente, que os EM poderão, livremente, organizar as formas de cooperação e coordenação que entenderem entre as respectivas autoridades e serviços encarregues de assegurar a segurança interna (Arts. 72.º e 73.º, TFUE).

O novo TFUE cria um Comité Permanente no seio do Conselho (art. 71.º TFUE), cuja função será assegurar a promoção e o reforço da cooperação operacional em termos de segurança interna. Desta forma, procura-se facilitar a coordenação das acções das autoridades nacionais competentes, sendo, também, os órgãos e organismos responsáveis ao nível da UE associados aos trabalhos deste comité. O PE e os parlamentos nacionais deverão ser mantidos ao corrente dos respectivos trabalhos. O actual Comité do Artigo Trinta e Seis (CATS) é extinto.

As matérias referentes aos controlos nas fronteiras passarão a reger-se pelo artigo 77.º do TFUE, que unifica o regime de tomada de decisão, passando o PE e o Conselho a deliberar de acordo com o processo legislativo ordinário. No entanto, sempre que for necessária uma acção da União para facilitar o exercício do direito de circular e permanecer livremente no território dos EM (novo art. 20.º, n.º 2, alínea a) do TFUE), sem que tenham sido previstos poderes de acção, o Conselho delibera de acordo com o processo legislativo especial, por unanimidade após consulta ao PE, no que respeita aos passaportes, bilhetes de identidade, títulos de residência e documentos equiparados.

O TFUE consagra uma inovação, ao introduzir gradualmente um sistema integrado de gestão das fronteiras externas (Art. 77.°, al. c), do TFUE). É ainda consagrada uma política comum em matéria de asilo (Art. 78.° do TFUE) e no domínio de imigração, sendo que de acordo com o novo Art. 79.° do TFUE o Parlamento Europeu e o Conselho deliberam de acordo com o processo legislativo ordinário.

O regime a ser implementado reproduz o teor do artigo 63.°, n.° 3 e n.° 4, do TCE, introduzindo, no entanto, as seguintes inovações:

– Medidas destinadas ao combate do tráfico de seres humanos, em especial de mulheres e de crianças;
– Celebração de acordos de readmissão entre a UE e países terceiros;
– Medidas de incentivo e apoio à acção dos Estados-Membros destinadas a fomentar a integração dos nacionais de países terceiros que residam legalmente no seu território, com exclusão de harmonização das disposições legislativas e regulamentares dos Estados--Membros;
– Direito dos Estados-Membros determinarem os volumes de admissão de nacionais de países terceiros, para efeitos de trabalho.

Uma das maiores inovações do TFUE é a alteração dos procedimentos relativos aos instrumentos adoptados no domínio da cooperação judiciária em matéria penal. Com efeito, as normas adoptadas no âmbito destas matérias deverão passar a seguir o procedimento legislativo ordinário, na maioria dos casos.

Em concreto, o novo TFUE, no seu art. 82.°, dispõe que a UE deverá adoptar normas e procedimentos comuns de forma a facilitar *"o reconhecimento mútuo de decisões judiciais, prevenir e resolver os conflitos de competência entre EM's, apoiar a formação de juízes, magistrados e outros operadores judiciários e facilitar a cooperação entre as autoridades judiciárias dos EM's no domínio dos processos penais e da execução de decisões"*. Em comparação com o constante, actualmente, do Título VI do TUE, verifica-se que é dada uma especial relevância ao princípio do reconhecimento mútuo, sendo retirada a facilitação da extradição entre EM's como objectivo da cooperação judiciária em matéria penal.

Um outro domínio onde poderão ser aprovadas normas mínimas comuns, de acordo com o procedimento legislativo ordinário, diz respeito à definição de infracções e respectivas sanções nos casos de criminalidade particularmente grave com incidência transfronteiriça, conforme se dispõe no art. 83.º TFUE. As áreas concretas de actuação, serão o terrorismo, o tráfico de seres humanos e a exploração sexual de mulheres e crianças, o tráfico ilícito de droga, o tráfico ilícito de armas, o branqueamento de capitais, a corrupção, a contrafacção de moeda e outros meios de pagamento, a criminalidade informática e a criminalidade organizada. Como tal, parece ser expandido o catálogo de infracções em relação à anterior norma do TUE.

Acresce a estes domínios, a aproximação das legislações em matéria penal, nomeadamente quanto à definição de infracções e de sanções, nos casos em que esta aproximação seja considerada indispensável para fazer cumprir eficazmente uma política da União já de si objecto de harmonização. Esta aproximação, em concreto, se teve a sua génese no Tratado que estabelecia uma Constituição para a Europa, vê-se amparada em alguma jurisprudência recente do Tribunal de Justiça (TJ) relativa à previsão de sanções penais em certos domínios de actuação da UE (como, por exemplo, a protecção do ambiente), como forma de fazer cumprir eficazmente as respectivas normas comunitárias aplicáveis (acórdãos C-176/03 e C-440/05)[184].

Ao nível da cooperação policial (Art. 87.º a 89.º), o Tratado de Lisboa tem como regra a aplicação do procedimento legislativo ordinário, designadamente quanto à recolha, conservação, tratamento, análise e troca de informação, quanto ao apoio à formação e intercâmbio de pessoal, de equipamento e de investigação criminalística e quanto às técnicas comuns de inquérito relativas à detecção de formas graves de criminalidade organizada. Este elenco de domínios em que é possível que a UE legisle parece ser semelhante ao disposto actualmente, quanto às matérias abrangidas pela cooperação policial, no TUE.

No que se refere à cooperação de carácter operacional entre autoridades policiais, o Conselho apenas poderá legislar através de um procedimento legislativo especial, por unanimidade e após consulta ao PE. Caso não seja obtida a unanimidade necessária, poderá ser solicitado ao Conse-

---

[184] PIÇARRA, Nuno, *A UE enquanto ELSJ: alguns desenvolvimentos recentes*, em Jorge Bacelar Gouveia e Rui Pereira (coord.) *Estudos de Direito e Segurança*, (Coimbra: Almedina, 2007).

lho Europeu que se encarregue desta matéria e o procedimento no Conselho será suspenso.

No quadro desse prazo de quatro meses, não sendo tal consenso possível, pode um grupo de, no mínimo, nove EM's solicitar a constituição de uma cooperação reforçada. Refira-se, ainda, quanto à adopção de actos legislativos relativamente ao apoio à formação e intercâmbio de pessoal, de equipamento e de investigação criminalística e, também, no que respeita às técnicas comuns de inquérito relativas à detecção de formas graves de criminalidade organizada, não se aplicará o procedimento legislativo ordinário, caso se trate de desenvolvimentos do acervo Schengen.

Em relação à intervenção das autoridades judiciárias e policiais dos Estados-Membros no território de outro Estado-Membro, trata-se de uma matéria que deverá ser legislada de acordo com o procedimento legislativo especial, por unanimidade no Conselho e após consulta do Parlamento Europeu. Estas disposições referem-se à perseguição transfronteiriça (Art. 89.º).

De acordo com o Art. 75.º do Tratado de Lisboa, o Conselho e o Parlamento Europeu, no âmbito do combate ao terrorismo e actividades com este relacionadas, deverão definir um quadro de medidas administrativas relativas aos movimentos de capitais pertencentes a pessoas ou entidades relacionadas com o fenómeno do terrorismo e outros similares, no respeito das garantias jurídicas aplicáveis. Tais medidas poderão ser – a título de exemplo – o congelamento de bens, de activos financeiros ou de quaisquer benefícios económicos. O Art. 222.º do TFUE institucionaliza uma cláusula de solidariedade que prevê a assistência mútua no caso de um EM ser alvo de um ataque terrorista ou vítima de uma catástrofe natural ou de origem humana. É ainda instituída uma base jurídica própria para a acção da União em matéria de protecção civil (Art. 196.º do TFUE).

No plano ainda normativo, mas de maneira menos formal, entretanto, o Programa de Estocolmo, já aprovado e que vigorará entre 2010 e 2014, estabelece objectivos muito claros, que devem vir a ser atingidos nos próximos anos. Nesta conjuntura, o Conselho Europeu solicitou ao Conselho e à Comissão para que fosse definida uma estratégia europeia de segurança interna, baseada em particular nos seguintes princípios: "– *clarity on the division of tasks between the EU and the Member States, reflecting a shared vision of today's challenges; – respect for fundamental rights, international protection and the rule of law; – solidarity between Member States; – reflection of a proactive and intelligence-led approach; – the need for a horizontal and cross-cutting approach in order to be able to deal with complex crises or natural or man-made disasters; – stringent cooperation between EU agencies, including further improving their information exchange; – a focus on implementation and streamlining as well as the improvement of preventive action; – the use of regional initiatives and regional cooperation; – the aim of making citizens aware of the importance of the Union's work to protect them*"[185].

4.3. Sobre os Organismos da Área JAI

Em termos mais orgânico-institucionais, quais foram as inovações institucionais implementadas ao longo dos anos para tornar exequível este aprofundamento de condições que viabilizem uma coordenação que assegure uma melhor segurança colectiva no quadro da União? Foram de peso.

O sistema da União Europeia é composto por quatro instituições – Conselho, Comissão, Parlamento Europeu e Tribunal de Justiça – que "ao interagirem no seu processo político de forma complexa, promovem um sistema de freios e contrapesos que, em substância, se enquadra no espírito da separação e interdependência de poderes, caracterizadora dos modelos constitucionais modernos" (Soares, 2006: 151)[186]. Tudo isto foi juridicamente regulado. A estrutura de funcionamento da área JAI complexificou-se ao longo dos anos, agrupando sob a tutela do Conselho de Ministros JAI vários comités, agências, redes e grupos de trabalho. Mas

---

[185] The Stockholm Programme – *An open and secure Europe serving and protecting the citizens*, doc. 17024/09 de 2 de Dezembro. Embora haja versão em português, preferimos o original em língua nglesa.

[186] Até à entrada em vigor do Tratado de Lisboa, o Conselho detinha o poder legislativo no Terceiro Pilar. Nesse quadro, além de promover a cooperação nos domínios da polícia e da justiça penal, visando realizar os seus objectivos, competia-lhe adoptar, sob proposta dos EM ou da Comissão, posições comuns, decisões-quadro, decisões, bem como elaborar convenções e propor a sua adopção aos EM. O Conselho podia ainda adoptar recomendações, resoluções, pareceres e outros actos sem efeito jurídico vinculativo e ainda segundo o Art. 38.º do TUE, celebrar acordos internacionais com Organizações Internacionais e países terceiros no quadro do Terceiro Pilar. O Conselho autorizava igualmente os EM a estabelecerem entre si uma cooperação reforçada nas matérias previstas no Título VI (Art. 40.º-A do TUE). Com o Tratado de Lisbo, foi celebrado um Protocolo relativo a disposições transitórios, que nele está incluído como Anexo.

desde a sua insipiência que o Conselho JAI é apoiado pelo Comité estabelecido nos termos do Art. 36.º (também conhecido pela sigla CATS), o qual, é constituído por altos funcionários dos EM, tendo como atribuições genéricas a coordenação da actividade desenvolvida pelos diferentes grupos de trabalho (*i.e.* grupo de cooperação policial, grupo terrorismo, grupo criminalidade organizada, etc.), dar pareceres e preparar os trabalhos do Conselho, sem prejuízo das competências do COREPER.

Na economia do presente trabalho, uma primeira abordagem institucional leve como esta bastará neste ponto – já que iremos regressar ao tema na secção final do nosso estudo.

Procuraremos, de seguida, levar a cabo um breve enquadramento sobre o papel intrínseco de alguns organismos no quadro da cooperação policial europeia e o impacto que a sua acção tem nas políticas públicas de segurança interna nos diferentes EM, designadamente a Europol, a Eurojust, a Frontex, a Cooperação Schengen, o Colégio Europeu de Polícia (CEPOL), a Rede Europeia de Prevenção da Criminalidade (REPC), e o Grupo de Cooperação Policial.

4.3.1. *A Europol*

Comecemos por uma circunscrição formal e institucional. A Europol é o serviço policial da União Europeia responsável pelo tratamento e intercâmbio de informação criminal, antes do Tratado de Lisboa regulado pelo art. 29.º do TUE – actividades cujos objectivos estavam contemplados genericamente nos Art.os 30.º e 32.º. Perspectiva-se que no futuro reforce os seus poderes a este nível e se torne verdadeiramente o *pivot* da cooperação policial europeia[187]. A Europol tem por missão prestar assistência aos serviços policiais dos Estados-Membros na sua luta contra a criminalidade organizada internacional, através da estreita cooperação com e entre os Estados-Membros, os países candidatos e outras organizações internacionais. A Convenção Europol – agora substituída por uma Decisão – foi

---

[187] A sede da Europol é em Haia, nos Países Baixos, onde em Dezembro de 2008 desempenhavam funções cerca de 612 pessoas, entre as quais 118 elementos de ligação das autoridades nacionais responsáveis pela aplicação da lei (polícia, alfândegas, serviços de imigração, etc.)[187] designados por ELO's, analistas e outros peritos, que garantem um serviço multilingue, 24 horas por dia.

aprovada no Conselho Europeu de Cannes, em Junho de 1995, e assinada em Julho em Bruxelas; consta do Acto do Conselho de 26 de Julho de 1995, publicado no JOC 316, de 27 de Novembro de 1995[188].

A Europol começou as suas actividades em 1 de Julho de 1999[189], vendo estendido o seu mandato pelo Conselho, em 1 de Janeiro de 2002, às formas mais graves de criminalidade transnacional, elencadas no anexo à Convenção[190]. Trata-se de um organismo responsável perante o Conselho JAI, ou seja, perante os Ministros de Justiça e de Assuntos Internos de todos os Estados-Membros.

A Europol procura agilizar o intercâmbio de informações entre os Estados-Membros na prevenção e luta contra o crime organizado transnacional, nomeadamente em domínios como o terrorismo, o tráfico ilícito de estupefacientes, a imigração clandestina, o tráfico ilícito de matérias radioactivas e nucleares, o tráfico ilícito de veículos, a luta contra a falsificação do Euro, ou o branqueamento de capitais; fornece também análises operacionais e auxilia as operações dos EM; proporciona um apoio especializado e técnico às investigações e operações conduzidas na União Europeia sob a supervisão e a responsabilidade jurídica dos Estados-Membros; elabora ainda relatórios estratégicos (*i.e.* avaliações de ameaça e de risco) e análises sobre a criminalidade, com base nas informações fornecidas pelos

---

[188] Em Portugal, a Convenção foi aprovada para ratificação pela Resolução da Assembleia da República n.º 60/97 e ratificada pelo Decreto do Presidente da República n.º 64/97, ambos de 19 de Setembro e publicados no Diário da República, Série I, de 19 de Setembro de 1997, entrando em vigor no dia 1 de Outubro de 1998, após aprovação por todos os Estados-membros. As suas origens remontam ao Conselho Europeu do Luxemburgo de Junho de 1991, no qual foi proposta pelo *Chanceler* alemão *Helmut Kohl* a criação de uma Unidade Europeia de Polícia Criminal, e aos resultados do Grupo de Trabalho *Trevi* III, apresentados no mesmo Conselho. Destas duas ideias nasceu o GTAHE, cuja missão era encetar esforços para a futura criação da Europol. Também o TUE, com a inclusão de medidas referentes à cooperação policial e judiciária em matéria penal (Título VI do TUE), contribuiu para a organização da Europol. Dos trabalhos do GTAHE resultou a Criação da UED, cujas operações se iniciaram em 3 de Janeiro de 1994, ocupando-se inicialmente do tratamento de informações relativas ao tráfico de estupefacientes e ao branqueamento de capitais, passando mais tarde a incluir os crimes e os tráficos organizados.

[189] Comunicação do Conselho n.º 1999/C 185/01, publicada no JO L 185, a 7 de Janeiro de 1999, p. 1.

[190] Decisão do Conselho n.º 2001/C 362/01, de 6 de Dezembro de 2001, publicada no JO C 362, de 18 de Dezembro de 2001, p. 1.

Estados-Membros ou outras fontes[191], promove a divulgação e a harmonização dos métodos de análise; produz um directório com detalhes dos indivíduos ou organizações e faculta meios rápidos para identificar a informação disponível[192].

A criação e manutenção de um sistema de vasos comunicantes é uma regra central do jogo. Com a Europol, verifica-se uma partilha de informações permanente entre os Estados-Membros, entre os EM e a Europol, ou entre os Estados-Membros e terceiros, através da Europol – utilizando um sistema informático designado por TECS[193] – destinado à introdução, acesso e análise de dados. A responsabilidade pela qualidade da informação reside em cada um dos fornecedores de *inputs*. O TECS possui dados

---

[191] Por exemplo, o Relatório Anual da Europol, o *EU Terrorism Situation and Trend Report TE-SAT* (periodicidade anual) e o *European Organised Threat Assessment (OCTA)* (periodicidade anual).

[192] O Conselho emanou em 30 de Novembro de 2000, uma Recomendação aos Estados-membros, relativa ao apoio da Europol às equipas de investigação conjuntas criadas pelos Estados-membros, consulta no Jornal Oficial das Comunidades Europeias, C/357, de 13DEZ2000 e aprovou em 28 de Novembro de 2002 e em 27 de Novembro de 2003 dois protocolos que alteraram a Convenção com o objectivo de atribuir à Europol competências ao nível da troca de informações sobre branqueamento de capitais, equipas de investigação conjuntas, maior cooperação e troca de informação com terceiros e possibilidade de lidar com crimes não elencados no anexo à Convenção Europol. O primeiro protocolo permite à Europol requerer às autoridades nacionais para conduzir e coordenar as suas investigações, conferindo-lhe ainda a autoridade para pedir a um EM para pesquisar informação se a Europol a não tiver, excepto se esta solicitação violar os interesses de segurança do EM em causa ou comprometer investigações em curso. O protocolo prevê ainda as equipas de investigação conjuntas, podendo um representante da Europol ser incluído em cada equipa, conferindo-lhe a possibilidade de transmissão de informação e aconselhamento directo através deste agente. O texto do protocolo menciona especificamente que a Europol "não adopta medidas coercivas", devendo-se limitar à troca de informações. O segundo protocolo estipula a transmissão de informação entre a unidade central e as autoridades nacionais, podendo um serviço policial, em determinadas condições, contactar directamente a Europol, sem o ter que fazer através da UNE, assim como efectuar pedidos ao sistema de informação da Europol. Por sua vez, a Europol passou a poder contactar directamente o sistema de informações *Schengen*. Os países terceiros e organizações internacionais passam a participar na criação de ficheiros de trabalho para análise, sendo ainda estendido o prazo de 3 para 5 anos da manutenção dos dados pessoais em ficheiro. O Parlamento Europeu tem que ser consultado nas situações de revisão da Convenção e durante a sua implementação.

[193] Sigla em língua inglesa para designar: *The Europol Computer System* (TECS), ou seja, Sistema Informático da Europol.

sobre infracções; suspeitos ou condenados; suspeita de pertença a organização criminal; multimédia; detalhes de contacto; e meios usados ou que podem ser usados para cometer um crime (cartões de débito e de crédito, moeda, veículos, drogas, endereços electrónicos e números de telefone, armas e documentos de identificação e de viagem). Têm acesso directo ao sistema os Estados-Membros, através das UNE, os ELO's e os oficiais Europol[194], bem como, de forma indirecta, organizações e países terceiros.

A rede, para além disso, é lançada num arco amplo. A Europol coopera com diversos países[195], organizações e agências internacionais[196], tendo em vista o combate ao crime organizado. Tudo isto é efectivado através de acordos de cooperação de natureza estratégica e operacional, celebrados em consonância com o previsto na Convenção e segundo a estratégia da Europol de relações internacionais, podendo, consoante os casos, incluir troca de dados pessoais e cooperação técnica. A análise, a previsão, e a prevenção, de ambas decorrentes, estão nela embutidas. A luta contra a criminalidade organizada constitui um dos objectivos do Programa de Haia[197], tendo sido recomendado pela Comissão o desenvolvimento de

---

[194] A partir da entrada em vigor do 3.º Protocolo adicional à Convenção Europol, em 18 de Abril de 2007, passou a ser permitido a outras entidades o acesso limitado através da consulta aos terminais que irão ser disponibilizados pela Europol (disponibilização acompanhada da respectiva formação e processo de credenciação dos utilizadores), recebendo o utilizador a simples indicação *hit/no hit* e tendo depois que contactar a UNE para conhecer a informação em concreto.

[195] Albânia, Austrália, Bósnia-Herzegovina, Canadá, Colômbia, Croácia, Macedónia, Islândia, Moldávia, Noruega, Federação Russa e Estados Unidos da América.

[196] CEPOL, Eurojust, Banco Central Europeu, Comissão Europeia, Centro Europeu de Monitorização das Drogas e Toxicodependência, Frontex, Interpol, OLAF, SITCEN, Gabinete das Nações Unidas das Drogas e Crime, Organização Mundial das Alfândegas.

[197] Em Novembro de 2004 foi adoptado o Programa da Haia para 2005-2009, que define as prioridades políticas e as principais linhas de acção da cooperação JAI, tendo em vista a criação de um espaço de liberdade, segurança e justiça na UE. Este programa estabelece como orientações específicas: reforço da liberdade, reforço da segurança, reforço da justiça e relações externas. O Reforço da Segurança deverá ser efectuado através: da melhoria da troca de informações, com base no princípio da disponibilidade; da prevenção efectiva e do combate ao terrorismo, com base no princípio segundo o qual os Estados--membros devem preocupar-se não apenas com a sua segurança, mas igualmente com a segurança da União considerada como um todo, assim como da possibilidade de vigilância e perseguição transfronteiriças; do reforço de medidas práticas de cooperação policial e da criação de um mecanismo para gestão de crises com repercussões transfronteiras dentro da UE.

metodologias comuns de análise a todos os EM e organismos da União, bem como um sistema de estatística criminal europeu, entretanto criado.

Neste sentido, a Europol passou a ser responsável pela avaliação da ameaça em relação ao crime organizado – *Organized Crime Threat Assessment* (OCTA) –, perspectivando-se que esta constitua o cerne de um futuro modelo europeu de informações criminais. De acordo com o relatório de 2009, *"OCTA is an assessment of current and expected new trends in organised crime (OC) impacting on the EU and its citizens. It is drawn up in order to enable decision-makers to take the appropriate action to counter the anticipated threat (...). Through this 3-D perspective we assess that the most significant criminal sectors are drug trafficking, trafficking in human beings, illegal immigration, fraud, counterfeiting and money laundering"* (EUROPOL, 2009: 5).

A OCTA é um relatório não classificado; trata-se de um instrumento que permite identificar padrões de comportamento e factores facilitadores do crime organizado e categorizar os grupos e tipos de crime de acordo com os seus níveis de ameaça. Para tal, utiliza como indicadores a estrutura e dimensão internacional do grupo, a sua especialização e a utilização de estruturas de negócios, de violência e de influência.

Mas nem tudo são rosas. A Europol debate-se com problemas concretos, tendo em consideração o alargamento sucessivo do seu mandato. Cabe aqui enumerar alguns. Por um lado, a escassez de recursos financeiros (o orçamento em 2008 foi de 66,4 milhões de Euros) e de recursos humanos, cria limitações para tarefa de recolha e tratamento de informações criminais e na participação em investigações dos Estados-Membros.

Por outro lado, as autoridades policiais nacionais não fornecem informação adequada tanto em termos quantitativos como qualitativos, o que prejudica seriamente o cumprimento da missão por parte da Europol. Apesar da evolução crescente das suas competências, não é previsível que este órgão se torne um serviço federal de polícia, sobretudo num quadro político e jurídico em que são inexistentes códigos europeus ao nível penal e processual penal, um Procurador Europeu, um Tribunal Europeu, etc. (Gomes, 2005: 19).

Com o intuito de compreender porque não, decomponhamo-lo, de modo a melhor vislumbrar a sua mecânica funcional, por assim dizer. Cada Estados-Membros, nos termos do Art. 4.º da Convenção, possui uma Unidade Nacional como ponto de contacto único entre a Europol e os serviços policiais nacionais, sendo as relações entre as entidades nacionais e a UNE regidas pela legislação nacional. Os serviços policiais nacionais devem recorrer à UNE quando tiverem necessidade de obter cooperação nas actividades de prevenção e luta contra o crime internacional organizado no âmbito do mandato da Europol[198]. O Art. 5.º da Convenção estipula igualmente que cada Estado-Membro coloca na Europol oficiais de ligação, incumbidos de representar os interesses da UNE e de promover o intercâmbio de informações de e com a Europol.

A Europol tem desenvolvido diversos ficheiros de análise com grupos de analistas associados segundo os termos de um regime de contribuições e de reuniões periódicas e operacionais – estando Portugal representado em muitas destas estruturas através de peritos da Polícia Judiciária.

Salientam-se os seguintes grupos em 2009:

- AWF 99-008 – Ficheiro de análise *HYDRA* sobre terrorismo extremista Islâmico;
- AWF 03-029 – Ficheiro de análise *DOLPHIN* sobre grupos terroristas de acordo com listas da EU e em harmonia com reuniões do Grupo de Trabalho Terrorismo no âmbito do terceiro pilar, incluindo extremismo associado aos grupos de defesa dos direitos dos animais – (*Animal rights extremism*-ARE);
- AWF 99-001 – Ficheiro de análise *MONITOR* sobre actividade criminosa de grupos de motards (e.g. *Hells Angels*);

---

[198] Para aceder à informação da Europol, as forças e serviços de segurança têm obrigatoriamente que contactar a UNE. Devido a ter competência quanto aos crimes do mandato Europol, é a PJ que, maioritariamente, faz pedidos de consulta à UNE, verificando-se pontualmente pedidos das outras forças e serviços de segurança. As solicitações à UNE devem ser: genéricas, revestindo o formato de pedidos de antecedentes criminais, de identificação de indivíduos, veículos, etc., ou específicas, tais como verificação de endereços, vigilâncias ou outras diligências que contribuam para o êxito das investigações. Os pedidos de informação a efectuar devem referir o crime e incluir um pequeno resumo dos factos em investigação, bem como as circunstâncias de tempo, modo e lugar da sua prática. Em caso de pesquisa de indivíduos, deverão ser mencionados todos os elementos identificativos conhecidos, nomeadamente nome e data de nascimento ou, em caso negativo, fazer menção expressa do facto(s) que lhe é(são) imputado(s). Em relação a viaturas, deve também indicar-se o maior número de elementos identificativos possível, como o número de chassis, matrícula, marca, cor, modelo, etc., mencionando se constam no SIS como furtados.

- AWF 03-032 – Ficheiro de análise *PHOENIX* sobre organizações criminosas dedicadas ao tráfico de seres humanos a actuar no espaço da União;
- AWF 05-037 – Ficheiro de análise *CHECK-POINT* sobre auxílio à imigração ilegal;
- AWF 99-009 *EE-OC TOP 100* sobre organizações criminosas de Leste Europeu a actuar na UE;
- AWF 03-031 *FURTUM* sobre grupos criminosos organizados dedicados à prática de crimes de roubo e furto em grande escala.

Em termos nacionais, de acordo com o Art. 12.º, n.º 1 da Lei n.º 49/2008, de 27 de Agosto (Lei de Organização de Investigação Criminal) compete à Polícia Judiciária assegurar o funcionamento da UNE. Os n.º 2 e 3 do mesmo artigo, estipulam que a GNR, a PSP e o SEF integram a UNE, através de oficiais de ligação permanentes, bem como o gabinete nacional de ligação a funcionar junto da Europol. A presença de elementos das diferentes forças e serviços de segurança prevista na legislação, tanto na unidade em território português, como no gabinete nacional existente na sede deste órgão em Haia, é crucial para a sedimentação de uma visão holística da recolha, tratamento de informação criminal, bem como para a sistematização de mecanismos de intercâmbio e tratamento de informação. Este parece-nos um caso sintomático em que a reorganização da investigação criminal em Portugal poderá melhorar a qualidade da informação que disponibilizamos para a Europol – não sendo também despiciendo pensar que esta maior articulação entre forças e serviços de segurança no quadro da cooperação policial europeia, pode trazer claros benefícios para a racionalização dos mecanismos de cooperação e de coordenação ao nível da segurança interna.

A UNE encontra-se integrada organicamente no Departamento Central de Cooperação Internacional da Direcção Nacional da Polícia Judiciária[199].

---

[199] Conferir o Art. 5.º, n.º 2, da Lei n.º 37/2008 de 6 de Agosto que aprova a Lei Orgânica da Polícia Judiciária. Não existe um diploma legal nacional que especificamente suporte a criação e competências da UNE. Até 1999, a UED/Europol funcionou apenas baseada na Convenção Europol. O Art. 3 n.º 4 al. b) da anterior LOIC – a Lei n.º 21/2000, de 10 de Agosto conferiu competência à PJ para investigar os crimes do mandato Europol e gerir a UNE, facto que foi depois transposto para a sua Lei Orgânica.

Exercem funções na UNE 7 elementos da Polícia Judiciária e, em Haia, 2 oficiais de ligação, ambos também recrutados na PJ.

Conforme previsto no Tratado de Lisboa, o Conselho da UE decidirá, em regulamento, com base no procedimento legislativo ordinário, quanto à estrutura, funcionamento, domínios de acção e tarefas da Europol. Estas tarefas poderão incluir a recolha, conservação, tratamento, análise e troca de informação, nomeadamente a transmitida pelas autoridades dos EM's, de países ou instâncias terceiras. Uma outra tarefa refere-se à coordenação, organização e realização de inquéritos e de acções operacionais, conjuntamente com autoridades nacionais dos EM's ou no quadro de equipas conjuntas de inquérito e, caso se proporcione, em ligação com a Eurojust. O(s) regulamento(s) adoptados pelo Conselho deverão, também, dispor sobre as modalidades de controlo das actividades da Europol pelo PE, processo ao qual devem ser associados os parlamentos nacionais. Além disso, o Tratado dispõe que as acções operacionais deverão ser efectuadas em ligação e com o acordo dos EM's a que são relativas, sendo as medidas de polícia da exclusiva competência das respectivas autoridades nacionais.

De acordo com uma publicação sobre os primeiros dez anos desta agência, *"Europol's new legal basis, which will apply as of 1 January 2010 (...). At operational level, Europol's mandate will be extended to include serious international crime not necessarily perpetrated by organised crime groups. It will, for example, be able to support investigations into individual offenders who operate in several countries (...). Europol will have greater flexibility to set up new IT systems to complement its information system and the analysis work files. This will improve its capacity to provide intelligence and analytical support to member states. Cooperation with third parties will also be facilitated and Europol will be able to collect data from private parties, opening up new sources of information. As a consequence, the volume of data to be analysed will increase and the scope of information exchange will widen"* (EUROPOL, 2009: 65). Esperemos que assim seja.

4.3.2. *Eurojust*

Delineando logo à partida o seu enquadramento jurídico: a Eurojust foi estabelecida pela Decisão do Conselho n.º 2002/187/JAI, de 28 de Fevereiro de 2002, publicada no JO L 63, de 6 de Março de 2002, pp. 1-13, alterada pela Decisão do Conselho n.º 2003/659/JAI, de 18 de Junho de 2003, publicada no JO L 245, de 29 de Setembro de 2003, p. 44. Esta Decisão foi executada em Portugal pela Lei n.º 36/2003, de 22 de Agosto, publicada no Diário da República n.º 193, Série I-A, de 22 de Agosto de 2003, pp. 5356-5359. Trata-se de um mecanismo de prevenção e combate à criminalidade previsto no art. 29.º do TUE[200] e cujos objectivos estão previstos genericamente nos Art.ºs 31.º e 32.º. A sua criação está prevista desde o Conselho Europeu de Tampere, reunião da qual, resulta que a Eurojust deve marcar uma etapa qualitativa suplementar em direcção a uma cooperação judiciária mais estreita, reforçando as funções actuais e potenciais da Rede Judiciária Europeia[201], e do Tratado de Nice. O Acto do Conselho n.º 2001/C 326/01, de 16 de Outubro de 2001, publicado no JO C 326, de 21 de Novembro de 2001, pp. 2-8, estabeleceu o Protocolo da Convenção relativa ao auxílio judiciário mútuo em matéria penal entre os Estados-Membros da UE.

A Eurojust tem sede em Haia, nos Países Baixos, desde Dezembro de 2002. O respectivo colégio é composto por 27 membros nacionais, um por cada Estado-Membro da UE e todos procuradores[202], oficiais de polícia com funções equivalentes ou juízes com reconhecida experiência, alguns dos quais contam com o apoio de adjuntos e assistentes. Possui funcionários de ligação destacados pela Comissão[203] e pela Europol[204], no segundo

---

[200] Está também prevista no art. III-174.º do Projecto de Tratado que estabelece uma Constituição para a Europa, de 2004, prevendo o art. III-175.º a instituição de uma Procuradoria Europeia, a partir da Eurojust.

[201] Criada pela Acção Comum de 29 de Junho de 1998, publicada no JO L 191, de 29 de Junho de 1998, p. 4.

[202] Segundo o art. 3.º, n.º 1 da Lei n.º 36/2003, o membro nacional da Eurojust é um procurador-geral-adjunto.

[203] Através do OLAF, com base na sua experiência técnica, estatística, jurídica ou operacional e know-how, no âmbito da sua esfera de competência (Decisão da Comissão de 28 de Abril de 1999, publicada no JO L 136, de 31 de Maio de 1999, p. 20), e nos domínios da criminalidade económica.

[204] Segundo a Comunicação da Comissão relativa à criação da Eurojust (COM/2000/0746), de 22 de Novembro de 2000, seria útil o intercâmbio de agentes de ligação e/ou estabelecimento de regras que possibilitem uma cooperação quotidiana recíproca entre a Europol e a Eurojust. Além das vantagens que a Eurojust retiraria da possibilidade de aceder às bases de dados da Europol e do intercâmbio de compilações e pareceres sobre direito nacional, internacional e supranacional, seria também útil à Europol

caso ao abrigo do acordo de cooperação estreita assinado em 9 de Junho de 2004. Actua no âmbito de investigações e procedimentos penais que envolvam dois ou mais Estados-membros.

O membro nacional de Portugal, José Luís Lopes da Mota, foi eleito presidente pelo Colégio da Eurojust – demitindo-se entretanto em 17 de Dezembro de 2009 daquele organismo, depois do Conselho Superior do Ministério Público o ter suspendido das funções de procurador-geral adjunto por 30 dias. A suspensão teve lugar na sequência de um processo disciplinar por alegadas pressões sobre os magistrados Vítor Magalhães e Paes Faria, titulares do processo Freeport, para que arquivassem o caso. Michèle Coninsx, membro nacional da Bélgica, e Raivo Sepp da Estónia, foram eleitos vice-presidentes. Os membros nacionais e o Colégio são assistidos por uma equipa dirigida por um director administrativo e repartida pelas seguintes unidades e serviços: orçamento e finanças, secretariado do Colégio, protecção dos dados, recursos humanos, gestão da informação, serviço jurídico, imprensa e relações públicas, segurança, gestão de instalações, serviços gerais e eventos. O Secretariado da Rede Judiciária Europeia (RJE) está instalado no Secretariado da Eurojust, funcionando como uma unidade separada e autónoma.

É a primeira rede permanente de autoridades judiciárias a ser estabelecida em todo o mundo e desempenha um papel único na área da cooperação judiciária em matéria penal, colocando-se como o principal interlocutor das instituições europeias neste domínio. A sua actividade consiste na realização de reuniões entre investigadores e procuradores dos diversos países a fim de tratar casos específicos ou de definir acções estratégicas para tipos específicos de criminalidade, principalmente as formas graves de criminalidade organizada transfronteiriça.

A esfera de competência da Eurojust abrange os mesmos tipos de criminalidade para que a Europol tem competência: criminalidade informática; fraude; corrupção; outras infracções que lesem os interesses financeiros da EU; branqueamento de produtos do crime; crimes contra o ambiente; participação em organização criminosa; e outras infracções cometidas conjuntamente com as anteriores. Pode ainda prestar assistência

---

a consultoria jurídica da Eurojust, com a apresentação, se necessário, de pareceres conjuntos e recomendações formais, e a complementação das suas actividades com a coordenação dos procedimentos judiciais. Têm sido dados passos importantes nesse sentido nos últimos dois anos.

na investigação e procedimentos penais relativamente a outras infracções, a título complementar e a pedido do Estado-membro.

Os seus objectivos são: incentivar e melhorar a coordenação das investigações e procedimentos penais entre os Estados-membros; melhorar a cooperação entre as autoridades competentes dos Estados-membros, em particular facilitando a prestação de auxílio judiciário mútuo em matéria penal no plano internacional e a execução dos pedidos de extradição; e reforçar a eficácia das investigações e procedimentos penais das entidades competentes dos Estados-Membros através de outras formas de apoio. Pode também prestar apoio a investigações ou procedimentos penais entre um Estado-Membro e um país terceiro, desde que estes tenham celebrado um acordo que lhes permita cooperarem neste âmbito ou desde que exista um interesse especial na prestação desse apoio.

A fim de cumprir os seus objectivos, a Eurojust exerce as suas funções por intermédio de um ou vários dos membros nacionais envolvidos ou de forma colegial, neste caso, sempre que: um ou vários membros nacionais envolvidos o solicitem; quando o processo envolva acções de investigação e procedimento penal com repercussões para outros Estados--membros; quando se coloque uma questão geral relativa ao cumprimento dos seus objectivos; ou, naturalmente, se a Convenção Eurojust dispuser nesse sentido.

O Tratado de Lisboa dispõe, no seu art. 85.º, que as normas relativas à estrutura, funcionamento, domínios de acção e tarefas da Eurojust deverão ser adoptadas de acordo com o procedimento legislativo ordinário. Quanto às suas tarefas em concreto, estas deverão compreender a propositura e a coordenação de inquéritos penais e de processos penais conduzidos pelas autoridades nacionais competentes (em particular quanto à lesão de interesses financeiros da União) e o reforço da cooperação judiciária, através da resolução de conflitos de competência e por uma estreita cooperação com a Rede Judiciária Europeia.

O TFUE introduz, ainda, a possibilidade de ser criada uma Procuradoria Europeia (baseada na Eurojust), cujo objectivo será o reforço do combate às infracções lesivas dos interesses financeiros da UE. As principais competências serão a investigação, perseguição e envio a juízo, em articulação com a Europol, dos autores e cúmplices de infracções lesivas dos interesses financeiros da UE, podendo exercer essa sua competência directamente junto das jurisdições nacionais dos EM's. O Conselho Europeu poderá, por unanimidade, após aprovação do PE e consulta à Comissão, decidir alargar as competências da Procuradoria ao combate à criminalidade grave com incidência transfronteiriça (vide n.º 4 do art. 86.º).

A criação desta Procuradoria será efectuada através de um regulamento aprovado no âmbito de um procedimento legislativo especial, em que o Conselho legisla por unanimidade, após aprovação do PE. Caso não exista a unanimidade necessária, poderá ser solicitado ao Conselho Europeu, por um grupo mínimo de nove EM's, que se encarregue desta matéria e o procedimento no Conselho será suspenso. Se for obtido consenso no Conselho Europeu, dentro de um prazo de quatro meses a contar da suspensão, o projecto de regulamento será reenviado ao Conselho para adopção. Nesse mesmo prazo de quatro meses, não sendo possível a obtenção de consenso, pode um grupo de, no mínimo, nove EM's solicitar a constituição de uma cooperação reforçada regida pelas disposições acima enunciadas.

4.3.3. *Frontex*

Mas continuemos. A criação da Frontex foi uma das necessidades perspectivadas nas conclusões do Conselho Europeu de Tampere, materializando-se em 26 de Outubro de 2004 no Regulamento (CE) do Conselho n.º 2007/2004, publicado no JO L 349, de 25 de Novembro de 2004. Tem sede em Varsóvia, na Polónia, onde começou as suas operações em 3 de Outubro de 2005.

O mais importante desenvolvimento na Agência, em 2008, foi o contínuo aumento do número de efectivos e a necessidade de responder a num maior volume de trabalho com recursos semelhantes, como em 2007. O orçamento aumentou praticamente 70% comparado com o ano de 2007 (70 Milhões 432 Mil Euros em 2008 / 41 Milhões 980 Mil Euros em 2007), o número de efectivos aumentou mais de 40%, de 128 para 181.

A Frontex tem uma estreita ligação com outros parceiros comunitários responsáveis pela segurança interna da União Europeia, designadamente a Europol, a CEPOL e o OLAF, bem como pela cooperação no domínio aduaneiro e dos controlos fitossanitários e veterinários (numa lógica de alargamento do espectro dos riscos e ameaças securitários), a fim de promover a coerência global nesta matéria. Além disso, de acordo com a política externa da União Europeia, também coopera com as autoridades de segurança fronteiriça de países terceiros que partilhem os nossos objectivos ao nível da segurança das fronteiras. É um elemento chave na implementação de uma política comum de controlo integrado das fronteiras, promovendo activamente o desenvolvimento do Sistema Integrado de Controlo de Fronteiras da UE.

A Frontex promove um modelo europeu de segurança integrada de fronteiras que consiste não apenas nos controlos fronteiriços mas também noutros papéis, que se tornam complementares, designadamente: troca de informação e cooperação entre os Estados-membros, imigração e repatriamento; controlo fronteiriço e alfandegário, incluindo vigilância, controlos de fronteira e análises de risco; cooperação com as autoridades de polícia, alfândegas e fronteiras de países vizinhos; e cooperação e realização de actividades comuns com países terceiros. A primeira prioridade, em termos de cooperação operacional com países terceiros, é a de articlação com os países de acesso em curso e os candidatos à União Europeia. Depois disso é dada prioridade à relação entre os anteriores e os seus vizinhos que, de acordo com as análises de risco, sejam considerados países de origem ou trânsito de imigração ilegal ou de outras formas sérias de criminalidade transfronteiriça.

As principais tarefas da Frontex são: a realização de análises de risco; a coordenação da cooperação operacional entre Estados-Membros no campo da gestão das fronteiras externas; a assistência aos Estados-Membros na formação de guardas de fronteira, incluindo o estabelecimento de requisitos comuns de treino; o acompanhamento dos desenvolvimentos científicos relevantes para o controlo e vigilância das fronteiras externas; a assistência aos Estados-Membros em circunstâncias que requeiram uma assistência técnica e operacional reforçada nas fronteiras externas; e a prestação do apoio necessário aos Estados-Membros na organização de operações conjuntas de repatriamento.

A responsabilidade de controlar as fronteiras externas da UE pertence aos Estados-membros, cabendo à Frontex fortalecer esse controlo e segurança através da coordenação das acções das entidades competentes na implementação de medidas relacionadas com a gestão das fronteiras externas. Deste modo, a Frontex complementa e fornece um valor acrescentado ao funcionamento dos sistemas de controlo fronteiriço dos Estados-membros, contribuindo assim decisivamente para fortalecer o Espaço de Liberdade, Segurança e Justiça.

O Regulamento 863/2007 do PE e Conselho da EU, de 11 de Julho, criou um mecanismo de prestação de assistência operacional rápida, com Equipas de Intervenção Rápida nas Fronteiras (RABIT – *Rapid Action*

Borders Intervention Teams), para resposta as situações de pressão urgente e excepcional, ao nível da imigração ilegal migratório nas fronteiras externas da União Europeia.

O Relatório Geral da Frontex do ano de 2008 aborda um número seleccionado de actividades vistas como «histórias de sucesso»: operações conjuntas, análise de risco, formação, recursos colectivos, investigação e desenvolvimento. Sob coordenação da Agência Frontex, no decurso de 2008, Portugal participou activamente em 18 operações conjuntas (aéreas, marítimas e terrestres) envolvendo a colaboração do SEF, GNR e da Marinha[205], bem como num exercício no quadro das RABIT.

4.3.4. *A Cooperação Schengen*

Alguma (muitíssimo curta) genealogia. O Acordo de Schengen, foi assinado em 14 de Junho de 1985 pela França, República Federal da Alemanha (RFA) e os três países do Benelux, inserindo-se na vontade de proporcionar aos cidadãos europeus uma liberdade de circulação nas deslocações entre os diferentes países. A Convenção de Aplicação do Acordo Schengen (CAAS), em 19 de Junho de 1990[206], teve por objectivo criar um instrumento jurídico internacional que vinculasse as partes, estruturar a cooperação policial, judiciária e aduaneira e criar mecanismos concretos que regulassem a passagem das fronteiras internas[207] e externas[208], esta-

---

[205] Segundo o Relatório Anual (2008) do SEF, ao nível da formação da FRONTEX, o SEF participou nos cursos de formação RABIT (19 elementos do Serviço e 8 da GNR, para constituição da equipa nacional) e 1 formador. Neste momento o SEF dispõe de 30 peritos no âmbito dos RABIT. Participou ainda em 4 seminários RABIT (4 elementos). Destaque também para os "Mid Level Courses", (2 elementos) e a formação sobre voos de Retorno (1 elemento).

[206] Publicada no JO L 239, de 22 de Setembro de 2000, pp. 19-62. Foi assinada pelos cinco Estados fundadores: RFA, França, Holanda, Bélgica e Luxemburgo.

[207] Segundo o Art. 1.º da CAAS, consideram-se fronteiras internas, as fronteiras comuns terrestres das Partes Contratantes, bem como os seus aeroportos, no que diz respeito aos voos internos, e os seus portos marítimos, no que diz respeito às ligações regulares de navios que efectuam operações de transbordo, exclusivamente provenientes ou destinados a outros portos nos territórios das Partes Contratantes, sem escala em portos fora destes territórios.

[208] De acordo com o Art. 1.º da CAAS consideram-se fronteiras externas, as fronteiras terrestres e marítimas, bem como os aeroportos e portos marítimos das Partes

belecendo assim medidas compensatórias[209] em relação à livre circulação e, desta forma, limitando o sentimento de insegurança nos cidadãos europeus com a supressão dos controlos anteriores[210]. Portugal aderiu à CAAS em 25 de Junho de 1991[211].

Funcionalmente, a cooperação Schengen opera de duas formas distintas: através do estabelecimento de processos e meios para o incremento da cooperação policial, ou cooperação reforçada (Art.os 39.º a 47.º – Capítulo I do Título III – da CAAS); e através da exploração e utilização do Sistema de Informação Schengen (Art.os 93.º a 101.º – Capítulo II do Título IV – da CAAS). A cooperação policial reforçada realiza-se, em regra, através do Gabinete Nacional SIRENE (GNS), embora em casos excepcionais, por razões de urgência, os pedidos possam ser efectuados

---

Contratantes, desde que não sejam fronteiras internas. Ainda segundo o Art. 39.º da CAAS, "o controlo das fronteiras externas deve ser efectuado pelas autoridades nacionais a cujas respectivas fronteiras pertencem, devendo, contudo, esse controlo ser feito tendo como base os princípios que são exigidos, em igualdade de circunstâncias, aos restantes Estados Partes, respeitando sempre os interesses de todos. No âmbito dessa cooperação policial, os serviços de polícia deverão prestar-se assistência reciprocamente, quer a nível da prevenção, como a nível da investigação de factos puníveis, podendo as informações escritas ser utilizadas pela parte requerente para efeitos de obtenção de prova dos factos incriminados, desde que as autoridades judiciais da parte requerida assim o autorizem".

[209] Entre as medidas compensatórias à livre circulação podemos referir: o reforço do controlo nas fronteiras externas (Art. 3.º a 7.º e 19.º a 23.º); a harmonização da política de vistos, entre outras (Art. 9.º a 25.º); a determinação de um único Estado responsável pelo exame de um pedido de asilo (Art. 28.º a 38.º); o estabelecimento de processos e meios para incrementação da cooperação policial (Art. 7.º e 39.º a 47.º); a agilização de meios para melhorar a cooperação judiciária em matéria penal (Art. 48.º a 69.º); a harmonização de medidas no combate ao tráfico de estupefacientes (Art. 70.º a 76.º); a adaptação da legislação relativa a armas de fogo e munições (Art. 77.º a 91.º); a criação do SIS (Art. 92.º a 101.º); e o estabelecimento de regras comuns relativamente à protecção de dados pessoais informatizados (Art. 102.º a 118.º e 126.º a 130.º).

[210] O esbatimento das fronteiras internas "encontra natural compensação numa acrescida consistência da fronteira externa, do mesmo modo que o derrube das divisórias interiores de um edifício recomendaria, para prevenir o seu desabamento, a construção de pilares ou contrafortes de apoio às paredes exteriores" (CES, 1995: 67).

[211] A adesão de Portugal à CAAS foi aprovada pela Assembleia da República em 2 de Abril de 1992, sendo objecto da Resolução da Assembleia da República n.º 35/93 e do Decreto do Presidente da República n.º 55/93, que ratificou o acordo de adesão, ambos de 25 de Novembro e publicados no Diário da República n.º 276, Série I-A, de 25 de Novembro de 1993.

directamente às autoridades policiais competentes, embora sempre com conhecimento do GNS.

As modalidades de cooperação entre os serviços de polícia europeus no quadro Schengen exprimem-se segundo um conjunto alargado de configurações[212]. Eis o esquisso de uma sua circunscrição jurídico-'legal'. No caso de perseguição transfronteiriça (Art. 41.º da CAAS), é estipulado que os agentes policiais que no seu país persigam um suspeito detectado em flagrante delito a cometer um dos crimes previstos no n.º 4 ou a neles tomar parte[213], ou quando a pessoa perseguida se encontre em situação de detenção provisória ou a cumprir pena de prisão e se tenha evadido, são autorizados a continuar a perseguição no território de outro Estado sem autorização prévia. De acordo com os Artigos 7.º e 39.º, n.º 4, os Estados podem celebrar entre si convénios para desenvolverem a cooperação nas zonas fronteiriças (através de postos mistos e mais recentemente de centros de cooperação policial e aduaneira)[214].

---

[212] Em primeiro lugar, a assistência mútua (Art. 39.º), por exemplo, através de pedidos de elementos de identidade, de identificação de veículos, proprietários e condutores, de antecedentes policiais, de informações sobre pessoas arguidas ou suspeitas, de comprovação de autenticidade de documentos (Art. 39.º n.º 1), através de pedidos de informações formulados no âmbito de processos, inquéritos ou investigações em curso para efeitos de obtenção de prova dos factos incriminatórios (Art. 39.º n.º 2) ou através da cooperação policial nas regiões transfronteiriças (Art. 39.º n.º 4), a qual, pode ser regulada por convénios entre os Ministros competentes das partes contratantes. Outra modalidade relevante consiste na vigilância transfronteiriça prevista no Art. 40.º, segundo o qual, os agentes policiais de um Estado podem, no âmbito de um inquérito judicial, manter sob vigilância no seu país uma pessoa suspeita de ter praticado um crime passível de extradição, sendo autorizados a prosseguirem esta vigilância no território de outro Estado quando este a tenha autorizado com base num pedido de entreajuda previamente ou em casos excepcionais *a posteriori*. O Art. 46.º estabelece o princípio da comunicação de informações por iniciativa própria para efeitos de prevenção de crimes futuros ou de ameaças à ordem e segurança públicas. Os Artigos 7.º, 47.º e 125.º prevêem o intercâmbio de oficiais de ligação em matérias de controlo e fiscalização das fronteiras, para troca de informações e incremento da cooperação entre os Estados.

[213] Homicídio doloso simples ou qualificado, violação, incêndio, falsificação de moeda, furto, roubo, receptação, extorsão, rapto e sequestro, tráfico de seres humanos, tráfico de estupefacientes, infracções à legislação sobre armas e explosivos, destruição com explosivos, tráfico de resíduos tóxicos, abandono de sinistrado na sequência de acidente, tendo implicado a morte ou ferimentos graves e, ainda, crimes susceptíveis de extradição.

[214] Portugal tem um acordo com Espanha (Decreto n.º 5/98, de 17 de Fevereiro, assinado em Madrid em 19 de Novembro de 1997), que criou quatro postos mistos de

Seguiu-se a criação de imprescindíveis instituições. O Decreto-Lei n.º 292/94, de 16 de Novembro, criou o Gabinete Nacional SIRENE (GNS) em Portugal como unidade orgânica do Sistema Nacional da rede do SIS (NSIS), na dependência do MAI, e, à semelhança de outros EM, designou-o como o único responsável pela ligação com os restantes EM no âmbito da cooperação policial Schengen. Segundo o Art. 3.º, são designadamente as seguintes as atribuições do GNS,: i) inserir, modificar, completar, rectificar ou extinguir indicações do SIS; ii) prevenir e remediar dificuldades de coordenação entre indicações do SIS e da Interpol; iii) informar sobre a compatibilidade das indicações introduzidas por outros EM com o direito nacional; iv) receber dos congéneres estrangeiros informações relativas à descoberta de pessoas ou objectos indicados; v) comunicar ao congénere estrangeiro que requereu uma indicação a descoberta das pessoas ou objectos indicados; vi) colaborar com os congéneres estrangeiros no quadro das medidas de cooperação policial consequentes à descoberta de pessoas ou de objectos indicados; vii) e garantir o respeito das disposições da CAAS e do direito nacional em matéria de protecção da vida.

Esta inovação institucional viu-se complementada, alguns anos depois, num plano normativo inferior. O Despacho do MAI n.º 70/2001,

---

fronteira: Vilar Formoso/Fuentes de Oñoro e Vila Real de Santo António/Ayamonte, em território português;e Tuy/Valença do Minho e Caya/Elvas, em território espanhol. Temos ainda, ao abrigo do art. 41.º da CAAS, um acordo bilateral com Espanha em matéria de perseguição transfronteiriça (Decreto n.º 48/99, de 9 de Novembro, assinado em Albufeira em 30 de Novembro de 1998). Este acordo permite a perseguição no território da outra parte até 50 quilómetros da fronteira terrestre comum ou durante um período de tempo não superior a duas horas, mediante comunicação prévia à outra parte, salvaguardando as excepções, e sem direito de interpelação. Com a adesão de Portugal ao Acordo de Prüm, perspectiva-se que os elementos policiais venham a poder exercer funções de ordem pública em território espanhol no âmbito da perseguição e também da vigilância transfronteiriça, esta última feita, de acordo com o art. 40.º da CAAS, apenas pela PJ. Nos termos do artigo 2.º do Acordo de Adesão de Portugal à CAAS, são competentes para o exercício das missões previstas nos artigos 40.º e 41.º da Convenção os agentes da PJ. No entanto, por força de acordos bilaterais, o direito de perseguição também pode ser exercido por outras forças e serviços de segurança). Com a Portaria n.º 1354/2008, D.R. 231, Série I, de 2008/11/27 dá-se a activação dos Centros de Cooperação Policial e Aduaneira (CCPA) de Castro Marim, Elvas/Caia, Vilar Formoso, Quintanilha e Valença/Tui onde participam do lado português: em regime de 24/24, 365 dias por ano, o SEF e a GNR, e em regime de permanência flexível, a PSP, a PJ e a DGAIEC.

de 9 de Dezembro, estipula que o GNS é a entidade competente para receber pedidos de autorização, receber comunicações de início de perseguição transfronteiriça (Art. 41.° da CAAS), bem como informação sobre o respectivo resultado, nos termos do Art. 4.°, al. a), parágrafo a., al. ii) do acordo Luso-espanhol em matéria de perseguição transfronteiriça (Decreto n.° 48/99, de 9 de Novembro), assinado em 30 de Novembro de 1998. De acordo com a LSI, no seu Art. 21.°, n.° 8 o GNS é integrado no GCS (SGSSI). O serviço operativo do GNS está repartido por quatro grupos das forças e serviços de segurança[215], com as seguintes competências específicas: PSP – Art.os 99.° (veículos) e 100.° (armas de fogo e veículos); GNR – Art.os 97.° (pessoas desaparecidas) e 98.° (testemunhas, pessoas notificadas para comparecer perante autoridade judiciária ou pessoas que devam ser notificadas de uma sentença penal); PJ – Art.os 95.° (pessoas procuradas para detenção para efeitos de extradição), 99.° (pessoas para efeitos de vigilância discreta) e 100.° (notas de banco); e SEF – Art.os 96.° e 100.° (documentos). O GNS tem um total de 28 efectivos: 7 da PSP, 7 da GNR, 6 do SEF, 5 da PJ, e ainda um jurista, um tradutor e uma administrativa.

Eis alguns dados suplementares. Actualmente, o SIS disponibiliza às polícias dos EM cerca de 27 milhões de indicações. Para alimentar e manter actualizada esta complexa base de dados, nela são inseridas, uma média de 5.822 indicações, por dia. De uma forma geral, todas as categorias de indicações sofreram uma evolução positiva. As informações inseridas ao abrigo do Art. 95.° (pessoas procuradas para extradição), por exemplo, passaram de 10.418, no ano de 2000, para 22.026, em 2008, registando um acréscimo superior a 100%. O Art. 98.° registou uma evolução de aproximadamente 125%, passando de 30.000 indicações em 2000 para 69.000 em 2008. Todavia, o exemplo que melhor ilustra a vitalidade do SIS será

---

[215] O Art. 5.° do Decreto-Lei n.° 292/94 prevê a competência da PSP, GNR, PJ e SEF de operar no GNS, com a missão de criar, consultar, modificar, actualizar e eliminar as indicações existentes no SIS. Têm ainda direito limitado de acesso ao SIS: para consulta de dados relativos a estrangeiros indicados para efeitos de não admissão, os consulados, através da Direcção-geral dos Assuntos Consulares e Comunidades Portuguesas (DGACCP); para consulta de dados relativos a pessoas procuradas para detenção para efeitos de extradição, pessoas desaparecidas, pedidos judiciais de paradeiro e objectos procurados para efeitos de apreensão ou de prova, os Magistrados; e para as indicações relativas a veículos, na qualidade de entidade nacional responsável pela sua matrícula, a Autoridade Nacional de Segurança Rodoviária (ANSR).

o do Art. 100.º (viaturas furtadas ou extraviadas) que registou um aumento de um milhão de indicações em apenas 3 anos (1.200.000 em 2005 e 2.200.000 em 2008).

Um outro indicador incontornável na avaliação da eficácia do SIS, complementar deste primeiro, é sem dúvida o número de descobertas, também designadas por *HIT,* feitas pelos EM. Neste capítulo, verifica-se um aumento claro, não só ao nível do conjunto dos EM, mas também no que diz respeito à participação do GNS. Efectivamente o total de *HITS* (internos e externos) registados pelo GNS durante o ano de 2007 foi de 1.775 – ou seja, cerca de 225% a mais do que os 517 *HITS* registados uma década antes, no ano de 1997. No campo dos pedidos de cooperação assinalam-se valores na ordem dos 550 pedidos dirigidos a Polícias estrangeiras, e 467 pedidos de cooperação efectuados por estas ao Gabinete português[216].

Durante a Presidência da União Europeia no segundo semestre de 2007, Portugal desenvolveu uma nova solução técnica, designada *SISone4ALL*; o Estado fê-lo por iniciativa do SEF e de uma empresa nacional – a *Critical Software*, consistindo este numa cópia do SIS, em ambiente *Windows*, que permitiu, em Dezembro de 2007, a entrada de nove novos EM (Eslováquia, Eslovénia, Estónia, Hungria, Letónia, Lituânia, Malta, Polónia e República Checa) o maior alargamento de sempre do SIS e constituiu uma iniciativa prestigiante para o nosso país.

Entretanto, em termos prácticos efectivos, a futura implementação do SIS II representará sem sombra de dúvida um salto significativo na quantidade e qualidade da informação gerida[217]. Num panorama em que tem reinado a atomização, o SIS dá assim corpo a uma 'ferramenta' essencial na luta contra a criminalidade num espaço de livre circulação. Disso mesmo nos dá conta o recente relatório do Conselho da União Europeia – 15934/08 (SIRIS 152) de 18 de Novembro, do qual constam as seguintes conclusões: i) o SIS será provavelmente o mais eficaz mecanismo de

---

[216] Dados fornecidos pelo chefe do grupo operativo da PSP no GNS.

[217] O SIS II estará apto a acolher todos os EM actuais e futuros e, por outro lado, terá novas potencialidades, como a inserção de novas categorias de indicações (exs: contentores, motores de embarcações, aeronaves, títulos de crédito), a inserção de novos tipos de dados (fotografias, impressões digitais e, futuramente, ADN em complemento aos existentes nas indicações sobre pessoas, ou o cruzamento e associação de indicações.

[218] A este respeito cabe realçar o volume de expediente registado no Gabinete Nacional SIRENE, que em 2007 trocou 33228 mensagens de correio electrónico e 26685 Fax´s e Ofícios.

cooperação internacional; ii) o número de indicações triplicou em apenas oito anos provocando um aumento muito expressivo da carga de trabalho dos Gabinetes Nacionais SIRENE[218]; iii) os EM podem incrementar a utilização do sistema através da sua consulta massiva e sistemática.

4.3.5. *O Colégio Europeu de Polícia (CEPOL)*[219]

A Europa, em paralelo, também não parou. O Colégio Europeu de Polícia (CEPOL) foi criado na sequência de uma iniciativa de Portugal[220] no Conselho Europeu de Tampere em 15 e 16 de Outubro de 1999, pouco antes da nossa segunda Presidência da União. Após parecer do Parlamento Europeu de 17 de Novembro de 2000, o Conselho decidiu criar o CEPOL como rede dos institutos nacionais de formação policial em 22 de Dezembro de 2000[221]. De acordo com a Decisão do Conselho n.º 2005/681/JAI, de 20 de Setembro de 2005, o CEPOL foi convertido numa agência da União Europeia, funcionando como uma rede de institutos nacionais de formação policial, sem prejuízo de futuros desenvolvimentos (Art. 1.º n.º 2). O estatuto do pessoal do CEPOL é equiparado ao dos funcionários da União (Art. 3.º). A sua sede é na *Police Staff College* em Bramshill no Reino Unido[222].

---

[219] Disponível para leitura e descarga em http://europa.eu/agencies/pol_agencies/cepol/index_pt.htm e http://www.cepol.net/KIM/Categorie.asp, consultados em 1 de Fevereiro de 2009.

[220] Iniciativa n.º 2000/C 206/02, da República Portuguesa, tendo em vista a adopção de uma decisão do Conselho relativa à criação provisória da Academia Europeia de Polícia, publicada no JO C 206, de 19 de Julho de 2000, pp. 3-5.

[221] Decisão do Conselho n.º 2000/820/JAI, publicada no JO L 336, de 30 de Dezembro de 2000, pp. 1-3.Como *petite histoire* burocrático-política, é interessante verificar que uma questão 'bizantina' de terminologia inquinou o arranque do processo, com referências e tomadas de posição alternativas a uma intutlada *European Police Academy* e a um chamado *European Police College*. No entanto, e apesar da diferença dos títulos, era desde o início pouca a real destrinça na substância subjacente. Na reunião de Tampere, o Conselho Europeu acordou, como vimos em 15 e 16 de Outubro de 1999 estabelecer uma rede de treino e formação de institutos de polícia nacional, que conduziria à criação de uma instituição permanente. A Decisão do Conselho, de 22 de Dezembro de 2000 estabeleceu o *European Police College* (CEPOL) depois de se chegar a consenso em relação ao nome.

[222] Decisão do Conselho n.º 2004/567/JAI, de 26 de Julho de 2004.

Para tanto, dispõe o CEPOL de um orçamento anual de cerca de 7,5 milhões de Euros em 2007 e de um secretariado composto por cerca de 25 funcionários distribuídos pela unidade de programação e pela unidade administrativa. O secretariado do CEPOL é gerido por um director que responde perante o Conselho de Administração, sendo este composto por representantes dos EM, geralmente directores dos institutos nacionais de formação. O Conselho de Administração do CEPOL é presidido pelo EM que exerce a Presidência do Conselho da União Europeia, reunindo-se, pelo menos, quatro vezes por ano, tendo na sua dependência quatro comités[223]. Estes são apoiados por grupos de trabalho, grupos de projecto e subgrupos.

A delegação portuguesa é constituída pelo director do Instituto Superior de Ciências Policiais e Segurança Interna (ISCPSI), o comandante da Escola da Guarda (EG) e o director da Escola da Polícia Judiciária (EPJ). Em termos nacionais foi decidido que a chefia da delegação nacional no Conselho de Administração é rotativa, de seis em seis meses, entre o MAI e o MJ; no seio do MAI, essa posição de liderança vai também alternando entre a PSP e a GNR.

As finalidades do Colégio são ambiciosas e, pelo menos potencialmente, e sem beliscar o princípio de subsidiariedade situam-no a montante das Polícias nacionais. O objectivo do CEPOL é o apoio à formação de altos funcionários das polícias dos EM. Deverá apoiar e desenvolver uma abordagem europeia para os principais problemas que se deparam aos EM na luta contra o crime, na prevenção criminal e na manutenção da lei e ordem e segurança pública, em particular na sua dimensão transfronteiriça (Art. 5.º, 6.º e 7.º da Decisão do Conselho n.º 2005/681/JAI)[224].

---

[223] Comité de Programação Anual, Comité Orçamental e Administrativo, Comité Estratégico e Comité de Formação e Investigação.

[224] Segundo o Art. 6.º da Decisão em referência, os objectivos do CEPOL consistem em melhorar o conhecimento dos sistemas e estruturas nacionais de polícia dos EM e de cooperação policial transfronteiriça ao nível da União, bem como em melhorar o conhecimento dos instrumentos internacionais e da UE, em especial nas seguintes matérias: i) as instituições da UE, o seu funcionamento e papel, e os mecanismos de decisão e os instrumentos legais da cooperação policial europeia; ii) os objectivos da Europol, estrutura e funcionamento, assim como a maximização da cooperação entre a Europol e os serviços de polícia dos EM no combate à criminalidade organizada; iii) os objectivos, estruturas e funcionamento da Eurojust. É também objectivo desta agência europeia, assegurar uma formação adequada quanto ao respeito pelas garantias democráticas, designadamente dos

Nesta frente estatutária, o CEPOL organiza anualmente em média uma centena de cursos, seminários e conferências que cobrem um largo espectro de temas (em 2007, 85), sendo realizados nas academias de formação dos Estados-Membros[225]. De referir ainda que em 2007 participaram nas acções do CEPOL 1.922 funcionários das forças e serviços de segurança europeias e 762 formadores. Portugal nomeou 82 formandos em 2007, tendo sido o nosso sido o EM que disponibilizou ao grupo mais formadores, facto que não nos parece pouco significativo[226].

Só desenvolvimentos futuros poderão permitir que seja feito um balanço acerca do verdadeiro impacto desta rede cada vez mais intrincada de institutos policiais europeus, bem como sobre a mais-valia das respectivas acções de formação – por muitos consideradas excessivamente académicas e, em todo o caso, infelizmente chegando ainda a poucos profissionais das forças policiais dos EM[227].

---

direitos de defesa. As tarefas do CEPOL, de acordo com o Art. 7.º, são as seguintes: i) promover acções de formação direccionadas para altos funcionários das polícias – incluindo formação de formadores –, baseadas em padrões comuns na área da cooperação policial transfronteiriça; ii) contribuir para a preparação de programas de formação para agentes policiais de nível intermédio e agentes com funções operacionais; iii) promover a formação de peritos policiais no combate ao crime organizado transfronteiriço; iv) divulgar boas práticas e resultados de investigações de cariz científico; v) desenvolver e promover formação para as forças policiais da União que participam em missões de gestão civil de crises; vi) desenvolver uma rede electrónica para apoiar as actividades do CEPOL, zelando pela adopção das medidas de segurança necessárias; vii) fornecer formação linguística.

[225] De acordo como relatório anual de 2007 do CEPOL, "Oito Estados-membros enviaram mais de 25 formadores: Portugal (73 – 56 em acções em Portugal e 17 no estrangeiro), França (61), Alemanha (60), Itália (53), Reino Unido (40), Espanha (39), Holanda (34) e Áustria (31).

[226] Em 2009 o CEPOL tem previstas acções em diversos domínios por sua iniciativa ou propostos pelos EM e por agências europeias, designadamente: criminalidade organizada, contra-terrorismo, administração e finanças, ordem pública, gestão e liderança, missões de gestão de crises, prevenção da criminalidade, investigação científica, *curricula* comum, criminalidade transfronteiriça, criminalidade económica e financeira, padrões de formação, formação linguística, direitos humanos e ética polícia, cooperação policial, policiamento comunitário e conferências temáticas de âmbito estratégico. Em 2009 Portugal tem previsto organizar acções de formação ordem pública (*hooliganismo*), no módulo para funcionários policiais de alto nível (topspoc), em criminalidade ambiental, branqueamento de capitais, criminalidade organizada no sudoeste europeu (tráfico de droga por via marítima), protecção de testemunhas.

[227] Conferir entrevista à Dra. Rita Faden.

4.3.6. *A Rede Europeia de Prevenção da Criminalidade*

Criações institucionais em formatos mais ágeis têm também tido lugar. A Rede Europeia de Prevenção da Criminalidade (REPC) foi criada pela Decisão do Conselho 2001/427/JAI, de 28 de Maio. De acordo com o seu Art. 1.º, n.º 2, "o correcto funcionamento da rede, nos termos da decisão em apreço, é assegurado por representantes nacionais [pontos de contacto] na rede e por um secretariado". A delegação portuguesa foi, entre 2000 e 2008, garantida por um representante do MAI, um representante do MJ, um investigador universitário especializado neste domínio, contando ainda com elementos suplentes da PSP e da GNR.

A Rede privilegia uma abordagem multidisciplinar e estabelece uma relação estreita com as estruturas locais, a sociedade civil, os institutos de investigação e as organizações não governamentais dos Estados--Membros, através dos pontos de contacto que mantém. A REPC contribui para desenvolver e apoiar os diferentes aspectos da prevenção da criminalidade ao nível da União[228], bem como ao nível nacional e local. Embora abranja todos os tipos de criminalidade,"a Rede consagra-se particularmente aos domínios da delinquência juvenil, da criminalidade em meio urbano e da criminalidade associada à droga" (Art. 3.º n.º 1)[229].

---

[228] O conceito de prevenção da criminalidade da U.E "abrange todas as medidas destinadas a reduzir ou a contribuir para a redução da criminalidade e do sentimento de insegurança dos cidadãos, tanto quantitativa como qualitativamente, quer através de medidas directas de dissuasão de actividades criminosas, quer através de políticas e intervenções destinadas a reduzir as potencialidades do crime e as suas causas. Inclui o contributo dos governos, das autoridades competentes, dos serviços de justiça criminal, de autoridades locais, e das associações especializadas que eles tiverem criado na Europa, de sectores privados e voluntários, bem como de investigadores e do público, com o apoio dos meios de comunicação" (Art. 1.º n.º 3).

[229] A REPC tem ainda como principais objectivos: i) facilitar a cooperação, os contactos e a troca de experiências entre os Estados-membros e entre os organismos nacionais, bem como entre os EM e a Comissão, outras instâncias do Conselho e outros grupos de peritos e redes especializadas em questões de prevenção da criminalidade; ii) recolher e analisar as informações relativas às acções de prevenção da criminalidade existentes, à sua avaliação e à análise das melhores práticas, bem como os dados disponíveis em matéria de criminalidade e sua evolução nos EM, a fim de contribuir para a reflexão sobre futuras decisões aos níveis nacional e europeu; iii) auxiliar o Conselho e os EM mediante questionários sobre o crime e a prevenção da criminalidade; iv) contribuir para identificar e desenvolver os principais domínios de investigação, formação e avaliação em matéria

Não é tudo, visto a instituição ainda prever a criação de incentivos. A REPC atribui anualmente um prémio europeu de prevenção da criminalidade ao projecto do EM que melhor preencha os requisitos temáticos e metodológicos definidos por aquele organismo. Em 2003, Portugal ganhou este prémio através de um projecto de prevenção da delinquência juvenil, desenvolvido na Quinta da Princesa (Seixal), sob a égide do Programa "Escolhas". Embora prestigiante, o facto não deixa de mostrar uma curiosa incongruência: com efeito, entre nós, o reconhecimento teve pouco impacto e em boa verdade não serviu de uma qualquer maneira sensível como catalisador para a aprovação de uma ainda inexistente estratégia nacional de prevenção da criminalidade, ou sequer para um maior investimento e impacto do programa "Escolhas" e de outros projectos ao nível político e no seio da sociedade civil.

O Programa de Estocolmo, no seu ponto intitulado *more effective crime prevention*, prevê o seguinte: *"the best way to reduce the level of crime is to take effective measures to prevent them from ever occurring, including promoting social inclusion, by using a multidisciplinary approach which also includes taking administrative measures and promoting cooperation between administrative authorities, European citizens have similar experiences and are affected in similar ways by crime and related insecurity in their everyday lives. The awareness of the links between local crime and organised crime and its complex cross-border dimensions is increasing. Member States have developed different methods to prevent crime and should be encouraged to share experiences and best practice and, in so doing, add to general knowledge and its respective effectiveness and efficiency, thereby avoiding the duplication of work. In addition, the cross-border dimension underlines the importance of enhancing and developing knowledge at European level on how crime and criminality in the Member States is interconnected, to support Member States when taking individual or joint action, and to call for action by EU*

---

de prevenção da criminalidade; iv) organizar conferências, seminários, reuniões e outras acções destinadas a promover a reflexão sobre estas questões específicas e a divulgar os seus resultados; v) desenvolver a cooperação com os países candidatos à adesão, com os países terceiros e com organismos e instâncias internacionais; vi) assistir o Conselho e a Comissão, sempre que necessário e a pedido destes, em todas as questões relacionadas com a prevenção da criminalidade; vii) dar anualmente conta das suas actividades ao Conselho.

institutions when deemed necessary. With the Lisbon Treaty, cooperation within the area of crime prevention will be further recognized with a new legal basis".

É sublinhada ainda a correlação entre a criminalidade de massa e a criminalidade transfronteiriça de cariz organizado: *"the European Council invites Member States and the Commission to actively promote and support crime prevention measures focusing on prevention of mass criminality and cross-border crime affecting the daily life of our citizens in accordance with Article 84 TFEU. The European Council invites the Commission o submit a proposal building on the evaluation of the work carried out within the European Union Crime Prevention Network with a view to setting up an Observatory for the Prevention of Crime (OPC), the tasks of which will be to collect, analyse and disseminate knowledge on crime, including organised crime (including statistics) and crime prevention, to support and promote Member States and EU institutions when they take preventive measures and to exchange best practice. The OPC should build on the work carried out within the framework of the European Crime Prevention Network (EUCPN) and the evaluation of it. It should include or replace the EUCPN, with a secretariat located within an existing EU agency and functioning as a separate unit. The European Council invites the Commission to submit a proposal on setting up the OPC by 2013 at the latest"*.

Contudo, a prevenção da criminalidade de massa na União Europeia não tem tido o desenvolvimento que teve, por exemplo, a prevenção da criminalidade organizada ou do terrorismo, na medida "em que se situa no último reduto das questões de soberania dos EM" (Gomes, 2005: 19). Persiste, mesmo ao nível europeu, alguma estanquicidade conceptual entre o "grande crime" organizado e o "pequeno crime de rua" ou de massa, como "se [os primeiros] fossem elementos estranhos de uma realidade e pudessem ser tratados de forma isolada" (Gomes, 2005: 19). Este constitui um ponto que merecerá, quer ao nível da União, quer ao nível das políticas públicas de segurança interna dos Estados-Membros uma maior atenção, quanto ao enquadramento jurídico e à resposta táctico-operacional em relação às manifestações de crime dito comum que são coordenadas e instrumentalizadas pelas organizações de crime organizado. Tal como já antes mencionámos, é defendida por diversos autores – designadamente por Philippe Robert – que se verifica cada vez mais uma imbricação entre o crime complexo e o crime de oportunidade, bem como o crescimento exponencial de uma delinquência furtiva e anónima, factos que têm sido bastante negligenciados pelas políticas internas e pelas estratégias comuns e de cooperação internacional.

A REPC, embora as expectativas iniciais possam ter sido altas, constitui ainda uma estrutura pouco ambiciosa dotada de uma capacidade de acção operacional bastante limitada.

4.3.7. *O Grupo de Cooperação Policial*

Não é a única – embora se trate de simples instâncias preparatórias do Conselho da UE, sem qualquer poder decisório, e por isso não equiparáveis a entidades como as anteriormente analisadas, há que referir que, em paralelo, instituições mais 'clássicas' foram gizadas e postas em funcionamento. Uma delas é o Grupo de Cooperação Policial. O Grupo de Trabalho sobre Cooperação Policial – tal como os restantes oito grupos de trabalho ao nível da cooperação policial e aduaneira, na estrutura JAI – funciona no seio do Secretariado-Geral do Conselho da União Europeia e reporta ao Comité designado de "Artigo 36". A delegação portuguesa no Grupo é chefiada pela PSP e inclui representantes da GNR, SEF e PJ.

O conjunto de assuntos que são objecto de discussão no grupo é muito diversificado, designadamente: prevenção da criminalidade; ordem pública; protecção de figuras públicas; intercâmbio de informações sobre deslocação de pessoas e grupos para grandes eventos de âmbito internacional, incluindo os desportivos tendo em vista a prevenção incidentes violentos; segurança da internet; criminalidade automóvel; segurança de passaportes; troca de informações sobre *adn*; criminalidade transfronteiriça, sistemas de comunicação de forças policiais com responsabilidades na segurança transfronteiriça, etc. Na dependência do GTCP funcionam o grupo de peritos sobre violência no futebol[230] e os pontos de contacto nacionais para a criminalidade automóvel[231] – os quais, se reúnem, em média, uma vez por semestre.

---

[230] Decisão do Conselho 2002/348/JHA de 25.4.2002 sobre segurança de jogos de futebol de dimensão internacional (JO L 121, 8.5.2002), p.1. A PSP assegura o ponto de contacto nacional de informações de futebol.

[231] Decisão do Conselho n.º 2004/919/CE de 22 Dezembro 2004, prevê a criação de pontos de contacto nacionais para a criminalidade automóvel. (JO L 389 de 30.12.2004), p. 28. A GNR assegura o ponto de contacto nacional para a criminalidade automóvel.

Compete-lhe ainda actualizar o Manual de Cooperação Policial Schengen com a listagem, actualizada, de pontos de contactos nacionais e representantes nas redes europeias de cooperação.

4.3.8. *Grupo de Trabalho Terrorismo*

Trata-se de um Grupo de Trabalho no domínio JAI. Funciona ao nível horizontal e mais elementar dos grupos de trabalho do Conselho. Reúne três a quatro vezes em cada Presidência semestral. A representação portuguesa é assegurada conjuntamente pelo SIS e pela PJ/Unidade Nacional de Combate ao Terrorismo (UNCT), apesar da participação de representantes da PSP e GNR e do representante diplomático junto da REPER com funções de coordenação ao nível do COREPER. Trata do fenómeno do terrorismo na perspectiva estratégica e interna da UE (incidentes e avaliação da ameaça).

Logo após os atentados de Madrid foi criada a figura do Coordenador da Luta Contra o Terrorismo que tem desempenhado uma função fulcral na articulação dos mecanismos e instrumentos da UE e dos Estados--Membros e na implementação da estratégia da União no combate ao terrorismo.

Ao nível da prevenção e combate ao terrorismo destaca-se o desenvolvimento por parte da União de diversos projectos, planos de acção, decisões e recomendações sobre radicalização e recrutamento, financiamento do terrorismo, a transformação da Europol como uma agência da UE, o reforço da capacidade de resposta da UE às catástrofes e os avanços em termos de prevenção e resposta aos riscos nucleares, bacteriológicos e químicos (NRBQ)[232], a segurança de explosivos, percursores e detonadores (cujo, plano de acção foi aprovado durante a Presidência Portuguesa da União Europeia no 2.º semestre de 2007), o projecto *check the Web*, a alteração da Decisão-Quadro relativa à luta contra o terrorismo, um projecto de Directiva sobre identificação de infra-estruturas críticas apresentados quer por iniciativa dos Estados-membros, quer da Comissão Europeia.

---

[232] Ao nível dos incidentes NRBQ foi registou-se em 2008 a adopção de conclusões por parte do Conselho da UE sobre a criação de uma base de dados de incidentes NRBQ e de conclusões sobre um mecanismo de detecção precoce da ameaça ligada ao terrorismo e à criminalidade organizada.

A Decisão-Quadro 2005/671/JAI constituiu igualmente um passo relevante, na medida em que estipula a obrigatoriedade de alimentar a Europol e a Eurojust com informações relativas a inquéritos em matéria de terrorismo. No plano do direito penal substantivo, refere-se a adopção da Decisão-Quadro 2008/919/JAI do Conselho, proposta apresentada pela Comissão Europeia em 2007, no âmbito do pacote terrorismo, que visa a alteração do direito penal dos Estados-membros, de modo a criminalizar o incitamento, o recrutamento e o treino para o terrorismo.

4.3.9. *Outros Grupos, Redes e Pontos de Contacto na Área JAI – da PSP à GNR e da PJ ao SEF*

Para além das estruturas abordadas, dezenas de representantes das forças e serviços de segurança portuguesas participam em diversos grupos de trabalho no âmbito JAI, conforme pode ser constatado no Despacho n.º 23/2007 do MAI – aquele que designava a composição das delegações nacionais para a Presidência Portuguesa da União Europeia no segundo semestre. Na maioria dos grupos da área JAI, as matérias abrangidas são da responsabilidade partilhada entre o MJ e o MAI. Apesar da elevada qualidade dos representantes nomeados pelas diferentes forças e serviços de segurança portugueses permanece, porém, alguma indefinição sobre quem coordena as delegações nacionais em muitos destes grupos – o que tem gerado algumas situações de diluição de responsabilidades e noutros, a assunção de posições mais corporativas do que propriamente defensoras dos interesses nacionais.

No já mencionado Manual de Cooperação Policial Schengen encontra-se a lista de pontos de contacto dos EM da União Europeia em diversas matérias policiais de relevo. A título de exemplo, a PSP é o ponto de contacto nacional de informações sobre futebol, na área de segurança privada, na rede de protecção de figuras públicas, no sistema de alerta rápido em caso de furto/roubo e extravio de substâncias explosivas. A GNR é o ponto de contacto nacional para as questões da criminalidade automóvel. A PSP e GNR são os pontos de contacto nacionais na rede de unidades especializadas na inactivação de engenhos explosivos.

Em 2008 foi formalmente adoptada a Decisão 2008/617/JAI de 23 de Junho (entrou em vigor em 28 de Dezembro de 2008), relativa à melhoria da cooperação entre unidades especiais de intervenção dos Estados-

-Membros em situações de crise, que veio institucionalizar os trabalhos da rede ATLAS. Esta foi uma decisão discutida no Grupo de Cooperação Policial da UE e aprovada durante a Presidência Portuguesa da União Europeia no 2.º semestre de 2007. Os representantes nacionais nesta rede são o Grupo de Operações Especiais (GOE) da Unidade Especial de Polícia da PSP e o Grupo de Intervenção de Operações Especiais (GIOE) da Unidade Especial de Intervenção da GNR. O Art. 1.º refere que a "Decisão ATLAS" estabelece as regras e condições gerais que permitem às unidades especiais de intervenção de um Estado-Membro prestar assistência e/ou actuar no território de outro Estado-Membro a pedido deste último, e caso aquelas unidades tenham aceitado intervir para fazer face a uma situação de crise.

Os pormenores de ordem prática e as regras de execução que complementam a presente decisão são acordados directamente entre o Estado--Membro requerente e o Estado-Membro requerido. Segundo o Art. 2.º, para efeitos desta Decisão, uma "Unidade especial de intervenção", consiste em uma unidade responsável pela aplicação da lei de um Estado--Membro especializada no controlo de situações de crise; enquanto que "situação de crise", constitui qualquer situação em que as autoridades competentes de um Estado-Membro tenham motivos razoáveis para crer que existe uma infracção penal que apresenta uma ameaça física grave e directa para pessoas, bens patrimoniais, infra-estruturas ou instituições nesse Estado-membro, em particular as situações a que se refere o n.º 1 do artigo 1.º da Decisão-Quadro 2002/475/JAI do Conselho, de 13 de Junho de 2002, relativa à luta contra o terrorismo.

Debrucemo-nos em maior detalhe sobre o seu dimensionamento jurídico-formal. O Art. 3.º prevê que mediante pedido apresentado através das autoridades competentes que indique a natureza da assistência requerida e a respectiva necessidade operacional, os Estados-Membros podem solicitar a assistência de unidades especiais de intervenção de outro Estado--Membro para fazer face a situações de crise. A autoridade competente do Estado-Membro requerido pode aceitar ou recusar esse pedido ou propor um tipo de assistência diferente. Sob reserva de acordo entre os Estados--Membros envolvidos, a assistência pode consistir na disponibilização de equipamento e/ou de conhecimentos especializados ao Estado-Membro requerente e/ou na realização de acções no território desse Estado-membro, recorrendo a armas se tal for necessário. No caso de realização de acções no território do Estado-Membro requerente, os agentes da unidade especial de intervenção devem estar autorizados a actuar na qualidade de agentes de apoio no território do Estado-Membro requerente e tomar todas as medidas necessárias para prestar a assistência solicitada na medida em que: a) actuem sob a responsabilidade, autoridade e direcção do Estado-Membro requerente nos termos da legislação nacional deste último; e b) actuem nos limites da sua competência nos termos da sua legislação nacional.

Segundo o Art. 5.º os Estados-Membros participantes devem assegurar que as suas unidades especiais de intervenção realizem reuniões e organizem formações e exercícios conjuntos, sempre que necessário, para trocar experiências, conhecimentos especializados e informações de ordem geral, prática e técnica sobre como fazer face a uma situação de crise. Tais reuniões, formações e exercícios podem ser financiados no âmbito das possibilidades oferecidas pelos programas financeiros da União a fim de obter subvenções a partir do orçamento da União Europeia. Neste contexto, o Estado-Membro que exerça a Presidência da União deve procurar garantir a realização de tais reuniões, formações e exercícios.

Finalmente, o Art. 6.º estipula que – salvo acordo em contrário entre os Estados-Membros envolvidos – o Estado-Membro requerente deve suportar os custos operacionais em que incorram as unidades especiais de intervenção do Estado-Membro requerido, incluindo os custos de transporte e alojamento.

Por sua vez, a Polícia Judiciária representa Portugal nas *reuniões HLEM* (peritos de alto nível em terrorismo), não se tratando este de um grupo formal mas antes de uma estrutura estável que reúne regularmente em Haia, duas vezes por ano. É neste fórum que se tomam decisões quanto às actividades e iniciativas a desenvolver no âmbito da unidade de contraterrorismo da Europol (SC5). Salienta-se ainda o *Police Working Group on Terrorism* (PWGT), o qual, se trata de um grupo informal extra-comunitário que presentemente congrega 31 Estados (27 EM da UE, a que se juntam Noruega, Suíça, Croácia e Islândia) e reúne semestralmente em cada Presidência rotativa. A participação portuguesa nesta instância é assegurada, há cerca de duas décadas e meia, pela Polícia Judiciária – que o leva a cabo através da DCCB-UNCT que aliás tem a seu cargo a gestão do sistema e rede de comunicação do grupo (sistema encriptado de correio electrónico, fax e telefone) que funciona durante 24 horas, sete dias por semana, 365 dias por ano.

A actuação tem tido lugar em várias frentes. Ao nível da Comissão Europeia a PJ-UNCT tem participado em diversas reuniões de trabalho no plano das iniciativas e projectos contra radicalização e recrutamento de terroristas, EURODAC, explosivos (onde também participa a PSP) e matérias NRBQ.

No quadro do Conselho da Europa a PJ tem participado no *Codexter*, o comité de peritos em terrorismo para as questões jurídicas e financeiras. A PJ-UNCT acompanha os trabalhos do *Codexter* desde Abril de 2007 e tem assegurado a representação portuguesa neste fórum contribuindo para os trabalhos de preparação da Convenção do Conselho da Europa sobre terrorismo.

Não referimos a Interpol apenas por uma questão de delimitação do nosso trabalho, embora a Interpol seja reconhecida como a maior organização policial internacional, com 186 EM[233], tratando-se, por conseguinte, de uma entidade que vai muito para além do âmbito regional da Europol – sendo a sua eficácia decorrente do maior ou menor empenhamento e da melhor ou pior organização dos serviços de polícia dos EM que nela convergem[234]. Salientam-se alguns projectos da Interpol ao nível da cooperação policial no combate ao crime organizado que têm tido participação nacional através da PJ:

– projecto *Fusion Task-Force* – não é um grupo formal mas promove reuniões com periodicidade variável (a participação neste

---

[233] A Interpol visa assegurar um serviço global de comunicações policiais – sistema designado I-24/7, que constitui uma plataforma comum através da qual os serviços de polícia de todo o mundo podem partilhar informações cruciais acerca da criminalidade e dos seus autores; proporcionar bases de dados e de informação policial; e garantir serviços de suporte às actividades policiais operacionais. As bases de dados asseguram o acesso à informação e serviços necessários para prevenir e investigar os crimes aos serviços policiais de todo o mundo. Incluem dados sobre os criminosos, tais como: nomes; impressões digitais; perfis de ADN, e ainda dados sobre propriedade furtada, tais como: passaportes; veículos; e obras de arte. Em casos de emergência, especialmente em crimes relacionados com a segurança pública, terrorismo, fugitivos à justiça, drogas, crime organizado, tráfico de seres humanos e crime financeiro e tecnológico. Para tal possui um Centro de Comando e Coordenação, que opera 24 horas por dia, sete dias por semana.

[234] O Gabinete Nacional da Interpol está integrado orgânica e funcionalmente no Ministério da Justiça, mais propriamente no Departamento Central de Cooperação Internacional da Direcção Nacional da Polícia Judiciária (Art. 12.º n.º 1 da Lei n.º 49/2008 de 27 de Agosto e Art. 5.º n.º 2 da Lei n.º 37/2008 de 6 de Agosto). O GNI tem 16 investigadores, 4 tradutores, 5 administrativos e 2 funcionários responsáveis pela documentação e informações.

fórum foi assegurada pela UNCT, em representação de Portugal, em diversas reuniões).
– projectos regionais *KALKAN* (Ásia Central) e *NEXUS* (Europa)
– projecto *Millenium* sobre organizações criminosas da Europa de Leste.

De acordo com o Relatório de Imigração, Fronteiras e Asilo de 2008, elaborado pelo SEF, este serviço de segurança representou Portugal num vasto conjunto de grupos de trabalho na União Europeia, nomeadamente: a) o Comité Estratégico Imigração, Fronteira e Asilo (CEIFA) – Grupo de natureza transversal ao qual cabe formular orientações estratégicas no domínio da imigração, fronteiras e asilo, e contribuir de forma substancial, para os debates do COREPER sobre as mesmas questões. Antes de serem remetidas ao COREPER, as matérias acordadas ao nível dos grupos técnicos do Conselho, designadamente nos grupos Migração (Admissão e Afastamento), Vistos, Asilo, CIREFI e Fronteiras (incluindo o Grupo Documentos Falsos), são submetidas à apreciação do CEIFA. Relativamente às matérias que se prendem com o Acervo Schengen, o CEIFA reúne ainda sob a forma de Comité Misto (COMIX); b) Grupo Alto Nível Asilo e Migração (GANAM) – Este grupo tem como objectivo preparar planos de acção transversais, destinados a países de origem e trânsito de imigrantes e requerentes de asilo, procurando criar sinergias entre os vários intervenientes envolvidos, de modo a reduzir os fluxos de imigração ilegal; c) Grupo Migração/Admissão – A prioridade deste grupo é a definição do estatuto jurídico dos imigrantes legais e as regras comuns de admissão de nacionais de Países Terceiros; d) Grupo Migração/Afastamento – Tem como principal objectivo o estabelecimento de uma política coerente da União em matéria de readmissão e retorno; e) Grupo Asilo – Grupo de trabalho essencialmente legislativo, ao qual compete a discussão e análise das iniciativas legislativas em matéria de asilo e refugiados; f) Centro de Informação, Reflexão e Intercâmbio em Matérias de Passagem das Fronteiras e Imigração (CIREFI) – O CIREFI dedica-se, de forma interdisciplinar, à troca de informações, recolha, tratamento e análise de dados estatísticos sobre imigração ilegal e ao aprofundamento, numa perspectiva operacional, do debate em matéria de afastamento. Destaque ainda para a abordagem do papel dos Oficiais de Ligação de Imigração na gestão dos fluxos migratórios e desenvolvimento das políticas comuns de migração; g) Grupo Fronteiras – Este Grupo dedica-se à elaboração e análise técnica no domínio do controlo das fronteiras externas da União e à promoção do intercâmbio de informações entre Estados-Membros em vários aspectos do controlo fronteiriço, funcionando em estreita articulação com os programas de trabalho da Agência FRONTEX; h) Grupo Documentos Falsos – Grupo de carácter predominantemente técnico na área da documentação de segurança e detecção de fraude documental; i) Grupo Avaliação Schengen – Tem por mandato verificar as condições de implementação do acervo Schengen nos Estados-Membros no domínio do controlo de fronteiras, vistos, cooperação policial, SIS, Gabinete Sirene e protecção de dados, e analisar os relatórios das missões técnicas de avaliação; j) Grupo Acervo Schengen – Grupo legislativo que reúne em função da necessidade de alterar ou modificar a Convenção de Aplicação do Acordo de Schengen; l) Grupo SIS/SIRENE – Gere e supervisiona o correcto funcionamento do SIS, cabendo-lhe abordar as questões jurídicas, organizacionais, financeiras e técnicas neste domínio, devendo formular soluções para eventuais problemas que afectem o SIS, bem como apresentar propostas para o seu desenvolvimento. O Grupo SIS coordena o Grupo SIS Técnico; m) Grupo SIS Técnico – aborda os aspectos técnicos do Sistema de Informação Schengen, nomeadamente a execução e desenvolvimento técnicos do SIS, a análise do seu funcionamento e o controlo do seu alargamento, bem como a avaliação dos aspectos técnicos da base de dados do SIS e a supervisão e desenvolvimento das redes de comunicações.

Para além dos grupos de trabalho supra enunciados, o SEF participa e intervém, ainda, nos grupos de trabalho do Conselho Vistos, Avaliação Colectiva, Livre Circulação de Pessoas, Grupo Multidisciplinar sobre Criminalidade Organizada e Grupo Cooperação Policial. De referir ainda a Rede Europeia das Migrações, a qual, tem como objectivo a recolha e tratamento de informação objectiva, fiável e comparável para apoio aos decisores políticos da União Europeia no domínio da migração e do asilo. A REM é coordenada pela Comissão Europeia, sendo o SEF o ponto de contacto nacional português.

Refere-se ainda que a equipa de segurança pessoal do Presidente da Comissão Europeia, José Manuel Durão Barroso, é composta de por um Oficial, dois Chefes e dois Agentes da PSP, sendo o Subintendente o coordenador da segurança.

No capítulo que se segue, e de acordo com aquilo que atrás asseverámos, voltamo-nos para a gestão civil de crises na União Europeia.

Capítulo V – Da Gestão Civil de Crises na União Europeia

"To judge from Europe's experience, the construction of a post-strategic order requires a long tradition of political cooperation to show what is possible, a recent history of bitter conflict to show what must be avoided, and the presence of an imminent threat to compel compromise and accommodation. This is quite possibly the only combination of circumstances that would ever have allowed France and Germany, for example, to work together as they have in recent decades".

WHITE Hugh, "Why War in Asia Remains Thinkable", in *Survival. Global Politics and Strategy*, volume 50, issue 6 (2008): 85-104

Tal como antes indicado, e como complemento do que dissemos no último capítulo, iremos agora dedicar alguma atenção às modalidades concretas de participação do Estado português na gestão civil de crises no quadro da União Europeia. Se antes nos debruçámos sobre um exemplo de pormenor, aqui buscamos algum detalhe 'temático' suplementar. O enquadramento (no sentido da perspectiva 'sequencialista' que assumimos) mantém-se, naturalmente, dado o valor explanatório que nele reconhecemos. Viramo-nos, de algum modo, para as estratégias gizadas para fazer frente a "estados de excepção".

Como foi o caso nos capítulos anteriores o grosso daquilo sobre que nos iremos debruçar, embora tenha em conta o pano de fundo histórico mais amplo, diz respeito ao último dos períodos que identificámos – a fase que corresponde ao início do século XXI. Mas como no capítulo anterior, que com o presente se encontra emparelhado, recuamos ao Tratado da União Europcia para um melhor enquadramento do que tem sido a progressão do envolvimento português na gestão europeia de crises civis[235].

---

[235] Referimos alguma bibliografia sobre esta temática: BIGO, Didier, & GUILD, Espeth, *Controlling Frontiers. Free Mouvement into and within Europe* (Aldershot:

5.1. Sobre a Política Externa de Segurança e Defesa (PESD) e a Gestão Civil de Crises à luz do Tratado de Lisboa

Comecemos por um enquadramento, e num primeiro passo encetemo-lo, para não destoar, no plano jurídico. O TUE, assinado em Maastricht, foi o primeiro Tratado a prever a responsabilidade da União no domínio da segurança, assim como a definição de uma política comum de defesa (Art. 17.º, n.º 1)[236]. Trouxe, assim, para o domínio das instituições da União as questões relativas à política externa, tradicionalmente na reserva de soberania dos Estados, criando ainda instrumentos jurídicos de actuação neste âmbito. A Política Externa de Segurança Comum (PESC), também designada por Segundo Pilar, foi assim formalmente instituída pelo TUE (Título V), reforçando a capacidade europeia para intervir em cenários de crise internacionais, criando as condições para uma maior afirmação externa, e para o desenvolvimento de uma nova dimensão de segurança no âmbito da PESC. Não se verifica contudo transferência de competências dos EM para as instituições comunitárias, sendo o processo de

---

Ashgate Publishing, 2005); BLOCKMANS, Steven, *The European Union and Crisis Management: Policy and Legal Aspects* (Cambridge: Cambridge University Press, 2008); DURCH, William & BERKMAN, Tobias, *Who Should Keep the Peace? Providing* (Washington: United States Institute of Peace, 2006); GOW, James, TARDY, Thierry & KERR, Rachel, *European Security in a Global Context: Internal and External Dynamics (Contemporary Security Studies)* (New York: Routledge, 2009); GHECIU, Alexandra, *Securing Civilization?: The EU, NATO and the OSCE in the Post-9/11 World* (New York: Oxford University Press, 2008); KLEIN, Rouven, *European Security and Defence Policy in 2003: Why ESDP is important for Europe, the transatlantic relationship?* (2009); HADDEN, Tom, *The Responsibility to Assist: EU Policy and Practice in Crisis-Management Operations Under European Security and Defence Policy* (Portland: Hart Publishinhg, 2009); HOUBEN, Marc, *International Crisis Management: The Approach of European States (Governance and Change in the Global Era)* (New York: Routledge, 2005); HOWORTH, Joylon, *Security and Defense Policy in the European Union* (New York: Palgrave, 2007); MERLINGEN, Michael & OSTRAUSKAITE, Rasa, *European Union Peacebuilding and Policing : Governance and the European Security and Defence Policy* (New York: Routledge, 2006); NUGENT, Neill, *The Government and Politics of the European Union* (New York: Palgrave, 2006); PATMAN, R, *Globalization, Civil Conflict and the National Security State* (New York: Routledge, 2006).

[236] Com a inclusão deste possível objectivo no texto do Tratado foi definido uma "...espécie de guião norteador de ulteriores desenvolvimentos nos domínios da segurança e da defesa lançando, desta forma, as bases para aquilo que mais tarde se designaria a Política Europeia de Segurança e Defesa" (Ferreira-Pereira, 2007: 172).

tomada de decisão dominado pelo designado "método intergovernamental" ou da tomada de decisões por unanimidade[237].
A partir daí a passada acelerou. O Tratado de Amesterdão procurou resolver os problemas criados pela regra da unanimidade e necessidade de consenso permanente. Foi introduzido um novo instrumento jurídico – as estratégias comuns – que são decididas pelo Conselho Europeu sob recomendação do Conselho da União Europeia, em matérias onde os EM têm interesses comuns que se veio juntar às acções comuns e posições comuns, previstas no TUE[238]. No Art. 17.º foram incluídas as chamadas "missões de *Petersberg*"[239], designadamente: missões humanitárias e de evacuação, missões de manutenção de paz, bem como missões de forças de combate para gestão de crises, incluindo missões de restabelecimento de paz. A criação do Alto Representante da União Europeia para a PESC (Art. 26.º TUE) constituiu igualmente um marco importante, tendo em vista assistir o Conselho nas questões da PESC, contribuindo nomeadamente para a formulação, elaboração e execução de decisões políticas do Conselho neste domínio, e quando necessário, actuando em nome do Conselho a pedido da Presidência, conduzir o diálogo político com terceiros.

No Conselho Europeu de Colónia, em 3 e 4 de Junho de 1999, os Chefes de Estado e de Governo tomaram a decisão de dotar a União de

---

[237] A Política Externa de Segurança Comum (PESC) da UE preconiza no futuro a definição de uma política de defesa comum. A Política Europeia de Segurança e de Defesa (PESD) tem por objectivo permitir à União desenvolver as suas capacidades civis e militares de gestão de crises e de prevenção de conflitos ao nível internacional. Contribui para a manutenção da paz e da segurança internacionais, de acordo com os princípios da Carta da ONU. A PESD não tem por objectivo a criação de um exército europeu, mas evolui de forma coordenada com a NATO. Informação disponível em http://europa.eu/scadplus/glossary/european_security_defence_policy_pt.htm. Consultado em 2 de Fevereiro de 2008.

[238] As estratégias comuns são o instrumento jurídico em que o Conselho Europeu identifica o âmbito material da PESC dentro das zonas em que os Estados-membros têm importantes interesses em comum, definindo os objectivos, a duração, bem como os meios a facultar pela União e pelos Estados-membros. As estratégias comuns são, posteriormente, executadas através de acções comuns e das posições comuns adoptadas pelo Conselho (Art. 13.º, n.º 3, TUE). Ao nível da PESD não existem regulamentos nem directivas.

[239] Estas missões foram instituídas pela *Declaração de Petersberg*, adoptada na sequência do conselho ministerial da UEO, que teve lugar em Junho de 1992, no Hotel de *Petersberg*, nas proximidades de Bona, Alemanha. Os Estados-membros da UEO decidiram colocar à disposição da UEO mas também da NATO e da União Europeia, unidades militares cobrindo todas as especialidades das forças convencionais.

capacidade de actuação autónoma, apoiada em forças militares, por forma a possibilitar intervenções de resposta a crises internacionais, sem prejuízo das acções a empreender pela NATO. Este Conselho Europeu marca, assim, o nascimento da PESD no seio da União Europeia

No Conselho Europeu de Helsínquia, em 10 e 11 de Dezembro de 1999 foi por sua vez acordada a disponibilização de meios militares e civis para uma melhor e mais eficaz gestão das crises, prevendo o lançamento e a condução de operações militares sob a direcção da União Europeia O passo encerrou uma enorme ambição. A União propõe-se contribuir para a paz e a segurança internacionais, de forma autónoma, em conformidade com os princípios da Carta das Nações Unidas, e em articulação com as demais organizações internacionais[240]. Foi fixado um primeiro objectivo global (que ficou conhecido por *Helsinki Headline Catalogue*) de dotar a União com uma capacidade de reacção rápida a crises internacionais, em regime de cooperação voluntária nas operações lideradas pela União Europeia ou em resposta a pedidos da ONU e OSCE, para evitar uma duplicação de esforços[241].

Com o Tratado de Lisboa, o Conselho identifica os interesses estratégicos da União, estabelece os objectivos e define as orientações gerais da PESC. A lista de objectivos gerais da acção externa (Art. 21.º TUE) constitui uma síntese dos objectivos da PESC e das políticas comerciais, do ambiente, de cooperação para o desenvolvimento e de cooperação económica, financeira e técnica com os países terceiros. A estes acrescem outros

---

[240] Conclusões da Presidência do Conselho Europeu de Helsínquia 10 e 11 de Dezembro de 1999, Anexo IV, Reforço da Política Europeia de Segurança de Defesa. Disponível para leitura e *download* em: http://www.consilium.europa.eu/ueDocs/cms_Data/docs/pressData/pt/ec/00300-r1.p9.htm. Consultado em 28 de Janeiro de 2008. Nestas conclusões é referido que "a União reconhece o primado da responsabilidade do Conselho de Segurança das Nações Unidas na manutenção da paz e da segurança internacionais. De acordo com os objectivos e princípios da Carta Europeia de Segurança da OSCE, a União cooperará com a ONU, com a OSCE, com o Conselho da Europa e com outras organizações internacionais, de modo a que a sua acção se reforce mutuamente, para a promoção da estabilidade, o alerta precoce, a prevenção de conflitos, a gestão de crises e a reconstrução na sequência de conflitos".

[241] Foi enunciado que "os EM deveriam estar em condições, até 2003, "de posicionar no prazo de 60 dias e manter pelo menos durante um ano, forças militares até 50.000 – 60.000 efectivos, capazes de desempenhar toda a gama das missões de *Petersberg*". Este Conselho definiu ainda o policiamento civil como uma ferramenta central na gestão de crises e decidiu desenvolver uma capacidade de reacção rápida neste âmbito.

objectivos inovadores, tais como "assistência populações, países e regiões confrontados com catástrofes naturais ou de origem humana" e a promoção de "uma governação ao nível mundial".

O Tratado de Lisboa cria as condições para uma maior visibilidade, eficácia e coerência da acção externa da União, nomeadamente através da criação do Alto Representante para os Negócios Estrangeiros e a Política de Segurança (o qual, será também Vice-Presidente da Comissão, assumindo um "duplo-papel" Conselho/Comissão)[242], do Serviço Europeu para a Acção Externa[243] e do Presidente do Conselho Europeu[244].

A política externa europeia continua a ser definida pelos Estados-Membros no seu conjunto e por unanimidade. O cargo de Alto Representante não cria novas competências, vindo antes dar "um rosto" à acção externa da União Europeia e assegurar a coerência dessa mesma acção, em razão do seu "duplo-chapéu". A sua função é a de complementar, e não substituir, os esforços diplomáticos e as políticas externas nacionais dos Estados-Membros da União.

O Tratado de Lisboa consagra a PESD como parte integrante da PESC (Art. 42.º do TUE) e reforça a capacidade da UE neste domínio. Em continuidade com os esforços empreendidos desde 2003 com a implementação da primeira missão PESD na Bósnia-Herzegovina, os Estados-Membros colocam à disposição da União capacidades civis e militares que podem ser empregues em missões externas de manutenção da paz,

---

[242] O Alto Representante é nomeado por um período de cinco anos, pelo Conselho Europeu, que delibera por maioria qualificada. É submetido ao voto de investidura do Parlamento Europeu, a par do restante Colégio de Comissários, assim como à demissão colectiva (Art. 17.º do TUE). O Alto Representante conduz a PESC e a PESD, cabendo-lhe igualmente as responsabilidades que incumbem à Comissão no domínio das relações externas. O Alto Representante preside ao Conselho dos Negócios Estrangeiros, assegura a representação externa da União e garante a coerência da acção externa da União (Artigos 18.º e 27.º do TUE).

[243] Trata-se de um Serviço com o objectivo de apoiar o Alto Representante no exercício das suas funções. Trabalhará em colaboração com os serviços diplomáticos dos Estados membros e será composto por funcionários provenientes do Secretariado-Geral do Conselho, da Comissão e dos serviços diplomáticos nacionais (Art. 27.º n.º 3 do TUE).

[244] O Presidente do Conselho Europeu desempenhará também um papel importante no quadro da acção externa da U:E., assegurando ao seu nível e nessa qualidade, a representação externa da União, em matéria PESC, sem prejuízo das atribuições do Alto Representante (Art. 15.º, n.º 6 do TUE).

prevenção de conflitos e reforço da segurança internacional, à luz dos princípios da Carta das Nações Unidas (Art. 42.º n.º 3 do TUE).

Uma das inovações, neste domínio, é a figura da cooperação estruturada permanente (Art. 46.º do TUE), que pode ser estabelecida por Estados-Membros cujas capacidades militares preencham critérios mais elevados e assumam compromissos mais vinculativos na matéria, tendo em vista a realização de missões mais exigentes. Numa base voluntária, a cooperação estruturada permanente está aberta a qualquer Estado-Membro que se comprometa a desenvolver de forma mais intensa as respectivas capacidades de defesa.

Há mais. O Tratado de Lisboa prevê, ainda, o alargamento da filosofia de cooperação reforçada às missões de gestão de crises (Art. 44.º do TUE). O Conselho pode confiar a execução de uma missão a um grupo de Estados-Membros que o desejem e que disponham das capacidades necessárias para tal missão.

O Tratado consagra ainda uma nova cláusula de "assistência mútua" (Art. 42.º, n.º 7 do TUE), segundo a qual, no caso de agressão armada a um Estado-Membro no seu território, os restantes Estados-Membros prestam-lhe auxílio por todos os meios ao seu alcance, em conformidade com a Carta das Nações Unidas.

5.2. Das Prioridades da Gestão Civil de Crises

Recuemos um pouco no tempo. No Conselho Europeu na Santa Maria da Feira em 19 e 20 de Junho de 2000 deram-se passos verdadeiramente importantes na consolidação da componente civil da gestão de crises. A União aprovou uma estrutura de apoio à decisão, consubstanciada em órgãos permanentes de natureza política e técnica, tendo em vista a coordenação das missões no quadro da PESD. Neste contexto, foram criados o Comité Político e de Segurança (COPS)[245], o Conselho dos

---

[245] O COPS (ou PSC na sigla anglo-saxónica) é composto por representantes dos Estados membros ao nível de embaixadores. É responsável pela PESC, sendo o órgão que propõe a estratégia numa situação de crise. Em relação às missões que estão em curso, é o órgão que exerce o controlo político e impõe a orientação estratégica. O COPS é apoiado por dois órgãos de aconselhamento, o EUMC e o CIVCOM, para os assuntos militares ou civis, respectivamente. O PSC adquiriu uma forma permanente após a realização do

Assuntos gerais e das relações externas (GAERC)[246], o Comité militar da UE (EUMC), o Comité dos Representantes Permanentes (COREPER)[247], o grupo de pessoal militar da UE (EUMS) e o Comité para os aspectos civis da gestão civil de crises (CIVCOM)[248]. As quatro áreas prioritárias identificadas ao nível da gestão civil de crises da União Europeia foram as seguintes: a polícia[249], o Estado de Direito[250] – *rule of law* – a adminis-

---

Conselho Europeu de Nice, em Dezembro de 2000 (Decisão do Conselho 2001/78/PESC de 22JAN2001). Na sua missão de acompanhamento da situação internacional no âmbito da PESC, o COPS tem por missão: – assessorar o Conselho e contribuir para a elaboração das políticas; – examinar os projectos de conclusão do Conselho de Assuntos Gerais; – coordenar os diversos grupos de trabalho no âmbito da PESC. O COPS desempenha igualmente um papel primordial na definição, acompanhamento e supervisão da resposta da UE a um cenário de crise. O Comité é a instância do Conselho que examina todas as opções para a resposta da União a situações de crise. Propõe ao Conselho os objectivos políticos que devem ser alcançados e recomenda um conjunto coerente de medidas com o objectivo de responder a uma crise. Sem prejuízo do papel da Comissão, compete ao COPS supervisionar a aplicação das medidas decididas, bem como avaliar as suas consequências. O Comité pode ser autorizado pelo Conselho a tomar as decisões adequadas quanto ao controlo político e direcção estratégica da operação de gestão de uma crise enquanto esta subsistir. O COPS é assistido por um Comité para os Aspectos Civis de Gestão das Crises (CIVCOM). O COPS é também assistido por um grupo de trabalho político-militar, pelo Comité Militar da UE (CMUE – criado pela Decisão do Conselho 2001/79/PESC, de 22JAN2001, e composto pelos chefes dos Estados-Maiores dos Estados-Membros, ou por oficiais em sua representação). e pelo Estado-Maior da União Europeia (EMUE – criado pela Decisão do Conselho 2001/80/PESC, de 22JAN2001; faz parte do Secretariado-Geral do Conselho e é constituído por pessoal militar destacado pelos Estados-membros).

[246] O GAERC é composto pelos ministros dos negócios estrangeiros dos Estados--membros que tomam a decisão formal.

[247] O COREPER é composto por embaixadores das REPER em Bruxelas dos Estados-membros que discutem os assuntos e preparam as decisões do GAERC.

[248] As deliberações para uma potencial operação no âmbito da PESD podem ser iniciadas no PSC, pelo Secretário-geral ou por um dos Estados membros no Conselho. Os Documentos base para o planeamento, tais como o conceito de operação (CONOPS) são analisados pelos vários órgãos – entre os quais o CIVCOM, até que se chegue a um entendimento no PSC. A partir do momento em que se decidiu, o PSC redige uma proposta de acção conjunta (*Joint Action*) – documento que constitui a autorização formal da missão, sendo este documento enviado ao COREPER que o encaminha para o GAERC que por sua vez o faz seguir para o Conselho Europeu. Posteriormente, o Conselho adopta a Acção Conjunta do Conselho, sendo formalmente criada uma operação PESD.

[249] Numa conferência ministerial sobre o empenhamento de capacidades policiais em 19 de Novembro de 2001 foi reafirmado o número total de efectivos policiais para as operações da UE, "tendo sido esclarecido que as capacidades policiais incluem forças

tração civil[251] e a protecção civil[252]. Foi definido igualmente como objectivo específico para a componente policial, a disponibilização de 5.000 efectivos até 2003, dos quais 1.000 teriam um grau de prontidão de 30 dias (vector policial de reacção rápida)[253]. Em 2004 foram acrescentadas as missões de monitorização e as de apoio aos representantes da U.E[254].

---

policiais com estatuto civil e militar, reflectindo a diversidade de modelos policiais dos EM" (Gomes, 2005: 22).

[250] Para que o desenvolvimento das missões policiais tenha resultados positivos, torna-se necessário reforçar o Estado de direito, designadamente um sistema judicial e penitenciário credível. Para além da criação de infra-estruturas do sistema judicial como tribunais e estabelecimentos prisionais, é fundamental o empenhamento de pessoal especializado neste domínio. Neste sentido os EM foram instados a disponibilizar 200 especialistas nesta área (juízes, agentes do Ministério Público, peritos no domínio penitenciário etc.).

[251] O Conselho pediu aos EM para melhorar as suas capacidades na selecção, formação e destacamento de peritos em matéria de administração civil para que desempenhem tarefas no âmbito do restabelecimento de sistemas de administração pública desintegrados, designadamente realizar eleições, organizar a fiscalidade, a educação, o abastecimento de água, etc..

[252] A protecção civil foi identificada como uma prioridade, nomeadamente em operações de assistência em situação de catástrofe natural, na vertente de busca e salvamento, combate a incêndios, ou outra. A UE deve ser capaz de, num prazo de três a sete horas, disponibilizar três equipas de avaliação compostas por dez peritos, assim como equipas de intervenção compostas por 2000 peritos.

[253] Este objectivo foi largamente ultrapassado, tendo os Estados-membros disponibilizado (pelo menos, na teoria) um conjunto de recursos humanos muito acima do previsto, mesmo no domínio da capacidade de resposta rápida.

[254] No Conselho Europeu reunido em Bruxelas em 17 de Dezembro de 2004 foram acrescentados aos quatro domínios prioritários, definidos no Conselho Europeu da Feira, as missões de monitorização e as de apoio aos representantes especiais da UE Os Representantes Especiais da UE chegaram a ser uma figura puramente política e representativa do Alto Representante / Secretário-geral, mas actualmente têm um papel mais operacional e ligado ao cumprimento dos objectivos da missão. Têm também um papel importante a desempenhar no âmbito da coordenação das vertentes civil e militar, assegurando-se que prosseguem o mesmo objectivo. Foi também focado o aspecto da necessidade de maior investimento na qualidade e na sustentabilidade do pessoal empenhado, bem com na melhoria da capacidade de resposta rápida, tendo sido definido que 5 dias depois de tomada a decisão de início de uma missão PESD num determinado território, deve ser aprovado o conceito de operações pelo Conselho, devendo a missão ser iniciada 30 dias depois.

[255] Os EM decidiram desenvolver conceitos num conjunto de áreas: planeamento e condução de operações policiais, comando e controlo de operações policiais ao nível

O processo não ficou porém por aqui, longe disso. No Conselho Europeu de Nice em 7, 8 e 9 Dezembro de 2000, o sector penal e o sector da justiça foram também incluídos nas áreas prioritárias da gestão civil de crises. No Conselho Europeu de Gotemburgo de 15 e 16 de Junho de 2001 foi aprovado um Plano de Acção Policial (PAP)[255] e criada formalmente a Unidade de Polícia no seio do Secretariado do Conselho da União Europeia, a qual, se constituiu como um órgão de apoio estratégico e técnico fundamental na fase de planeamento, gestão, acompanhamento e coordenação das missões civis no terreno, responsável por exemplo, pela elaboração dos conceitos de operações. A Unidade de Polícia foi substituída em Agosto de 2007 pela *Civilian Planning and Conduct Capability* (CPCC) no âmbito da reorganização da estrutura de comando e controlo das operações de gestão civil de crises da União Europeia[256].

O CPCC encontra-se mandatado para planear e conduzir as operações civis da PESD. Funciona sob o controlo político e direcção estratégica do COPS, de forma a assistir e aconselhar o Alto Representante da União Europeia para a PESC, as presidências e outros órgãos relevantes do Conselho. O Director do CPCC assume a função de Comandante das Operações Civis da União Europeia, exercendo o comando e controlo de nível estratégico, o planeamento e condução de todas as operações de gestão civil de crises, sob o controlo e direcção estratégica do COPS, assim como sob a autoridade geral do Alto Representante.

Em 21 e 22 de Junho de 2002, o Conselho Europeu de Sevilha confirmou, formalmente, a sua intenção de assumir responsabilidade pela missão policial na Bósnia, a qual, foi iniciada em 1 de Janeiro de 2003, sendo designada *European Union Police Mission* (EUPM) e tornando-se a primeira missão PESD a ser implementada no terreno. Outro documento importante aprovado neste Conselho foi a definição das grandes linhas do contributo da PESC, incluindo a PESD para a luta contra o terrorismo[257].

---

político-estratégico e operacional, definir um regime do "Estado de Acordo das Forças" e "Regras de Empenhamento", acordos necessários à interoperabilidade das forças policiais, formação e identificação de modalidades de financiamento das operações policiais da União.

[256] O CPCC tem actualmente um efectivo aproximado de 60 funcionários, incluindo funcionários do Secretariado do Conselho, polícias, peritos da área da justiça e pessoal administrativo. 50% são peritos dos Estados-membros.

[257] Anexo V às Conclusões da Presidência – Sevilha, 21 e 22 de Junho de 2002 – Declaração do Conselho Europeu relativa ao contributo da PESC, incluindo a PESD, para

5.3. O Objectivo Global Civil 2008

Um novo passo foi dado meia dúzia de anos depois, com um documento estratégico de maior fundo a pormenor. No Conselho Europeu de Bruxelas de Dezembro de 2004 foi aprovado ainda o *Objectivo Global Civil* (OGC) – *Civilian Headline Goal 2008*. O OGC 2008 definiu as prioridades da União Europeia até 2008 em relação aos aspectos civis da PESD, nomeadamente o reforço das capacidades necessárias da União. No seguimento da adopção da EES, mais uma vez foi então dado o alerta para a necessidade da União Europeia assumir a sua responsabilidade na segurança mundial, onde a gestão civil das crises se deve constituir como uma componente essencial da PESD.

O OGC 2008 foi desenvolvido e supervisionado ao nível do Conselho, sob coordenação do COPS, com a colaboração do CIVCOM, tendo decorrido em quatro etapas: 1) definição das hipóteses de planeamento segundo cenários ilustrativos; 2) elaboração da lista de requisitos em matéria de capacidades; 3) avaliação das contribuições nacionais e a identificação das lacunas; 4) acompanhamento do OGC de forma a realizar periodicamente um balanço das capacidades.

---

a luta contra o terrorismo. Segundo esta declaração a acção da UE na luta antiterrorismo, designadamente a nível da PESC e da PESD, deverá incidir prioritariamente nos seguintes aspectos: intensificar os esforços consagrados à prevenção de conflitos; aprofundar o diálogo político com países terceiros a fim de promover a luta contra o terrorismo, nomeadamente através da promoção dos direitos humanos e da democracia, bem como da não-proliferação e do controlo dos armamentos, e proporcionar-lhes uma assistência internacional apropriada; reforçar os mecanismos de intercâmbio de informações e desenvolver a apresentação de documentos de avaliação da situação e de relatórios de alerta rápido, com base numa gama de fontes tão vasta quanto possível; desenvolver uma avaliação comum da ameaça terrorista contra os Estados-Membros ou as forças projectadas para o exterior da União em operações de gestão de crises no quadro da PESD e, nomeadamente, da ameaça que representa a utilização terrorista de armas de destruição maciça; determinar as capacidades militares necessárias para proteger de atentados terroristas as forças deslocadas para operações de gestão de crises conduzidas pela União Europeia; explorar melhor a possibilidade de utilizar capacidades militares ou civis para ajudar a proteger as populações civis dos efeitos de atentados terroristas.

5.4. Das Equipas de Resposta Civil

Qual a natureza institucional das correias de transmissão das decisões tomadas? Tendo em conta os novos desafios e a evolução da própria noção de gestão civil de crises, o Conselho apelou ao estudo e à criação de um conceito integrado de reacção rápida. Neste sentido, o Secretariado-Geral apresentou no COPS, em Junho de 2005, um documento intitulado *"formato integrado de recursos multi-funcionais no âmbito da gestão civil de crises – as equipas de resposta civil"*[258]. A criação das *Civilian Response Teams* (CRT) foi inovadora, na medida em que são equipas multidisciplinares, auto-suficientes[259], multinacionais e compostas por peritos detentores de formação comum ministrada pela União Europeia[260] – tudo inovações de monta.

Os cem peritos europeus seleccionados são oriundos de um largo espectro de áreas relevantes para a gestão de crises, reunindo competências e experiências diversificadas: polícia (21), justiça (18), administração civil (12), protecção civil (5), monitorização (7), assuntos políticos (18), administração e apoio logístico (19). Segundo a doutrina de emprego desenvolvida no Conselho, as CRT deverão ser utilizadas em três cenários-tipo: em missões exploratórias para recolher informação[261], na construção inicial de uma missão[262] e numa situação de apoio ou reforço de uma missão já iniciada. Estas são equipas flexíveis, variando a sua dimensão e composição em função do tipo de missão pretendida.

O elevado grau de prontidão das CRT constitui um outro dos factores relevantes, encontrando-se previsto na sua doutrina de emprego que a projecção das CRT para um determinado teatro de operações não deve ultrapassar os cinco dias após a recepção da solicitação. A duração das missões, por norma, não ultrapassa o período de três meses. Portugal tem

---

[258] *Civilian Response Team* (CRT).

[259] Os Esrados-Membros têm que fornecer o material considerado mínimo e necessário, e a suportar todas as despesas, incluindo transporte e outras despesas com o seu pessoal.

[260] Foi ministrada uma formação base a todos os peritos indicados pelos Estados-membros em 4 cursos, um na Alemanha, um na Suécia, um na Dinamarca e um na Finlândia.

[261] Na expressão em língua inglesa: *"Fact Finding Mission (FFM)"*.

[262] Na expressão inglesa *"Mission build up"*.

cinco peritos seleccionados e formados pela União Europeia, constando portanto da listagem europeia de peritos das CRT: três na especialidade de Polícia e dois na especialidade de administração e apoio logístico. Três destes peritos são Oficiais da PSP (dois na área de polícia e um na de administração), um deles é da GNR e o outro da Direcção-Geral das Alfândegas. Até à presente data, nunca foram projectados para qualquer teatro de operações.

Trata-se de um conceito interessante, mas que tem revelado encerrar dentro de si problemas práticos muito concretos, na medida em que alguns dos especialistas dos Esrados-Membros inicialmente seleccionados não estão já disponíveis, por razões pessoais ou profissionais, o que faz temer que estas equipas se possam desagregar no futuro, dando desse modo origem a uma necessidade imperativa de seleccionar e formar mais peritos, e garantindo a sua efectiva prontidão em caso de necessidade. A sobrevivência desta configuração multi-modular dependerá da cooperação dos Esrados-Membros, ao nível de recursos humanos, do apoio material mas, sobretudo, ao nível do comprometimento político dos Esrados-Membros e da consequente utilização, mais frequente e mais diversificada, desta componente.

5.5. O Objectivo Global Civil 2010

Segue-se-lhe a rápida delineação de novos objectivos estratégicos – ou seja, um a perspectivação ainda mais marcadamente política do que, ao que parece, o futuro nos reserva. Durante a Presidência Portuguesa da União do segundo semestre de 2007, a nossa terceira, e designadamente na Conferência de Melhoramento das Capacidades Civis, foi aprovado o relatório final do Objectivo Global Civil 2008 e chegou-se a acordo para o OGC 2010. Este novo documento destina-se a assegurar a aptidão da União Europeia para conduzir actividades de gestão de crises, de harmonia com a Estratégia Europeia de Segurança que irá ser revista, projectando atempadamente as capacidades civis adequadas.

A que finalidades dão corpo? Entre os seus principais objectivos contam-se a melhoria da qualidade dos meios civis, o reforço da disponibilidade destes meios e a realização de sinergias com as capacidades militares da PESD, com a Comissão, com outras organizações internacionais e países terceiros e com o Terceiro Pilar – Europol, Eurojust, CATS e com a

Task Force dos Chefes Europeus de Polícia – o que revela uma visão cada vez mais transversal e multidimensional da segurança. Como resultado das Presidência Francesa da União Europeia, o Conselho Europeu em 11 e 12 de Dezembro de 2008 aprovou uma declaração sobre capacidades que fixa objectivos quantificados e precisos para que, nos próximos anos, a União Europeia esteja em condições de conduzir uma série de missões civis – entre as quais, uma dúzia de missões civis no quadro da PESD (*i.e.* missões de polícia, de Estado de Direito, de administração civil, de protecção civil, de reforma do sector da segurança), de diferentes formatos, inclusive em situação de reacção rápida, incluindo uma missão de grandes proporções (até 3.000 peritos), susceptível de durar vários anos e de operações militares de diferentes envergaduras[263].

5.6. Aspectos da Componente Policial da Gestão Civil de Crises

Tanto em termos quantitativos como em qualitativos, a componente policial tem-se revelado como a mais importante no quadro das operações de gestão civil de crises da União Europeia Quase em todas as missões PESD desencadeadas até hoje pela União registou-se o empenhamento de contingentes policiais. A primeira missão PESD, como já aludimos, foi a EUPM na Bósnia-Herzegovina que recebeu em 1 de Janeiro de 2003 o legado da componente policial da ONU[264], onde participaram também

---

[263] Foi definido o destacamento de 60.000 homens em 60 dias para uma operação de grandes proporções, na gama de cenários previstas no Objectivo Global 2010 e no OGC 2010, a planificação e condução simultânea de: i) duas operações importantes de estabilização e de reconstrução, com uma componente civil adaptada, apoiada por um máximo de 10.000 homens e com uma duração mínima de dois anos; ii) duas operações de reacção rápida de duração limitada, recorrendo nomeadamente aos agrupamentos tácticos da UE; iii) uma operação de evacuação de emergência de cidadãos europeus (em menos de 10 dias), tendo em conta o papel preponderante de cada EM em relação aos seus cidadãos e recorrendo ao conceito de Estado líder em matéria consular; iv) uma missão de vigilância ou de interdição marítima ou aérea, v) uma operação civil-militar de ajuda humanitária com uma duração máxima de 90 dias. Para as suas operações no quadro PESD a UE recorre aos meios e capacidades dos EM, da UE e, eventualmente à NATO para as missões militares.

[264] International Police Task Force (IPTF). da *United Nations Mission in Bósnia--Herzegovina* (UNMIBH).

elementos da nossa PSP. Desde 2003 a União Europeia concluiu 6 missões civis[265] e estão em curso dez outras[266]. As missões civis são financiadas pela rubrica orçamental da PESC, que é administrada pela Comissão. Segundo estimativas do Conselho, o orçamento total das missões em curso (autorizações plurianuais) é de 534.555.000 euros.

No decorrer da avaliação de capacidades levada a cabo no quadro do OGC 2008, Portugal comprometeu-se a disponibilizar um efectivo policial de 377 elementos para participar na gestão civil de crises da União Europeia: 200 dos quais da PSP (dos quais, 129 para uma Unidade Constituída), 160 da GNR (dos quais, 120 para uma Unidade Constituída) e 17 da PJ.

Segundo dados da DGAI[267], encontram-se presentemente destacados 61 efectivos das forças e serviços de segurança nacionais em missões de gestão de crises da União[268]: na EULEX Kosovo desempenham funções 16 elementos policiais (todos da PSP); na EUPOL Congo, o chefe da missão é um Oficial da PSP, sendo o efectivo nacional composto por outros 2 Oficiais da PSP; na missão da União Europeia de reforma do sector de segurança e defesa na Guiné-Bissau desempenham funções 3 militares da GNR; na missão de monitorização da União Europeia na Geórgia

---

[265] EUPOL PROXIMA, na Macedónia, entre 15 de Dezembro de 2003 e 14 de Dezembro de 2005 e direccionada para o aconselhamento e formação da polícia local; EUJUST Themis, na Georgia entre 16 de Julho de 2004 – 14 de Julho de 2005 e direccionada para a reforma do sistema de justiça; MVA, em Ache na Indonésia, entre 15 de Setembro de 2005 e 15 de Dezembro de 2006 em apoio à implementação de acordo de paz com movimento de libertação do território; EUPOL Kinshasa, entre Abril de 2005 e Junho de 2007 direccionada para formação de uma unidade integrada de polícia; Apoio da U.E .à componente civil da AMIS II no Sudão, entre 18 de Julho de 2005 e 31 de Dezembro de 2007; EUPAT na Macedónia, entre 15 de Dezembro de 2005 e 15 de Junho de 2006 direccionada para o aconselhamento da Polícia local.

[266] EUPM, EUJUST LEX no Iraque foi iniciada em 1 de Julho de 2005; EUPOL COPPS nos territórios palestinianos foi iniciada em 1 de Janeiro de 2006; a EUSEC RD Congo foi iniciada a 8 de Julho de 2005; a EUBAM Rafah, em Gaza, foi iniciada a 30 de Novembro de 2005; a EUPOL RD Congo foi iniciada a 1 de Julho de 2007; a EUPOL Afeganistão foi iniciada em 15 de Junho de 2007; a EU SSR Guiné-Bissau foi iniciada em Junho de 2008; a EULEX Kosovo foi iniciada em 16 de Fevereiro de 2008; a EUMM Geórgia foi iniciada em 1 de Outubro de 2008.

[267] Disponíveis em www.dgai.mai.gov.pt/?area=102&mig=104&sid=106&ssid=109. Dados consultados em 01 de Fevereiro de 2009.

[268] Comparativamente França tem 256 efectivos e Espanha 73 (dados apenas da Guardiã Civil) em missões da UE

MISSÕES UE	EFECTIVO			TOTAL
	GNR	PSP	SEF	
ALTHEA - Bósnia EUROGENDFOR	35	0	0	35
EULEX Kosovo	0	16	0	16
EUBAM Rafah	3	0	0	3
EUMM Geórgia	1	0	0	1
EU SSR Guiné-Bissau	3	0	0	3
EUPOL – R.D. Congo	0	3	0	3
TOTAL	42	19	0	61

Efectivo Actual das Forças e Serviços de Segurança do MAI
em missões de Gestão de Crises da União Europeia (Set. 2009)

encontra-se 1 militar da GNR; na EUBAM Rafah (Missão de Assistência Fronteiriça da União Europeia para o Posto Fronteiriço de Rafah) participam 3 militares da GNR.

No âmbito da PESD, mas desta feita na vertente militar da gestão de crises da União Europeia a GNR participa na Operação *Althea*, na Bósnia-Herzegovina, sendo o seu contingente composto por 35 militares integrados nas áreas de intervenção e manutenção da ordem pública, investigação criminal e no quartel-general da Unidade Integrada de Polícia (IPU).

Portugal tem ainda 3 Oficiais colocados na Célula Civil – Militar do Conselho da União Europeia (*Watchkeeping Capability*), 2 da PSP e 1 da GNR: encontram-se na condição de peritos nacionais destacados entre 2008 e 2010.

As operações no quadro da PESD podem ser caracterizadas como de estabilização, de substituição, de reforço ou de reforma, de monitorização ou ainda de apoio a organizações que tenham a cargo a gestão da crise[269].

---

[269] As missões de estabilização privilegiam normalmente o empenhamento de forças militares, para separar ou assegurar a separação das partes envolvidas no conflito ou ainda para impor a paz numa determinada área de conflito (caso da Operação Althea), podendo estar integradas nestas forças, unidades constituídas de polícia. Nas missões de substituição (caso em parte da EULEX Kosovo, que tem um mandato híbrido), o mandato é intrusivo e orientado para o resultado pretendido, sendo fundamental, nestes casos que a UE obtenha um firme compromisso por parte das autoridades locais. A força internacional assume responsabilidades de gestão que normalmente estariam a cargo das autoridades locais, sobretudo no sector da segurança (militar e policial) mas também no âmbito do

A componente policial pode participar em qualquer destas vertentes. Nas missões de substituição e de estabilização assume particular importância o emprego de Unidades Constituídas de Polícia, em formato IPU (*Integrated Police Units* – Unidades Integradas de Polícia) ou FPU (*Formed Police Units* – Unidades Formadas de Polícia), sobretudo tendo em consideração a sua capacidade de projecção rápida.

De acordo com a doutrina da União Europeia, as IPU são unidades que se caracterizam por ser auto-suficientes em termos logísticos, pela sua robustez e por terem capacidade de auto-protecção da força. As IPU podem revestir dois formatos: ter um nível de batalhão ou equivalente (cerca de 450 efectivos), o que corresponde a duas ou três companhias – ou um nível de companhia (cerca de 150 efectivos). As FPU têm um efectivo entre 100 e 120 elementos; não têm a componente logística, de alojamento e de alimentação, não sendo por isso auto-suficientes e dependendo do apoio que lhes seja prestado por unidades militares ou por IPU's e normalmente, não têm capacidade para auto-protecção da força, designadamente quanto a ameaças de tipo para-militar.

Tanto as IPU como as FPU podem desempenhar funções de policiamento geral, de ordem pública e de investigação criminal, podendo-lhe ser agregados outras componentes especiais (operações especiais, segurança pessoal, inactivação de explosivos), consoante o mandato da missão.

As missões de reforço ou de reforma[270] (caso da EUPOL no Congo ou da EU SSR na Guiné-Bissau), são em muitos casos apoiadas pelos

---

Estado de direito (sistema judicial, sistema prisional). Noutras situações, poderá ser exercido um poder dito "correctivo" ou através de um poder de intervenção subsidiário. Nas missões de monitorização, a principal função é a de supervisionar a implementação de um Acordo (caso da missão no Aceh, na Indonésia e da missão EUBAM Rafah, nos territórios palestinianos). Nas missões de apoio a organizações que tenham a cargo a gestão da crise, são usados meios da União para apoiar outras organizações que tem a seu cargo a gestão da crise. Estas operações são de natureza instrumental visto que o esforço principal é desenvolvido pela outra organização. O apoio da UE a outras organizações pode ser independente (caso da missão ARTEMIS na Republica Democrática do Congo), mas complementar, ou pode ser integrado no próprio esforço de missão, sendo incluído na própria cadeia de comando da outra organização (caso da missão AMIS onde a UE apoio a missão da União Africana).

[270] Nas missões de reforço ou de reforma pretende-se encorajar e contribuir para a reforma ou reconstrução dos sectores do Estado (principalmente da polícia, da defesa e da reforma do estado de direito) Estas missões são consideradas por muitos especialistas como sendo as mais complexas e as que constituem um maior desafio. Decorrem ao longo

Esrados-Membros (caso de Portugal na Guiné-Bissau na sua missão bilateral de organização do Comando-Geral e da Academia de Polícia) ou pela Comissão Europeia que disponibilizam financiamentos complementares para áreas directamente relacionadas com os objectivos do mandato[271].

Neste tipo de missões é importante a presença de quadros policiais com formação e experiência de estado-maior (gestão, planeamento, concepção de projectos, organização e comando de unidades operacionais e academias de polícia, peritos policiais em áreas específicas, etc.).

A alguns dos Estados europeus esta progressão não passou despercebida. Em resposta a estas exigências, foi assinado em Velsen, nos Países Baixos, em 18 de Outubro de 2007, um Tratado entre Espanha, França, Itália, Países Baixos e Portugal que criou a Força de *Gendarmerie* Europeia (EUROGENDFOR)[272]. Este Tratado foi aprovado pela Resolução da Assembleia da República n.º 55/2008, em 18 de Julho de 2008 e ratificado pelo Decreto do Presidente da República n.º 72/2008, de 26 de Setembro. O Tratado veio formalizar o processo de criação da EUROGENFOR, iniciado em 2004[273] e operacionalizado desde 15 de Fevereiro de 2005 com a estabelecimento de um Quartel-General Permanente, em Vicenza, na Itália.

O objectivo da EUROGENDFOR (EGF) consiste em proporcionar um instrumento credível e eficaz às missões policiais em operações de gestão de crises, a ser colocado sobretudo à disposição da União Europeia, contribuindo, assim, para o desenvolvimento da Política Europeia de

---

de um maior período de tempo e abrangem geralmente várias especialidades, necessitando do controlo e direcção do Conselho para pressionar ao nível político as autoridades locais de modo a garantir algum compromisso com vista ao sucesso. Deve existir um acompanhamento permanente para evitar desvios ou paragens.

[271] É o caso da missão policial EUPM, na Bósnia; da missão policial PRÓXIMA na Macedónia; da missão EUJUST Themis na Geórgia; a missão EUJUST LEX no Iraque; a missão de *polícia* EUPOL KINSHASA, etc.

[272] A Declaração de Intenções foi assinada em 17 de Setembro de 2004 em Noordwijk entre os cinco países no sentido de criar esta organização de forças policiais com estatuto militar: Gendarmerie Nationale Francesa, Carabinieri Italianos, Marechaussee Holandesa, Guarda Nacional Republicana Portuguesa e Guardia Civil Espanhola. O sexto membro da EGF, a Roménia, aderiu formalmente em 17 de Dezembro de 2008.

[273] A Declaração de Intenções foi assinada em 17 de Setembro de 2004 em Noordwijk entre os cinco países no sentido de criar esta organização de forças policiais com estatuto militar: Gendarmerie Nationale Francesa, Carabinieri Italianos, Marechaussee Holandesa, Guarda Nacional Republicana Portuguesa e Guardia Civil Espanhola.

Segurança e de Defesa, podendo contudo actuar também sob a égide da ONU, da OSCE, da NATO e de outras organizações internacionais ou coligações *ad-hoc*. Trata-se, portanto, de uma iniciativa intergovernamental não inserida em nenhuma organização internacional pré-existente.

Com efeito, a organização da EGF prevê: um Comité Interministerial de Alto Nível (CIMIN) que exerce a coordenação estratégica e o controlo político sobre a EGF; o Quartel-General Permanente, como vimos localizado em Vicenza (Itália), está encarregado do planeamento das missões mas pode também actuar, se houver decisão nesse sentido, ao nível operacional. Actualmente [Fevereiro de 2010] o cargo de Comandante da EGF está atribuído a Portugal, sendo desempenhado por um Oficial Superior da Guarda Nacional Republicana Portugal, força que tem mais quatro elementos destacados em Itália (3 Oficiais e 1 Sargento) que desempenham funções nas áreas de operações, logística e instrução e treino.

A EGF tem capacidade de deslocar até 800 efectivos nos primeiros 30 dias a partir do aviso inicial. A EGF encontra-se vocacionada para disponibilizar Unidades Constituídas de Polícia – em formato IPU – ou unidades modulares especializadas, dotadas de altos níveis de flexibilidade e interoperabilidade e especialmente vocacionadas para assegurar todo o espectro de missões policiais no âmbito da gestão civil de crises, no quadro da Declaração de Petersberg, em especial missões de substituição das polícias locais, desempenhando funções sob comando militar ou sob comando policial.

As forças da EGF poderão ser compostas por três tipos de componentes. Uma componente operacional, dedicada a missões de segurança pública em geral e à manutenção da ordem pública; uma componente de luta contra a criminalidade, constituída por módulos e especialistas nomeados pelos participantes, especialmente habilitada para desenvolver acções de investigação criminal, pesquisa, análise e processamento de informações, protecção e segurança de pessoas, controlo de tráficos, inactivação de engenhos explosivos e luta antiterrorista e contra outros crimes graves e uma componente logística, com capacidade para garantir todas as funções logísticas nos escalões mais baixos – inclusive a assistência médica.

Uma efectiva *rapid deployment force*, a EGF tem capacidade de deslocar até 800 efectivos nos primeiros 30 dias a partir do aviso inicial, podendo actuar sob cadeias de comando militar ou civil.

O primeiro empenho operacional do EGF teve lugar em Novembro de 2007, como parte da operação EUFOR Althea, com o objectivo de tomar o comando da Unidade Integrada de Polícia (IPU), um dos componentes da força da UE na Bósnia-Herzegovina – que compreende um estado-maior táctico composto por cerca de trinta pessoas, uma unidade especializada de 'polícia judiciária' (investigação criminal), bem como duas companhias de ordem pública.

Actualmente a EGF encontra-se – desde Dezembro de 2004 – a participar na missão do Afganistão com o objectivo de treinar as forças policiais Afgãs. Estando ser equacionada a participação desta força na missão do Haiti, para a apoiar a segurança e estabilização deste país no cenário pós-terramoto. Esta última missão insere-se no âmbito das missões humanitárias, um dos tipos de missões onde as características da EGF melhor se enqudram.

Este é um exemplo concreto de como, na prática, a vertente externa da segurança interna em cenários de crise ajuda a projectar as forças empenhadas. No caso português, o trabalho desempenhado pela GNR nas missões do Iraque (no âmbito da coligação internacional *ad-hoc*), em Timor-Leste (integrada na componente policial da ONU) e na Bósnia-Herzegovina (integrada na já referida operação militar Althea, da União Europeia) tem sido potenciado para o quadro interno, em termos de prestígio, de experiência a nível operacional e de funções de Estado-Maior – assim como pela mais-valia da utilização em Portugal do equipamento adquirido inicialmente para a actuação em cenários externos.

5.7. Grupo COTER

Trata-se de um Grupo que reúne no âmbito da PESC a um ritmo semelhante ao do Grupo de Trabalho Terrorismo e ao do Grupo de Cooperação Policial (ambos do antigo Terceiro Pilar). A representação portuguesa está a cargo do MNE, e deste Ministério normalmente nele se apresentam diplomatas de nível médio-superior (1.°s Secretários ou Conselheiros). O Grupo trata da perspectiva externa à UE e da vertente político-diplomática do terrorismo.

Na primeira Presidência Finlandesa e segunda Portuguesa, que tiveram lugar, respectivamente, no derradeiro semestre de 1999 e no primeiro de 2000, a PJ-UNCT integrou a representação Portuguesa, correspondendo a solicitação expressa do MNE. Essa colaboração prolongou-se até ao primeiro semestre de 2001, coincidindo com a Presidência da Suécia.

Actualmente, o SIED também participa esporadicamente nas reuniões do COTER/2.º Pilar. Em cada Presidência têm lugar reuniões conjuntas entre o Grupo de Trabalho Terrorismo e o COTER em que a Polícia Judiciária (por intermédio da Unidade Nacional Contra o Terrorismo, UNCT) participa, para além dos projectos conjuntos em que tem igualmente participado (missões da UE e da Comissão de assistência a países-terceiros em matéria de contra-terrorismo que decorrem desde 2008 e já demandaram África – Mali, Mauritânia, Níger e Marrocos – e Ásia – Paquistão e Iémen).

Voltemo-nos agora, então, para palcos ainda mais amplos.

Capítulo VI – As Operações de Apoio à Paz no Quadro das Nações Unidas

"Just as generals are sometimes accused of planning to refight their last war, so the United Nations experiments in transitional administration [and peacekeeping operations] have reflected only gradual learning. Senior UN officials now acknowledge that, to varying degrees, Kosovo got the operation that should have been planned for Bosnia four years earlier, and East Timor got that which should have been sent to Kosovo. Afghanistan's very different 'light footprint' approach draws, in turn, upon the outlines of what Lakdhar Brahimi argued would have been appropriate for East Timor in 1999".

CHESTERMAN, Simon, *You, the People. The United Nations, Transitional Administration and State-Building* (New York: Oxford University Press, 2004), p. 256

"International peacebuilding is in vogue. Many Western governments and their citizens sympathize with the idea and practice of aiding countries transiting from civil war to better themselves by strengthening fundamental freedoms, the rule of law, and other elements out of which a peaceful polity is assembled. This framing of peacebuilding as an uplifting and civilizing mission rests on an assumption that, since the end of the Cold War, has become so naturalized in Western political discourse and mainline academic treatises on security governance as to be nearly invisible. The entrenchment of liberal peace in postconflict societies requires that the freedom of individuals is fostered and their political voice is strengthened. The developments since 9/11 have only reinforced this 'truth'".

MERLINGEN, Michael and Rasa OSTRAUSKAITE, "Power/Knowledge in International Peacebuilding: The Case of the EU Police Mission in Bosnia", *Alternatives*, 20: 297

Atrás dedicámos atenção ao envolvimento do Estado português com a Lusofonia e com a União Europeia. Neles, para além de uma série de descrições e análises poderadas, tocámos sempre o seu papel para a projecção de uma melhor imagem e de um bom posionamento do Estado português no sistema internacional contemporâneo. Neste último capítulo substantivo, iremos colocar a tónica no empenhamento nacional nas actuações das Nações Unidas relativas à segurança internacional. Como nos capítulos precendentes, e dada a natureza introdutória desta monografia, mais do que nos determos nos processos de "securitarização" em si mesmos, debruçamo-nos sobre práticas. Como é o caso nas três últimas secções do presente estudo, trata-se de um esforço incompleto, pois esta ocupa-se de processos ainda em curso[274].

---

[274] A temática das Operações de Apoio à Paz e da Construção de Estados tem uma bibliografia vastíssima. Correndo o risco de ser exaustivos, mencionamos alguns dos autores que analisámos ou citámos na preparação deste capítulo sobre as Nações Unidas, as Operações de Apoio à Paz e o papel da componente policial nestas missões: AAVV, *A Review of Peace Operations – a Case for Change* (London: King's College, University of London, 2003); AAVV, *The Concept of Developmental Peace Missions: Implications for the military and civilians*, African Centre for the Constructive Resolution of Disputes (ACCORD), Nov. 2006; ANNABI, Hédi, *East Timor* in The Nexus Between Peacekeeping and Peace-Bulding, Debriefing and Lessons (London: Kluwert Law International, 2000); ANDERSON, M. B. e WOODROW, P. J., *Rising From The Ashes: Development Strategies in Times of Disaster* (Boulder: Westview Press, 1989); ARNSON, C.J., *Comparative Peace Process in Latin America* (Washington: Woodrow Wilson Center Press, 1999); BÉRISTAIN, C. Martín, *Justicia Y Reconciliación. El Papel de la Verdad y la Justicia en la Reconstrucción de Sociedades Fracturadas por la Violencia* in Cadernos de Trabajo HEGOA (Bilbao: Universidad del País Vasco); BOUTROS-GHALI, Boutros, *Agenda Pour la Paix* (New York: Nations Unis, 1992); BOUTROS-GHALI, Boutros, *The Role and Functions of Civilian Police in United Nations Peace-Keeping Operations: debriefing and lessons* (Londres: Kluwer Law International, Ltd, 1996); BRAHIMI, Lakhdar, *Comprehensive Review of the Whole Question of Peacekeeping Operations in all their Aspects: Report of the Panel on UN Peace Operations* (New York: Security Council, Document A/55/305-S/2000/809, 21 of August 2000); BRITO, Barahona de, *Human Rights and Democratization in Latin America Uruguay and Chile* (Oxford: Oxford University Press, 1997); BULL, Hedley, *Justice in International Relations* (Waterloo: Hagey Lectures, 1983); CALL, Charles T., STANLEY, William, *Protecting the People: Public Security Choices After Civil Wars* in Global Governance, volume 7 (Lynne Rienner Publishers, 2001); CALL, Chuck, BARNETT Michael, *Looking for a Few Good Cops: Peacekeeping, Peacebuilding and CIVPOL,* in Peacebuilding and Police Reform, (Frank Cass Publishers, 2000); CAPLAN, Richard, *A New Trusteeship? The International Administration of*

Tal como no caso dos passos anteriores, restringimos também largamente a nossa atenção, no que se segue, ao último dos períodos identifi-

---

War-Torn Territories in Adelphi Paper, 341, Fevereiro de 2002; CHADWICK, Alger, *The Future of the United Nations System: Potential for the First Century* (Tokyo: International Peace Research, Tokyo University Press, 1999); CHESTERMAN, Simon, *Report: East Timor in Transition: from Conflict Prevention in State Building* (New York: International Peace Academy, 2001); CHOPRA, Jarat, *The UN's Kingdom of East Timor* in Survival, 42, n.º 3, Outono de 2000; CORDESMAN, Anthony H, *The Lessons and Non-Lessons of the Air and Missile War in Kosovo* (Oxford: Greenwood Publishing Group, 1999); CORDONE, Claudio, *Police Reform and Human Rights Investigations: The Experience of UN Mission in Bosnia and Herzegovina* in Peacebuilding and Police Reform (London: Frank Cass Publishers, 2000); DEL CASTILLO, Graciana, *Post-Conflict Peace-Building: the Challenge to the United Nations* (Cepal Review, 1995); DIEHL, Paul, *Peace Operations (War and Conflict in the Modern World)* (Cambridge: Polity Press, 2008); ESCARAMEIA, Paula, *O Direito Internacional Público nos Princípios do Século XXI* (Coimbra: Livraria Almedina, 2003); ESCARAMEIA, Paula, *Timor, a ONU e o Tribunal Penal Internacional* (Lisboa: Instituto Superior de Ciências Sociais e Políticas, 2001); FAGEN, Patricia Weiss, *After the Conflict. A Review of Selected Sources on Rebuilding War-Torn Societies* (Geneva: United Nations Research Institute for Social Development and Programme for Strategic and International Studies, 1995); FORMAN, S., PATRICK, S. e SALOMONS, D., *Recovering From Conflict: A Strategy For An International Response* (New York: Centre on International Cooperation, New York University, 2000); FORMAN, Shepard, *Rebuilding East Timor: Co-operation in Recovering from Destruction* (New Haven: Yale University Divinity School, 1999); FORMAN, Shepard, PATRICK, Steward, *Good Intentions: Pledges of Aid for Postconflict Recovery* (Boulder: Lynne Rienner, 2000); KUMAR, Krishna, *Rebuilding Societies After Civil War. Critical Roles For International Assistance* (Boulder: Lynne Rienner Publishers, 1997); FRANKE, Volker C. & WARNECKE, Andrea, *Building peace: an inventory of UN Peace Missions since the end of the Cold War* in International Peacekeeping, Volume 16, Issue 3 June 2009, pp. 407--436; GUELI, Richard & LIEBENBERG, Sybert, *The Concept of Developmental Peace Missions: Implications for the Military and Civilians* in Conflict Trends, pp. 13-18; HOLM, Tor Tanke & EIDE, Espen Barth (eds), *Peacebuilding and Police Reform* (London: Frank Cass Publishers, 2000); HOLZGREFE, J. L. & KEOHANE, Robert O. (eds.), *Humanitarian Intervention. Ethical, Legal and Political Dilemmas* (Cambridge: Cambridge University Press, 2003); HOUGHTON, Jonathan, *The Reconstruction of War-Torn Economies* (Sidney: Technical Paper. CAER-HIID, 1998); LABONTE, Melissa, *Dimensions of Postconflict, Peacebuilding and Democratization* in Global Governance volume 9 (Boulder: Lynne Rienner Publishers, 2003); LUDOVICI, Maurizio, *Training Local Police Forces To Take Over From UN Police After Their Departure* in The Role and Functions of Civilian Police in United Nations Peacekeeping Operations (London: Kluwert Law International, 1996); MEARNS, David, *Variations on a Theme: Coalitions of Authority in East Timor. A Report on the Local and National Justice Systems as a Basis for Dispute Resolution*

cáveis nesse empenhamento – embora, desta feita, o pano de fundo histórico se torne mais importante dada a relativa interpenetração de fases neste processo mais 'cosmopolita'. Vale a pena formular este ponto com maior elaboração, por assim dizer. A perspectiva que assumimos relativamente à progressão do processos, simultâneos, de exportação-importação de (in)segurança continua a ser 'neo-funcionalista – ou seja, insistimos que a 'causalidade estrutural' a que aludimos tem operado com base na progressiva aceitabilidade racional dos passos dados uma vez assumido o projecto estratégico de assegurar ao papel do Estado português uma visibilidade e um prestígio que foram depois da instauração da Democracia no nosso país ambicionados de maneira transversal pela larga maioria das nossas entidades públicas e privadas.

Se (e nisso concordamos inteiramente com muitos dos analistas que tocámos) é na Europa que os pequenos passos dados se encadeiam com maior nitidez, talvez seja no enquadramento global maior que – de novo sem surpresas – as pressões sistémicas ecoam melhor com as condicionantes mais ideológico-cosmopolitas em que as opções democráticas iniciais do Estado português, inevitavelmente, operam. Pelo menos enquanto as Nações Unidas se mantiverem vivas e activas, e enquanto a União Europeia e/oua "Lusofonia" não se transformarem em comunidades políticas que nos absorvam integralmente – e é muitíssimo dúbio que o venham a fazer num futuro previsível.

6.1. Nações Unidas e Construção da Paz

Como foi o caso nos capítulos anteriores, e mantendo em mente estas coordenadas, comecemos então com algum pano de fundo histórico-genealógico. Tendo em mente a natureza introdutória deste estudo fá--lo-emos de maneira cirúrgica[275]. A ONU foi fundada em 24 de Outubro

---

(Sydney: Australian Legal Resources International, 2001); MIALL, H.; RAMSBOTHAN, O., WOODHOUSE, T., *Contemporary Conflict Resolution* (Cambridge: Polity Press, 1999); MILNE, R. S., *South East Asia* in States in a Changing World – A Contemporary Analysis (Oxford: Oxford University Press, 1993).

[275] Acrescentamos mais alguma bibliografia sobre as Operações de Apoio à Paz: MOREIRA, Adriano, *Insegurança sem Fronteiras: o Martírio dos Inocentes* in coord. MOREIRA, Adriano, Terrorismo (Coimbra: Almedina, 2004), pp. 121-146; MOREIRA,

de 1945 na sequência das duas guerras mundiais, no sentido de prevenir novos conflitos no futuro. A normatividade para o efeito produzida – e muita houve, mais do alguma vez antes tinha acontecido – foi político-
-estratégica, embora, naturalmente, com uma dimensão institucional forte.

As disposições relativas à manutenção da paz e segurança internacionais estão contidas no Capítulo VI da Carta das Nações Unidas (Solução pacífica dos conflitos) e Capítulo VII (Acção relativa a ameaças à paz,

---

Adriano, *Os Efeitos Colaterais da Terceira Vaga* in Informações e Segurança: Livro em Homenagem do General Pedro Cardoso (Lisboa: Editora Prefácio, 2004), pp. 31-36; NYE, Jr. Joseph S., *Compreender os Conflitos Internacionais – uma Introdução à Teoria e à História* (Lisboa: Gradiva Publicações Lda., [2000] 2002); PARIS, Roland & SISK, Timothy D., *The Dilemmas of Statebuildiing: Confronting the Contradictions of Postwar Peace Operations* (New York: Routledge, 2009); PÉREZ de AMIÑO, Karl, *Guía de Rehabilitación Posbélica. El Processo de Mozambique y la Contribución de las ONG* (Bilbao: HEGOA, Universidad del País Vasco, 1997); PUREZA, José Manuel, *Da Cultura da Impunidade à Judicialização Global: o Tribunal Penal Internacional* in Revista Crítica de Ciências Sociais n.º 60 (Lisboa: 2001); REES, Edward, *The UN's Failure To Integrate Veterans May Cause East Timor To Fail,* (Díli: National Democratic Institute for International Affairs, 2003); SALDANHA, João Mariano, *Reconstruction of East Timor. A Small and War-Torn Economy of a New Country* in Timor – Um País para o Século XXI (S. Pedro do Estoril: Edições Atena, Lda., 2000); SIMÕES, Mónica Rafael, *A Agenda Perdida da Reconstrução Pós-Bélica: o Caso de Timor Leste* (Coimbra: Quarteto Editora, 2001); SMITH, Anthony D., *Nações e Nacionalismo numa Era Global* (Oeiras: Celta Editora, [1995] 1999); SHAIN, Yossi, LINZ, Juan J., *Between States: Interim Governments and Democratic Transitions* (Cambridge: Cambridge University Press, 1995); SUHRKE, Astri, *Peacekeepers As Nation-
-Builders: Dilemmas of the UN in East Timor* in International Peacekeeping (Frank Cass), 8, n.º 4, Inverno de 2001; STROHMEYER, Hansjorg, *Policing the Peace: Post-Conflict Judicial System Reconstruction in East Timor* (Sydney: University of New South Wales Law Journal 24 – 1, 2001); STROHMEYER, Hansjorg, *Collapse and Reconstruction of a Judicial System: The United Nations Missions in Kosovo and East Timor* (American Journal of International Law, 2001); TÉSON, Fernando R, *The Liberal Case for Humanitarian Intervention* in Humanitarian Intervention – Ethical, Legal and Political Dilemmas (Cambridge: Cambridge University Press, 2003); THAKUR, Ramesh, *Cascading Generations of Peacekeeping: Across the Mogadishu Line to Kosovo and Tinor* in The Nexus Between Peacekeeping and Peace-Building (London: Kluwert Law International, 2000); VIANA, Vítor Rodrigues, *Segurança Colectiva – a ONU e as Operações de Apoio à Paz*, (Lisboa: Edições Cosmos, Instituto de Defesa Nacional, 2002); VIEIRA DE MELLO, Sérgio, palestra na Conferência da UNITAR-IPS-JIIA, *UNTAET: Debriefing and Lessons* (Tokyo: United Nations University, 16-18 de Setembro 2002); YUNUS, Abdul Ghani Bin, *The Role and Functions of Civilian Police in United Nations Peace-Keeping Operations: debriefing and lessons* (Londres: Kluwer Law International, Ltd, 1996); WEISS T. J., COLLINS, C., *Humanitarian Challenges and Intervention* (Boulder: Westview Press, 2000).

rupturas da paz e actos de agressão). O Art. 1.º, n.º 1, da Carta refere exactamente como objectivo principal da Organização "manter a paz e a segurança internacionais e, esse fim: tomar medidas colectivas eficazes para prevenir e afastar ameaças à paz e reprimir os actos de agressão [...] e chegar, por meios pacíficos, e em conformidade com os princípios da justiça e do direito internacional, a um ajustamento ou solução das controvérsias ou situações que possam levar a uma perturbação da paz". O Art. 55.º, n.º 1, estipula que a ONU tem como fim "criar as condições de estabilidade e bem-estar necessárias às relações pacíficas e amistosas entre as nações".

As operações são assim um instrumento essencialmente pacífico e não impositivo (Pinto, 2007: 37) no âmbito do Capítulo VI da Carta, apesar de poderem ter, em alguns casos, configurações coercivas características do Capítulo VII. Todavia, "definir *peacekeeping* será impor um colete-de--forças a um conceito cuja flexibilidade o torna o instrumento mais pragmático à disposição da organização mundial" (Tharoor, 1996: 56). Trata-se de um "corpus em construção, adaptável às circunstâncias e ao momento histórico, (...) pois ao longo dos anos tem-se aplicado a uma vasta gama de operações e tarefas, tem assumido funções diversas, '*à la carte*', e tem conhecido uma metamorfose contínua" (Pinto, 2007: 59). O *peacekeeping* "não foi assim especificamente definido na Carta, mas evoluiu como um instrumento não coercivo de controlo dos conflitos numa altura em que a Guerra-Fria impedia o Conselho de Segurança de tomar as medidas de força previstas na Carta" (Boutros Boutros-Ghali, cit. in Pinto, 2007: 17).

Cabe aqui fornecer algum *background* institucional ao que acabámos de expor. A estrutura da ONU é constituída por seis órgãos: a Assembleia--Geral (AG) que é um órgão intergovernamental plenário; o Secretariado, que é um órgão administrativo integrado; o Conselho de Segurança (CS), um órgão intergovernamental restrito; o Conselho Económico e Social (ECOSOC) um órgão intergovernamental restrito; o Conselho de Tutela, outro órgão intergovernamental restrito (sem actividade desde 1995); e o Tribunal Internacional de Justiça (o órgão judicial das Nações Unidas (Ribeiro & Ferro, 2004: 75)[276]. Os mandatos das OAP são aprovados

---

[276] A AG da ONU é o principal órgão deliberativo da Organização, sendo composto por representantes de todos os EM. Cada um tem direito a um voto. Decisões importantes, tais como as relacionadas com questões de paz e segurança, admissão de novos EM ou de orçamento requerem uma maioria de dois terços (Art. 18 n.º 2 da Carta). Para outras decisões, é necessária apenas maioria simples. O Conselho de

através de resoluções do CS das Nações Unidas[277]. O estabelecimento de OAP observa normalmente os seguintes passos sequenciais: consultas; missões de avaliação técnica e pré-planeamento; primeiro relatório do Secretário-Geral das Nações Unidas (SGNU) sobre a situação no país/território; resolução do CS; (Representante Especial do Secretário Geral – RESG); planeamento e execução; selecção e recrutamento de efectivos; colocação dos efectivos no terreno; relatórios regulares do Secretário-Geral das Nações Unidas; e possíveis extensões do mandato do Conselho de Segurança.

No entanto, apesar da 'reactivação' da ONU no período pós-Guerra-Fria, a Organização "está ainda longe de dispor de meios políticos, financeiros e militares para impedir as agressões e lhes pôr fim. Nem sempre existe um legislador internacional em condições de editar um direito aceite por todos, nem um verdadeiro juiz internacional que faça respeitar esse direito, nem um polícia internacional para sancionar os transgressores. Os Estados são sempre livres de subscrever ou não os tratados, ou de apresentar os seus diferendos perante o Tribunal Internacional de Justiça (TIJ). Permanecem as disparidades de desenvolvimento entre as diversas

---

Segurança (CS) é composto por cinco membros permanentes com direito de veto, mais dez eleitos pela AG por um período de dois anos. Em Maio de 1948 o CS decidiu estabelecer a primeira OAP para supervisionar as tréguas no final da primeira guerra israelo-árabe, através de 36 observadores militares desarmados. Os meios de acção do CS em caso de crise são os seguintes: i) favorecer uma regulação pacífica dos diferendos (Cap. VI) ii) tomar as medidas necessárias para pôr termo a uma ameaça à paz (Cap. VII); iii) executar um aresto do Tribunal Internacional de Justiça. A preponderância do CS no domínio da manutenção de paz é alcançada pela conjugação dos seguintes elementos: composição, organização, processo de decisão, poderes, mecanismos de relações funcionais com a AG e os outros órgãos (Ribeiro & Ferro, 2004: 104). O Secretariado é um órgão administrativo da ONU servindo de apoio aos outros órgãos das NU e gere os programas e políticas por estes estabelecidos. Integra o *Department of Peacekeeping Operations* (DPKO). O Art. 99.º da Carta das NU estabelece a única competência política do Secretário-Geral: "chamar a atenção do CS para situações que na sua opinião possam pôr em perigo a paz e segurança internacionais". O Secretário-Geral é nomeado pela AG sob recomendação do CS por um período de 5 anos. Existe ainda uma grande diversidade de agências e programas da ONU, muitos deles, activos nos teatros de operações onde decorrem OAP. O Departamento de Operações de Paz (*Department of Peacekeeping Operations* – DKPO) foi criado como Departamento autónomo do Secretariado em 1992, sendo responsável pelo planeamento, gestão, recrutamento, apoio e orientação de todas as OAP.

[277] Maioria de 2 terços (9 votos a favor, num total de 15 membros do CS, incluindo o voto concordante dos 5 membros permanentes ou a sua abstenção).

regiões do Mundo e a solidariedade internacional continua a ser demasiado parcial. Não existem acordos internacionais para defrontar eficazmente os novos problemas mundiais como a ecologia e epidemias" (Adriano Moreira, 1999: 524-529).

Embora este padrão esteja proventura em mudança, na maior parte dos casos, o pedido para uma intervenção de forças da ONU parte das entidades em conflito. Mais raramente, é a comunidade regional, ou internacional, em sentido mais lato, que a exige – por via de regra (ainda que também isto esteja em alteração) depois de um conflito. O padrão típico é o seguinte: uma vez negociado um acordo de paz, as partes envolvidas podem – e muitas vezes fazem-no – pedir à Nações Unidas que sejam estas a tomar em mão os vários ingredientes do plano celebrado. Acontece, embora raramente, as Nações Unidas estarem envolvidas na própria negociação da paz, com um envolvimento precoce no processo. O que nada tem de surpreendente, dado o peso de legitimidade internacional que tal oferece aos agrupamentos em causa, e visto que é pouco provável que as Nações Unidas tomem o lado de um dos grupos, tendo em vista que o Conselho de Segurança inclui 15 membros com posições e interesses muitíssimo diversificados e o Secretariado das Nações Unidas foi intencionalmente desenhado para dar expressão a posturas diferentes. Na ausência de forças permanentes à disposição da Organização, coligações *ad hoc* podem então ser formadas para intervir nos palcos em causa. As modalidades de intervenção têm mudado. A disponibilidade das Nações Unidas para nestas se embrenhar também.

Segundo alguns analistas, a evolução das OAP da ONU, enquanto organização de segurança colectiva, dotada dos mecanismos legais para manter ou restabelecer a paz e a segurança internacionais (Art. 42.º da Carta), pode-se pautar pelas seguintes fases distintas: "uma primeira fase experimental (1948-1956); uma segunda, de afirmação (1956-1967); uma terceira, de estagnação (1967-1973); uma quarta, de renascimento (1973--1988)" (Viana, 2002: 98) – e ainda, acrescentaríamos nós, uma fase pós--guerra-fria (1989-2001) e um período pós-11 de Setembro (que tem vindo a correr a partir de 2001). Embora – e nas nossas conclusões explicamos porquê – divisões por "fases", ou "gerações", de OAPs não nos pareçam inteiramente convincentes, alguma caracterização distintiva global de diferentes 'faseamentos' não é difícil de apresentar em esquisso. As primeiras três – que decorreram entre 1948 e 1988 – compreenderam as designadas OAP "tradicionais". As seguintes, deram azo a formatos novos de intervenção. Os faseamentos aventados, de resto, têm-se tornado como que canónicos. Segundo o relatório Brahimi, por exemplo, "*until the end of the cold war, United Nations peacekeeping operations mostly had traditional ceasefire-monitoring mandates and no direct peacebuilding responsibilities. The "entry strategy" or sequence of events and decisions leading to United Nations deployment was straightforward: war, ceasefire, invitation to monitor ceasefire compliance and deployment of military observers or units to do so, while efforts continued for a political settlement. Intelligence requirements were also fairly straightforward and risks to troops were relatively low*" (Brahimi, 2001: para 17).

Para muitos analistas, e em concreto para os peritos que colaboraram na elaboração do relatório Brahimi, as operações "tradicionais" eram/são sobretudo reactivas, preocupando-se essencialmente com a interposição entre as forças beligerantes, com a garantia do cumprimento dos acordos de paz e com os sintomas do conflito e não tanto com as suas causas: "*traditional peacekeeping, which treats the symptoms rather than sources of conflict, has no built-in exit strategy and associated peacemaking was often slow to make progress. As a result, traditional peacekeepers have remained in place for 10, 20, 30 or even 50 years (as in Cyprus, the Middle East and India/Pakistan). By the standards of more complex operations, they are relatively low cost and politically easier to maintain than to remove. However, they are also difficult to justify unless accompanied by serious and sustained peacemaking efforts that seek to transform a ceasefire accord into a durable and lasting peace settlement*" (Brahimi, 2001: para 17).

A leitura e o balanço geral do que tem sido esta sequência de períodos variam pouco. Entre nós, Vítor Viana, numa linha afim, sustenta que "no período inicial, que pode ser considerado como experimental, foram dominantes as missões de observação e de monitorização de acordos de cessar-fogo (...). A segunda fase (1956-1967), foi marcada pela primeira operação que envolveu forças militares organizadas – a *United Nations Temporary Executive Authority (UNEF-I)* – no Sinai, na sequência da crise do Suez, em 1956, (...) significou a constituição da primeira força de manutenção de paz moderna, com uma missão de interposição (...). Seguiu-se um período de estagnação das missões de paz (1967-1973), devido, não só, às desilusões do período anterior e à deterioração da situação financeira das Nações Unidas, mas também, e muito especialmente, à agudização da Guerra-Fria" (Viana, 2002: 100). A terceira fase (1973--1988) decorreu após a guerra do Yom Kippur e devido à noção por parte das duas superpotências que o recurso à ONU seria a única forma de salvarem a face e de evitarem confrontações directas. Em 1989 decorreu a primeira OAP que contou com as componentes política, militar, de polícia e humanitária (dando-se início às chamadas missões multi-dimensionais – i.e. Bósnia – e de autoridade transitória – i.e. Kosovo e Timor-Leste), permitindo, assim, à ONU ir para além do mero cumprimento de um cessar-fogo.

Esta fase pós-queda do Muro de Berlim marcou em definitivo a expansão de operações no terreno designadamente nos Balcãs e em África, apesar das histórias de insucesso, expressas na constituição de "operações de grande envergadura, sem que estivessem garantidos todos os requisitos prévios. Esta falta de ponderação acabou por resultar em erros trágicos, como os ocorridos na Somália, Bósnia ou Ruanda. A verdade é que existe hoje uma percepção muito mais nítida das limitações das Nações Unidas" (Monteiro, António, in Pinto, 2007: 9). Através das lições-aprendidas ao longo dos anos, a Organização passou a adoptar uma postura mais realista sobre como enfrentar e dar resposta a estas situações de crise – o que não evitou derrapagens nos processos de consolidação da paz nos períodos de pós-missão ou de transição e de *downsizing* do efectivo e actividade da ONU nos territórios alvo de intervenção.

Finalmente, no período pós-11 de Setembro foram iniciadas missões em teatros cada vez mais desestabilizados por movimentos insurgentes inspirados por uma *jihad* global (i.e. Afeganistão, Paquistão, Iraque, Líbano, etc.) – ou onde os mandatos sucessivos da ONU e os esforços da comunidade doadora se foram repetindo, sem atingirem (aparentemente) resultados tangíveis (Haiti, Congo, Sudão, República Centro-Africana, Serra Leoa, Libéria, etc.). O resultado? Voltou-se a exigir a utilização conjugada de recursos militares, policiais e civis (incluindo, magistrados, peritos em serviços correccionais, observadores eleitorais, peritos em assuntos humanitários e em direitos humanos), e a combinação permanente – embora de doseamento variável – entre *hard* e *soft power*.

Para além dos problemas da mobilização[278] e de financiamento[279] das tropas, as operações de apoio à paz "clássicas" apresentaram contradi-

---

[278] Segundo o Suplemento da Agenda para a Paz de 1995, "*as regards the availability of troops and equipment, problems have become steadily more serious. Availability has palpably declined as measured against the Organization's requirements. A considerable effort has been made to expand and refine stand-by arrangements, but these provide*

ções no que diz respeito aos princípios de consenso, de imparcialidade e de recusa do uso da força. Muitas vezes, o cumprimento das funções e das tarefas definidas nos mandatos das operações de paz não se mostrou viável nesse quadro de princípios. A UNFICYP (Força de Manutenção da Paz das Nações Unidas no Chipre), por exemplo, estabelecida em Março de 1964 para evitar hostilidades entre as comunidades grega e turca, sob o princípio do não uso da força, nada pôde fazer frente à violência desencadeada pelas facções rivais dessas comunidades. No Congo, as tarefas determinadas para a ONUC (Operação das Nações Unidas no Congo – 1960-1964), que vieram a incluir a assistência na manutenção da ordem pública, exigiram a autorização, pelo Conselho de Segurança, do uso da força além da legítima defesa, a fim de evitar a guerra civil e expulsar as forças mercenárias. A necessidade do consentimento permanente do Estado anfitrião para o estabelecimento e implementação das operações de apoio à paz revelou-se, várias vezes, um obstáculo a uma acção efectiva. No caso da operação de apoio à paz implementada no Egipto em 1967 (UNEF)[280], essa fraqueza foi exposta com a expulsão das tropas da ONU do território em conflito e com a consequente eclosão da guerra entre Israel e vários Estados Árabes.

Apesar de todos esses paradoxos, as operações de apoio à paz lograram a redução efectiva de alguns conflitos armados e dos riscos de intervenção por parte de Estados vizinhos ou das grandes potências. Tais

---

no guarantee that troops will be provided for a specific operation" (Boutros-Ghali, 1995: para 43).

[279] De acordo com o mesmo Suplemento, *"the financial crisis is particularly debilitating as regards peace- keeping. The shortage of funds, in particular for reconnaissance and planning, for the start-up of operations and for the recruitment and training of personnel imposes severe constraints on the Organization's ability to deploy, with the desired speed, newly approved operations. Peace-keeping is also afflicted by Member States' difficulties in providing troops, police and equipment on the scale required by the current volume of peace-keeping activity"*. (Boutros-Ghali, 1995: para 98).

[280] Quando Nasser, presidente egípcio, nacionalizou o Canal de Suez, o Reino Unido, a França e Israel atacaram o Egipto. O ataque, condenado pelos EUA e pela URSS, fez com que a Assembleia-Geral da ONU instituísse a "Primeira Força de Emergência da ONU" (UNEF I). A operação foi posicionada entre as forças beligerantes para supervisionar o cessar-fogo e a retirada das tropas francesas, britânicas e israelitas do território egípcio. A UNEF I permaneceu no Egipto até 1967, monitorizando a zona desmilitarizada entre as forças egípcias e israelitas. A sua retirada constituiu um dos passos rumo à Guerra dos Seis Dias, em Junho de 1967.

operações alcançaram, ainda, em diversas situações, o isolamento de conflitos locais do grande conflito Este-Oeste, impedindo um adensar das tensões na Guerra-Fria.

Uma análise mais atenta das operações de apoio à paz "clássicas" revela-nos, também, que estas foram sempre menos problemáticas quando as partes envolvidas no conflito concordaram em resolver as suas divergências e só precisaram da ONU para ajudá-las a manter os acordos estabelecidos. Foram também evitados diversos problemas quando existiu o consenso e a cooperação das partes, quando a imparcialidade das tropas não foi contestada e, principalmente, quando não foi necessário o uso da força. Mas, no cenário internacional que se delineou com o fim da Guerra--Fria estas condições não prevaleceriam nas inúmeras situações em que a ONU foi accionada para manter a paz.

A expansão das atribuições do Conselho de Segurança no final dos anos 80 e início dos anos 90 resultou na proliferação das operações de apoio à paz em todo o mundo. Enquanto o Conselho de Segurança adoptava critérios cada vez mais amplos para definir o que constitui uma ameaça à paz e à segurança internacionais, foram criadas mais de 50 operações de apoio à paz no período que decorreu entre 1988 e 2008. De acordo com Lightburn, "a década de 1990 caracteriza-se pela alteração no modo como se passaram a percepcionar as questões em matéria de segurança internacional" (Lightburn, 2001).

Neste sentido, as próprias missões de *peacekeeping* da ONU iriam nos anos seguintes reflectir essas transformações, expandindo-se bastante em termos numéricos e revestindo-se de novas características, sendo também muito influenciadas pela *Agenda para a Paz*, produzida pelo ex-Secretário Geral das Nações Unidas, Boutros Boutros-Ghali. Este documento "oferece várias sugestões no sentido de aumentar a capacidade da organização [ONU] para responder às ameaças à segurança internacional" (Almeida, 2004). A *Agenda para a Paz* tem, portanto, um papel muitíssimo importante a este nível, na medida em que deixa transparecer a ideia [de forma mitigada] de que em algumas situações de conflito – e perante as novas ameaças trazidas pela década de 1990 – pode ser necessário recorrer a intervenções militares para pôr fim à beligerância (Almeida, 2004).

Segundo diversos autores foram três os factores que mais contribuíram para o crescimento do número de operações de paz no período pós-Guerra-Fria: a) a melhoria do relacionamento político entre os EUA e a União Soviética (e posteriormente com a Rússia); b) o recrudescimento dos antagonismos étnicos e religiosos intra-estatais; e c) a crescente universalização dos valores da democracia e do respeito pelos direitos humanos.

O primeiro desses factores foi, certamente, a causa mais significativa para o fortalecimento da autoridade das Nações Unidas no campo da manutenção da paz. A nova política do governo soviético em relação à ONU, expressa principalmente após 1985 com a ascensão de Gorbachev ao cargo de Secretário-Geral do Partido Comunista da URSS, propunha a revitalização do Conselho de Segurança como principal guardião da segurança internacional, enfatizando a importância das operações de paz como importantes ferramentas para a realização de tal proposta. Por sua vez, o presidente norte-americano Ronald Regan também reconhecia a necessidade de ampliar o escopo de actuação da ONU. E o seu sucessor, George Bush, demonstrou firmemente o desejo de acelerar o relacionamento com a URSS salientando que as Nações Unidas poderiam desempenhar um importante papel na mediação de conflitos internacionais.

O segundo factor que mais contribuiu para a proliferação das operações de apoio à paz foi o ressurgimento de conflitos internos que haviam sido camuflados pelas tensões da Guerra-Fria e "a diminuição da pressão exercida pelas superpotências, reflectindo-se no aumento da liberdade de acção de pequenas e médias potências com pretensões hegemónicas, reunificadoras ou secessionistas" (Rodrigues, 2007). Esses "novos" conflitos [muitos deles difusos e historicamente contraditórios], de carácter étnico, religioso e nacionalista, emergiram sobretudo no continente africano, na região dos Balcãs, na Europa Oriental e nas ex-repúblicas socialistas soviéticas, sobretudo no Cáucaso e na Ásia Central. O desmembramento da Sérvia em sete Estados independentes, por exemplo, fez com que a ONU estabelecesse na região oito operações de manutenção da paz para lidar com os conflitos surgidos do processo de fragmentação. Surgiram "novos pólos de poder, parecendo razoável aceitar a designação de "sistema uni-multipolar" – querendo-se desta forma caracterizar o sistema internacional como unipolar sob o ponto de vista militar, pois só os EUA têm capacidade para intervir em todo e qualquer cenário, e multipolar no domínio económico, político e cultural" (Rodrigues, 2007).

O terceiro factor que justifica a intensificação das actividades da ONU na consolidação da paz e da segurança internacionais refere-se ao empenho mais efectivo dos países ocidentais em difundir o ideário democrático fundado no respeito aos direitos humanos, no pluralismo político e na liberdade de expressão. Processo este rodeado de inúmeros avanços e recuos e de inúmeras contradições características das relações internacionais entre Estados. A ONU aparece, neste sentido, como uma mediadora na promoção desses princípios, e as operações de paz passariam, a partir de então, a contemplar a reconciliação política do país anfitrião, defendendo o respeito pelos direitos humanos e a realização de eleições por voto universal e secreto como factores essenciais na busca de soluções para os conflitos em questão.

Essa explosão no número de operações de apoio à paz provocou, por sua vez, mudanças e adaptações tanto nos princípios dessas operações quanto nas funções e tarefas por elas desempenhadas. Uma modificação substantiva sofrida pelas operações do pós-Guerra Fria, em relação às operações "clássicas", foi o empenhamento de tropas em conflitos intra--estatais. A extrema complexidade desses conflitos intra-estatais – muitas vezes definidos como situações de emergência complexa [281] – exigiu que o modelo clássico das operações de manutenção da paz fosse flexibilizado, abarcando novas funções e tarefas.

Desta forma, as novas operações de apoio à paz, conhecidas como operações de "segunda geração", conforme as define a própria ONU são multifuncionais e multidisciplinares[282]. Essas operações expandiram as

---

[281] As situações de "emergência complexa" foram definidas por Frederick Burkle (2002) como "uma emergência em larga escala causada no todo ou em parte por um conflito armado que tende a combinar um conflito interno ou internacional com graves violações dos direitos humanos e alto grau de sofrimento da população civil, gerando um grande número de refugiados..Deste modo, na designação de "emergência complexa" para determinados conflitos, a complexidade está nos múltiplos factores políticos, económicos, sociais, étnicos e religiosos que dificultam a resolução dos próprios conflitos".

[282] É muitíssimo volumosa a bibliografia disponível sobre as operações de *peace-keeping*, de *peace-enforcement*, e de *nationbuilding* das Nações Unidas. Para uma série geral de referências introdutórias relativas ao tema das administrações internacionais transitórias e do seu significado e alcance, ver, por exemplo, os excelentes CHESTERMAN, Simon, *You, the People. The United Nations, Transitional Administration, and State--Building*. Oxford: Oxford University Press, 2004; CAPLAN, Richard. *International Governance of War-Torn Territories. Role and Reconstruction*, Oxford: Oxford University Press, 2005; DOYLE, Michael D., and Nicolas SAMBANIS, *Making War and Building Peace: The United Nations Peace Operations*, Princeton University Press, 2006; e LIPSON, Michael "Peacekeeping: Organized Hypocrisy?" *European Journal of International Relations* 13, pp. 5-34. 2007. Entre nós, ver ainda FERRO, Mónica, *Construção de Estados, As Administrações Internacionais das Nações Unidas*, Lisboa, ISCSP, 2006.

suas actividades para além de funções tradicionais, incorporando tarefas militares, policiais e civis. Passaram também a responsabilizar-se pela desmobilização de forças militares e policiais, recolha e destruição de armamento, reintegração de ex-combatentes, execução de programas de remoção de minas, auxílio para o retorno de refugiados e deslocados internos, fornecimento de ajuda humanitária, formação de forças policiais, supervisão do respeito pelos direitos humanos, apoio à implementação de reformas constitucionais, judiciais e eleitorais, auxílio à retoma das actividades económicas e à reconstrução nacional, incluindo a reparação da infra-estrutura física do país anfitrião.

Outra adaptação sofrida por essas operações "multidisciplinares" teve que ver com a composição das operações de paz. Estas, deixaram de ser compostas predominantemente por militares, mas passaram a incluir cada vez mais, civis com experiência em áreas como eleições, direitos humanos, administração pública, gestão económica e assistência humanitária. Nestas missões o número e perfil dos efectivos militares mobilizados sofreram também alterações significativas, não só para que o mandato fosse cumprido, mas também para proporcionar um ambiente seguro ao pessoal internacional da ONU.

Entretanto, estas operações de paz de "segunda geração", como têm sido chamadas, não se conseguiram adaptar de forma eficiente ao processo de absorção de novas funções. De uma forma geral, alguns dos desafios continuam a ser: os constrangimentos e demora no envio de recursos humanos e materiais para os teatros de operações nos períodos posteriores à aprovação das operações por parte do Conselho de Segurança; a formação e envio de mais efectivos militares, policiais, entre outras áreas consideradas prioritárias; melhoria do planeamento estratégico e gestão das operações de paz; pouca disponibilidade dos Estados membros em providenciar recursos financeiros e humanos para a implementação das operações e discrepância entre o número de mandatos autorizados e os recursos disponíveis para tal. De acordo com o relatório Brahimi para além de contingentes militares robustos, *"parallel on-call lists of civilian police, international judicial experts, penal experts and human rights specialists must be available in sufficient numbers to strengthen rule of law institutions, as needed, and should also be part of UNSAS. Pre-trained teams could then be drawn from this list to precede the main body of civilian police and related specialists into a new mission area, facilitating the rapid and effective deployment of the law and order component into the mission*" (Brahimi, 2001). Estas mesmas recomendações são aprofundadas no que diz respeito às missões de construção da paz – *peacebuilding*: *"civilian police monitors are not peacebuilders if they simply document or attempt to discourage by their presence abusive or other unacceptable behaviour of local police officers — a traditional and somewhat narrow perspective of civilian police capabilities (…) Today, missions may require civilian police to be tasked to reform, train and restructure local police forces according to international standards for democratic policing and human rights, as well as having the capacity to respond effectively to civil disorder and for self-defence"* (Brahimi, 2001: para 39)[283].

Paralelamente a esses desafios técnicos, financeiros, estratégicos, tácticos e logísticos também se manifestaram outros desafios de natureza conceptual. As operações de apoio à paz – fundadas sobre os princípios da imparcialidade, do consenso das partes envolvidas no conflito e do não uso da força, excepto em situações de legítima defesa – tiveram, em algumas situações, o seu conceito original tanto estendido quanto desrespeitado para viabilizar a execução de determinadas tarefas contidas nos seus mandatos.

As Nações Unidas preconizam nos novos modelos de OAP's a participação activa e cada vez mais duradoura de uma muito maior diversidade

---

[283] No que diz respeito à componente militar o Relatório Brahimi sumariza as seguintes recomendações-chave: *"(the) Member States should be encouraged, where appropriate, to enter into partnerships with one another, within the context of the United Nations Standby Arrangements System (UNSAS), to form several coherent brigade-size forces, with necessary enabling forces, ready for effective deployment within 30 days of the adoption of a Security Council resolution establishing a traditional peacekeeping operation and within 90 days for complex peacekeeping operations; (b) The Secretary--General should be given the authority to formally canvass Member States participating in UNSAS regarding their willingness to contribute troops to a potential operation once it appeared likely that a ceasefire accord or agreement envisaging an implementing role for the United Nations might be reached; (c) The Secretariat should, as a standard practice, send a team to confirm the preparedness of each potential troop contributor to meet the provisions of the memoranda of understanding on the requisite training and equipment requirements, prior to deployment; those that do not meet the requirements must not deploy; (d) The Panel recommends that a revolving "on-call list" of about 100 military officers be created in UNSAS to be available on seven days' notice to augment nuclei of DPKO planners with teams trained to create a mission headquarters for a new peacekeeping operation"* (Brahimi, 2001: para 117).

de actores[284], para além da abordagem tradicional de intervenção militar e/ou de apoio humanitário, designadamente os seguintes:

- diplomatas e assessores políticos, coordenando ou aconselhando as partes em processos de negociação da paz, bem como garantindo a supervisão, monitorização e controlo da administração da missão e de órgãos administrativos locais;
- observadores militares e/ou unidades militares de diferentes escalões, responsáveis pela separação de partes beligerantes, pelo estabelecimento de zonas-tampão, a supervisão de processos de cessar fogo, a prevenção de conflitos armados, a garantia da paz e segurança no território e o apoio na lei e ordem;
- observadores policiais ou unidades constituídas de polícia responsáveis por uma cada vez maior diversidade de missões, no âmbito da manutenção da lei e ordem, segurança pública, da monitorização, supervisão, investigação criminal, formação das polícias locais, entre outras.
- peritos em direitos humanos, empenhados em missões de monitorização, prevenção e investigação de violações dos direitos e liberdades individuais e implementação ou coordenação da formação de quadros locais neste âmbito, bem como especialistas em questões como a igualdade de género, violência doméstica, xenofobia, etc.;
- especialistas em administração civil, empenhados na monitorização, supervisão e controlo de assuntos económicos e financeiros, de organização da administração pública, incluindo o funcionamento de ministérios e direcções-gerais;
- observadores em processos eleitorais, empenhados na organização ou supervisão de processos eleitorais ou de referendo, de modo a garantir que os mesmos decorrem de forma livre e transparente;

---

[284] Segundo o Relatório Brahimi, *"where peace-building missions require it, international judicial experts, penal experts and human rights specialists, as well as civilian police, must be available in sufficient numbers to strengthen rule of law institutions. Where justice, reconciliation and the fight against impunity require it, the Security Council should authorize such experts, as well as relevant criminal investigators and forensic specialists, to further the work of apprehension and prosecution of persons indicted for war crimes in support of United Nations international criminal tribunals"*. (Brahimi, 2001: para 39).

– peritos em controlo da imigração, de fronteiras e de alfândegas, de modo a tratar de assuntos relacionados com refugiados, desalojados, imigrantes ilegais, bem como com a reabilitação das comunidades e reintegração de refugiados políticos, minorias étnicas ou outros, preparando assim o terreno para a implementação de planos de longo prazo;
– especialistas em comunicações, em sistemas de informação, em transportes, em logística e num largo espectro de áreas técnicas e de apoio fundamentais para o funcionamento das operações no terreno.

Na senda das recomendações expressas no "Relatório Brahimi", as «novas operações de paz» envolvem um cada vez mais alargado conjunto de responsabilidades, desde a manutenção da paz, à diplomacia preventiva, à reconstrução e fortalecimento de instituições locais sustentáveis, bem como a formação e consciencialização das autoridades e cidadãos locais para as questões da reconciliação, da igualdade de oportunidades e da harmonia entre os povos ou grupos étnicos, desenvolvimento equilibrado e sustentado dos sectores da economia, da saúde e da educação, encontrando-se os actores e componentes atrás referidos, empenhados em diversas fases e momentos de implementação do mandato da missão.

Apesar de ao longo da história, as OAP's terem sido compostas, quase sempre, por diferentes ingredientes[285], entre 1948 e 1989 apenas três OAP – no Congo (ONUC)[286], no Chipre (UNFICYP)[287] e na Namíbia (UNTAG) – incluíram a componente de Polícia da ONU. No entanto, a partir de 1989, com a conclusão, levada a cabo com sucesso, da operação na Namíbia, a ONU decidiu passar a incluir "guardiães da paz" policiais como parte integrante das diferentes OAP, tendo as suas missões sido alargadas, designadamente para questões ligadas à construção da con-

---

[285] Uma diversidade de componentes a que já aludimos: política, militar, policial, eleitoral, humanitária, de direitos humanos, etc.

[286] A missão do Congo (1960-1964) teve a presença de elementos policiais do Ghana e da Nigéria, por apenas alguns meses

[287] A missão no Chipre iniciou-se em 1964 e continua ainda hoje. Apenas em Março de 1964 a Dinamarca, a Suécia, a Áustria e a Austrália enviaram, a pedido da ONU, contingentes constituídos por pessoal policial civil.

fiança, bem como à reforma e reestruturação das instituições. Assim, no período entre 1989 e 2009 foram iniciadas 48 OAP, das quais, 38 incluíram uma componente policial. Actualmente, das 18 OAP existentes no terreno[288] coordenadas pelo DPKO, a componente de Polícia da ONU encontra-se presente em 13[289] com um efectivo total de cerca de 11.500 elementos.

Uma visão de conjunto? De acordo com dados das Nações Unidas, em Dezembro de 2008 Portugal ocupava o 38.º lugar no *ranking* dos países contribuintes para as OAP, com 343 efectivos, dos quais, 193 polícias, 144 militares e 6 observadores militares[290]. As forças e serviços de segurança nacionais participam presentemente em duas OAP da ONU: na UNMIT – Missão Integrada das Nações Unidas em Timor-Leste encontram-se 198 elementos policiais[291] (146 da GNR – 140 dos militares da Guarda que se encontram em Timor-Leste estão destacados em formato de Unidade Constituída de Polícia, integrada na componente policial da UNMIT -, 50 da PSP e 2 do SEF); e na MINURCAT – Missão das Nações Unidas no Chade e República Centro-Africana encontram-se 17 elementos da PSP; 12 destes polícias fazem parte de uma equipa do Grupo de Operações Especiais (GOE) da PSP, requisitada para garantir a segurança pessoal do Representante Especial do Secretário-Geral (RESG) da ONU, o português Vítor Ângelo[292].

---

[288] O orçamento previsto pra estas Operações é de 7,1 biliões de dólares americanos.
[289] UNMIT – *United Mission in East Timor*; UNFICYP – *United Nations Peacekeeping Force in Cyprus* (Chipre), UNMIK – *United Nations Mission in Kosovo* (Kosovo), UNOMIG – *United Nations Obsever Mission in Georgia* (Georgia), MINURSO – *United Nations Mission for the Referendum in Western Sahara* (Sahara Ocidental), ONUCI – *Opération des Nations Unis en Côte d'Ivoire* (Costa do Marfim), BINUB – Bureau Intégré des Nations Unies au Burundi(Burundi), UNIOSIL – (Serra Leoa), MONUC – *United Nations Organization Mission in Democratic Republic of Congo* (Congo), UNMIL – *United Nations Mission in Liberia* (Liberia), MINUSTAH – *United Nations Stabilization Mission in Haiti* (Haiti), UNMIS – United Mission In Sudan (Sudão); UNAMA – United Nations Assistance Mission in Afghanistan (Afeganistão).
[290] Disponível em: http://www.un.org/Depts/dpko/dpko/contributors/2008/dec08_1.pdf. Consultado em 06 de Fevereiro de 2009.
[291] Comparativamente, França tem 112 elementos policiais e Espanha 57 Guardas Civis em OAP da ONU.
[292] Estes 12 elementos não devem ter sido contabilizados no efectivo presente na componente policial da MINURCAT, daí no sítio da ONU o efectivo apresentado estar abaixo dos 206 polícias efectivamente em missão em OAP da ONU.

MISSÕES UE	EFECTIVO			TOTAL
	GNR	PSP	SEF	
UNMI - Timor-Leste	6	50	2	58
UNMI - Timor-Leste (FP's - Unidades Constituídas)	140	0	0	140
MINURcart – Chade/RCAfricana	0	17	0	17
TOTAL	146	67	2	215

Efectivo das Forças e Serviços de Segurança do MAI
em OAP da ONU (Set. 2009)

Um balanço impõe-se, no quadro da articulação crescente da dimensão interna com a externa. O empenhamento das forças de segurança portuguesas nas operações policiais da ONU tem como pontos fortes, a possibilidade de contribuir para a salvaguarda de interesses nacionais (*i.e.* Timor), para consolidação do nosso *know how* na garantia da lei e ordem, na capacitação e organização das forças locais, potenciando para o quadro interno a experiência e competências decorrentes da exposição a contextos críticos de (in)segurança no plano supranacional. Como pontos menos fortes da participação nacional em OAP, realça-se a falta de uma estratégia nacional de *intelligence*, que aproveitasse os quadros militares, civis e policiais colocados em posições-chave ou em funções operacionais sensíveis, como sejam, para nos atermos a dois casos, os de investigação dos grupos de insurgentes ou terroristas, de criminalidade organizada e os de crimes contra a humanidade.

Em guisa de exemplo e segundo Luís Elias, um dos co-autores do presente estudo introdutório, um dos aspectos que tem marcado a participação das forças de segurança portuguesas na missão da ONU em Timor-Leste "continua a ser a [competição corporativa], a falta de coordenação, e de interacção entre as diversas forças intervenientes e a não definição de objectivos estratégicos por parte da tutela em Portugal. As várias forças de segurança participantes não tiveram qualquer acção de formação ou treino conjunto, nem sequer tentaram compatibilizar as valências e especialidades de cada uma, designadamente tendo em vista a nomeação de peritos para áreas específicas no quadro da ONU ou em sede de cooperação bilateral. Por outro lado, a ligação destas com as forças armadas foi, desde sempre, deficiente, fruto de desconhecimento das missões de cada uma das componentes, o que deixou campo livre para conflitos de personalidades e alguma falta de cooperação. Parece-nos conveniente que em futuras participações em missões internacionais, se verifique um planeamento integrado, acções de *briefing* e *debriefing* envolvendo as diferentes valências nacionais empenhadas e uma coordenação efectiva e interoperabilidade de meios, tendo em vista os interesses de política externa nacional no países alvo de intervenção e obviamente em respeito pelos mandatos definidos para as missões das organizações nacionais em que as forças militares e policiais sejam integradas" (Elias, 2006: 427). Um ponto a reter.

6.2. Antecedentes históricos da participação das forças de segurança em OAP, de gestão de crises ou noutro tipo de missões internacionais

Neste capítulo vamos ensaiar um pequeno balanço da participação das forças de segurança (GNR e PSP) em operações de paz da ONU – a maioria das missões – em operações de gestão de crises da União Europeia, ou noutro tipo de missões internacionais, designadamente as levadas a cabo no quadro da extinta União da Europa Ocidental (UEO) e no da Organização de Segurança e Cooperação na (OSCE). Optaremos por nos centrar no empenhamento em missões que já terminaram, demonstrando assim a relevância desta projecção externa da segurança interna, designadamente pela experiência e competências que se vão consolidando nas forças de segurança nacionais fruto do empenhamento de mais de três mil profissionais da GNR e PSP em cenários internacionais de crise desde início da década de 90 do século XX.

6.2.1. *O Empenhamento Internacional da GNR*

Comecemos pela GNR e a sua projecção externa de forças. Embora curto, o historial da sua actuação no exterior está marcado por momentos de alta intensidade. Segundo Hugo Cruz, "a participação da GNR em operações de paz teve início durante o ano de 1995 – entre 1 de Janeiro e 31 de Julho desse ano – altura em que um Oficial desempenhou funções no Posto de Comando de Calafate, na Roménia, durante a supervisão do embargo das Nações Unidas à ex-Jugoslávia" (Cruz, 2006). Desde então, a GNR participou no quadro da ONU nas missões em Angola, Timor-Leste (continua actualmente na UNMIT), Libéria, Costa do Marfim, no Haiti e no Congo; no quadro da OSCE e UE em duas operações na Macedónia; no quadro da UE no Congo, na Faixa de Gaza, na Geórgia (onde participa no presente), na Bósnia-Herzegovina (onde continua actualmente) e na Guiné-Bissau (continuando neste território em finais de 2009); e finalmente, no âmbito de coligações *ad-hoc*, participou na operação multi-nacional levada a cabo no Iraque.

Vale decerto a pena enumerar aqui algumas destas missões, não dando porém, sobre elas, senão algumas breves indicações.

Missão da UEO na Roménia (Danúbio)

O primeiro passo foi tímido, por assim dizer. Mas foi premonitivo, como iremos ter oportunidade de verificar. Esta missão de observação no rio Danúbio foi coordenada pela UEO[293], e teve por objectivo garantir o cumprimento dos objectivos traçados pelas Resoluções 713/91 e 757/92 do Conselho de Segurança da ONU, para a intervenção na ex-Jugoslávia, desempenhando as funções de Oficial de ligação do Comando da Operação com as autoridades da Bulgária, da Hungria e da Roménia.

Missão da ONU em Angola – UNAVEM III e MONUA[293]

Seguiu-se-lhe uma missão bem mais complexa. A escala foi muitíssimo maior, bem como foi mais intrincada e 'híbrida' a natureza da missão a que a Guarda se propôs: de acordo com o já citado Hugo Cruz, "a GNR participou em Angola em duas missões das Nações Unidas (UNAVEM III e MONUA), tendo contribuído, durante 4 anos, com 124 militares" (Cruz, 2006). A intervenção desses militares no terreno teve como suporte legal duas das resoluções aprovadas pelo Conselho de Segurança da ONU para Angola. No caso da UNAVEM III, a Resolução 976 de 8 de Fevereiro de 1995, e da MONUA, a Resolução 1118 de 30 de Julho de 1997, tendo ambas como objectivo evitar a ocorrência de conflitos entre as partes contendoras, MPLA e UNITA, através da fiscalização do cumprimento das normas impostas pelo "Protocolo de Lusaka".

---

[293] A presidência da UEO foi assumida por Portugal, em 1995, tendo-se o nosso país comprometido a colaborar, disponibilizando pessoal para a missão.

[294] UNAVEM III (*United Nations Angola Verification Mission III*) e MONUA (*United Nations Observer Mission in Angola*).

As tarefas de que a GNR foi incumbida foram numerosas – e multidimensionadas. O papel assumido pelos Oficiais e Sargentos da GNR "assentou no acompanhamento e na fiscalização das polícias locais, através da monitorização e do apoio à intervenção desses elementos policiais durante a sua actividade diária. Além disso, e ainda para a concretização dos objectivos estipulados pelas mesmas resoluções, assumiu especial relevância a realização de patrulhamentos – os quais proporcionaram importantes contactos com os líderes das partes contendoras, bem como a investigação criminal relacionada com acidentes, raptos e desaparecimentos" (Cruz, 2006).

Esta foi a primeira missão de Polícia da ONU em que participaram quadros da Guarda, tendo servido como um momento de aprendizagem para outras operações; no terreno existiam ainda muitas tensões e desconfiança entre os angolanos partidários do MPLA e os apoiantes da UNITA, bem como, milhares de minas. Foi também a partir desta missão que a Guarda passou a efectuar uma aposta estratégica na participação em OAPs. Tratou-se também de uma missão carregada de simbolismo, devido a desenrolar-se num país com o qual mantemos profundos laços históricos e culturais. Fez-se também sentir o peso do factor linguístico. Por tudo isso, talvez o mais importante – embora difícil de quantificar – tenha sido o potencial *re-casting* da nossa imagem em Angola e entre as elites angolanas.

Muito visível foi também o papel preenchido. Os elementos da GNR desempenharam cargos de relevo, como sejam, a de 2.º Comandante da Polícia da ONU e de Comandante Regional. O reacender da violência armada entre as forças do Governo e da UNITA, ocorrida entre Setembro e Outubro de 1998, levou à retirada de grande parte do pessoal da ONU do território. Na sequência dessa decisão todos os militares da GNR regressaram a Portugal no início de 1999, encerrando-se assim a sua missão em solo angolano.

Missões da ONU em Timor-Leste – UNTAET, UNMISET, UNOTIL e UNMIT

As operações da Guarda em Timor-Leste começaram cedo – e foram desde logo um bom augúrio daquilo que se iria seguir. No âmbito da UNTAET[295], a intervenção da GNR no território leste-timorense concreti-

---

[295] UNTAET – *United Nations Transition Administration in East Timor*.

zou-se com o envio de uma *Formed Police Unit* (FPU) – a qual assumiu um papel importante na garantia das condições de segurança, sobretudo na capital, Díli.

A GNR foi assim a primeira e única força policial portuguesa, até ao momento, a organizar, preparar e enviar uma unidade constituída de polícia para cenários internacionais. A Guarda aposta desde então prioritariamente no empenhamento deste tipo de unidades, em detrimento da nomeação de Oficiais ou Sargentos para a função de observadores policiais, dado que tem consciência de que consegue projectar a sua imagem com muito maior facilidade desta forma. O papel em Timor-Leste foi de sendeiro. Segundo Hugo Cruz, "a participação da GNR nessas funções, significou que, pela primeira vez, elementos portugueses integrassem uma *FPU* da CIVPOL. Por esse facto, e dada a ausência de legislação de suporte que definisse o estatuto dos elementos das forças de segurança em missões de paz, na qualidade de *FPU*, o Presidente da República, por proposta do Ministro da Administração Interna (MAI), aprovou o Decreto-Lei 17/2000, de 29 de Fevereiro, esclarecendo-se no n.º 1 do artigo 1.º daquele diploma que, "(...) é aplicável aos elementos dos serviços e forças de segurança dependentes do MAI envolvidos em missões humanitárias e de paz fora do território nacional, no quadro dos compromissos assumidos por Portugal, o Decreto-Lei n.º 233/96, de 7 de Dezembro, com as devidas adaptações (...)", ficando, a partir dessa altura, os militares da GNR envolvidos em missões de paz fora do território nacional com o mesmo estatuto atribuído aos militares das Forças Armadas empenhados nesse tipo de missões" (Cruz, 2006). A 22 de Fevereiro de 2000, o Comandante Geral da GNR criou no Batalhão Operacional do Regimento de Infantaria, a Companhia de Intervenção Rápida (CIR) com destino a Timor-Leste, sendo a mesma composta por um efectivo total de 120 militares[296].

---

[296] A orgânica da Companhia de Intervenção Rápida era constituída por: um Comando da Companhia (Comandante e 2.º Comandante), um Oficial de Operações e de Ligação e um Oficial Médico; Dois Pelotões Operacionais de Manutenção e Restabelecimento de Ordem Pública (cada um com 1 Oficial Subalterno, 2 Sargentos e 30 Praças); Um Pelotão de Apoio de Serviços – Secção de Manutenção, Secção de Obras, Secção de Serviços Gerais, Secção de Alimentação e Quarteleiros; Uma Secção de Operações Especiais; Uma Secção Administrativa e Financeira; Secção de Transmissões; Secção Sanitária.

Mais tarde, com o *terminus* da UNTAET – que teve lugar em consequência da proclamação da independência de Timor-Leste a 20 de Maio de 2002 – as Nações Unidas continuaram a marcar presença no território, para apoiar o primeiro governo, eleito a 30 de Agosto de 2001, na condução do país, dando assim lugar à UNMISET[297], criada ao abrigo da Resolução 1410 do Conselho de Segurança da ONU. Segundo Hugo Cruz "esta missão contou, desde o dia 18 de Dezembro de 2002, com a presença de 11 elementos da GNR (3 Oficiais e 8 Sargentos)".

Uma actuação muito mais robusta da Guarda em Timor-Leste ir-se-ia seguir alguns anos volvidos – no quadro de uma missão que em finais de 2009 não parece esgotada. A sua actuação foi de novo reactiva – mas fundamental para o regresso à paz e segurança [embora ainda débil] no território. Em resposta à instabilidade política e social então instalada em Timor-Leste, a 25 de Agosto de 2006 o Conselho de Segurança aprovou uma nova Resolução, a 1704, dando origem à missão UNMIT[298] que levou ao envio de um força multinacional de manutenção da paz para o país.

A participação da GNR na UNMIT – que em finais de 2009, repetimos, permanece ainda no terreno, sem quaisquer indicações de que a situação se irá ver alterada – foi concretizada através do envio de uma FPU, o designado Subagrupamento Bravo, e de um contingente de 6 militares no seio da Polícia da ONU. A 25 de Maio de 2006, o MAI, através da Portaria n.º 981/2006 (2.ª Série), e dando cumprimento à Resolução do Conselho de Ministros n.º 68-A/2006, autoriza o Comandante-Geral da GNR "a aprontar, sustentar e empregar um efectivo para a manutenção da ordem pública em Timor-Leste e para a formação e treino da Unidade de Intervenção Rápida da Polícia Nacional do país". Sob a designação de Subagrupamento Bravo, a força da GNR destacada para o território timorense é constituída, em finais de 2009, por um total de 140 militares[299].

---

[297] UNMISET – *United Nations Mission in Support of East Timor*.
[298] UNMIT – *United Nations Integrated Mission in Timor-Leste*.
[299] A orgânica do Subagrupamento Bravo era a seguinte: Comandante, 2.º Comandante e Oficial de Ligação; três Pelotões de MROP; uma *Quick Reaction Force* (QRF), integrando duas equipas de militares de Operações Especiais; um Pelotão de Comando e Serviços, dividido em seis secções: de Comando; de Operações, Informações e Instrução; Logística e Financeira; Sanitária; Apoio e Serviços; de Transmissões e de Investigação Criminal. Integrava ainda o Subagrupamento, na dependência do respectivo comando, mas

Desde o primeiro momento que foi pedido às autoridades portuguesas um contingente da GNR para Timor-Leste, estava planeado solicitar à Guarda que ministrasse formação e treino à Unidade de Intervenção Rápida (UIR) da PNTL, "como se encontra patenteado nos inúmeros documentos enformadores da participação da GNR em Timor-leste, nomeadamente na Carta dirigida ao Primeiro-Ministro de Portugal por Xanana Gusmão e Francisco Guterres ´Lu-olo` e Mari Alkatiri, a 24 de Maio de 2006; na Resolução do Conselho de Ministros n.º 68-A/2006, 25 de Maio de 2006; GNR, Regras de Empenhamento (ROE), para o SubAgrupamento Bravo na Operação "LAFAEK"-Timor-Leste, a 2 de Junho de 2006; Resolução n.º 1704, de 25 de Agosto de 2006, pelo Conselho de Segurança das nações Unidas; Ofício n.º 3692, Processo n.º 57/2006 de Agosto de 2006, do Ministério da Administração Interna: Gabinete do Ministro; Resolução N.º1745, de 22 de Fevereiro de 2007, do Conselho de Segurança das Nações Unidas; Resolução do Conselho de Ministros n.º 47/2007, de 1 de Março de 2007, da Presidência do Conselho de Ministros; Protocolo de Acordo entre o Governo Português e de Timor sobre o envio e permanência de um contingente em Timor-Leste, em 25 de Maio de 2006" (Jaselino, 2009).

A integração de equipas médicas e de enfermeiros (ou de técnicos de protecção civil, de bombeiros ou outras) em Unidades Constituídas de Polícia é também uma boa prática, no fundo concretizando as novas tendências de articulação entre a *security* e a *safety*. A missão da GNR na UNMIT "é pioneira e inovadora em termos de missões internacionais porque, pela primeira vez, integra num seu contingente uma Equipa de Emergência Médica, constituída por um Médico, um Enfermeiro e um Técnico de Ambulância de Emergência (TAE) do INEM, sendo *renovadas* as equipas ao fim de 40 dias em território timorense (…). O facto de a GNR integrar nos seus contingentes equipas do INEM permitiu lhe, além de um apoio médico de qualidade, dada a elevada especialização dos elementos do INEM (apesar da falta ocasional de recursos e das condições adversas do território), a criação de uma imagem extremamente positiva e de reco-

---

mantendo a autonomia técnica, uma equipa do INEM (Instituto Nacional de Emergência Médica), constituída por um médico, um enfermeiro e um técnico de ambulâncias, como o objectivo principal de prestar assistência médica aos elementos da GNR. A integração do INEM no Subagrupamento Bravo encontra-se prevista na Portaria n.º 1041/2006 (2.ª Série).

nhecimento público pela população. Esta adveio em função do apoio e auxílio médico e dos cuidados primários de saúde prestado à população, sobretudo aos campos de deslocados, onde as condições básicas sanitárias e de saúde se caracterizavam pela precariedade (...). As equipas do INEM integradas no SubAgrupamento Bravo ganharam uma relevância e notoriedade, nomeadamente aquando da sua actuação na prestação dos pri-meiros cuidados médicos ao Presidente da República Ramos Horta, na sequência dos ataques de que foi vítima, a 11 de Fevereiro de 2008 (...). A presença de uma equipa do INEM em Timor Leste, integrando o SubAgrupamento Bravo da GNR, permite aumentar a visibilidade e o espectro de actuação da GNR. Paralelamente, a integração das equipas do INEM no SubAgrupamento Bravo da GNR, permitiu ao INEM aumentar a sua notoriedade e visibilidade" (Hermenegildo, 2008).

O empenhamento da GNR nas missões da ONU em Timor-Leste marcou em definitivo a visibilidade e importância para Portugal e a capacidade de afirmação e de resposta a situações de desordem e de insegurança no terreno das Unidades Constituídas de Polícia em operações de paz.

Missão da ONU na Libéria – UNMIL

Voltemos um pouco atrás. No ano de 2003, a coberto da Resolução 1509 do Conselho de Segurança da ONU, de 19 de Setembro de 2003, foi enviada para a Libéria a maior força multinacional da história da ONU (15000 militares, 250 observadores militares e 1115 observadores de polícia civil), designada UNMIL[300].

Portugal não quis ficar de fora – embora, talvez dada a pouca ligação com a questão em causa a nossa participação tenha aqui sido pouco mais do que simbólica. Todavia, após este empenhamento da GNR na Libéria, Portugal decidiu nomear diversos observadores quer da GNR, quer da PSP, para outras OAPs na África Ocidental, designadamente para a Serra Leoa, Costa de Marfim e mais recentemente para a Guiné-Bissau – cenários pós-conflito onde para além de medidas de reabilitação da sociedade e do Estado de direito, será necessário um esforço internacional conjugado, designadamente no combate à criminalidade financeira, à criminalidade organizada, ao tráfico de droga e de armas, etc., evitando-se assim

---

[300] UNMIL (*United Nation Mission in Liberia*).

que aquela área se torne de facto num entreposto maior das multinacionais do crime. O empenhamento em teatros de operações em diversos contextos nesta região, acabou por dar alguns trunfos a Portugal para melhor os nossos representantes poderem defender, em Bruxelas, o estabelecimento de uma missão da União Europeia na Guiné-Bissau, face à triste situação de recorrente instabilidade política e militar vivda no país.

A GNR destacou dois Oficiais para esta missão em 22 de Julho de 2004, tendo terminado a mesma em 15 de Julho de 2005. Os militares empenhados foram responsáveis pelo patrulhamento de uma região (Gbarnga), pela divisão de trânsito e mais tarde desempenharam as funções de *Team Leader*, de Comandante Interino da Área 2, que incluía os distritos de Bong County e de Lofa County, de Oficial de Operações do *Team Site*, colaboraram na formação da Polícia local, na avaliação dos cadetes saídos da Academia durante os estágios nas unidades operacionais, bem como no apoio e protecção às equipas responsáveis pelas eleições e na monitorização do processo de repatriamento dos refugiados, em colaboração com o Alto Comissariado para os Refugiados.

Tratou-se, assim, de mais uma participação simbólica, que não logrou dar grande visibilidade a Portugal nem às nossas forças de segurança.

Missão da ONU na Costa do Marfim – UNOCI

Outras missões da Guarda tiveram nessa época lugar, em paralelo, de novo em resposta a solicitações-oportunidades que se foram configurando 'no terreno'. A 27 de Fevereiro de 2004 o Conselho de Segurança da ONU aprovou a Resolução 1528, tendo em vista reconfigurar a anterior missão designada por MINUCI (*Mission des Nations Unies en Côte d' Ivoire*), reforçando o efectivo internacional no território. Sob a designação de UNOCI[301], esta nova missão consubstanciou-se, para além do reforço do contingente militar, na integração de uma componente de observadores de polícia (num total de 350 elementos) – na qual participou a GNR através do envio de um Oficial e de um Sargento.

A experiência acumulada pela Guarda foi posta a bom uso. Desempenharam funções no território entre 31 de Julho de 2004 e 31 de Agosto de 2005. Foram colocados no Quartel-General da Polícia da ONU, na

---

[301] UNOCI (*United Nations Operation in Côte d'Ivoire*).

cidade de Abijan, tendo o Oficial desempenhado funções no gabinete do *Police Commissioner*, funções de ligação entre a missão e o Departamento de Operações de Paz (DPKO) em Nova Iorque e de chefe de uma equipa de projecto responsável por conceber, organizar e executar projectos de formação e de aconselhamento técnico para a Polícia e para a *Gendarmerie* marfinense. O Sargento desempenhou funções de chefe da Secção de Logística da Polícia da ONU.

Missão da ONU no Haiti – MINUSTAH

Também em paralelo, a Guarda iria também actuar nas Américas. A Resolução 1542 de 30 de Abril de 2004 do Conselho de Segurança da ONU aprovou a missão designada por MINUSTAH[302]. A Polícia da ONU tinha aprovado um total de efectivos de cerca de 700 elementos policiais, entre observadores de polícia e forças policiais de intervenção – *Formed Police Unit*. Na vertente de garantia da segurança e estabilidade do território são os seguintes os objectivos do mandato da missão:

1. *in support of the Transitional Government, to ensure a secure and stable environment within which the constitutional and political process in Haiti can take place;*
2. *to assist the Transitional Government in monitoring, restructuring and reforming the Haitian National Police, consistent with democratic policing standards, including through the vetting and certification of its personnel, advising on its reorganization and training, including gender training, as well as monitoring/mentoring members of the Haitian National Police;*
3. *to assist the Transitional Government, particularly the Haitian National Police, with comprehensive and sustainable Disarmament, Demobilization and Reintegration (DDR) programmes for all armed groups, including women and children associated with such groups, as well as weapons control and public security measures;*
4. *to assist with the restoration and maintenance of the rule of law, public safety and public order in Haiti through the provision inter alia of operational support to the Haitian National Police and*

---

[302] MINUSTAH *(United Nations Stabilization in Haiti)*.

the Haitian Coast Guard, as well as with their institutional strengthening, including the re-establishment of the corrections system;

5. *to protect United Nations personnel, facilities, installations and equipment and to ensure the security and freedom of movement of its personnel, taking into account the primary responsibility of the Transitional Government in that regard;*

6. *to protect civilians under imminent threat of physical violence, within its capabilities and areas of deployment, without prejudice to the responsibilities of the Transitional Government and of police authorities".*

O padrão de participação nacional manteve-se. A participação da GNR na missão da ONU envolveu o envio para o território de quatro militares (3 Oficiais e 1 Sargento), na qualidade de observadores policiais, os quais integraram o Quartel-General da Polícia da ONU instalado na capital do território, *Port-au-Prince*. Iniciaram funções em 18 de Julho de 2004, tendo o último elemento saído do Haiti a 25 de Julho de 2005. Desempenharam funções de chefe da logística do Quartel-General, de conselheiro técnico na área da logística na Direcção-Geral da Polícia Nacional do Haiti, de 2.º Comandante Regional em *Port-au-Price*, de conselheiro na sala de informações e de avaliação de risco no aeroporto das Nações Unidas para as operações aéreas e de chefe da logística na Academia de Polícia do Haiti. O trabalho efectuado pelos militares da Guarda foi assaz consensualmente considerado, interna como externamente, como positivo, embora com um impacto reduzido. No entanto, a missão estabelecida no Haiti em 2004 – se ainda estava longe de atingir resultados tangíveis antes do dramático e pungente sismo ocorrido em Janeiro de 2010 – mais longe ficou de uma operação ideal após a catástrofe verificada, devido à instabilidade política instalada, à fragilidade das instituições, à corrupção generalizada, à violência associada a gangues armados que assolam a capital, perspectivando-se uma continuação da ONU no país por mais alguns anos e o eventual envio de elementos das forças de segurança portuguesas no curto/ médio-prazo para colaborarem neste esforço internacional.

O padrão manteve-se. A participação da GNR na missão da ONU envolveu o envio para o território de quatro militares (3 Oficiais e 1 Sargento), os quais integraram o Quartel-General da Polícia da ONU instalado na capital do território, *Port-au-Prince*. Iniciaram funções em 18 de Julho de 2004, tendo o último elemento saído do Haiti a 25 de Julho de 2005. Desempenharam funções de chefe da logística do Quartel-General, de conselheiro técnico na área da logística na Direcção-Geral da Polícia Nacional do Haiti, de 2.º Comandante Regional em *Port-au-Price*, de conselheiro na sala de informações e de avaliação de risco no aeroporto das Nações Unidas para as operações aéreas e de chefe da logística na Academia de Polícia do Haiti.

Missão da OSCE e da UE na Macedónia – *SKOPJE* e *EUPOL PRÓXIMA*

Seguiu-se-lhe a Europa. Para dar cumprimento à resolução 1371 do Conselho de Segurança da ONU, a OSCE deu inicio, durante o mês de Agosto de 2001, à missão *Spillover Monitor Mission to Skopje,* com o objectivo de reconstruir todo o sistema administrativo, incluindo o policial e judicial, e de restaurar a confiança entre as várias etnias do território. A GNR nomeou dois Oficiais, que entre 3 de Janeiro de 2002 e 3 de Junho de 2003 desempenharam funções no Gabinete de Restauração da Confiança – com o intuito de estabelecer uma ligação entre a polícia da Macedónia e os elementos do Exército de Libertação Nacional da Albânia, para a desocupação dos albaneses dos territórios junto à fronteira entre os dois países e de instrutor na Academia de Polícia de Idrizovo.

Em 2 de Fevereiro de 2005, a GNR regressou ao país, desta vez integrada na missão da União Europeia para a Macedónia designada *EUPOL PRÓXIMA* criada pela aprovação da Acção Conjunta n.º 2003/681/PESC de 29 de Setembro, do Conselho da União Europeia o objectivo principal consistia em acompanhar, fiscalizar e aconselhar a polícia da Macedónia nas operações de combate ao crime organizado. Foi nomeado um Oficial da Guarda que desempenhou funções de Oficial de Segurança no Quartel-General em Skopje, entre 2 de Fevereiro e 14 de Dezembro de 2005.

Missão da ONU e da UE na República Democrática do Congo – *MONUC* e *EUPOL-KINSHASA*

A intervenção da Comunidade Internacional na República Democrática do Congo (RDC) teve por base várias resoluções do CSNU, entre elas a 1355, 1376, 1417, 1445 e 1493, aprovadas em diferentes momentos (1.ª e 2.ª em 2001, 3.ª e 4.ª em 2002 e a última em 2003).

A GNR participou com dois Sargentos-Chefe na MONUC, a qual, tinha como objectivo principal a reestruturação e melhoramento da capacidade operacional da Polícia Nacional do Congo. Segundo Hugo Cruz, "um dos Sargentos desempenhou funções de acompanhamento e supervisão das patrulhas operacionais na zona de Kinshasa (...). O outro Sargento – utilizando para tanto uma Célula de Avaliação – foi responsável por efectuar o levantamento de toda a organização estrutural da PNC, nomeadamente quanto ao número de infra-estruturas e de efectivos existentes, bem como aferir as necessidades humanas e materiais essenciais para o funcionamento do Centro de Formação da Polícia da cidade de *Kivu*, capital da província de *Maliena* " (Cruz, 2006). A missão do último militar a abandonar o território terminou em Abril de 2005.

A GNR participou também na missão da União Europeia do Congo criada pela Acção Conjunta 2004/494/PESC28, de 17 de Maio do Conselho missão implementada após um pedido do governo congolês para a criação de uma Unidade de Polícia Integrada (UPI), uma valência crucial para o robustecimento e melhoria da capacidade de intervenção da Polícia Congolesa em situações de criminalidade volenta e de alterações da ordem pública. A Guarda destacou para esta missão dois Oficiais entre 3 de Fevereiro de 2005 e Dezembro de 2006, que desempenharam as funções de Oficial de Ligação com as autoridades do Congo e de Conselheiro Técnico para a Área de Planificação e Operações da UPI.

Missão da UE na Faixa de Gaza – *EUBAM – RAFAH*

Como seria decerto de esperar, o Médio Oriente não podia ser deixado de fora – o Estado português assim o entendeu. Na sequência do acordo alcançado entre o Governo israelita e a Autoridade Palestiniana para a abertura do terminal de *Rafah Crossing Point* – que estabeleceu uma ligação entre a Faixa de Gaza e o Egipto – e do convite feito à UE para assumir o papel de terceira parte naquele posto, foi lançada a missão da EUBAM, na cidade de Rafah, resultante da Acção Conjunta 2005/889PESC, de 12 de Dezembro do CUE.

Esta missão prevê desde o seu início a monitorização, verificação e avaliação do desempenho palestiniano no controlo do terminal; o apoio à criação de uma capacidade palestiniana em todos os aspectos de gestão da fronteira de *Rafah*; e a sua constituição como força intermediária entre as autoridades palestinianas, israelitas e egípcias na gestão do terminal.

A GNR nomeou para esse efeito 3 militares: um Oficial (que chegou ao teatro de operações em 13 de Dezembro de 2005) e dois Sargentos (um chegou a 31 de Janeiro de 2006 e o outro a 26 de Maio de 2006). Segundo Hugo Cruz, "a estes elementos foram-lhes atribuídas as seguintes cargos: ao Oficial, a chefia do gabinete de Ligação no *Joint Coordination and Liason Office*, instalado na localidade de Kerem Shalom, fronteira do Egipto com a Faixa de Gaza, sendo o mesmo responsável por controlar a correcta aplicação do acordo sobre os movimentos e acessos à fronteira, bem como das normas de funcionamento e de gestão do posto de controlo de Rafah; e aos dois Sargentos, o desempenho das funções de monitorização do controlo efectuado pelos palestinianos nos diversos postos fronteiriços, no que concerne à entrada de pessoas e de mercadorias para a Faixa de Gaza" (Cruz: 2006). Trata-se de uma missão em que a União Europeia tem apostado e na qual Portugal poderá, com vantagens, vir a reforçar a sua presença, dado o impacto positivo que teria a pacificação desta região para o Médio-Oriente, para os países árabes como um todo, para o continente europeu e para os Estados Unidos.

Subagrupamento Alfa na missão *IRAQI FREEDOM*
Cedo, aquilo que estamos tentados de apelidar de 'complexos de interioridade' se fez sentir. O envio da GNR para o Iraque foi rodeado de controvérsia em torno da questão de se saber se aquela missão não deveria, de facto, ter sido atribuída às Forças Armadas. Não aprofundaremos esta questão, embora não seja de menos relembrar, as divergências de fundo entre o então Presidente da República (Jorge Sampaio) e o Governo (José Manuel Durão Barroso, à época o Primeiro-Ministro) sobre as motivações que levaram a administração Bush a intervir no Iraque.

Segundo Figueiredo Lopes, "a Resolução n.º 1511, de 16 de Outubro de 2003, do Conselho de Segurança das Nações Unidas e a Resolução n.º 1546, de 8 de Junho de 2004, legitimam e fundamentam a presença da GNR [no Iraque]" (Lopes, António Figueiredo, 2004: 45)[303]. De

---

[303] Segundo Carlos Carreira, "independentemente de todas as considerações e especulações que sobre o assunto foram expendidas na altura, relativamente ao acerto ou desacerto da decisão e ao facto de ter sido a GNR e não o Exército incumbido da missão, o que releva no contexto aqui tratado, é o facto de que a missão no Iraque não era de forma alguma uma missão de Polícia. Acresce a tudo isto que naquele teatro de operações, não houve nenhum contingente de Polícia que fizesse parte das forças de coligação, o que

acordo com Carlos Carreira, "estas resoluções originaram a Portaria n.º 1164/2003, do Ministério da Administração Interna, que estatui que: "no âmbito dos compromissos internacionais assumidos pelo Estado, o Governo Português decidiu prestar apoio às forças da coligação nas medidas de restabelecimento e manutenção da ordem pública, de desenvolvimento da administração civil e de promoção da estabilidade naquela região [...] Assim, ao abrigo do disposto no n.º 1 do artigo 2.º do Decreto-Lei n.º 233/96, de 07 de Dezembro, e no artigo 1.º do Decreto-Lei n.º 17/2000, de 29 de Fevereiro: [...] Autorizar o Comandante Geral da GNR a aprontar, sustentar e empregar, o efectivo que constituirá a força da Guarda Nacional Republicana para o Iraque, e que participará nas operações de manutenção da paz e segurança no território do Iraque" (Carreira, 2005: 19).

O Sub-Agrupamento Alfa da GNR foi constituído por um total de 123 militares[304], tendo participado nas operações de manutenção de paz e

---

só por si se afigura suficientemente expressivo para perceber que a GNR é, e foi tratada pelo governo como um corpo militar, não obstante a grande percentagem das suas missões quotidianas em território nacional serem de carácter policial. Esta foi sem dúvida uma oportunidade soberana para afirmar não só a sua natureza militar mas também as suas verdadeiras capacidades e potencialidades. Conclusão, toda esta ambiguidade só é passível de ser resolvida quando a GNR for incluída no conceito operacional de "Forças Armadas", passando a constituir um Ramo, caso da *Gendarmerie* Francesa, dos *Carabinieri* Italianos ou da *Marechaussee* Real Holandesa, cuja tutela é do Ministério da Defesa dependendo funcionalmente dos outros Ministérios (Interior, Justiça e Finanças) ou, de outra forma, mas igualmente resolutória, quando a legislação concernente à temática em análise passar a referir «Forças Armadas e GNR» em vez de «Forças Armadas», ou, simplesmente, substituir-se a designação de «Forças Armadas» pela de «Forças Militares»"(Carreira, 2005: 23).

[304] A orgânica do Subagrupamento Alfa era composto por: – um Comandante e 2.º Comandante; – três Pelotões Operacionais, contemplando militares de Infantaria e de Cavalaria, cada um com 1 Oficial Subalterno, 2 Sargentos e 25 Praças; – uma Secção de Operações Especiais (SOE), que, apesar de estar sob Comando do Comandante do Subagrupamento Alfa, ficou, para efeitos operacionais, integrada na Unidade de Manobra do Regimento MSU, dada a especificidade da missão atribuída àquela secção (entrada e "limpeza" de edifícios, segurança pessoal, etc.); – 1 Equipa de Instrução (que, à semelhança da SOE, ficou na dependência do Comando do Subagrupamento, embora desenvolvesse a sua actividade na Secção de Instrução do Regimento MSU); – uma Equipa de Inactivação de Engenhos Explosivos Improvisados; – 1 Equipa composta por três militares femininas (únicas dentro de todo o Regimento *MSU*), ficando a cargo das mesmas todas as revistas a elementos femininos locais, quer durante a sua entrada na Base Militar, quer durante todas as Operações de buscas a residências); – uma Secção Administrativa; – uma Secção Sanitária; – uma Secção de Transmissões, uma Secção Auto e uma Secção de Alimentação.

segurança no território, no âmbito da Divisão Multinacional Sudeste (MND-SE), ficando para tal sob o Comando da Brigada italiana *Italian Joint Task* Force (IT-JTF). O Sub-Agrupamento enviou quatro Contingentes para o Teatro de Operações iraquiano, onde desempenhou a sua missão desde 12 de Novembro 2003 até 10 de Fevereiro de 2005.

O Sub-Agrupamento Alfa incorporava ainda um grupo de quatro oficiais colocados nos Estados-Maiores Divisionário e de Brigada. Dois destes oficiais encontravam-se colocados no escalão Divisão (*Multinational Division* – MND (SE)) sob comando inglês e localizada em Bassorá, e da *Brigada dei Carabinieri italiana Garibaldi* e, posteriormente, da *Brigada Aeromobile "Friuli"*, onde desempenharam diversas funções ao nível da de *intelligence* e de planeamento, participando ainda nos projectos de reestruturação das Forças de Segurança iraquianas. Os outros dois oficiais faziam parte do escalão Brigada das forças italianas, onde desempenharam funções de *Intelligence* e CIMIC (Cooperação Civil Militar). A missão de três destes oficiais teve início em 13 de Setembro de 2003, sendo a sua incumbência inicial a de preparar a chegada posterior da força portuguesa. Será de sublinhar o elevado valor acrescentado que representou para a GNR a passagem de mais de duas dezenas dos seus Oficiais pelos escalões intermédios e elevados da estrutura de comando da Coligação. Regressaremos a este ponto e a outros conexos[305].

Qual a extensão desta actuação externa da Guarda? De novo de acordo com Hugo Cruz, "a actuação da GNR em território iraquiano estendeu-se por toda a província de Dhi Qar, que, juntamente com os Carabinieri (349) e a Polícia Militar da Roménia (101) constituíram o Regimento MSU. Para além destas forças, actuaram ainda na referida província três Regimentos, dois do Exército italiano e um do Exército romeno, num total de 3.038 efectivos, que conjuntamente com o Regimento MSU formaram a IT-JTF.

Sedeada, numa primeira fase, em plena cidade de An'Nasyriah, base Maestrelo, e, posteriormente, por razões de segurança, no quartel de Camp Mittica, em Tallil (numa antiga base da Força Aérea Iraquiana), coube ao Regimento *MSU* planear, desenvolver e executar todas as operações de polícia executiva (inclusive de polícia criminal) de apoio, ou em circuns-

---

[305] Cabem aqui os nossos profundos agradecimentos a muitos dos oficias da GNR que participaram nestas missões e que gentilmente leram, comentaram e enriqueceram esta secção, designadamente, (para nos atermos apenas a um nome) o Major Carlos Pereira.

tâncias particulares, de substituição da polícia local, com o objectivo de restabelecer a segurança e ordem pública em toda a sua área de responsabilidade. Outra das missões da MSU era a de desenvolver toda a actividade tida como necessária para a reconstituição e reorganização da polícia local, em estreita colaboração com o Centro de Cooperação Civil/Militar (CIMIC)" (Cruz, 2006). Segundo Francisco Rodrigues, "as missões atribuídas ao Subagrupamento Alfa foram: manutenção e restabelecimento da ordem pública; segurança de pontos sensíveis; escolta a comboios humanitários; policiamento de áreas sensíveis e execução de *'check-points'*; operações anti-insurreição; inactivação de engenhos explosivos improvisados; operações de busca e salvamento" (Rodrigues, 2007).

De referir que, para apoiar a permanência do Sub-Agrupamento Alfa no Iraque, foi ainda necessário colocar Oficiais de ligação em diversos locais, de forma a poderem apoiar essa força, através de acções de coordenação com os outros países da coligação: em Londres (*Northwood*) um Oficial de ligação junto do Comando Conjunto Permanente do Reino Unido; um Oficial em Roma, desempenhando funções de Oficial de Ligação junto da *Arma dei Carabinieri* de Itália.

Houve uma aprendizagem organizacional efectiva? O capital de experiência e de aprendizagem obtidos no exercício de funções de estado--maior e de ligação, em ambiente multinacional, e numa situação de conflito, foram o retorno de um forte investimento institucional nos seus quadros superiores, e trouxe novas ideias, perspectivas e modos de funcionamento que contribuíram e seguramente, ainda contribuem para a evolução e modernização da instituição, apesar de, segundo muitos daquelas que se viram envolvidos, a instituição não tenha infelizmente capitalizado e rentabilizado, tanto quanto poderia fazê-lo – em termos de 'lições aprendidas' – o valor individualmente adquirido.

Em muitos casos, esta missão iraquiana, há que realçá-lo, foi atípica para a Guarda. Vale a pena referir porquê, ainda que apenas de maneira breve e indicativa. Carlos Carreira resumiu da seguinte forma a problemática tanto dos motivos quanto da legitimidade da tão discutida participação da GNR na missão no Iraque: "o Conceito Estratégico de Defesa Nacional e a Política Externa não enquadram a participação da GNR em missões internacionais [militares], não legitimando, por conseguinte, a missão da GNR no Iraque. A GNR tem desempenhado um papel afirmativo nas Operações de Resposta à Crise. Dada a inexistência de enquadramento legal que legitimasse a participação da GNR em Missões Internacionais e, concretamente, na missão no Iraque, tendo em conta que a legislação existente à data, atribuía aquela missão às Forças Armadas, a questão foi resolvida através da promulgação de legislação legitimadora, de forma a ultrapassar o impasse político existente" (Carreira, 2005: 25). Para muitos, no entanto, um precedente fora aberto – o futuro se encarregará de nos desvendar qual.

6.2.2. *O Empenhamento Internacional da PSP*

Voltamo-nos, agora, para a Polícia de Segurança Pública e a sua projecção externa de forças. De novo os seus primórdios remontam há já décadas; e mais uma vez surgiram como resposta a solicitações-oportunidades a que o Estado português não quis deixar de responder.

A PSP participa em missões internacionais desde Março de 1992, altura em que o Governo da República Portuguesa decidiu a participação de Portugal na componente de Polícia das Nações Unidas na missão daquela Organização Internacional no território da ex-Jugoslávia. A PSP tornou-se, deste modo, a primeira força de segurança nacional a participar em operações de paz, quando integrou a UNPROFOR[306].

Desde então, a PSP participou nas mais diversas operações. No quadro da ONU: na Bósnia-Herzegovina, no Kosovo, em Moçambique, no Sahara Ocidental, na República Centro-Africana, na Guatemala, no Congo, no Haiti, na Serra Leoa, no Chade (missão em curso) e em Timor-Leste (encontra-se no presente neste teatro de operações). Ao nível da UEO: em Mostar (Bósnia-Herzegovina) e na Albânia. No âmbito da OSCE: na Bósnia, Croácia, Kosovo e Macedónia. Ao nível da UE, fê-lo na África do Sul, na Bósnia-Herzegovina, na Macedónia, na Etiópia, no Congo (missão a decorrer) e no Kosovo (missão a decorrer).

Tal como o fizemos no que diz respeito à GNR, no que toca à PSP nas páginas que se seguem vamos abordar as mais complexas destas missões designadamente aquelas que tiveram um maior empenhamento de recursos humanos. Mais uma vez o nosso esforço será apenas indicativo.

---

[306] *United Nations Protection Force* – Força de Protecção das Nações Unidas.

UNPROFOR – Força de Protecção das Nações Unidas

Comecemos de novo pelo princípio. A missão da ONU no território da ex-Jugoslávia, designada por *United Nations Protection Force*, incidia fundamentalmente nos territórios ocupados pelos sérvios em áreas reclamadas pelos croatas (o território da Krajina e os territórios da Eslavónia Oriental e Ocidental), nas áreas de protecção da ONU na Bósnia-Herzegovina (áreas muçulmanas de Sarajevo, Sebrenica, Zepa, Bihac, Tuzla e Gorazde), na Macedónia, na Sérvia e Montenegro e na Eslovénia.

Os primeiros profissionais da PSP seleccionados para integrarem a componente policial de uma operação de paz, não foram sujeitos a nenhuma preparação ou formação especial, pois não havia informação suficiente sobre a missão – e o que se sabia sobre o conflito no território da ex-Jugoslávia era transmitido essencialmente pelos órgãos de comunicação social. Depois de ter sido solicitada ao MAI, por parte do MNE, a participação de um contingente de Polícia civil integrado na UNPROFOR, a opção tomada pela PSP consistiu em nomear elementos policiais provenientes das Unidades Especiais (Grupo de Operações Especiais, Corpo de Intervenção e Corpo de Segurança Pessoal), bem como pessoal com larga experiência profissional, de modo a fazer face aos desafios que colocava um teatro de operações onde se desenrolavam ainda operações militares e um conflito armado entre grupos étnicos, onde o risco associado ao cumprimento da missão era muito elevado e onde as condições de vida extremamente adversas.

A projecção de forças pela PSP começou desde logo em 'velocidade de cruzeiro', por assim dizer. Dos cerca de 158 profissionais da PSP empenhados nesta missão, muitos desempenharam funções de grande importância nas mais diversas áreas no quadro da componente policial da UNPROFOR, salientando-se as posições de Comandantes dos sectores Norte e Sul da Krajina, de Chefe das Operações no Quartel-General da missão em Zagreb, de 2.º Comandante da Região de Tuzla, de Comandante Distrital de Goradze, Comandante do Distrito de Bjelijina e de Comandante do Distrito de Prijedor.

UNMIBH / IPTF[307] **– Missão das Nações Unidas na Bósnia-Herzegovina /** *Task Force* **de Polícia Internacional**

Em resposta ao agravamento das situações no terreno, o âmbito regional das actuações externas da Polícia de Segurança Pública portuguesa iria depressa ver-se alargado. A UNMIBH foi estabelecida em Dezembro de 1995 pela Resolução do Conselho de Segurança 1035 (1995) de 21 de Dezembro. A missão só foi estabelecida depois da assinatura dos Acordos de Paz iniciados em Dayton, nos Estados Unidos, em 21 de Novembro de 1995 e assinados em Paris em 14 de Dezembro de 1995. Esta Resolução procedeu à criação da *International Police Task Force* (IPTF) para desempenhar as tarefas previstas no Anexo 11 ao Acordo de Paz de Dayton. Do mandato da componente policial constavam como missões mais importantes as seguintes: -monitorizar, observar e inspeccionar as actividades, procedimentos e estruturas das Forças de Segurança e Órgãos Judiciais locais; – aconselhar as Forças de Segurança; – auxiliar, treinar e formar a Polícia local; – Investigar e denunciar violações aos Direitos Humanos.

Os 17 elementos da PSP que na altura se encontravam na missão UNPROFOR foram transferidos para a IPTF na UNMIBH por decisão política do Governo Português. Portugal, por solicitação da ONU, aumentou o seu contingente para 50 elementos. No primeiro semestre de 1997 a ONU solicitou novamente a Portugal o reforço do seu contingente. Assim, em 01 de Junho de 1997 o contingente da PSP passou a ser constituído por 60 elementos (1 Superintendente, 1 Comissário, 5 Subcomissários, 33 Subchefes e 20 Agentes), sendo na altura o sétimo maior contingente de entre os 44 países que participavam na componente policial da ONU na Bósnia, tendo-se mantido com esta dimensão até 1999. Foi igualmente uma missão que envolveu um risco elevado para os que nela participaram, devido às tensões existentes entre as diferentes comunidades étnico-religiosas, assim como às minas, milhares delas, existentes ainda no terreno – desconhecendo-se a localização de muitas delas, devido à destruição de mapas das áreas minadas por parte das facções em conflito.

Tal como fora o caso com outras forças nacionais, os processos de aprendizagem institucional foram dando frutos. Foram desempenhadas

---

[307] *United Nations Mission in Bosnia-Herzegovina / International Police Task Force.*

diversas funções de relevo, como as de Chefe do Pessoal, Chefe da Logística e Chefe do Departamento de Transportes, Chefe do Centro de Formação da CIVPOL, de Oficial de Operações, todas no Quartel-General da Polícia da ONU em Sarajevo.

Tal como fora o caso com outras forças nacionais, os processos de aprendizagem institucional foram dando frutos. Houve muitas oportunidades para tanto: foram desempenhadas diversas funções de relevo, como as de Chefe do Pessoal, Chefe da Logística e Chefe do Departamento de Transportes, Chefe do Centro de Formação da CIVPOL, de Oficial de Operações, todas no Quartel-General da Polícia da ONU – e todas elas com exigências próprias e resultados pedagógicos importantes.

UNMIK – Missão de Administração Interina das Nações Unidas no Kosovo

O 'extravaso' regional iria continuar. A UNMIK[308] foi criada pela Resolução 1244 (1999) de 10 de Junho do Conselho de Segurança das Nações Unidas. Esta Resolução autorizou o Secretário-Geral da ONU a estabelecer no Kosovo uma administração interina provisória, dirigida pelas Nações Unidas.

A UNMIK redundou numa missão complexa e multidimensional – na medida em que envolveu diversas componentes: militar, de polícia civil, de ajuda humanitária, de direitos humanos, de reforma do sistema judicial, de administração, entre outras, cobrindo assim um conjunto de áreas fundamentais para a (re)construção de instituições e para que fosse atingido um objectivo de longo prazo que consistia na convivência pacífica entre grupos étnicos num território pós-conflito marcado pela violência e pela incerteza do seu futuro político. Esta foi primeira missão em que a componente policial assumiu poderes executivos, pelo que os elementos policiais desempenham as suas funções armados[309].

As funções desempenhadas pelos 71 polícias portugueses estiveram em grande medida relacionadas com a componente operacional da missão.

---

[308] *United Nations Interim Administration Mission in Kosovo.*

[309] A Polícia da ONU tem assim as missões de uma Polícia local inexistente, garantindo, em estreita cooperação com a componente militar, a segurança e ordem pública, assim como, a investigação criminal, de forma a prevenir a ocorrência de violações dos direitos do Homem e capturando suspeitos da prática de crimes com o fim de serem presentes às entidades judiciais competentes.

Destacam-se as seguintes: adjunto do Director da Unidade de Investigação Criminal da missão, chefe do Centro de Informações, chefe dos Transportes da missão, director dos Estudos e Planeamento do Serviço de Polícia do Kosovo, director do Pessoal e da Administração, director da Logística do Serviço de Polícia do Kosovo e chefe do Pessoal do Serviço de Polícia do Kosovo.

UNOMOZ – Operação das Nações Unidas em Moçambique

Tal como fora o caso com a Guarda, para a PSP seguir-se-ia a África, como não podia deixar de ser. A missão UNOMOZ[310] foi estabelecida pela Resolução 797 (1992) do Conselho de Segurança das Nações Unidas de 16 de Dezembro por solicitação das partes que estabeleceram os Acordos Gerais de Paz. Em termos bastante gerais, a missão visava a desmobilização e desarmamento das facções em combate, a instauração de um clima de paz e segurança em respeito pelos direitos humanos e o apoio na organização das primeiras eleições multipartidárias em Moçambique que decorreram entre 27 e 29 de Outubro de 1994.

A componente policial da UNOMOZ foi apenas estabelecida através da Resolução 898 (1994) de 23 de Fevereiro. A missão da Polícia da ONU consistia no seguinte: monitorizar as actividades da Polícia local em todo o território e verificar se actuava cumprindo o estipulado nos Acordos de Paz; monitorizar se a Polícia local respeitava os direitos dos cidadãos e as liberdades individuais; fornecer apoio técnico à Comissão Nacional da Polícia; verificar se as actividades de segurança privada não violavam o estipulado nos Acordos de Paz; supervisionar os efectivos e localização das forças policiais fiéis ao Governo, bem como o seu equipamento; monitorizar e verificar o processo de reorganização e formação da unidade de resposta rápida da Polícia, incluindo as suas actividades, armamento e restante equipamento; monitorizar, em cooperação com as restantes componentes da UNOMOZ, a conduta dos diferentes intervenientes durante a campanha eleitoral e verificar se os direitos políticos dos cidadãos, grupos e organizações políticas eram respeitados.

Por decisão política do Ministério dos Negócios Estrangeiros e do Ministério da Administração Interna, a PSP foi autorizada a participar nesta missão das Nações Unidas desde Abril de 1994 até ao seu termo, em

---

[310] *United Nations Operations in Mozambique.*

Dezembro do mesmo ano. No total o contingente da PSP atingiu os 60 elementos (entre Oficiais, Chefes e Agentes), tendo muitos deles desempenhado funções de observador internacional e de segurança durante o processo eleitoral.

MINURSO – Missão das Nações Unidas para o Referendo no Sahara Ocidental

Este padrão de actuação ir-se-ia também manter. A Resolução 690 (1991) de 29 de Abril do Conselho de Segurança das Nações Unidas estabeleceu como mandato da MINURSO. A PSP participou nesta missão em Outubro de 1997 com um contingente de 10 elementos (3 Oficiais, 4 Subchefes e 3 Agentes), tendo cessado definitivamente a sua participação em Janeiro de 2004. No total da missão, estiveram empenhados nesta missão 18 elementos da PSP. Destaca-se o desempenho de Chefe de Operações, Chefe de Pessoal e de Comandante de Esquadra da Polícia da ONU.

Saliente-se que a componente militar desta missão foi comandada pelos então Majores-Generais portugueses Garcia Leandro e Barroso de Moura, entre 01 de Abril de 1996 e 01 de Setembro de 1997.

MONUC – Missão da Organização das Nações Unidas na República Democrática do Congo

A PSP iniciou a sua participação nesta missão com 4 elementos, tendo estes desempenhado funções essencialmente na área da formação da Polícia local – tendo ainda o Subintendente Adílio Custódio assessorado e aconselhado o Representante Especial do Secretário-Geral da ONU em assuntos de segurança pública e de formação e desenvolvimento das forças de segurança Congolesas.

MINURCA – Missão das Nações Unidas na República Centro- -Africana

A missão das Nações Unidas na República Centro-Africana (MINURCA) foi estabelecida através da Resolução do Conselho de Segurança das Nações Unidas 1159 (1998) de 27 de Março.

A PSP participou nesta missão com um Oficial e um Chefe, entre 1998 e 2000, tendo estes desempenhado funções essencialmente ligadas à formação e assessoria das autoridades policiais locais. Tratou-se de uma missão de reduzida visibilidade para Portugal.

Haiti – MINUSATH (Força de Estabilização das Nações Unidas no Haiti)

A missão da ONU no Haiti foi estabelecida pela Resolução do Conselho de Segurança 1542 de 30 de Abril de 2004. A PSP participou nesta missão com um Oficial, o qual, desempenhou funções de comando, gestão e planeamento na fase inicial da missão, tendo sido o Comandante da missão (na fase de implementação da mesma) e posteriormente, adjunto do comandante da missão, nas funções de *Chief of Staff* da Polícia da ONU. Apesar do cargo relevante ocupado pelo Oficial da PSP, tal facto não logrou por parte do Estado português uma maior aposta na representação nacional.

UNIOSIL – Gabinete Integrado das Nações Unidas na Serra Leoa

O Gabinete Integrado das Nações Unidas na Serra Leoa foi estabelecido através da Resolução do Conselho de Segurança 1620 de 31 de Agosto de 2005. Em termos comparativos, o leque de actuações foi amplo. A missão viu-se composta por cinco secções focalizadas em áreas chave do mandato: boa governação e consolidação da paz, direitos humanos e aplicação da lei, polícia civil e assistência militar, desenvolvimento e informação pública. A Secção de Polícia Civil e de Assistência Militar era composta por elementos policiais internacionais (entre os quais, quatro elementos da PSP). Esta missão terminou antes de atingidos em toda a plenitude alguns dos objectivos pré-definidos, persistindo os sintomas de fragilidade e de desestruturação das instituições próprias de um Estado de direito naquele país.

UNTAET, UNMISET, UNOTIL e UNMIT – Missões de Paz da ONU em Timor-Leste

Dada a importância e visibilidade deste caso, vale a pena perder um pouco mais de tempo com o exemplo da missão da PSP em Timor-Leste. Já aludimos às resoluções do Conselho de Segurança da ONU que estabeleceram as diferentes missões implementadas no terreno. De referir, no entanto, que o leque de responsabilidades e o alcance do mandato da UNTAET não tinham quaisquer precedentes, se exceptuarmos alguns pontos de contacto com o mandato da UNMIK (Administração Interina das Nações Unidas no Kosovo)[311].

---

[311] Timor-Leste e o Kosovo foram ambos protectorados de facto, onde a administração do território esteve confiada às Nações Unidas, em Timor transitoriamente, pois o

Em muitos sentidos tratou-se de uma operação de um novo tipo. Pela primeira vez as Nações Unidas tinham controlo soberano sobre um território, o qual visavam preparar para a independência[312]. Tratou-se pois da "conciliação de duas valências: implementação de um Governo transitório da ONU e a consecução do objectivo estratégico do estabelecimento de um Estado independente"[313]. Para alguns estudiosos, a UNTAET já não fazia assim parte de uma segunda geração de operações de manutenção de paz, mas foi precursora de uma geração de operações de construção de Estados[314] ou de coordenação de um processo de descolonização empreendido fora dos padrões clássicos.

A PSP participou nas diferentes missões da ONU – que se sucederam no território – e fê-lo com cerca de 170 elementos policiais. Seguindo mais uma vez um padrão transversal, os lugares que a PSP ocupou foram de relevo crescente. Um Superintendente-Chefe da PSP (Coelho Lima) foi nomeado em Janeiro de 2000 para assumir as funções de Comandante da Polícia das Nações Unidas, tendo sido a primeira vez que um elemento policial português assumiu uma posição de tal relevo na estrutura das Nações Unidas. O Superintendente-Chefe Coelho Lima ocupou a posição de Comandante da Polícia da ONU em Timor-Leste entre Janeiro e Agosto de 2000 e posteriormente o Superintendente Costa e Sousa assumiu aquela função entre Setembro de 2000 e Novembro de 2001.

Actualmente, em finais de 2009, na UNMIT esta posição é ocupada pelo Intendente Luís Carrilho (Comandante da Polícia da ONU – *Police Commissioner*). Salientam-se ainda os seguintes cargos desempenhados pelos elementos da PSP durante a vigência da UNTAET, UNMISET, UNOTIL e presentemente na UNMIT: 2.º Comandante da Polícia das Nações Unidas para a área do desenvolvimento da PNTL; Assistente Especial do Comandante da Polícia da ONU e porta-voz; Director da Academia de Polícia; Oficial de Ligação junto do Ministro da Administração Interna de

---

direito à autodeterminação foi reconhecido. O Kosovo, porém, bate-se ainda pelo reconhecimento do direito à independência e a administração interina tende a eternizar-se. Ambos podem ser sucessos de uma Organização a que o sucesso faz tanta falta. Em ambos, no entanto, há um perigo real de derrapagem.

[312] BOTHE, Michael e MARAUHN Thilo, *The United Nations in Kosovo and East Timor* (in *International Peacekeeping* – Kluwer, 6, n.º 4-6, Julho-Dezembro, 2000), pp. 56-152.

[313] BEAUVAIS, Joel C., *op. cit.*, p. 1101.

[314] KONDOCH, Boris, *op. cit.*, p. 246.

Timor-Leste; – Comandante Distrital de Díli; Chefe de Gabinete do Comandante da Polícia das Nações Unidas; Chefe da Logística da PNTL.

Refira-se, ainda, que as equipas da PSP que integraram a Unidade de Segurança Pessoal da Polícia da ONU que garantiu, entre 2000 e 2004 a segurança dos mais altos dignitários Timorenses, designadamente o Presidente da República Xanana Gusmão, o Primeiro-Ministro Mari Alkatiri e o Ministro dos Negócios Estrangeiros José Ramos Horta – tendo procedido, simultaneamente, à formação dos polícias timorenses que viriam integrar mais tarde esta unidade especial.

Em consonância com os processos de aprendizagem institucional a que fizemos já alusão o âmbito das actuações da PSP foi sendo alargado a par e passo. Um dos marcos mais importantes da componente policial foi a data de início do primeiro curso de formação de 50 polícias de Timor-Leste na Academia situada em Comoro – Dili (27 de Março de 2000). Este curso foi coordenado por uma equipa de polícias internacionais da ONU e formadores e intérpretes locais. A cerimónia de 11 de Julho de 2000, por outro lado, pode ser considerada histórica para a história do País: trata-se da data em que foram empossados os primeiros 50 polícias timorenses, através de uma cerimónia oficial com a presença do Dr. Sérgio Vieira de Mello (Representante Especial do Secretário-Geral das Nações Unidas), do então líder do CNRT, Xanana Gusmão e do bispo Ximenes Belo.

São ainda de referir outros projectos de relevo coordenados por elementos da PSP: a organização da Academia de Polícia e desenvolvimento dos *curricula*, o desenvolvimento do processo de recrutamento e selecção para a Polícia Nacional de Timor-Leste (PNTL), a organização da Unidade Nacional de Investigação Criminal e da Unidade de Segurança Policial, a criação da Unidade de Intervenção Rápida, a organização do Departamento de Logística do Quartel-General da PNTL.

EUPM – Missão de Polícia da União Europeia na Bósnia-Herzegovina

Seguiu-se-lhe a Europa. A missão de Polícia da União Europeia na Bósnia-Herzegovina foi implementada a partir de 01 de Janeiro de 2003, após o *terminus* da missão das Nações Unidas naquele país, tendo por base uma Acção Conjunta (*Joint Action*) de 210/2002 de 11 de Março. Tratou-se inicialmente de uma missão com um efectivo de 500 polícias e um orçamento de 38 milhões de Euros entre 2003 e 2005.

A missão da EUPM não é executiva – pelo que os polícias dos diferentes Estados Membros da União actuam essencialmente na qualidade de observadores e exercem as suas funções desarmados. A sua missão consiste em aconselhar, monitorizar, inspeccionar e estabelecer na Bósnia-.Herzegovina uma Polícia sustentável, profissional e multi-étnica. Este serviço de Polícia deverá desempenhar as suas funções e organizar-se de acordo com os princípios e compromissos assumidos no Processo de Estabilização e de Integração na União Europeia, especialmente no que diz respeito à luta contra a criminalidade organizada e à reforma policial.

Participaram nesta missão 19 elementos da PSP, tendo desempenhado funções na área da formação da Polícia Bósnia e em funções de *staff* no Quartel-General da Polícia da EU.

UEO – Missão de Polícia em Mostar

Se recuarmos um tempo no tempo, fácil é constatar que para tanto houve antecedentes. Em Dezembro de 1994, a PSP enviou um contingente de 10 elementos para participar na Missão da Polícia da UEO junto à Administração da União Europeia na cidade de Mostar, na Federação Croato-Muçulmana na Bósnia-Herzegovina. Durante o primeiro semestre de 1995 em que Portugal assumiu a Presidência da UEO e um oficial superior da PSP desempenhou as funções de oficial de ligação entre a missão e a Presidência. Esta missão visava garantir a livre circulação na cidade de pessoas de todas as etnias, supervisionar os trabalhos da Polícia croata e da Polícia Muçulmana na cidade e investigar todas as situações de violações de Direitos Humanos. O seu objectivo último era criar uma única força policial na área da cidade juntando polícias croatas da Bósnia e muçulmanos na Polícia Unificada de Mostar – *Unified Police Force of Mostar* (UPFM). Para o cumprimento do seu mandato, os polícias desta missão desempenharam-na armados.

Esta missão terminou oficialmente em 31 de Outubro de 1996 e, embora não se tendo atingindo o seu objectivo essencial, já que a UPFM teve uma existência efémera, a acção dos Polícias da UEO foi determinante na manutenção da paz na cidade de Mostar e na reposição de uma livre circulação de pessoas e bens entre as zonas Este (Muçulmana) e Oeste (Croata) da cidade. No total participaram nesta missão 22 elementos da PSP: 4 Oficiais, 16 Subchefes e 2 Agentes.

Por solicitação da ONU – que assumiu a continuação do trabalho desenvolvido pela Polícia da UEO – o último comandante do contingente da PSP na missão da UEO, foi transferido, em 1 de Novembro de 1996, para a componente policial da ONU na missão em curso na Bósnia--Herzegovina.

UEO – MAPE – União Europeia Ocidental – Elemento Policial Multinacional de Aconselhamento

Tal como foi o caso com a Guarda, o extravasar regional das nossas intervenções era inevitável, uma vez a decisão inicial de intervir na zona. Em meados de 1996, na sequência das convulsões sociais e políticas verificadas naquele país, a UEO constituiu uma missão internacional de polícia para colaborar no processo de organização da nova polícia Albanesa e de formação do seu pessoal, de modo a que a Albânia tenha uma força de segurança, credível que actue de acordo com os padrões internacionalmente reconhecimentos em matéria de Direitos Humanos e de aplicação da Justiça. Foi assim constituída a *Multinational Advisory Police Element (MAPE)*, uma missão que chegou a contar com cerca de meia centena de polícias da União da Europa Ocidental.

A PSP participou desde o início da missão (Junho de 1997). Foram desempenhadas funções de aconselhamento junto do Comando da Polícia Albanesa, de chefia da equipa multinacional de Instrutores na especialidade de Ordem Pública, de chefia do Gabinete de Comunicações da Missão e funções de instrutores na equipa de Operações Especiais.

Convém referir que apesar das características eminentemente de formação e de aconselhamento desta missão internacional, foi a segunda missão do tipo na qual os elementos da PSP transportaram para o Teatro de Operações armamento individual. A missão da UEO na Albânia foi armada e por isso todos os polícias internacionais possuíam uma pistola – para além de outro equipamento de protecção pessoal específico.

Apesar de não ter obtido grande visibilidade em termos nacionais, esta missão foi uma das mais interessantes em que elementos da PSP participaram, pela complexidade do cenário no terreno em termos de criminalidade organizada e de corrupção generalizada e devido ao trabalho de reestruturação das forças de segurança locais, marcadas pelas dezenas de anos de regime autoritário sob a liderança "maoísta" e muitíssimo *sui generis* de Enver Hoxa – um dos mais fechados e atípicos do ex-bloco de Leste.

6.3. Da Organização e dos Objectivos da Polícia das Nações Unidas

Com algum recuo, tentemos agora uma perspectivação de conjunto levada a cabo nos termos gerais a que nos propusemos nesta monografia. Nestes termos – e da perspectiva de uma interpenetração crescente do interno e do externo – o que podemos asseverar quanto a atribuições e competências, bem como finalidades operacionais, das forças 'policiais' portuguesas enviadas para o exterior? Limitamo-nos, de novo, num primeiro passo, a um simples arrolamento.

De um ponto de vista operacional, a Polícia da ONU é uma componente autónoma nas OAP, sob o comando do *Police Commissioner*[315] coadjuvado por dois adjuntos (um para as operações, o outro para a administração), que depende directamente do RESG das Nações Unidas, complementando a sua actividade com outras componentes: militar, humanitária, eleitoral e administrativa. O estabelecimento da componente de polícia, sob os auspícios da ONU, adquire diferentes formatos, tendo em conta o mandato e as características da missão, e tem sido estruturada de acordo com dois conceitos tipo: as missões de natureza executiva (as primeiras OAP onde a componente policial teve poderes executivos foram a UNMIK- Kosovo, iniciada em 1999 e a UNTAET em Timor-Leste, iniciada em 2000) e as missões não executivas (a maioria das OAP).

A tendência? Se durante as missões de primeira geração, a Polícia da ONU assumia um mero papel de observação das forças policiais locais, nas missões de segunda geração passou a exercer tarefas de supervisão, aconselhamento, assessoria e treino em processos ligados à reforma dos sectores de segurança e de justiça, tendo ainda em situações de inexistência de entidades locais responsáveis pela aplicação da lei, assumido poderes executivos[316]. Nestas missões executivas os polícias da ONU andam

---

[315] Portugal já teve dois Oficiais da PSP a desempenhar esta função (o Superintendente Costa e Sousa e o Superintendente-Chefe Coelho Lima), encontrando-se neste momento, conforme foi já aludido, o Intendente Luís Carrilho a desempenhar o cargo de *Police Commissioner* na UNMIT – Timor-Leste.

[316] De facto, o número de missões que têm sido atribuídas à Polícia em OAP da ONU tem vindo a aumentar, assim como a diversidade das suas tipologias, podendo ser sistematizadas do seguinte modo: i) garantir a segurança e ordem pública ou monitorizar as polícias locais no cumprimento desta missão; ii) formar as polícias locais; iii) reestruturar e organizar os serviços locais; iv) apoiar as operações de apoio humanitário; v) super-

armados e desempenham as funções normais de uma força policial no quadro de segurança interna de um Estado. As missões não executivas são desempenhadas por polícias internacionais desarmados, não tendo estes responsabilidades na imposição da ordem e segurança pública, mas apenas de supervisão, aconselhamento, monitorização e/ou de formação.

Quais as suas bases de sustentação programática? Os já aludidos Agenda para a Paz e o Suplemento da Agenda para a Paz de Boutros--Ghali[317] e o relatório do painel das Nações Unidas sobre OAP de 21 de Agosto de 2000, designado por "Relatório Brahimi"[318], constituem referências fundamentais para os estudiosos destas matérias pela qualidade das recomendações efectuadas para a melhoria da eficácia da Organização na condução de OAP. Como já vimos, o "Relatório Brahimi" defende uma abordagem multidimensional nos processos de consolidação do Estado de Direito em zonas do mundo fragilizadas, assim como o empenhamento de peritos internacionais nas áreas da polícia, de direitos humanos, judiciais, correccionais e de apoio à reforma legislativa. O resultado de algumas das *lessons learned*.

Uma das mudanças estruturais propostas naquele documento (entretanto implementada) foi a separação das Divisões Militar e de Polícia ao nível do DPKO. O painel de peritos da ONU resumiu aí, nos seguintes termos, as grandes linhas por que se deveriam reger as missões poli-

---

visionar a implementação dos acordos entre as partes em conflito ou entre estas e as organizações internacionais; vi) restaurar a confiança das populações e garantir um ambiente seguro; vii) fiscalizar violações de direitos do Homem ou os acordos estabelecidos e investigação de crimes graves; viii) assessorar as autoridades responsáveis pela segurança interna em processos de reforma do sector de segurança; ix) formar unidades ou serviços especiais; ix) controlar as armas na posse das populações civis; x) apoiar a segurança e supervisão de movimentos de deslocados internos e de refugiados; xi) garantir a segurança e supervisão de processos eleitorais ou de referendos; xii) proteger grupos vulneráveis; xiii) aconselhar e monitorizar processos de desarmamento, desmobilização e de reintegração de ex-combatentes.

[317] A/47/277 – S/24111, de 17 de Junho de 1992, An Agenda for Peace, Preventive Diplomacy, Peacekeeping and Peacemaking e A/50/60 – S/1995/1 de 3 de Janeiro de 1995, Supplement to an Agenda for Peace: Position Paper of the Secretary-General on the Occasion of the Fiftieth Anniversary of th United Nations.

[318] Eis a referência bibliográfica complete deste documento central: BRAHIMI, Lakhdar, *Comprehensive Review of the Whole Question of Peacekeeping Operations in all their Aspects: Report of the Panel on UN Peace Operations* (New York: Security Council, Document A/55/305-S/2000/809, 21 of August 2000).

ciais: "a. *os Estados membros são encorajados a estabelecer uma reserva nacional de agentes policiais em prontidão para serem deslocados para missões de paz das Nações Unidas num curto espaço de tempo;* b. *os Estados membros são encorajados a promoverem parcerias regionais para a formação de agentes policiais de diversos Países para missões de paz, de forma a garantirem uma maior uniformização das linhas orientadoras, protocolos de procedimento e padrões de desempenho;* c. *os Estados membros são encorajados a designar um único ponto de contacto nacional, no seio das respectivas estruturas governamentais, responsável pela coordenação das missões de Polícia Civil das Nações Unidas;* d. *o painel recomendou a criação de uma lista de cem polícias e especialistas por parte da UNSAS – United Nations Standby Arrangements System, os quais, deveriam estar disponíveis num prazo de sete dias para a constituição de equipas treinadas para a primeira fase das missões CivPol, conferindo-lhe assim uma maior coerência e eficácia;* e. *o painel recomenda que idênticas medidas às constantes das alíneas a), b) e c) sejam implementadas, entre outras, para os juristas, especialistas em assuntos penitenciários e de direitos humanos, de forma a constituírem, em conjunto com os elementos CivPol, equipas colegiais 'juridico-policiais'"* (Brahimi, 2001: para 126, aqui citado em tradução portuguesa com alguns ajustes).

As Nações Unidas consideram que "elementos policiais da ONU competentes de estatuto civil poderão representar mais adequadamente o modelo e cultura de direitos humanos e democraticidade da Organização, no sentido holístico proposto por Brahimi (...), tendo em vista o estabelecimento de uma cultura de policiamento civil e democrática, assente em estratégias comunitárias, com elementos preventivos operacionalmente robustos, num modelo integrado com os processos de reforma judiciária e correccional" (Antero Lopes, 2005: 74)[319]. Trata-se de uma implementa-

---

[319] Não obstante, "é referida por alguns observadores a ineficácia da componente policial da ONU para resolver determinados problemas e conflitos; são frequentemente apontadas críticas à organização das missões de polícia, facto que leva alguns observadores a considerá-las uma autêntica "torre de Babel" composta por membros de dezenas de contingentes. É referida a sua incapacidade para assegurar a lei e ordem e capturar suspeitos em alguns cenários de crise, a indisciplina dos elementos policiais de diversos contingentes, falta de protocolos de procedimento normalizados, falta de especialistas em determinadas áreas da actividade policial e lacunas na formação dos polícias nomeados por determinados Países. A componente policial das Nações Unidas sofre de problemas relacionados com as filosofias de actuação e de organização, diferentes padrões de forma-

ção, como iremos ter ocasião de verificar, com implicações sempre muitíssimo bem-vindas.

Não obstante a evolução registada – e ela tem sido no essencial de saudar – a verdade é que o Departamento de Operações de Paz da ONU não conseguiu ainda implementar, ou sequer gizar de maneira minimamente consensual, um critério de selecção uniforme para os elementos dos diversos contingentes policiais – designadamente de acordo com o seu *curriculum*, qualificações e experiência[320].

Infelizmente, os Estados contribuintes, muitas vezes limitados, por imperativos de ordem interna cuja viscosidade parece dolorosamente inultrapassável, manifestam muitas dificuldades em disponibilizar contingentes militares e policiais significativos, em termos numéricos, para operações de paz da ONU. Já no Suplemento à Agenda para a Paz de 1995 eram de maneira explícita salientados os constrangimentos em recursos humanos sempre que é necessário providenciar forças para determinados teatros de operações: *"as regards the availability of troops and equipment, problems have become steadily more serious. Availability has palpably declined as measured against the Organization's requirements. A considerable effort has been made to expand and refine stand-by arrangements, but these provide no guarantee that troops will be provided for a specific operation"* (Boutros-Ghali, 1995: para 43). Estes obstáculos acabam por provocar atrasos no cumprimento de prazos de envio de contingentes e peritos para o terreno, estabelecidos nas resoluções do Conselho de Segurança da ONU e, em muitos casos, o agravamento da situação humanitária e de segurança

De igual modo, os Estados infelizmente nem sempre se preocupam com a determinação dos perfis mais adequados às diferentes missões. Estados há, o que é mais grave, que não têm ao que tudo indica qualquer pejo em nomear elementos que não possuam qualquer *background* poli-

---

ção e sistemas policiais dos Estados contribuintes. Muitos Estados nomeiam para os respectivos contingentes, elementos policiais de que podem prescindir mais facilmente, resistindo a integrar especialistas ou quadros de maior qualidade, tendo em consideração a necessidade contínua de resolução das suas próprias questões de segurança interna". (ELIAS, Luís, 2006: 504-505).

[320] O estabelecimento de critérios de selecção estandardizados não deverá, no entanto, resumir-se à componente policial. Tanto ao nível do *staff* civil, como militar, verificam-se ainda inúmeras lacunas nos perfis seleccionados.

cial. A piorar tudo, são diversos os casos de nomeações de pessoas que não cumprem os requisitos mínimos exigidos para um bom desempenho funcional no terreno – mas que nem por isso deixam de ser nomeados para integrar missões internacionais de apoio à paz. As Nações Unidas têm desde há muito conhecimento de casos de militares que vestem a pele de polícias e de outros relativos a agentes que integram as missões após terem obtido a sua reforma – ou depois de longos períodos de afastamento da sua função policial. A agravar tudo isto, há a salientar que o recrutamento de polícias só pode começar depois de autorizada a missão, o que gera limitações significativas na disponibilização de recursos humanos e materiais na fase crucial de início das operações no terreno. Todos estes factores acabam por ter um grande impacto na componente de Polícia das Nações Unidas em diversas missões de manutenção de paz (Elias, 2006: 505).

Revemo-nos na reflexão de Mónica Ferro, quando a autora refere que "os países que fornecem polícias para as missões internacionais não têm uma *capacidade policial de reserva* que possam dispensar de imediato; a maior parte destes homens estão envolvidos na comunidade e, logo, retirá-los significaria rupturas no próprio serviço de polícia nacional. É por esta razão que alguns têm defendido que as Nações Unidas, ou a comunidade internacional, deveriam ter uma força de polícia internacional com um elevado grau de prontidão, já que é difícil esperar-se que os militares desempenhem o trabalho policial" (Ferro, 2005: 333). A questão não é, neste caso, corporativa, naturalmente – mas antes funcional. Alguns autores consideram que: "*the police, who hold most responsibility for public order and who are the state institution most in touch with the people, are rarely discussed in political reform proposals (...) there is growing acknowledgement that genuine security is bound up with comprehensive security, and that comprehensive security starts with the rule of law. In the rush to identify mechanisms that will encourage the establishment of democratic practices, however, the fundamental and irreplaceable role of civilian police has suffered neglect*" (Call & Barnett, 2000: 65).

Face a este tipo de cenário, o que fazer? Muitos consideram que o repensar da organização no terreno das missões policiais constituiria uma boa solução, designadamente através da criação de regiões policiais (à semelhança dos sectores militares), com contingentes nacionais completos desempenhando as suas funções nas áreas respectivas e reportando a um comando policial unificado e central. Outros sectores entendem que o principal factor a rever será o da implementação de critérios rígidos de selecção de observadores policiais, de acordo com as especificidades do mandato respectivo aprovado pelo Conselho de Segurança da ONU. Existem ainda correntes que defendem que a maior vantagem da componente policial face à componente militar é precisamente a sua maior flexibilidade para se adaptar aos diferentes cenários e a maior facilidade de aproximação e de interacção com os cidadãos nos Estados pós-conflito, fruto das missões normalmente atribuídas aos serviços de Polícia nas democracias contemporâneas: policiamento da via pública, a investigação criminal, a ordem pública, a prevenção e a perícia forense são fundamentais para a garantia da segurança pública, para o restabelecimento da confiança das populações nas entidades estatais e, consequentemente, para a responsabilização dos autores de abusos e de violações dos direitos humanos (Elias, 2006: 506-507).

Segundo Chesterman, *"when a peace operation attempts to bring order to territory in which the institutions of the state have ceased to function, however, the United Nations and other international actors confront the dilemma of whether and how to use the military to provide for internal security. A related dilemma frequently arises: whether to regard 'spoilers' that challenge the new regime as political opponents, criminal elements, or military enemies"* (Chesterman, 2004: 112).

Nos territórios pós-conflito – de que são exemplos concretos o Kosovo e Timor-Leste – verificam-se situações de vazio legal em diversas matérias do foro penal, processual penal, cível e administrativo. Assim, Chesterman defende que: *"the stability of a peace accord and the credibility of peacekeepers depend greatly on first impressions. The first six to twelve-week period is critical for establishing the basis for an effective international presence; credibility, political momentum [and military and policing authority] lost during this period can be difficult to regain"* (Chesterman, 2004: 112). Como lamentou acérbica e metaforicamente – há não muito tempo – Jean-Marie Guéhenno, o então Sub-Secretário das Nações Unidas para as Missões de Paz, "*we have* [UN] *peacekeeping operations that succeed, only to lapse back into conflict. Successful operations, as it were, in which the patient dies*". Tal como sublinharam, num estudo recente, Volker C. Franke e Andrea Warnecke[321], "[t]*hese com-*

---

[321] FRANKE, Volker C. & WARNECKE, Andrea, *Building peace: an inventory of UN Peace Missions since the end of the Cold War*, in *International Peacekeeping*, volume 16, issue 3 (2009): 407.

ments are particularly true in Africa [bem como, na Europa, o continente no qual mais portugueses têm sido destacados contingentes dedicados à manutenção da paz] *where ceasefires are fragile, peace efforts often fail to disarm and demobilise combatants or reintegrate former ones, and post-conflict societies often relapse into conflict in the face of continued poverty, famine and disease. Evidently, an alternative approach to the planning and implementing of UN missions and responses to violent conflict is needed*"[322]. O que, para além de preocupante, é significativo – e embora porventura difícil de encontrar uma solução para o problema, mais fácil é decerto equacionar as coordenadas dela.

A sugestão feita por estes dois autores parece-nos sensata, sobretudo em termos programáticos gerais, e designadamente quando acentuam que uma abordagem alternativa àquela até agora seguida deve, pelo menos em teoria, lograr um "desenvolvimento humano sustentado"; e que, para tanto, cabe fazê-lo pela via de uma aplicação integrada de esforços de 'estruturantes' de segurança: [t]*he principle behind bringing peacekeeping closer to peacebuilding is hardly new, there is still much to learn institutionally and operationally about how the two activities can best be applied in practice. In this regard, in 2004 Madlala-Roudledge, together with the Council for Scientific and Industrial Research (CSIR), pioneered the concept of developmental peace missions, a concept based on the premise that security can only achieve permanent benefits if vital peacebuilding activities are rolled out within a reasonable time. Reasonable, in this sense, means the provision of critical humanitarian assistance and reconstruction capabilities immediately after – and preferably in concert with – military operations so that security can dynamically reinforce and influence the effectiveness of development (i.e. the one activity must be applied without losing sight of the other). Certainly, the precise time frame for immediate reconstruction will depend on many factors. Even so, experience has shown that the window between the end of military action and the start of development is very narrow: the first few months – if not weeks – following an intervention are perhaps the more critical period for laying the groundwork for peace and establishing the credibility of foreign intervention forces*"[323].

---

[322] Idem.

[323] *Ibid*. Como os autores Volker C. Franke e Andrea Warnecke muito certeiramente sublinharam, há para tanto que "*explore the concept of developmental peace missions, a concept which was formulated in reaction to UN troops struggling to establish*

Salientá-lo nunca é demais, quanto mais não seja para assim se garantir um bom cumprimento das missões levadas a cabo pela comunidade internacional, por agrupamentos regionais empenhados, e pelas forças – militares, policiais, ou outras – envolvidas, por um lado e, por outro, uma racionalização mais rentável dos custos humanos e materiais empenhados de uma como das outras partes. No estudo citado, a urgência de o fazer é posta em bom realce comparativo, com recurso a exemplos dolorosos, pelos dois investigadores alemães.

Verifica-se alguma controvérsia em torno da questão de saber se as Nações Unidas deveriam adoptar ou desenvolver *samples*, ou modelos legais, pacotes legislativos interinos que facilitassem o trabalho das agências de aplicação da lei, bem como de manutenção da ordem e segurança públicas, no desempenhar das suas funções.

Estes modelos podem evitar que as Nações Unidas se vejam obrigadas a recorrer às leis pré-existentes nos Países em situação de conflito, eliminando também a tarefa gigantesca de rever essa legislação sob pressão, de forma a expurgá-la das disposições que ofendem os padrões internacionais de Direitos Humanos. Uma tal solução acaba por ter o efeito perverso de levar as próprias Nações Unidas a perpetuarem a aplicação de leis desenvolvidas por regimes autoritários, das quais as populações ainda se sentem vítimas, mesmo se revistas em função dos padrões internacionais.

Por outro lado, esta estratégia facilitaria a constituição de uma reserva de magistrados e advogados conhecedores dos modelos desenvolvidos, os quais poderiam ser integrados nas missões conjuntas a implementar em territórios em situação de grave crise e de colapso das instituições, nos quais a ONU viesse a proceder à administração da justiça e à garantia da lei e da ordem[324]. A aplicação dos modelos aludidos evitaria a existência de longos períodos em que as forças de polícia internacional

---

a safe and secure environment for peacebuilding". Um ponto partilhado *ante literam* por muitos dos comentares portugueses que sobre o tema têm discorrido, cá como lá. A estas preocupações vêm-se acrescentar outras, como as delineadas por JACKSON, Paul, *SSR and Post-Conflict Reconstruction: armed wing of state-building?* um *paper* preparado para a Conferência *The Future of Security Sector Reform* [a SSR], realizada entre 4-8 de Maio de 2009.

[324] MELLO, Sérgio Vieira, *UNTAET: Debriefing and Lessons* (Tokyo: UNITAR – IPA – JIIA Conference, 16 – 18 September 2002).

actuam num curioso limbo localizado numa zona cinzenta algures entre a legalidade e a iminente violação de direitos internacionalmente consagrados, bem como a necessidade de se aplicar o regime legal anteriormente vigente, o qual, muitas vezes, carece de legitimação junto das populações locais[325].

Segundo Michael Ignatieff, *"the trick in nation-building is to force responsibility – for security, for co-existence – back on to local elites. This is not easy (...). Controlling the culture of vengeance usually takes longer than the time frame dictated by most modern exit strategies. (...) Internationals can hold the ring – provide impartial administration, some inward investment, some basic security protection – but the work has to be done by the political elites who inherit the intervention. Nation-building takes time, and it is not an exercise in social work. Its ultimate purpose is to create the state order that is the precondition for any defensible system of human rights and to create the stability that turns bad neighborhoods into good ones"* (Ignatieff, 2003: 321).

Apesar de nos revermos, no essencial, nestas palavras, a verdade é que as experiências recentes de intervenções pós-conflito e de construção de Estados não têm, em diversos territórios, obtido resultados sustentados e sustentáveis, nem tem sido sempre logrado um empenhamento efectivo da sociedade civil e das respectivas elites locais. Em muitos casos, a postura tem sido ou, por um lado, a de apoio intrusivo internacional sem envolvimento, sem "apropriação" [traduzimos *ownership*] por parte de entidades locais e a aposta em projectos de impacto rápido ou, por outro lado, e ao invés, a de um abandono precoce que tem geralmente redundado numa implosão das instituições por via de regra frágeis existentes nestes países. Preconizam-se, deste modo, modelos alternativos de construção de Estados capazes de criar as condições essenciais para a segurança, para

---

[325] O que não será fácil: um esquema normativo que cobrisse a actuação das forças de segurança em OAP teria de ser um instrumento vinculativo para todos os membros da ONU – e não parece plausível ver os EUA, a Rússia ou a China, para apenas mencionar alguns, a aceitar – e por escrito! – que poderá haver um dia, ainda que distante, uma OAP no seu território. Um ordenamento que apenas se aplicasse a alguns dos EM da ONU correria o risco de ser rapidamente apelidado de "Código Negro II" e seria uma desonra que poucos Estados estariam dispostos a subscrever. Mas será talvez possível deixar por escrito umas orientações, detalhadas q.b., para a adaptação da legislação nativa às necessidades das forças de segurança no terreno, assegurando o papel da DUDH como referência máxima da conduta dos participantes numa OAP.

o desenvolvimento e para a melhoria da qualidade de vida das populações – modelos esses infelizmente ainda longe de bem gizados.

Será, enfim, oportuno referir que, na esteira deste entendimento e pugnando por soluções consentâneas com as acima apontadas, Sérgio Vieira de Mello defendeu, numa reunião de países doadores que decorreu em Lisboa em Julho de 2001, que "uma das lições mais importantes aprendidas foi que missões *standard* de manutenção e de consolidação da paz, mesmo com uma componente principal de administração transitória, não são um modelo ideal de estrutura para se responsabilizarem por tudo o que envolve governar Timor-Leste". A jovem nação timorense encontra-se, assim, em condições de se constituir como um genuíno estudo de caso [traduzimos *case study*] que poderá conduzir à futura adopção de novas soluções, em circunstâncias vindouras, no âmbito de reconstruções pós-conflito.

Já não seria sem tempo. A experiência acumulada num passado recente – bem como o respectivo percurso de aprendizagem com as falhas detectadas e as lacunas entretanto preenchidas – não poderá ter outra consequência que não a da "definitiva consolidação dos contornos da imprescindível componente policial das missões das Nações Unidas (trabalhando em conjunto com outras componentes), circunstância que acarretará a assumpção de funções cada vez mais prementes, abrangentes e fundamentais por parte dos polícias internacionais que abraçam com determinação a tarefa da paz. O enraizamento dos princípios democráticos e o apaziguamento de feridas ancestrais passam, incontornavelmente, pela acção da Justiça, cujo imediato braço no terreno, em contacto com o cidadão, é a Polícia" (Elias, 2006, 507).

Finalmente, a necessidade de a ONU garantir uma capacidade de resposta rápida em situações de emergência internacional constitui uma prioridade, de forma a prevenir o agudizar das situações de violência generalizada e de violações dos direitos humanos, situações que, muitas vezes, ocorrem ainda com maior acuidade nos períodos que medeiam a aprovação das resoluções do Conselho de Segurança e a chegada das primeiras forças militares aos territórios em crise ou conflito. De acordo com o Relatório Brahimi, *"many Member States have argued against the establishment of a standing United Nations army or police force, resisted entering into reliable standby arrangements, cautioned against the incursion of financial expenses for building a reserve of equipment or discouraged the Secretariat from undertaking planning for potential operations prior to the Secre-*

tary-General having been granted specific, crisis-driven legislative authority to do so. Under these circumstances, the United Nations cannot deploy operations 'rapidly and effectively' within the timelines suggested.(...) at least some of these circumstances must change to make rapid and effective deployment possible" (Brahimi, 2001: para 90, de novo no original).

O painel de peritos responsável pela elaboração do relatório em referência propôs assim que a capacidade efectiva de resposta rápida, deverá ter a aptidão de, no caso das operações de paz tradicionais, planear, organizar e enviar tropas, recursos civis e policiais no prazo de 30 dias, após a adopção da resolução do Conselho de Segurança – e no prazo de 90 dias, no caso das operações de paz complexas[326].

6.4. Sobre a Reforma dos Sectores de Segurança e a Justiça nos Estados Pós-Conflito

Em termos conceptuais, a reforma dos sectores de segurança e de justiça é uma matéria abrangente, muito difícil de concretizar em projectos de curto-médio prazo, envolvendo uma multiplicidade de actores. Segundo Sanam Anderlini e Camille Conaway, *"the security sector refers to organisations and entities that have the authority, capacity and/or orders to use force or the threat of force to protect the state and civilians. It also includes the civil structures responsible for managing such organisations. Three components make up the sector: 1. groups with the authority and instruments to use force (e.g. militaries, police, paramilitaries,*

---

[326] A este propósito comentou em anotação sobre uma versão prévia desta monografia Nuno Cabral: "neste capítulo há uma ponta por onde a nossa política externa poderia pegar – porque não tentar lançar as bases, em Portugal, de uma forma de academia policial e civil para as OAP? A instituição pertenceria à ONU mas uma parte importante do capital financeiro e humano seria nosso, com as vantagens que daí se imaginam, julgo eu, com facilidade: projecção da imagem, da visão, da experiência nacionais, até da língua, que poderíamos tentar vender como de trabalho. O corpo de juristas, magistrados e, acrescento eu, operacionais civis e de segurança teria o seu embrião aqui e poderíamos acrescentar isto ao nosso "power", hard e soft. Num momento e delírio, poderíamos imaginar uma base logística permanente (não se discuta dimensões, o mero princípio já parece mirabolante), ou um QG com forte presença portuguesa ou lusófona, em Portugal ou num PALOP. Seria caro – sim, mas há baratos que saem caro. E sai mais barato que porta-aviões e que a irrelevância".

intelligence services); 2. institutions that monitor and manage the sector (e.g. government ministries, parliament, civil society—see chapter on governance); and 3. structures responsible for maintaining the rule of law (e.g. the judiciary, the ministry of justice, prisons, human rights commissions, local and traditional justice mechanisms). In states affected by armed conflicts, the security sector also includes non-state actors such as armed opposition movements, militias and private security firms. Additionally the media, academia and civil society can play an important role in monitoring activities and calling for accountability" (Anderlini & Conaway, 2005: 31).

Indo mais longe, importa sublinhar que as inovações se têm muitas vezes como que colado à emergência de novas entidades nos palcos internacionais. Parece assim, efectivamente, existir pelo menos "um consenso alargado quanto à relação estreita entre a paz e o estabelecimento de regimes, instituições e valores democráticos" (Kolodziej, 2005: 36). Neste contexto, é de dar realce à percepção, largamente partilhada, segundo a qual os processos de reforma dos sectores de segurança e de justiça são fundamentais para a garantia das condições de estabilidade, para a implementação de reformas estruturais na sociedade e para a própria segurança regional ou internacional.

Num estudo sobre a Palestina, o Líbano e o Iémen, Yezid Sayigh sublinhou com clareza e lucidez a relação estreita entre a reforma do sector de segurança, a reconstrução pós-conflito e a construção de Estados ao referir que "*as they emerge from conflict, states can rarely commence the arduous task of reconstruction and consolidate their governments until they undertake extensive restructuring of their security forces. Palestine, Lebanon, and Yemen are all fractured, quasi-democratic states with divided societies, and deep disagreement over what constitutes the national interest. Successful reform in each will require security institutions that answer to democratically-elected civilian leaders, but the U.S. and European approach has thus far focused largely on providing military training and equipment, targeted toward counterterrorist capabilities. To enable real reform, the West must adopt a comprehensive approach which treats security reform as only one part of a broader political strategy, and encourage governments and security commanders in Palestine, Lebanon, and Yemen to buy into such a strategy. Donor states should invest resources commensurate with their declared objectives, improve coordination, and standardize practices. Above all, they should make it a priority to build the institutions and procedures that are essential for democratic governance of the security sector, without which reforms become bogged down in internal power struggles. Pursuing counterterrorism in the absence of the rule of law perpetuates the undemocratic governance of the security sector and undermines state building and post-conflict reconstruction* (Sayigh, 2009: 1). Seria difícil ser-se mais claro.

Um bom exemplo destes encadeamentos necessários é o que diz respeito aos ditos "Estados falhados", ou "Estados frágeis". Com efeito, muitos dos Estados falhados ou em situação de fragilidade acabam por oferecer as condições ideais para aí se estabelecerem as multinacionais do terrorismo e do crime organizado, daí a necessidade de desenvolver capacidades governativas e de reestruturar os sistemas de justiça e de segurança interna, evitando porém "a imposição de um modelo de democracia e de Estado de Direito ocidental totalmente estranho à população e às elites locais" (Ferro, 2008: 408). Um primeiro alerta, sem dúvida.

Mas outros há. A formação e desenvolvimento das forças policiais locais, colocadas sob controlo civil, e actuando de acordo com os padrões internacionalmente reconhecidos de direitos humanos têm sido prioridades nas novas OAP (embora com algumas histórias de insucesso). Nas situações pós-conflito, "a polícia local é geralmente utilizada como uma componente repressiva do Estado antes do conflito e como uma força para-militar durante o conflito – o que não pressupõe grande sensibilidade para as questões dos direitos humanos. Nessas situações, a reforma das polícias deve dar prioridade à investigação de denúncias de violações de direitos, liberdades e garantias. O objectivo imediato dessas investigações consiste em parar esses abusos e apoiar e reparar as respectivas vítimas. O objectivo a longo prazo – e o mais importante para a construção dos serviços policiais – consiste em identificar as práticas abusivas e as suas causas, assim como tomar as medidas correctivas, incorporá-las num processo amplo de reforma e fazer uma avaliação periódica das medidas adoptadas" (Cordone, 2000: 191)[327].

---

[327] Nos contextos onde a polícia local é dominada por apenas um grupo político ou étnico, os membros da oposição ou dos grupos étnicos excluídos tenderão a criar mecanismos de segurança próprios para se protegerem. E onde o sistema de segurança pública não funciona, a criminalidade organizada pode assumir proporções endémicas, acabando os Estados por degenerar em regimes corruptos, em muitos casos, com a cumplicidade de diversos actores internacionais.

Vale decerto a pena pormenorizar um pouco mais este ponto dada a importância de que ele se reveste. De acordo com o relatório de desenvolvimento humano das Nações Unidas de 2002, "os países que procuram atingir a governação democrática das forças de segurança enfrentam três desafios: estabelecer a liderança directa das forças de segurança por departamentos do executivo, a auditoria fiscal pelo parlamento e por órgãos especializados e a monitorização pelos meios de comunicação e pela sociedade civil; desenvolver uma cultura de profissionalismo e neutralidade política dentro das forças de segurança; separar claramente uma força de polícia eficaz das forças armadas e encorajar o policiamento comunitário" (PNUD, 2002: 86-87). A governação não democrática das forças de segurança e de defesa pode distorcer as prioridades de segurança, verificando-se "em muitos países, uma tendência para a segurança militar, facto que tem levado governos a militarizar as polícias (esbatendo ainda mais a diferença entre elas e as forças armadas) ou a subfinanciá-las gravemente, minando a sua capacidade de garantir a segurança dos cidadãos" (PNUD, 2002: 87).

Um dos aspectos que mais tem afectado a reforma dos sectores de segurança e justiça tem sido a infeliz, mas muitas vezes acérrima, competição entre os países doadores e organizações internacionais ou regionais – com agendas que concorrem ou conflituam entre si na tentativa de imposição de modelos de segurança, defesa e justiça importados desses países, numa lógica *copy-paste*. Os Estados em situação de crise vêem-se em resultado confrontados com a implementação de experiências, projectos e estratégias redundantes ou conflituantes desenvolvidas por doadores-predadores externos que acabam, muitas vezes, por ter um papel pernicioso nos respectivos sistemas de justiça, de segurança interna e de defesa.

Em Timor-Leste, a reforma do sector de segurança tem sido igualmente palco de conflito entre diferentes países doadores. Com efeito, *"the lack of direct coordination has been far more problematic in relation to police reform, where different policing strategies and philosophies of bilateral donors, as well as amongst UNPOL police from various countries, have caused tension and confusion amongst the PNTL. Countries such as Australia and New Zealand have favoured a community policing approach, engaging and partnering with local communities, while countries like Portugal have supported a stricter, more forceful policing doctrine which they believe better suits the current condition of Timor-Leste. This has been further complicated by the variety of policing doctrines and philosophies being conveyed through UNPOL training and mentoring, largely dependant on the home country of the individual doing the mentoring or training. The inability of donors to harmonise their approach results in conflicting advice, erodes local confidence in the donor community, and undermines reform initiatives*" (ICTJ, 2009: 17). Como foi muito bem asseverado por Mónica Ferro, "a coordenação internacional deverá ser preparada desde o planeamento e não apenas tentada no terreno. O que a experiência demonsta é que os doadores não comunicam entre si e raramente reconhecem que o modelo do outro é melhor do que o seu. Assim, a apropriação nacional dos programas e da sua coordenação, possibilitada pela construção de capacidades nacionais para o efeito, parece ser a resposta a essa descoordenação" (Ferro, 2009: 38).

Esta desarticulação entre parceiros internacionais tem levado à assumpção de funções no quadro de segurança interna por parte das FDTL, mais uma vez devido à replicação de modelos estrangeiros que têm um potencial de incrementar a conflitualidade latente entre a Polícia e o Exército Timorenses num Estado onde se verificaram conflitos graves entre ambas as instituições em 2006 e onde os respectivos papéis ainda se encontram em fase de consolidação: "*lack of SSR programme coordination has also created problems in relation to delineating the proper roles of the military and police. The majority of international donors have been pushing for reforms to reinforce the police's role in managing internal security and the military's role on external security. However, the Brazilian government's trainings for the Timorese Military Police (MP) supported an active role for MPs in policing civilians, based on the national Brazilian model. This lack of communication and coordination with other donors working with the PNTL caused a good deal of tension as MPs subsequently worked to establish a presence on the streets*" (ICTJ, 2009: 17).

Por outro lado, verifica-se em diversos Estados em situação de fragilidade, falta de mecanismos que previnam a interferência política na justiça e nas forças de segurança (em áreas como o comando e controlo, o recrutamento, a certificação, as promoções, a investigação criminal, etc.), tendo em vista a garantia da separação de poderes e a transparência, fundamentais para a legitimação junto das populações destas instituições fundamentais num qualquer Estado de Direito.

Como em diversos casos verificamos dolorosamente, a conjuntura interna muitas vezes propicia uma deriva perigosa para a democraticidade almejada. Especialmente nos países de rendimento baixo, a polícia tem salários quase de subsistência, formação limitada ou inexistente, gestão corrupta e elevados níveis de analfabetismo" (PNUD, 2002: 88). O desenvolvimento humano será travado em qualquer país em que as forças armadas, a polícia e outras instituições relacionadas com a segurança controlem as instituições democráticas, actuem em violação sistemática dos direitos fundamentais, ou sejam fragmentadas e anárquicas[328]. Construir um Estado que funcione exige um nível básico de segurança. E sendo sensível à necessidade de segurança, a governação democrática pode ajudar a lançar as bases para manter a ordem e gerir o desenvolvimento. Mas há que saber nunca ir longe demais. A resposta não pode "ser puramente securitária (...) não pode atender mais às agendas da política externa dos Estados com capacidade e vontade para intervir em Estados cujas vítimas são os próprios cidadãos. Aqueles em nome dos quais se forjaram os contratos sociais, aqueles a quem o Estado falha, quando falham os Estados" (Ferro, 2008: 409)[329].

---

[328] No quadro da reestruturação ou de formação dos serviços policiais nestes contextos pós-bélicos, a ONU tem coordenado processos de selecção e de recrutamento para as forças policiais. Neste contexto, são necessários critérios equilibrados que assegurem a representatividade de minorias étnicas, de antigos membros de facções políticas opostas, das mulheres, de antigos combatentes, tendo em vista a construção de uma força representativa do contexto social em que se integra. O desenvolvimento dos *curricula* de formação incorporando matérias de direitos humanos, o aconselhamento e assessoria através de peritos policiais internacionais e o equipamento de acordo com a realidade sócio-económica e com as necessidades de segurança do País, são condições importantes para a reforma das Polícias em consonância com os padrões internacionalmente aceites.

[329] Para efeitos de aprofundamento do que aqui alinhávámos, cabe-nos indicar algumas referências ao trabalho da OCDE-DAC. As normas e linhas de orientação da OCDE em matéria de RSS são as únicas estabelecidas por uma organização internacional e são as que são seguidas pelos doadores. Como o nexo Segurança e Desenvolvimento é muito referido no presente estudo – e assumido como alicerce fundamental da consolidação de estados frágeis, bem como a ideia de mudança paradigmática com o conceito de segurança humana – a inclusão de duas ou três referências sobre esta matéria tem manifesta utilidade. Junto se incluem algumas sugestões: KUMAR, Krishna, in (ed.) Nicole Ball, *Promoting security Sector Reform in Fragile States*, USAID, PPC Issue Paper no. 11, April 2005, Washington; OECD-DAC, *Handbook on Security System Reform: Supporting Security and Justice*, OCDE 2007; AAVV, *Delivering Human Security through Multilevel Governance*, United Nations Development Programme, University of United Nations – Centre for Regional Integration, 2009, disponível em http://www.undp.org/eu/documents/hsbooklet.pdf;

Eis um alerta que nos cabe ter sempre em mente, pois permite-nos não só uma maior segurança e eficácia nas missões em que nos empenhamos, mas ainda uma muitíssimo grande vantagem táctica nas nossas recentes e futuras estratégias de projecção externa.

6.5. Estaremos perante formas de *soft power*, e de *structural power*, e/ou face a dispositivos de 'micropoder'?

Argumentar-se-á que esta é uma perspectivação *liberal*, idealizada, marcada por pressupostos e impensados que a contaminam – e que por conseguinte é insuficiente, já que deixa escapar ao escrutínio muito daquilo que efectivamente tem lugar nestes processos. E decerto assim será. Antes de passarmos a conclusões, vale seguramente a pena dedicar algumas páginas a visões diversas do que constitui a 'lógica' essencial do funcionamento de uma OAP.

Atenhamo-nos a um só exemplo, já antes referido no início deste estudo. Num trabalho redigido por Michael Merlingen e Rasa Ostraukaite em 2005, que atrás citámos, uma modelização crítica foi empreendida que disponibiliza uma interpretação alternativa àquilo que então apelidámos de a leitura liberal mais canónica[330]. A linha de argumentação seguida por este par de analistas é muitíssimo interessante, como salientámos nas primeiras páginas deste trabalho. Segundo eles, a formatação das intervenções policiais europeias comunitárias na Bósnia tinham no seu núcleo duro a noção (de origem eclesial cristã) de "pastorado", que – seguindo Michel Foucault – definem assim: *"the core of the pastorate is a paternalistic order of difference. Its figures are, metaphorically speaking, the shepherd, a distinct and superior kind of being, and the flock to be cultivated and protected. The members of the flock are imagined to lack the habit of or aptitude for making responsible choices. Hence, they are in need of constant surveillance and hierarchically administered benevolence. The effect, albeit not necessarily the intention of the political pastorship, is to constitute subjects as inferior and dependent things"*. O que, sublinham os dois autores de um estudo que é claramente exatrapolável para outros casos,

---

[330] Eis, de novo, a referência bibliográfica completa: MERLINGEN, Michael and Rasa OSTRAUSKAITE, "Power/Knowledge in International Peacebuilding: The Case of the EU Police Mission in Bosnia", *Alternatives*, 20: 297-323, 2005.

contrasta vivamente com o liberalismo que é invocado como em simultâneo o seu *Leitmotif* e a sua finalidade última, um liberalismo fundacional que de uma perspectiva funcional descrevem como dando corpo e expressão a uma "*rationality of power that imagines a form of governance that operates through the activation of the autonomy of citizens and the promotion of certain kinds of freedom from governmental interference. Hence, liberal subjects are expected to be active participants in their own government and to assume responsibility for their own welfare and security*".

De acordo com os dois autores, numa perspectivação crítica tributária de Foucault, e sem nos querermos repetir desnecessariamente, aquilo que pode ser observado na Bósnia, tem sido uma mistura da atitude "pastoral" e da "liberal" – e argumentam, com argúcia indiscutível, que *de facto* nas intervenções de reforma da polícia bósnia, a UE tem operado de acordo com "[t]*he underlying assumption is that a period of pastoral discipline and administration is needed to inculcate habits of responsible choice into natives and install institutional capacities for liberal peace in violently divided societies. Normatively speaking, the danger is that the pastorate in peacebuilding becomes too strong and the liberal freedom that is the goal of the project of improvement is reduced to an artefact, a freedom that is choreographed under the pastoral guidance of foreigners and thus difficult to see as freedom at all*" (*op. cit.*: 302). Como vimos, segundo Michael Merlingen e Rasa Ostraukaite estas duas atitudes não são, em boa verdade miscíveis – e, talvez mais sério, por darem corpo a uma forma particularmente eficaz de um poder difícil de detectar e que estamos tentados em apelidar de '*ultra-soft*', a sua adopção simultânea têm implicações e potenciais consequências políticas não-despiciendas.

Como antes realçámos, a transponibilidade desta linha crítica de argumentação para o caso português é por demais evidente – e é-o, sobretudo, para os agentes envolvidos e para os decisores que ficam na retaguarda. Como atrás sublinhámos, basta uma troca de impressões com as pessoas directa ou indirectamente envolvidas em operações de paz para constatar que o manancial de influência que esse tipo de 'micropoderes' nos disponibiliza é enorme. Com efeito, grande parte dos participantes nacionais nas OAPs em que o Estado decidiu envolver forças nossas, insiste, precisamente nos "resultados positivos" que elas têm tido na criação – ou na re-criação" – de "laços umbilicais", tanto funcionais quanto "afectivos" entre elas enquanto nossas representantes e as suas congéneres – e as populações envolvidas nas actuações que têm tido lugar.

Pena é que não haja estudos aturados – de que todos beneficiaríamos – sobre como essa influência se exerce e processa, ou sobre a sua eventual perenidade.

Embora de forma avulsa e desconjuntada, sugestões de respostas quanto a estes pontos não faltam, no entanto. É assim hoje banal, por exemplo, contabilizar como ganhos patentes a criação de relações pessoais reativáveis a qualquer momento e muitas vezes mantidas e acarinhadas com afecto e atenção sustida. Como é dado realce às convergências conseguidas em termos de culturas organizacionais e no que toca à criação de autênticos 'círculos epistémicos' – no que diz respeito à formação, por exemplo, é nesses termos, e com tais alegações, comum a insistência de que "investir em formações conjuntas, cá como lá, redunda em ganhos manifestos para todos"[331]. O que, sem grandes ilusões idealistas ou cosmopolitas, frisa uma clara vitória do *soft power* português pós-implantação da Democracia, com o acento tónico colocado na palavra *power*. Mostra, também – e tal tende a ser abundantemente sublinhado por participantes e responsáveis como lamento e queixa e com uma compreensível indignação – que muitas das insuficiências e desaproveitamentos de que padecemos se devem a dificuldades 'domésticas' que a par e passo fomos pondo em evidência. É recorrente a crítica (que já referimos neste trabalho) de que nos ficamos pela formação (por si só de impacto imensurável) nas OAPs e nas missões de CTP ou CTM, e que pouco ou nada apostamos na "política do pacote completo", isto é, na doação ou venda de equipamento, de sistemas de informação, na construção de instalações, etc., que complementem os programas de formação e criem vínculos na cooperação no longo-prazo, continuidade e coerência nos processos de capacitação e, porque não assumi-lo, laços de dependência.

Cabe-nos, aqui, equacioná-lo tão linearmente quanto possível. A leitura – para repetir uma imagem analógica – largamente partilhada, é a de que, por uma mistura pouco saudável de ignorância, nepotismo, e falta de imaginção criativa, estamos a desperdiçar oportunidades porventura irrepetíveis de potenciar o capital de "boa vontade" e de "capacidade de penetração" (ambos termos que, repetidamente ouvimos enunciar) que nos poderiam servir de amplificador nas estratégias pós-transição democrática

---

[331] São inúmeros os estudos relativamente a este mecanismos na gestação da PESC e da PESD europeias, oriundos, sobretudo de Escolas consturtivistas.

de afirmação e posicionamento. Sem muitas vezes disso terem consciência, muitas das asserções 'pré-normativas' que são formuladas tocam três tónicas a que fizemos já abundante alusão, lamentando a ausência de uma estratégia concertada para uma sua 'polinização cruzada': deplora-se, assim, a falta de uma sincronização cuidada e ganhadora entre esforços nacionais, por quem de direito, no sentido de acelerar uma definição de um 'tabuleiro' internacional institucional e normativo de natureza estrutural, a total ausência de quaisquer tentativs de coordenação entre estes e a utilização de um *soft power* em que poderíamos caprichar, e a articulação disso com a potenciação, pela via de uma activação sistemática dos laços 'capilar' criados, no terreno e na retaguarda, com os 'públicos-alvo do sistema internacional cada vez mais constrangente e no qual o nosso peso e relevância poderiam ser muitíssimo maiores. O vácuo sentido tende, no limite, a ser imputado a uma mistura de inércia política e cegueira corporativa.

Tendo em mente a centralidade destes vários pontos para a nossa argumentação genérica no presente estudo – e a sua aplicabilidade evidente para o caso português, seja qual for a opinião que sobre os seu peso relativo possamos sustentar – puxemos alguns fios da meada até ao momento tecida. Com base em tudo o que expusemos neste já longo trabalho introdutório sobre a OAPs 'não–propriamente militares', será possível delinear conclusões úteis para o nosso tema central – o da interpenetração crescente do interno e do externo que caracteriza o panorama de segurança no Mundo contemporâneo, e do empenhamento do Estado democrático português em lograr um melhor posionamento, uma melhor imagem, e um maior envolvimento num sistema internacional em mudança?

Estamos em crer que sim.

Capítulo VII – **Conclusões**

> *"Nesta era de fragmentação política internacional, que inclui o aumento da ingovernabilidade a nível estatal, a segurança, pode apresentar-se como uma liberdade, face à opressão política de uma cultura de medo, expandida a partir da deslegitimização da actividade política e da acção violenta dos poderes erráticos".*
>
> SARMENTO, Cristina Montalvão, 2004: 74.

> *"We were cut off from the comprehension of our surroundings; we glided past like phantoms, wondering and secretly appalled [...]. We could not understand, because we were too far and could not remember, because we were travelling in the night of first ages".*
>
> CONRAD, Joseph (1902), *Heart of Darkness*

Em guisa de conclusão, queremos regressar a uma explicação geral híbrida das perspectivações teóricas que têm enquadrado e desde o seu início fornecido uma direcção analítica a este estudo monográfico. Se nos capítulos substantivos precedentes – dado o carácter introdutório, genérico, e pioneiro do nosso trabalho – nos preocupámos menos com recuo crítico "ontológico", representações ou mecanismos de "securitarização", "governamentalização", "emancipação", ou de "construção de alteridade", do que com práticas estaduais concretas, neste passo final assumimos uma perspectiva mais crítica e 'normativista'. As finalidades são as de formular um balanço e aventar recomendações. Comecemos de novo pelo topo – o lugar estrutural preenchido pela interdependência sistémica que tão claramente instalou arraiais nos palcos internacionais contemporâneos. Num plano mais alto de inclusividade não vale a pena senão fazer de novo alusão indicativa ao esbatimento de fronteiras (entre, por exemplo, o interno e o externo, ou o civil e o militar) sobre que discorremos no início deste estudo – e a que regressaremos no seu final; mais do que isso seria despiciendo. O que é útil, isso sim, será recapitular, em jeito de retoma, enquadramentos de fundo.

Hoje em dia a comunidade internacional aposta em quadros cooperativos de forma a garantir e, se necessário, impor, a segurança em territórios em situação de ruptura, bem como para fazer face a ameaças e riscos fluidos, múltiplos, voláteis e miméticos. A transnacionalização do fenómeno da segurança transpõe "para o plano internacional o modelo interno de matriz criminal (...) a rede combate-se (...) a dois níveis: a prevenção e a repressão"[332] – níveis estes que terão que ser complementares e não isolados e incongruentes entre si, porventura como numa Fita de Möebius como argumentou o já citado Didier Bigo. Mais ainda, a resultante é multidimensionada, pois está hoje em dia por via de regra em causa uma agenda da segurança que "não se limite apenas ao vector militar (ou musculado) da segurança, mas mais vasta, incluindo vectores como o ambiental, o societal, o económico e o político"[333].

O título escolhido para a presente monografia pode parecer paradoxal, ou contraditório. Por um lado, o que significa a expressão *controlos remotos*? E, por outro lado, o que se pretende salientar com as dimensões *externas* da segurança *interna*? O controlo remoto é uma das principais tendências da segurança e defesa contemporânea: o combate, prevenção ou contenção de ameaças e riscos longe das nossas fronteiras. Consiste num carácter cada vez mais expedicionário da Segurança, procurando em efeito *boomerang* obter consequências tangíveis na segurança colectiva. Mas afinal fará sentido abordar as vertentes intergovernamentais e supranacionais da segurança interna, quando afinal hoje se assiste ao esbatimento de limites entre segurança interna e externa? Não estaremos perante um alargamento do campo da (Grande) Segurança? Parece-nos inegável que sim. O nosso objectivo primordial consistiu em reflectir sobre o trabalho realizado pelas forças e serviços de segurança em Organizações Internacionais, em missões coordenadas por estas, em redes de pontos de contacto, em processos de cooperação operacional e de troca de informações. Uma área que se tem vindo a expandir paulatinamente, acompa-

---

[332] Nuno Severiano Teixeira, *op. cit.*, 2002: 101
[333] Barry Buzan *et. al.*, *op. cit.*, 1998: 212.

nhando a diluição das fronteiras e a globalização progressiva das sociedades modernas. Mas que, em termos históricos tem vindo a criar mecanismos cada vez mais elaborados e robustos de uma governação global emergente que a aceleração das interdependências parece a muitos exigir. Neste outro sentido subsidiário ressoa também a expressão *controlos remotos*. Como sublinhamos, esta cooperação e estas missões não constituem em boa verdade actividades neutras: trata-se de formas de exercício de um poder que esmiuçamos nalgum pormenor neste estudo.

Tal como atrás referimos, somos de firme opinião que a designada Grande Segurança é transversal e multinível, verificando-se cada vez mais uma projecção supra-estadual de vectores que tradicionalmente se consideravam típicos da vertente *interna* da segurança, designadamente as de cariz policial e de aplicação da justiça. Do mesmo modo, se verifica uma dimensão *interna* da segurança *externa*, encontrando-se em aberto o debate sobre uma actuação reforçada das Forças Armadas num quadro de segurança *interna*.

Esperamos que eventuais decisões políticas não sejam tomadas nesta matéria fruto de conjunturas momentâneas, nem de preconceitos sedimentados. Afinal de contas, em situação de normalidade institucional, ou em situações de crise – ou seja, fora das situações extremas de estado de sítio e de estado de emergência – será assim tão despropositado as Forças Armadas actuarem sob o comando e controlo operacional do Secretário-Geral de Segurança Interna e de modo supletivo em relação às Forças de Segurança? A natureza cada vez mais interdependente e imprevisível das ameaças e riscos contemporâneos – e a consequente necessidade de robustecer e coordenar a actuação dos diferentes actores da área da Segurança e Defesa – tem vindo a criar novos desafios e obriga ao abandono de "velhos" paradigmas.

A nossa intenção ao redigir esta monografia foi tão-somente a de abordar uma face menos visível – pelo menos no que toca a obras publicadas em Portugal – da acção das forças policiais e serviços de segurança face a um quadro de mundialização tão complexo como aquele em que hoje nos encontramos. Daí um título ambivalente, que nos pareceu apropriado a uma era em que é consensual ser cada vez mais necessária uma estratégia de actuação transversal, multidisciplinar, flexível, inter-modal, partilhando recursos, competências, experiências e *know-how* – de modo a tentar evitar que a "nova ordem internacional" se transforme numa "desordem generalizada" que poderia ter consequências verdadeiramente desastrosas. E um título que, em simultâneo, sugere a oportunidade de afirmação e posicionamento 'por extroversão', por assim, dizer, que nos tem sido disponibilizada por esse processo.

O que nos leva a um passo suplementar, o de, no seguimento do que antes escrevemos, sugerir afeiçoamentos que nos permitam uma participação mais activa e influente nas novas formas de governação que se estão a sedimentar.

O redesenho das arquitecturas internacionais de segurança

Com efeito, sem grandes preocupações de fundo, e em termos de mera utilidade analítica, vale seguramente a pena aprofundar um pouco mais este ponto e outros conexos. Um analista militar e académico canadiano, David Last, pôs há meia dúzia de anos em realce – com grande argúcia – alguns dos limites com que esbarram muitas das Operações de Apoio à Paz "tradicionais", sejam elas militares ou não[334]. Fê-lo contra um pano de fundo histórico, e com amparo em numerosos exemplos. Eis um deles e os comentários suscitados: "[t]*he Suez crisis represented a North-South conflict with East-West overtones. It resulted in another evolution in peacekeeping – the innovation of UN inter-positional forces and buffer-zone operations. The characteristics of buffer-zone peacekeeping made it useful for conflict management in the high-risk Cold War years, but also prone to stagnation. As a footnote, one might add that buffer-zones are typically viewed as "traditional" peacekeeping, although relatively few missions actually fit this pattern. Inter-positional or buffer-zone operations require the consent of the parties to the conflict, do not directly involve the superpowers, use force only in self defence, and are under the control of the Secretary General, reporting to the Security Council. Perhaps most importantly, their mandates typically involve maintaining the military status quo, pending diplomatic resolution. This reduces the risk inherent in a fluid situation, but missions like UNFICYP, MFO, and UNDOF have not contributed to resolution of conflict, merely to freezing it*" (*op. cit.*; 3). Um padrão que conhecemos bem, pois foi o abundantemente utilizado no decurso dos anos 90 do último século.

---

[334] Em LAST, David, "From Peacekeeping to Peacebuilding", *The Online Journal of Peace and Conflict Resolution* 5.1: 1-8, 2003, um artigo muitíssimo bom, embora, em nossa opinião, misture um pouco demasiado o analítico com o normativo.

Nas palavras de David Last, que fazemos nossas, "*I am cautious about accepting the notion of 'generations' of peacekeeping. 'Generation' implies stages of development, usually with some improvement. The concept of generations does not help us to describe what has happened to peacekeeping. Air strikes and coercion by the RRF in 1995 looked a lot like the Congo operations in the 1960s. The Inter-communal violence in Bosnia and area deployments to maintain control looked like Cyprus in 1964. The most recent development of transitional administrations, with civilian police, NGO, and humanitarian operations, is that they today look like Western New Guinea in 1963. The concept of generations can blind us to useful precedents. As an alternative heuristic device to understand peacekeeping changes, I would offer three perspectives. Each perspective offers an answer to the question, 'why peacekeeping'? We find all three intermixed as long as we have third party interventions to manage violence. The first is the strategic perspective. 'We' get involved in peacekeeping to pursue 'our' interests, with little concern for the parties to the conflict. In this perspective, it is a dog-eat-dog, Hobbesian world ideal for Henry Kissingers. The second perspective comes from a rejection of violence as a legitimate tool of state – the peace studies perspective. This perspective shares the humanitarian sensibilities of Henri Dunant, the pacifism of the first Hague conference, and some elements of the Grotian tradition of international law. The focus is still on our values and us – we get involved to avoid bloodshed, which offends us, even if 'they' think the cause is worth it. The third perspective owes something to the Kantian tradition of universal community, which entered the League Associations and then permeated the liberal internationalism of the 1920s. This is the idea that it is in all our interests to resolve conflict in cooperation with the belligerents, taking their interests into account*". A leitura que Last levou a cabo das operações de paz ampara-se na pergunta inicial que formula e a que o seu exímio artigo visa responder: "*I will begin with the central issue that confronts both the perpetrators and the victims of international peacekeeping. This is, 'why'? Why do troop-contributing nations get involved and why do belligerents let them? Do they do so only to serve their own strategic interests, or do they have altruistic intentions to resolve a conflict in the interest of all the parties?*" (*ibid.*: 1). Uma pergunta para a qual a resposta de Last é kantiana.

Com efeito, é curioso notar que, com uma boa dose do que somos tentados para apelidar de 'intelectualismo', Last imputa as responsabilidades quanto a esta ineficácia a um doloroso e doloso vácuo de estudos académicos: "[p]*erhaps it is not surprising that conflict resolution and peacebuilding do not have many successes yet. Conflict resolution as a social science began to emerge in 1956, with the foundation of the Journal of Conflict Resolution, not coincidentally the same year as the first peacekeeping force. Peacekeeping as a military activity and the understanding of conflict resolution as an academic problem have evolved largely in isolation. It is only recently that we have begun to put them together"* (idem, 4). Em nossa opinião uma perspectiva interessante, embora algo reducionista. Tal como Last concluíu, *"peacekeeping can take many forms. The current fashion of peace enforcement can be seen partly as a return to 19th century imperial policing in the interests of big powers. But the evolution of peacebuilding and conflict resolution tactics, techniques, and procedures gives us potentially more durable ways to manage conflict. Ultimately, only the parties to the conflict can resolve it. Resolution may involve new institutions and broad social and educational changes, supported by the international community, with the belligerents' interests in mind. Unfortunately, many third parties are still focused on strategic peacekeeping in their own interests, and peacekeeping without conflict resolution is a dead end"*. Sem reais discordâncias, parece-nos, todavia, que podemos e devemos ir mais longe.

Retomando de maneira cursória aquilo que atrás escrevemos: a globalização, em contraposição com a soberania, as fronteiras de interesse em sobreposição às fronteiras geográficas, a mudança da realidade geopolítica e geo-estratégica, a aplicação dos Acordos de Schengen e a ineficácia das medidas compensatórias da abolição das fronteiras, obrigaram os Estados a encontrar corpos normativos, estruturas, processos e mentalidades, ao nível nacional e internacional, encarando a segurança interna e externa como um sistema complexo de interdependências. Os riscos e os perigos não têm fronteiras, pelo que os limites à acção policial têm que ser redefinidos e ajustados às novas exigências de liberdade e segurança dos cidadãos, procurando os Estados conquistar a sua segurança interna em territórios longínquos.

Se é certo que as pressões que apelidámos de sistémicas (ou estruturais) actuam de formas largamente inexoráveis, verdade é também que a heterogeneidade existente não torna, no entanto, fáceis os esforços de adequação para os quais – mesmo se em termos 'neo-funcionalistas' – nos vemos impelidos. A concorrência entre os Estados no sistema internacional amplamente anárquico em que vivemos, a diversidade dos ordenamentos jurídico-legais e da arquitectura de segurança interna – mesmo entre os Estados designados como "desenvolvidos" – as limitações impostas pelas legislações nacionais quanto ao âmbito da cooperação policial internacional – designadamente, ao nível da troca de informações criminais de qualidade e em tempo útil – a resistência na nomeação de quadros policiais em termos quantitativos e qualitativos para as operações de gestão de crises, são alguns dos obstáculos maiores que persistem em dificultar, complexificando-os, os processos de intergovernamentais e cooperativos e os emergentes, de "governação em rede", de âmbito regional e global, que urge ultrapassar.

As consequências deste novo estado de coisas não devem, seguramente, surpreender-nos. Mas podem – e devem – fazer-nos melhor compreender as propriedades da interpenetração emergente. Pois não obstante tudo isso, e talvez até em resultado disso mesmo, as forças e serviços de segurança assumem-se crescentemente como um instrumento importante nas políticas externas nacionais, regionais ou globais, num quadro de articulação, de assistência e de partilha. Fazem-nos de um modo *sui generis* – e as decisões iniciais de nelas nos empenharmos adquiriram uma dimensão sistémica que as tornam dificilmente reversíveis. Outro tanto afirmámos já no início do presente estudo.

Escusado será decerto repetir aqui uma tónica que permeia tudo o que escrevemos e argumentámos no que precede – a de que houve mais continuidades do que transformações na política externa portuguesa pós-transição democrática. Vale todavia a pena aprofundar e explicitar um pouco mais o que expressámos. Falo-emos de seguida. Para uma versão bem alistada de uma posição semelhante à nossa, parece-nos útil a leitura de Laura Ferreira-Pereira, designadamente quando esta sustenta, numa leitura de conjunto, que: "[t]*he 'return to Europe' materialized when the country joined the organization on 1 January 1986, after a long and intricate negotiation process. Although reflecting a fundamental shift in foreign policy priorities, the 'European option' did not lead the successive governing elites to discard traditional foreign policy parameters, namely, the Atlanticist strategic vocation, now more centred on a close rapport with the USA, and the 'lusophonia' founded on deep-rooted historical, cultural and linguistic ties with the former colonies scattered virtually over all continents. Nor did it lead to the abandonment of the country's sovereignty-orientation and state-centrism typical of its political tradition and identity. Indeed, this trait continued to inform an ostensibly exhibited zeal in preserving the country's internal and external image as a sovereign entity with a weighty historic past (built on a world-orientated foreign expansion and a colonial empire) with a wide range of specific interests within the international arena. In this perspective, the new foreign policy option was adjusted to three vital concerns. First, the protection of national sovereignty's core as consubstantiated in the defence and security realms. Secondly, the retention of the country's loyalty to NATO, as one of its founding member, in view of this organization's salience in the national security and defence system. Thirdly, the safeguard of strategic political, economical and cultural interests prevailing across the lusophone world".* Ou seja, aparte o *"fundamental shift"* que terá representado a opção de nos desligarmos do Império e de nos virarmos para a Europa (porventura mais um *"fundamental ordinal switch"*, diríamos nós), em boa verdade a transição democrática pouco afectou a realidade pura e dura da posição assumida pelo Estado português, quaisquer que sejam os enunciados oficiais e 'politicamente correctos' de "mudanças democráticas" a que esta se teria visto sujeita. Pouco depois, a autora argumenta – numa posição ainda mais próxima da nossa – que *"a realist portrait of Portugal as a small state (considering the size of both its territory and population), geographically located in the southern European periphery, chronically coping with restricted financial resources and with low military capability which dictates its inability to secure its own defence. Needless to say that all these circumstances have major implications in terms of the country's competence to act internationally as well as its ability to exert influence in the construction of the Europe of Security and Defence"*[335].

Sem querer de modo nenhum assumir uma posição determinista quanto ao papel da segurança e defesa – que consideramos apenas como um dos factores actuantes – fazemos nossas as implicações que Laura Ferreira-Pereira disso deriva e damos no presente estudo monográfico o que consideramos como, no limite, *um corolário* da sua posição – designadamente no que é porventura uma interpretação da primeira das "implicações" que equaciona (a relativa à capacidade do país para agir internacionalmente), e no seguimento disso, uma extensão da segunda (a nossa

---

[335] Em FERREIRA-PEREIRA, Laura C. 'Between Scylla and Charybdis: Assessing Portugal's Approach to the Common Foreign and Security Policy", *Journal of European Integration*, 29:2: 210, 2007.

capacidade para influenciar a PESD). Um corolário que consideramos essencial. Com efeito, L. Ferreira-Pereira enuncia com clareza – e a nosso ver bem – o que descreve como "um paradoxo": *"sustaining a consistent tenet of continuity has* [not] *been an easy political exercise for the Portuguese foreign policy makers. As proposals coming from the more integrationist ranks pushed for ever more demanding commitments, the country felt compelled to engage in figurative politico-diplomatic acrobatics similar to those performed by a tightrope walker. This is justified by the need to reconcile two somewhat paradoxical imperatives. On the one hand, the need to operate within the 'inner circle' composed of countries leading the integrationist dynamics in the security and defence domain. On the other hand, the necessity of hindering any development with the potential of jeopardizing the primacy of NATO's role in the European security architecture as well as the existing transatlantic rapport. Whereas the latter aspect stands as a vital issue in light of Portugal's internal 'vulnerability' resulting from its full dependency upon the Alliance's military structure to guarantee the defence of its own territorial integrity, the former is considered of high relevance to sustain, if not expand, the country's 'external capacity' within the framework of the security and defence policy-related decision-making process"*[336]. Sem dúvida – com a adesão à UE e o aparecimento da PESC e da PESD, o Estado português ficou colocado entre Cila e Caríbides.

Importa, porém, acrescentar, que mais do que *"a novel change for Portuguese Foreign and Security Policy"*, as OAPs – as levadas a cabo no quadro da PESD como todas as outras, militares ou não – foram encaradas como uma esplêndida janela de oportunidade que as elites no poder em Lisboa não puderam senão consideram incontornável. É certo que Laura Ferreira-Pereira teve disso uma consciência aguda quando escreveu com firmeza que "[f]*rom the outset, Portugal showed willingness to substantiate its commitment to the emerging cooperative role of the EU in spite of its limited economic and military resources. The country did so as it was aware that threats afflicting European security called for common formulae and solutions. Besides this, it was crystal clear to the Portuguese authorities that the credibility of the EU's action in its quest for international peace and stability required the existence of a security/defence structure*"

---

[336] FERREIRA-PEREIRA, L., *op. cit.*: 211.

(*op.cit.*: 221). Tal como teve e decerto tem toda a razão ao afirmar, uns meros parágrafos mais tarde, que "*it should be noted that Portugal's engagement in ESDP operations — which seemingly would be even more active if the bulk of the costs were not supposed to be covered by the contributing countries according to the principle that 'costs lie where they fall' — has been founded consistently on the determination of safeguarding the transatlantic perspective as well as the spirit of cooperation and 'complementarity' that should prevail in the context of the EU–NATO relationship*" (idem, p. 222). O presente estudo demonstra, porém, que a opção por se embrenhar a fundo em OAPs não foi apenas em resposta ao paradoxo UE-NATO que Lisboa teve de tentar 'negociar' – nem apenas como expressão de uma indubitável "*Atlanticist orthdoxy*" que se manteve inabalável.

Tratou-se e trata-se, antes, de uma 'opção de banda larga' das elites estaduais, que pôs e põe também em jogo *outros* factores ligados a uma escolha política tão consensual quão impensada. Uma escolha que se liga tão-só indirectamente à instauração da Democracia e à correlativa integração na Europa comunitária. A escolha foi também a de não perder peso específico depois da perda do Império, aliada à ambição de o fazer por meio de apostas sistemáticas numa participação tão activa quanto possível em projecções e posicionamentos de *quaisquer outras* entidades e coligações credíveis no novo sistema internacional marcado por interdependências crescentes. A finalidade, por outras palavras, não tem sido só a de resolver um paradoxo "continental-atlanticista" – mas também a de tentar garantir a um Estado tornado exíguo uma participação activa nas novas formas emergentes de governação global. A expressão de uma recusa amplamente partilhada em deixar o País cair na irrelevância.

Coloquemos isto no quadro do esbatimento progressivo da oposição entre segurança interna e segurança externa, com o intuito de retomar a sequência analítico-narrativa em que organizámos a nossa monografia. Atendo-nos ao caso português, diversos exemplos concretos demonstram, em simultâneo, o empenhamento do vector de segurança interna no nível externo, e o carácter tentativo e pragmático-adaptativo da resposta. Os números falam por si. A GNR empenhou até hoje 1.806 militares em Unidades Constituídas e 187 em missões individuais (ou na qualidade de observadores policiais) da ONU, União Europeia e UEO, a PSP teve 898 elementos em operações da ONU, União Europeia, UEO e OSCE e o SEF 7 elementos em missões da ONU e União Europeia. Em termos de Oficiais de Ligação do MAI nas embaixadas tivemos empenhados até hoje 16 quadros das forças e serviços de segurança (5 em São Tomé, 4 em Timor-Leste, 3 em Moçambique, 2 em Angola e 1 em Cabo Verde). A PSP, através do Grupo de Operações Especiais (GOE), empenhou, desde 1991, 1.720 operacionais em missões de segurança a representações diplomáticas nacionais no estrangeiro. Ao nível da Cooperação Técnico-Policial com os PALOP foram nomeados mais de 200 formadores e assessores da PSP, GNR e SEF quer em deslocações a África e Timor-Leste, quer para desenvolver acções em território nacional[337].

Em guisa de ilustração, vale seguramente a pena aqui retomar dois exemplos paradigmáticos, o da PSP e o da GNR, desta feita em termos mais genéricos e abrangentes:

Efectivos da PSP em Missões Internacionais desde 1992

ANO	PAÍS	ORGANIZAÇÃO	MISSÃO	POSTO OFICIAL	CHEFE	AGENTE	TOTAL
1995-2002	Bósnia	ONU	UNMIBH / IPTF	19	123	122	264
1992-1995	Bósnia	ONU	UNPROFOR	8	124	26	158
1994-1996	Bósnia	UEO	MOSTAR	4	16	2	22
2003-2006	Bósnia	União Europeia	EUPM	3	6	10	19
1997-2001	Albânia	UEO	MAPE	6	5		11
1998-2004	Croácia	OSCE	OSCE	1	6		7
1999	Kosovo	OSCE	OSCE	1	11	3	15
1999	Kosovo	OSCE	VIENA	1			1
1999-2006	Kosovo	ONU	UNMIK	5	31	35	71
2008-Presente	Kosovo	União Europeia	EULEX	1	2	13	16
1999-2004	Kosovo	OSCE	ACADEMIA	1	2		3
1999	Jugoslávia	OSCE			2		2
1999-2003	Macedónia	OSCE	OSCE		1		1
2003-2005	Macedónia	União Europeia	EUPOL / PROXIMA	1	1		2
1995	Bósnia	OSCE	ELEIÇÕES	4	5		9
1995	Bósnia	ONU	ELEIÇÕES		2		2
2001-2004	Congo	ONU	MONUC	1	5		6
2005-2008	Congo	União Europeia		6	5		11
1998-2002	Guatemala	ONU	MINUGUA	3	2		5
2004-2005	Haiti	ONU	MINUSTAH	1			1
1994	Moçambique	ONU	UNMOZ	8	20	32	60
1997-2002	Sahara Ocidental	ONU	MINURSO	5	7	6	18
2006-2008	Serra Leoa	ONU	UNIOSIL	3	1		4
1998-2000	Rep. Centro-	ONU	MINURCA	1	1		2
2008-Presente	Chade / Rep. Centro Africana	ONU		5	2	10	17
1999-2009	Timor-Leste	ONU	UNTAET /UNMISET / UNOTIL/UNMIT	23	62	86	171
				112	442	345	898

---

[337] Sem contabilizar as horas de formação e número de formadores que ministram a licenciatura em Ciências Policiais.

Efectivos da GNR em Missões Internacionais desde 1995

ANO	PAÍS	ORGANIZAÇÃO	MISSÃO	POSTO OFICIAL	POSTO SARG.	POSTO GUARDA	TOTAL
1995	Roménia	UEO	Danúbio	1	0	0	1
1995-1996	Angola	ONU	UNAVEM	31	0	0	31
1997-1999	Angola	ONU	MONUA	62	31	0	93
JAN2000	Timor	ONU	UNTAET	2	0	0	2
2002-2003	Timor	ONU	UNMISET	3	8	0	11
2003-2006	Timor	ONU	UNOTIL	1	0	0	1
2006-Presente	Timor	ONU	UNMIT	6	0	0	6
2004-2005	Libéria	ONU	UNMIL	2	0	0	2
2004-2005	Haiti	ONU	MINUSTAH	3	1	0	4
2004-2005	Costa Marfim	ONU	UNOCI	1	1	0	2
2003	RD. Congo	ONU	MONUC	0	2	0	2
2002-2003	Macedónia	OSCE	Skopje	2	0	0	2
2005-2006	RD Congo	União Europeia	Kinshasa	2	0	0	2
2007-Presente	RD Congo	União Europeia	EUPOL	7	2	0	9
2005	Macedónia	União Europeia	Próxima	1	0	0	1
2005-Presente	Faixa de Gaza	União Europeia	EUBAM Rafah	3	6	0	9
2006	Iraque/Bruxelas	União Europeia	EUJUST LEX	1	0	0	1
2007		União Europeia	EUPOL COPPS	1	0	0	1
2007	Bósnia	União Europeia	EUPM	2	0	0	2
2007	Guiné-Bissau	União Europeia	Comité Reforma Sector Seg. Guiné-Bissau	1	0	0	1
2008	Guiné-Bissau	União Europeia	Guiné SSR	3	0	0	3
2008	Geórgia	União Europeia	EUMM Geórgia	1	0	0	1
				136	51	0	187
Unid. Constituidas GNR – Timor, Iraque e Bósnia							1806
TOTAL GNR							1993

Para além do mais, atente-se, ainda, nos elevados níveis de competência demonstrados pelas forças e serviços de segurança na gestão de grandes eventos de âmbito internacional em Portugal – veja-se, a título de exemplo, os casos da Expo 98, do Euro 2004, ou das Presidências Portuguesas da União Europeia de 2000 e 2007. Estas actuações demonstraram, de igual modo com o empenhamento do vector de segurança interna no nível externo já referenciado, um elevadíssimo nível de proficiência e eficácia. Aumentou, também, a complexidade da reacção--resposta de que se mostram capazes.

Antes de continuarmos, permita-se-nos uma rápida digressão comparativa, que nos permitirá colocar aquilo que temos vindo a bordar em contexto. Dissemos, no ponto 3.5. do nosso capítulo III, que para efeitos de confronto de escala, nos iríamos debruçar sobre os quantitativos incomparavelmente maiores da participação das Forças Armadas Portuguesas em OPAs, e é isso que de seguida iremos fazer. Daremos um só exemplo, o relativo ao menor dos três ramos das nossas FAs, a Força Aérea. Para efeitos de comparação, seguem-se alguns dados relativos à participação da Força Aérea Portuguesa em Operação de Apoio à Paz, entre 1983 e 2008[338].

Ano	Eventos	Teatros de Operações	Ano	Eventos	Teatros de Operações
1983	1	Europa	1998	7	África
1987	3	África	1999	8	Europa – Balcãs
1988	2	Europa e África	2000	8	Europa – Balcãs
1989	2	Europa e África	2001	5	Europa – Balcãs
1990	8	África	2002	6	Ásia Central
1991	11	África	2003	5	na sua distribuição, não se identificam teatros de operações especialmente significativos
1992	11	África	2004	7	África
1993	15	África	2005	7	Ásia Central
1994	12	África	2006	6	África
1995	6	Europa – Balcãs	2007	9	Europa e Ásia Central
1996	8	Europa – Balcãs	2008	6	na sua distribuição, não se identificam teatros de operações especialmente significativos
1997	8	África			

Tabela 1 – Distribuição dos eventos em que actuou a Força Aérea Portuguesa por anos e por Teatros de Operações mais significativos

Não é só significativa a quantidade de missões levadas a cabo. Nestes dados, torna-se claro o aumento da nossa projecção de forças, no que a números diz respeito, no período pós-bipolar. Do maior interesse é também a localização dos teatros de operações delas, em palcos naturalmente sempre relevantes para o nosso posicionamento externo. E se este é o caso para a Força Aérea Portuguesa, uma entidade comparativamente pequena no quadro das Forças Armadas, torna-se fácil imaginar a enorme escala e impacto das também notáveis actuações do Exército Português e da Mari-

---

[338] Agradecemos ao Coronel Piloto Aviador Jorge Lessa e ao Coronel Engenheiro Pedro Palhares, ambos da Força Aérea Portuguesa, a compilação destes dados e a sua disponibilização para este estudo.

nha Portuguesa na projecção externa de forças de segurança e defesa nacionais. Mas não é tudo. Fascinante é também decerto verificar que, tal como no caso das actuações "não-propriamente militares", como as temos vindo a apelidar, nas militares também a distribuição de actuações por entidades políticas acompanha a progressiva reinserção do Estado português em organismos internacionais.

Comando	Eventos	Meios
Portugal	56	C-130
NATO	22	P-3P
ONU	6	C-130
OSCE	3	C-130
Coligação	3	C-130
EUFOR	2	C-130
ACNUR	1	C-130
UE	1	P-3P
França	1	C-130

Tabela 2 – Distribuição dos eventos por comandos e por meios mais significativos

Um ponto suplementar, seguindo a linha de argumentação genérica da presente monografia quanto às motivações de fundo, amplamente partilhadas a nível doméstico, para a projecção securitária sistemática levada a bom porto pelo Estado português. Para além da escala – repetimos, apenas aqui fazemos alusão à Força Aérea, o mais pequeno dos três ramos das nossas Forças Armadas – de particular interesse para uma das linhas de argumentação desta monografia é seguramente o *re-casting* de imagem de Portugal e das nossas Forças Armadas a que estas actuações deram corpo. Um só exemplo, relativo a uma das aeronaves nos novos Estados lusófonos, valerá por todos. Assim, nas palavras de Jorge Lessa: "[c]omo curiosidade verificou-se que o C-130, em 13 anos visitou todos os antigos territórios sob administração Portuguesa, incluindo Macau. Só não foi possível aterrar em Goa, em virtude da autorização de aterragem não [nos] ter sido concedida pela União Indiana. Assim, as datas de regresso aos antigos territórios foram as seguintes: Cabo Verde a 19 de Novembro de 1987; São Tomé e Príncipe a 19 de Novembro de 1987; Guiné-Bissau a

29 de Novembro de 1987; Angola a 3 de Dezembro de 1990; Moçambique a 8 de Setembro de 1991; Macau a 8 de Novembro de 1995; e finalmente, Timor a 1 de Fevereiro de 2000".

Depois deste breve excurso lateral, regressemos agora à projecção de forças não-propriamente militares, no mesmo quadro analítico por que se tem pautado este nosso estudo. Que dizer de tudo isso? A multipli-cidade de forças utilizadas, bem como a diversidade dos seus pontos de aplicação, reflectem o carácter titubeante da 'projecção' (no duplo sentido de 'projecção externa' e 'planeamento ponderado') levada a cabo. Porventura nunca na nossa longa História, mesmo no auge da sua expansão imperial, se viu o Estado português envolvido numa tão ampla projecção de forças um pouco por toda a parte – a excepção será o intervalo que foi de 1961 a 1974, em resposta conjunturas muito específicas e bem conhecidas.

Face a dados deste tipo torna-se evidente que aquilo que está em causa não é, em boa verdade, apurar se há ou não uma interdependência crescente entre o domínio externo e o interno de segurança, mas antes encetar um levantamento exaustivo das formas de expressão desta manifesta e multidimensionada interpenetração. Tal como se torna claro que há *deficits* sérios no tipo de reacção adaptativa que temos tido frente a estes novos desafios gerados pelas transformações globais da ordenação dos palcos internacionais. *Deficits* alguns deles endémicos, como o relacionamento entre os diversos actores em palco. A interoperabilidade entre forças e serviços de segurança órgãos de polícia criminal, por exemplo, é ainda manifestamente precária.

As dificuldades têm sido muitas. A reconfiguração que se tem cada vez mais imposta como imprescindível não tem sido fácil de concretizar – sobretudo se tivermos em mente a delimitação de fronteiras de competências entre os vários departamentos do Estado português. Um problema sempre espinhoso, quanto mais não seja porque, em 'ecossistemas' político-administrativos tão marcadamente corporativos como o nosso, guerras burocráticas prolongadas e dolorosas para a eficácia estatal espreitam sempre por detrás de conflitos deste tipo.

Tendo em vista o desenho institucional do nosso Estado – imaginado para outros panoramas e papéis – nada disto é surpreendente. Mas como sublinhámos logo de início, o Mundo mudou e com os tempos devem mudar-se as vontades – nem que seja para defender os fins de sempre, embora agora em novos formatos. Para fazer face ao contexto cada vez mais patente de uma crescente transnacionalização da segurança é necessário que os "quatro Ministérios da Soberania" (MAI, MDN, MJ, MNE) actuem coordenadamente nas suas áreas de sobreposição.

Porém, apesar da crescente interpenetração entre 'segurança' e 'defesa', e de em Portugal fazer sentido a definição de uma estratégia de Segurança Nacional, não nos parece que se deva caminhar para a fusão do MDN e do MAI, criando um Ministério da Segurança Nacional, como tem sido sustentado por alguns autores, dado que, apesar da actual conjuntura complexa, não existe uma total sobreposição entre actividades de segurança interna e de segurança externa, bem como das missões das polícias e das forças armadas. O MAI e MDN têm o seu quadro de competências bem definido e a sua especificidade de actuação, tanto em termos nacionais como internacionais, embora se deva pugnar por um crescente trabalho em conjunto, já previsto legalmente [pelo menos, em território nacional], mas ainda pouco operacionalizado no terreno. Para tanto, faltará a definição de regras de empenhamento e do comando e controlo nas situações em que actuem de forma combinada em missões no estrangeiro e internamente.

O debate emergente em Portugal quanto à necessidade de ser atribuído um papel mais activo às Forças Armadas no quadro de segurança interna, traz subjacente, não apenas uma tomada de consciência de que há um novo contexto geo-estratégico de ameaças e riscos e da sua forma de manifestação, mas dá corpo, também, à procura de um novo papel para as Forças Armadas (e sobretudo para o Exército) – tendo ademais em consideração diversas alterações legais como a extinção do serviço militar obrigatório, a pressão política para a diminuição de quadros, a alteração da utilização das Forças Militares, não tanto em contexto de guerra clássica, mas mais em operações de paz ou em conflitos armados assimétricos com movimentos insurgentes que combinam acções terroristas e tácticas de guerrilha. Outros tantos constrangimentos, por outras palavras, com uma alçada que não deixa de alterar profundamente as circunstâncias com que deparamos.

No entanto, e compreendendo o interesse e necessidade desta actuação das Forças Armadas, fará sentido aprofundar o enquadramento da sua actuação na segurança interna, sendo nossa opinião que deverá ser previsto que as Forças Armadas, ao actuarem supletivamente em contexto de segurança interna, em termos preventivos ou reactivos, o façam sob o comando e controlo das Forças de Segurança e em situações excepcionais sob o comando do Secretário-Geral de Segurança Interna – ou seja, de modo simétrico e inverso ao constitucionalmente previsto nas situações de estado de sítio e de emergência em que as Forças de Segurança ficam sob o comando do Chefe de Estado-Maior das Forças Armadas (CEMGFA).

A articulação política e institucional, tão propalada nos programas do Governo (i.e. programas dos XVII e XVIII Governos Constitucionais), que permita o melhor aproveitamento dos recursos humanos e financeiros e impeça a continuação da dispersão de meios e a fragmentação das acções, está ainda longe de ser conseguida. Apesar da crescente dimensão externa da segurança interna, da defesa, da justiça, da economia, verifica-se uma clara indefinição de prioridades políticas na participação de forças armadas e forças de segurança em missões internacionais.

Somos, porventura, 'imperiais', da América Latina à Ásia Central, passando por África e acabando na Insulíndia, sem esquecer, claro está, a Europa. Em todo o lado, no entanto, fazemo-lo sem grande massa crítica, nem lugares de decisão ou de acesso a informação importante. Não há estratégia, tomam-se essencialmente medidas avulso, casuísticas e de interesse desconhecido, não se verificando qualquer preocupação em avaliar ou recolher "as lições aprendidas" junto dos diplomatas, militares, polícias, magistrados e peritos em áreas diversas que vão desempenhando (apesar de tudo) algumas posições de relevo no seio de Organizações Internacionais e/ou em determinadas missões.

É vital que a cooperação policial internacional sedimente uma abordagem transversal, transdisciplinar e multi-institucional, recorrendo a "equipas fluidas de peritos, de geometria variável, constituídas de forma *ad hoc*" (Marques Guedes, 2006: 41)[339]. Raramente tal tem sido o caso – e muitas das insuficiências detectadas radicam precisamente aí.

Tendo em vista a inevitável inércia de que sofrem as instituições, e sobretudo as mais próximas da soberania, decerto que outra coisa não seria

---

[339] "A segurança de pessoas e infra-estruturas irá seguramente ter de caber a *pequenos* grupos, agrupamentos *modulares*, de homens e mulheres altamente profissionalizados, *superiormente* instruídos a nível táctico e muitíssimo, *altissimamente*, "info-incluídos", tao bem treinados quanto possível, muito bem equipados, mais reticulados em termos *funcionais* do que ordenados nos termos *hierárquicos* tradicionais, com *uma grande percentagem de oficiais*, que actuem em conjunção estreita, *muito estreita*, com serviços de informações portugueses *e* estrangeiros *e* com operacionais anti-terroristas, de maneira a conseguir infiltrar, tomar o pulso, e neutralizar, os agrupamentos que se dedicam a estes novos tipos de guerra" (MARQUES GUEDES, 2006: 41).

de esperar. As mudanças no Mundo, e do nosso lugar nele, não se compadecem, porém, com divisões e estanquicidades que se foram formando sobre a base de uma lógica institucional criada para um panorama global muito diferente daquele em que hoje estamos inseridos. Vivemos numa realidade em que os exclusivismos e as competições corporativas são criadoras de ruído e de ineficácia no sistema[340]. A internacionalização de todas actividades do Estado "vai encontrando respostas sectoriais nos diversos Ministérios e organismos deles dependentes que dispersam internamente os centros de iniciativa e de resposta, afectando a capacidade de uma visão global" (Moreira, 2007: 25). É certo que algumas das características do desenho anterior devem ser mantidas. Verifica-se assim, por exemplo, a necessidade "de articular as respostas num centro regulador, e quando necessário decisor. A função coordenadora, a decisão integradora, a responsabilidade pelos objectivos estratégicos assumidos, não dispensam nem *missões plurais e interdisciplinares*, nem autoridade final unificadora" (*ibid.*). Mas muito há que tem de ser reconfigurado se quisermos – como nos parece óbvio ser o caso – produzir e guardar vinho novo em garrafas novas.

Outra coisa não poderia ser ambicionada, uma vez chegados ao ponto a que nos trouxe a escolha inicial de sintonizarmos a nossa actuação pela dos nexos de interdependência complexa em que nos decidimos embrenhar. O que está em causa não é mais consolidar ou tentar reverter uma dinâmica que nos excede largamente: é antes a urgência de maximizar ganhos numa progressão cumulativa que hoje, quer se o queira quer não, se tornou no "ecossistema político" em simultâneo nacional, regional, e global em que vivemos e convivemos.

Vale seguramente a pena pensar um pouco num dos problema eternamente adiado do pós-25 de Abril 1974 – o que diz respeito à prossecução de uma verdadeira reestruturação do sistema de segurança interna e designadamente o de se re-equacionar o número, estatuto e perfil das forças e serviços de segurança, respectiva organização, dimensão e orçamento. A regra tem sido a adopção de medidas avulsas e casuísticas que pouco têm contribuído para a racionalização do sistema e obtenção de elevados níveis de eficiência e de eficácia.

---

[340] Conferir entrevista a Armando Marques Guedes, um dos co-autores desta monografia.

O último esforço de redimensionamento do sistema foi empreendido na vigência do XVII Governo Constitucional. Apesar dos objectivos inicialmente traçados e das expectativas criadas, tudo redundou em pouco e gerou sentimentos ambivalentes: sendo inegável que foram efectuadas alterações importantes na organização, coordenação, competências funcionais e territoriais, ficou a ideia de uma reforma mitigada e a convicção de não terem sido empreendidas as transformações necessárias para um país com recursos limitados como o nosso e com necessidade de racionalizar um sistema pesado e redundante como o que temos.

Esboçar cenários "contra-factuais" hipotéticos põe bem em realce muito do que está em causa. O que se pretende, afinal, para o futuro? Uma *homeland security*? Um sistema de segurança *nacional* e não tanto de segurança *interna*? Uma fusão entre a defesa e a segurança (dita interna)? Mais progressiva e prudentemnte, a operacionalização de parcerias e de empenhamento operacional efectivo entre Forças de Segurança e Forças Armadas, não só no quadro da segurança *interna*, mas também ao nível da segurança *externa* – nas OAPs da ONU e missões PESD da União Europeia? Uma abordagem sistémica entre as vertentes *security* e *safety*? E para quando uma verdadeira análise custo-benefício? Quanto custa o actual sistema de segurança interna? Quanto poderia custar, com alterações substanciais na sua organização? Tendo em conta a dimensão do nosso país, justifica-se o número existente de instituições com competências de polícia? Diversas polícias, note-se, a actuar em matéria de investigação criminal, que acabam por ter competências concorrentes em diversas áreas de actuação?

Estas são apenas algumas das questões que se poderiam colocar no âmbito de um eventual estudo específico sobre a segurança interna nacional. Nomeadamente na perspectiva de reorganização de todos os corpos de polícia face às necessidades de prevenção, ordem pública e investigação criminal. Sublinhe-se que as análises recentes raramente têm abordado a respectiva vertente financeira – o custo-eficácia dos diferentes cenários possíveis. Pior: os problemas estruturais da arquitectura de segurança interna têm vindo também a ser reflectidos na sua dimensão internacional. Assim, são comuns os conflitos, as redundâncias e as sobreposições, as iniciativas corporativas, os projectos que visam replicar, sobretudo nos países africanos de expressão portuguesa, *mutatis mutandis*, a arquitectura de segurança interna nacional, a pouca consistência entre as "políticas externas" dos Ministérios e sobretudo da cooperação policial, da cooperação judiciária e da cooperação militar.

As reconfigurações adaptativas do Estado português

Tal como indicado logo de início, queremos agora recolocar a questão dos motivos e das características destas intervenções securitárias externas do Estado português. O tema, como será evidente, pode ser abordado de diversos ângulos, obtendo assim respostas diferentes as nossas questões; esses ângulos, embora nada exija que assim o seja, por via de regra reflectirão as diferentes prioridades existentes caso a caso. Note-se que os exemplos não são mutuamente excludentes: a predominância de um motivo pode ser complementada por um ou mais outros que com ele convergem.

É possível, por exemplo, assestar baterias sobre os interesses locais concretos numa dada intervenção – por exemplo, o imperativo de salvaguardar as vidas e/ou a propriedade de cidadãos nacionais ou de funcionários diplomáticos em Timor-Leste ou em Kinshasa. Menos directamente, pode uma intervenção securitária visar a estabilidade político-militar e o *statebuilding* num Estado ou região que, embora não tenha funcionários ou cidadãos portugueses residentes, confine, por adjacência geográfica, com outro onde os há, sendo então a finalidade de ida de forças portuguesas evitar uma propagação do conflito, por "contágio", a zonas onde haja portugueses que possam vir a precisar de protecção – na Bósnia-Herzegovina, no Kosovo, nos Balcãs Ocidentais, ao redor da Guiné-Bissau, ou de Angola ou Moçambique, para ilustrar com hipóteses não implausíveis.

Pode, noutros casos, estar antes em causa um mero apoio a um regime – em S. Tomé e Príncipe, digamos – com o qual foram celebrados contratos vantajosos para o Estado ou para grupos privados portugueses considerados como estratégicos, resultando daí um "perfil de situação" em que uma projecção preventiva de forças pode ser tida por conveniente – os Balcãs em geral cairão neste conjunto, ou o Sara Ocidental. Uma variante mais indirecta será a de uma entrada num Estado no qual estão na forja investimentos considerados importantes para os interesses nacionais, como numa Líbia em transição.

Num registo algo diferente, pode estar em causa uma demonstração de solidariedade para com aliados – os da NATO no Kosovo ou no Afeganistão, ou os das Nações Unidas depois da invasão do Kuwait pelo então Presidente Saddam Hussein. Nestes como noutros casos menos *light* (em que haja, designadamente, pressões directas ou indirectas explícitas para uma participação portuguesa numa coligação na Ásia Central, por exemplo) o que estará em causa é uma análise custo/benefício entre a decisão de manter ligações políticas consideradas vantajosas e assumir o risco implícito na nossa intervenção – ou, ao invés, rompê-las e pagar um preço talvez demasiado elevado – tanto o Kosovo depois de 1999 como o Iraque em 2003 são disso mesmo, pelo menos em parte, expressões. Uma outra hipótese liga-se antes a motivações de mais longa duração – como uma eventual percepção, aliás largamente partilhada na sociedade e nos agrupamentos políticos portugueses, em manter ligações privilegiadas com o Mundo "lusófono" prevendo-se que uma manutenção, aí, de laços especiais possa vir a ser vantajosa num futuro previsível – aliada à convicção de que um amparo aos processos locais (quantas vezes laboriosos e conturbados) de construção de Estados e de edificação e capacitação institucional, nos virá a ser útil para esse *re-casting* e para essa 'amplificação' da nossa imagem e posicionamento.

Para todas estas motivações e formas compósitas é fácil encontrar exemplos, e na maioria dos casos (embora não todos) justificar nos termos específicos da situação defrontada as características das intervenções levadas a cabo. As excepções são designadamente as constituídas por aquelas conjunturas internas em que por razões político-burocráticas "domésticas" um tipo de actuação ou de forças é preferido a outros ou, mais raramente, uma não intervenção se torna a escolha final depois de uma projecção de forças ter estado em cima da mesa. Colocar a questão nestes termos – os de uma contabilização *hard*, por assim dizer, dos interesses nacionais portugueses é porém porventura a forma menos profícua de encarar as questões suscitadas na parte introdutória deste estudo, e que ao longo dele têm vindo a ser afloradas de acordo com os palcos em causa caso a caso. Mais interessante será seguramente dissecar as questões de um outro ângulo, o ligado às motivações estruturais específicas de uma pequena média--potência em se projectar no exterior – no sistema internacional de Estados "conectados" e interdependentes, como é hoje em dia a norma geral – uma imagem, ou um tipo de poder, para além daquilo que "mecanicamente" lograria. O caso português cabe claramente aqui, e perspectivar as coisas deste ângulo permite-nos análises que julgamos relevantes para um balanço crítico do que, como vimos, tem sido feito e está ainda em curso.

Com efeito, deste ponto de vista, os pequenos e médios Estados defrontam problemas muito diferentes na sua conduta de uma política externa consequente daqueles suscitados para grandes potências. Envolvidos numa multiplicidade de frentes, Estados grandes estão sempre na ribalta, e aquilo com que se vêem na contingência de contender tende a ligar-se com uma alteração das suas imagens, com o chamado "*re-branding*". Enquanto o problema central dos pequenos médios Estados tende a ser o da sua comparativa "invisibilidade" – encontrando-se, como tantas vezes é o caso, numa situação em que só em momentos de crise se conseguem fazer notar pelos *media* e pelas opiniões públicas internacionais. Tal como o fez o já citado Josef Bátora[341], poder-se-ia aventar que a diferença 'primária' entre a "diplomacia pública" e a política externa *soft* de Estado poderosos e de pequenos e médios Estados se prende com as suas *missões*. Enquanto os primeiros se preocupam essencialmente com *explicar*, *advogar*, ou *alterar* a percepção que sobre eles é entretida, os últimos estão focados em *capturar atenção* – embora, repetimos, esta tónica não exclua as outras, como por exemplo, na prestação alto e bom som de ajuda de emergência em cheias e outros desastres naturais por militares de uma pequena potência que esteve envolvida em guerras com essas populações locais.

Uma segunda diferença, suplementar, entre as políticas externas das pequenas-médias e das grandes potências liga-se ao *volume* e à *amplitude das imagens* e *estratégias* utilizadas. Ao invés dos Estados grandes, que têm à sua disposição um acervo enorme de mensagens e imagens para os representar e que os representam – e um por norma comparativamente amplo reservatório de estratégias de actuação – Estados pequenos e médios tendem a ter perfis muito tipificados e possibilidades limitadas de acção externa – tendendo, por isso, a explorar 'nichos' a que se vêm constrangidos a ater. Pior, tende a criar-se uma 'espiral viciosa' – para inventar um conceito – em que as pequenas-médias potências não podem senão escolher de um repertório escasso de acordo com meios materiais limitados, o que acaba por levar muitas vezes a uma cada vez ainda maior concentração dos esforços levados a cabo nos domínios preferenciais que escolheu à partida para assim conseguir vantagens comparativas nos palcos internacionais.

Uma terceira diferença entre a actuação externa de pequenas e médias potências por um lado, e grandes potências pelo outro, relaciona-se com o seu *potencial de legitimação inicial*. Enquanto grandes potências propendem a possuir um *hard power* considerável, nomeadamente

---

[341] BÁTORA, J., *op. cit.*. Seguimos de perto (*mutatis mutandis*, naturalmente) as linhas de força da argumentação de Bátora sobre as "diplomacias públicas" norueguesa e canadiana.

militar, e a incluir na definição dos seus interesses nacionais também essas dimensões de poder, as médias e pequenas potências tendem a colar-se ao que Joseph Nye[342] apelidou de *"attractive causes"*, tipicamente a "promoção da paz" e a "ajuda pública ao desenvolvimento". A vantagem está aqui, curiosamente – esse, aliás, como é bem sabido, é o ponto central de Nye – do lado das pequenas e médias potências, que têm aquilo que as grandes potências se vêm em apuros para conseguir – *uma aura de legitimidade*. E de legitimidade, note-se, tanto externa quanto interna, junto dos seus próprios eleitorados. Assim, tipicamente, foi o Canadá o primeiro Estado a oficializar o conceito de *"human security"*, logrando desse modo o apoio da ONGs e de inúmeras pequenas e médias potência para a celebração do Tratado de Abolição de Minas Terrestres, no seguimento do Processo de Ottawa de 1998. Os riscos, neste como noutros casos, designadamente o português, é claro, e é aquilo a que Bátora chama de uma "imagem e plataforma de valores *unidireccionais*"[343] – o de que o pequeno ou médio Estado faça escolhas para a sua projecção externa acabem por reflectir apenas a maneira como os seus cidadãos ou as suas elites se encaram a si próprias, exibindo tão-só valores e imagens que os nacionais, eles próprios, considerem atraentes. Um outro risco, a este associado, é de que a mecânica burocrático-institucional corporativa do Estado impeça a adopção daquilo que para qualquer observador externo, constituiria, manifestamente, um melhor acervo de soluções.

A transponibilidade para o caso português de tudo o que acabámos de equacionar parece-nos por demais evidente, e excusamo-nos por isso de a comentar. Fizemo-lo a par e passo nos segmentos analítico-descritivos deste trabalho e fá-lo-emos, de seguida, em contexto, nas subsecções mais 'normativas' que se seguem. Cabe em todo o caso insistir, repetindo o que escrevemos no início deste estudo, não pretendemos, em boa verdade, produzir um *policy paper* em sentido pleno; antes preferimos gizar uma primeira introdução a um tema que exige trabalhos sectoriais muitíssimo mais aprofundados. Assim fizemos. No que se segue, e de modo a procurar responder a alguns dos desafios e oportunidades decorrentes da análise efectuada à projecção externa da segurança interna, enunciamos um conjunto de conclusões em quatro níveis: ao nível supranacional, ao

---

[342] NYE, Joseph, *Soft Power, the Means to Success in World Politics*, New York: Public Affairs, 2004: 9.

[343] Idem, p. 23.

nível nacional, ao nível da administração interna e – mais concretamente no que ao MAI diz respeito – ao nível da PSP e da GNR. Oportunidades e desafios que, caso não sejam 'resolvidos', derrogam na capacidade do Estado português em adquirir aquilo que manifestamente quer: um cada vez maior peso específico qualitativo nos palcos internacionais – assente em bens não mensuráveis, como a língua, as relações culturais e históricas – que, como de início referimos, esteja para lá do peso exíguo que hoje tem, relacionado com o seu tamanho, a sua força militar e económico-financeira.

Tomando estes vários planos um por um, quais, então, as reconfigurações que têm tido lugar, e quais os limites do que tem sido feito?

Nos Planos Supranacional e Intergovernamental

Este é talvez o plano em que se afigura como mais fácil aventar propostas – embora também seja aquele em que mais arriscado é fazê-lo. A diversidade de programas de cooperação bilateral em países em situação de fragilidade preconiza a coordenação entre as estratégias dos diferentes doadores internacionais. A articulação da estratégia de cooperação portuguesa (incluindo a policial), ao nível da CPLP, com a de Estados com maiores recursos económicos, poderá ser muito mais proveitosa para os receptores de apoio, pois permitirá potenciar o nosso *capital humano*, experiência e ligações históricas a alguns destes países, em conjugação com a capacidade económica de potências mundiais ou regionais.

Nada disto é novo, evidentemente. Mas inovações são possíveis e porventura desejáveis. Portugal poderia eventualmente equacionar a celebração de uma parceria estratégica com o Brasil, neste âmbito, devido à capacidade tecnológica e logística daquele país, de modo a obter uma maior consistência e eficácia da nossa cooperação. Os fantasmas que, pelo menos do nosso lado, a isso resistem, são pouco mais que isso mesmo, fantasmas. Do mesmo modo, parece-nos importante articular a actuação da cooperação portuguesa com a de outros parceiros multilaterais como a ONU (PNUD), a União Europeia (Conselho e Comissão), a OSCE, a União Africana (UA), entre outras.

Retomando o que antes sugerimos, mas desta feita a um nível mais alto de inclusividade. As OAP da ONU ou de gestão de crises da União Europeia não devem ser o monopólio de uma única componente, quer seja a militar, a policial, ou a civil. A aposta terá que ser cada vez mais no planeamento integrado, na interoperabilidade de meios – tendo em vista a realização de missões conjuntas ou complementares e a racionalização de recursos, a qual, poderá ser potenciadora de sinergias entre as diferentes componentes e da obtenção de melhores resultados ao nível da pacificação e reabilitação do Estado de Direito. O empenhamento de quadros policiais com elevada formação, com experiência de gestão e planeamento e de peritos em áreas específicas representa uma mais-valia – para ambos os lados da equação.

Reduzindo o nível de inclusividade, "a definição de uma estratégia de segurança interna para a União Europeia, em cujas prioridades os EM e os cidadãos se revejam"[344], parece-nos fundamental, assim como "procurar uma abordagem transversal no quadro da União Europeia: entre a gestão civil e a gestão militar de crises; entre cooperação policial, cooperação aduaneira e cooperação judiciária; entre a prevenção criminal, a ordem pública e a investigação criminal; entre a criminalidade de massa e a criminalidade organizada, de forma a melhor responder a fenómenos tão claramente caracterizados pela complexidade e pela multidimensionalidade"[345], como estes revelam ser. Outra vertente relevante será procurar uma maior coordenação entre as áreas JAI e PESD, dada a evidente intercomunicabilidade de efeitos nas vertentes da segurança interna e externa numa "Europa a 27"[346]. O aumento das capacidades operacionais da Europol, designadamente ao nível das operações conjuntas de investigação e o reforço do princípio da disponibilidade entre os Estados-Membros da União Europeia será também prioritário, de forma a tornar a Europol um *pivot* central da troca de informações entre os Estados-Membros[347], incrementando a cooperação operacional e obrigando os Estados a organizarem-se internamente.

Deverá também ter lugar, e tê-lo de maneira sustida, uma verdadeira troca de informações entre a Europol e as diferentes missões de gestão de crises da UE (casos sintomáticos são os países europeus em vias de adesão à União Europeia, Balcãs, a Palestina, o Norte de África, o Cáucaso), de forma a prevenir e combater formas de criminalidade transnacional que

---

[344] GOMES, 2005: 24
[345] Gomes, *ibid*.
[346] Conferir entrevista do Intendente Paulo Pereira (resposta à pergunta 2).
[347] Conferir entrevista da Dra. Rita Faden (resposta à pergunta 5).

têm como ponto de origem ou de trânsito os países objecto de intervenção da UE. Este intercâmbio poderá proteger o espaço europeu, bem como permitir estancar alguns destes problemas nos territórios em crise ou situação pós-crise.

O incremento do intercâmbio de boas práticas em diversas áreas da actividade policial, o desenvolvimento de projectos em parceria entre diversos Estados-Membros nas áreas JAI e PESD, candidatura a programas de financiamento, organização de seminários, reuniões técnicas e harmonização de curricula deverão ser também algumas das vias a explorar. Os cursos de formação ministrados ao nível do CEPOL deverão ser mais operacionais, alargados a um maior número de polícias europeus, deixando de ter um cariz vincadamente académico[348].

No Plano Nacional

A nível interno, por assim dizer, verificam-se ainda sérias lacunas – ou ruídos, para reter a nossa metáfora anterior – na coordenação interministerial (MAI-MDN-MNE) em relação às operações de paz da ONU e de gestão de crises da União Europeia, de forma a definir uma estratégia de acção que permita a Portugal fazer uma escolha mais criteriosa das missões em que participa, bem como eventual candidatura a *posições--chave* nas missões ou em organizações internacionais[349] e ainda entre o MAI-MJ-MNE no âmbito da área JAI.

Apesar de ser um factor a ter em conta, não nos parece que a dimensão das unidades/contingentes, que um elevado número de polícias e militares seja, por si só, garantia de visibilidade nas missões. É evidente que os contributos nacionais têm que ser prioritizados, activos e credíveis. No entanto, parece-nos que para além do formato de unidades constituídas [o qual, nos dá um peso inegável nos teatros de operações respectivos], as forças armadas e forças de segurança deverão, nas missões consideradas prioritárias para a política externa nacional, nomear Oficiais de Estado--Maior para ocupar posições-chave, de decisão, no quadro das organizações internacionais e das missões no terreno, de forma a que Portugal

---

[348] Conferir entrevista da Dra. Rita Faden (resposta à pergunta 5).
[349] Conferir entrevista da Dra. Rita Faden (resposta à pergunta 10).

possa tentar conseguir um maior peso específico e uma maior capacidade de influência nas mesmas.

Alguns passos há ainda a dar se quisermos alcançar uma melhor e mais ágil adequação das nossas estruturas nacionais às novas realidades em que decidimos agir. Será necessária uma maior supervisão e arbítrio ao nível inter-ministerial, de forma a evitar iniciativas individuais corporativas de forças e serviços que dispersam recursos. Um ponto a não subestimar, para o qual esforços de monta devem ser envidados. Reacções institucionais requerem respostas institucionais de fundo – tem sido um erro considerar que intervenções personalizadas e avulsas as contêm de maneira continuada.

Por outro lado, parece existir uma tendência de assumirmos compromissos em cenários e contextos securitários múltiplos, e uma propensão marcada em fazê-lo de maneira pouco coerente. Ambição, mas sem uma "consciência épica delirante"[350]. Dada a disparidade entre os meios e a ambição, Portugal tem que saber fazer escolhas.

Como é evidente, importa garantir algumas salvaguardas a que fomos fazendo alusão a par e passo. A cooperação portuguesa e a CTP em particular, deverá respeitar a cultura e necessidades dos países beneficiários e não tentar replicar os modelos e organização policial ou a arquitectura de segurança interna nacional, tendo em consideração as especificidades e contexto sócio-político e económico dos diferentes Estados com quem cooperamos.

A realidade que cartografámos clama-o alto e bom som. É essencial que se verifique uma maior congruência entre a cooperação militar, policial, judicial, alfandegária, na área da administração pública, de forma a potenciar os recursos e experiência de alguns destes vectores e a imprimir um carácter holístico aos programas desenvolvidos pela cooperação portuguesa. Um dos pontos fortes da CTP consiste na qualidade dos formadores policiais das forças e serviços de segurança e dos programas de formação ministrados e um dos pontos menos fortes está relacionado com o investimento quase exclusivo no *capital humano*, e muito pouco na doação de bens, infra-estruturas ou serviços – o que constitui uma desvantagem competitiva face a outros países doadores. Uma vantagem que há que

---

[350] A expressão é do General Doutor José Manuel Freire Nogueira, e foi utilizada numa Conferência organizada em 2006 no IDN, sobre "A Estratégia Nacional Portuguesa".

pensar em colmatar quanto antes, gizando para tanto uma estratégia com pés e cabeça.

Num plano mais 'táctico', ou menos macro, notam-se ainda lacunas na preparação de quadros nacionais para missões internacionais, designadamente a falta de *briefings* regulares promovidos ao nível do MNE em parceria com o MDN, MAI, MJ, entre outros, sobre os interesses estratégicos nacionais no teatro de operações, contexto sócio-político e eventuais riscos e ameaças para os interesses portugueses. Por outro lado, a realização de *debriefings* prioritariamente direccionados para os militares/polícias/diplomatas/civis portugueses que desempenharam *key positions,* no quadro de diversas missões internacionais, deveria constituir igualmente uma prática sistemática, de modo a poder ser colhida informação de âmbito estratégico, táctico ou operacional, levantamento de problemas e dificuldades, bem como para corrigir erros através das lições aprendidas ou replicar boas práticas (*do's and dont's*). Assimilar as *lessons learned...*

Muito do que nos parece ser de melhorar resulta, aliás, de considerações advenientes da mais simples sensatez. A formação integrada e conjunta entre quadros e unidades militares, policiais, de emergência médica, de protecção civil (incluindo exercícios regulares) que ajudem a robustecer e a consolidar uma intervenção integrada em cenários de crise parece-nos também essencial. Esta formação para cenários internacionais poderia ser rentabilizada ao nível interno, através da sistematização de procedimentos em situações de desordem pública de grande dimensão, atentado terrorista e catástrofe natural de âmbito nacional[351]. O que nem sempre tem sido o caso.

Parece-nos igualmente relevante o aprofundamento de uma cultura de *intelligence* transversal aos diversos Ministérios e às forças e serviços de segurança. Nos teatros de operações deverão ser criados mecanismos integrados de pesquisa de notícias e tratamento de informações, de forma a obter uma perspectiva e contextualização mais aprofundada dos problemas dos territórios alvo de intervenção (sendo estes *inputs* remetidos aos Ministérios/serviços respectivos, de modo a sistematizar uma visão holística de sectores como a segurança interna, defesa, justiça, situação política e económica, etc. dos diferentes teatros de operações). Por outro lado,

---

[351] Conferir entrevista de Armando Marques Guedes e do Major General J.M. Freire Nogueira.

mesmo que Portugal não tenha interesses específicos em certas zonas de conflito ou pós-conflito, o acesso antecipado ou atempado à informação da situação política e do estado de segurança nesses teatros, é também uma forma de defender os interesses estratégicos nacionais e de identificar ou prevenir ameaças e riscos no nosso país.

Ao Nível do MAI

No que toca ao MAI, pouco há a dizer de novo. A criação da DGAI, durante o processo de reestruturação do MAI, com competências de coordenação da cooperação internacional, aumentou a coerência desta área ao nível da administração interna, sobretudo da CTP com os PALOP e das operações da ONU e da União Europeia.

O alargamento do quadro de Oficiais de Ligação do MAI em representações diplomáticas no estrangeiro deverá ser considerado como prioritário, tendo em conta o papel crucial que desempenham no acompanhamento dos programas de CTP. Há aqui um óbvio potencial de conseguir resultados de peso a baixo custo, que importa saber não desperdiçar.

O MAI também terá que ter uma palavra a dizer, no debate crescente sobre a participação das Forças Armadas na segurança interna, devendo, na nossa opinião, a figura do Secretário-Geral de Segurança Interna continuar a desempenhar um papel de coordenação, controlo e comando operacional em situações de excepção. Mas entendemos que da mesma forma que se afirma a necessidade e inevitabilidade de maior participação das Forças Armadas na segurança interna, também fará sentido uma maior expressão nos programas do governo e em documentos estratégicos (como é exemplo, o conceito estratégico de defesa nacional) da relevância da dimensão externa da segurança interna. E neste âmbito, se tal como previsto constitucionalmente que o 'comando e controlo' das Forças de Segurança pode, em diversas situações, ficar sob responsabilidade do Chefe de Estado-Maior das Forças Armadas (CEMGFA), porque não integrar peritos policiais em contingentes das Forças Armadas para desempenho de funções específicas em contexto internacional? Por exemplo: funções que envolvam investigações sobre criminosos de guerra, peritos forenses, manutenção e reposição da ordem pública, etc..

As suas funções deverão ser cada vez mais alargadas para o intercâmbio bilateral e multilateral com parceiros locais e regionais, tendo em vista a integração dos projectos nacionais em projectos internacionais, projectando a imagem de Portugal e a sustentabilidade da CTP. Neste âmbito, é necessária ainda a regulamentação da sua actividade e uma clara definição de objectivos e prioridades específicas do MAI – que, infelizmente, nem sempre tem existido.

Apesar de o momento e o *momentum* político-financeiro interno serem de contracção de instâncias institucionais e não da sua multiplicação, há que saber ponderar caso a caso tanto vantagens como desvantagens – o que passa pela definição de prioridades estratégicas e não se esgota em simples medidas tácticas que quantas vezes acabam por redundar em mais instituições, e em mais despesas, em nome de uma sua hipotética redução.

Ao Nível da PSP

A PSP tem efectuado uma aposta crescente nas relações internacionais, tanto ao nível das OAP da ONU, de gestão de crises da UE, da cooperação europeia e da cooperação técnico-policial com os PALOP. Foi inclusivamente, a primeira força e serviço de segurança a participar em OAP, quando empenhou pela primeira vez, um contingente policial na UNPROFOR na ex-Jugoslávia, a partir de Março de 1992. Porém, trata-se ainda de uma vertente pouco sustentada em termos estratégicos, necessitando de um verdadeiro pólo coordenador em termos internos[352]. A constituição de um Departamento na dependência directa do Director Nacional da PSP – com competências reforçadas em relação ao ex-Gabinete de Relações Exteriores e Cooperação – permitiria coordenar de forma transversal toda a cooperação internacional nas dimensões da cooperação técnico-policial com a CPLP, da cooperação na área JAI da União Europeia e da participação em operações da ONU e de gestão civil de crises da UE, de forma a evitar o actual panorama – agravado com a Lei Orgânica recen-

---

[352] Ao nível interno é considerado que a PSP deverá apostar ainda mais na cooperação internacional, dada a qualidade da doutrina policial criada internamente (e.g., na gestão de grandes eventos, nas operações especiais, na segurança pessoal, no policiamento de proximidade, na investigação criminal, etc.), tanto com os PALOP, como com o Brasil, países Ibero-Americanos e nos Europeus. Alguns passos concretos têm sido dados – mas os desafios internos nem sempre têm deixado margem para o desenvolvimento mais alargado destas parcerias.

temente aprovada – de algum espartilhamento de competências por diversos Departamentos da DN/PSP[353].

Um segundo ponto diz respeito, precisamente, a expansões que redundam em contracções. O ISCPSI, sendo o único estabelecimento de ensino superior da área da administração interna, dever-se-á constituir como o pólo central de formação neste âmbito – designadamente através da criação de um Centro de Formação para Missões Internacionais – nas vertentes PESD, ONU, cooperação JAI e cooperação com a CPLP. A formação deverá ser orientada, em especial, para oficiais candidatos a *key positions*, observadores policiais, Unidades Constituídas e equipas de peritos. Numa perspectiva não exclusivista, os cursos ministrados no ISCPSI, deverão integrar formadores das restantes forças e serviços de segurança e das forças armadas, ajudando a enriquecer as competências dos quadros policiais com a diversidade de experiências e de conhecimentos técnicos que cada um possui – ao mesmo tempo que torna desnecessária uma eventual reduplicação de esforços.

A participação da PSP em missões da ONU e UE não se deve limitar ao empenhamento de recursos como observadores policiais, a título individual, mas também com unidades integradas ou constituídas, formato que confere uma maior visibilidade para Portugal nas missões internacionais de polícia em que participa. Numa lógica complementar e não exclusivista, a participação de uma Polícia de natureza civil, como a PSP, em cenários internacionais, com Unidades Constituídas de Polícia (UCP) ou com unidades especializadas de investigação criminal, de operações especiais, de segurança pessoal ou de ordem pública, pode ser uma mais-valia. Estas Unidades não são (não deverão ser) um monopólio das *gendarmeries,* até porque as funções que as UCP's desempenham enquadram-se nas competências específicas da PSP no âmbito do sistema de segurança interna português. Com efeito, a vasta experiência que a PSP e outras Polícias Europeias de estatuto civil possuem – como a Polícia Nacional Francesa, o Corpo Nacional de Polícia Espanhol, a Polícia do Estado Italiana, Polícia Sueca, Polícia Irlandesa, etc. – decorrentes da diversidade, complexidade e número de missões exercidas no quadro da segurança interna (policiamento de áreas urbanas de grande densidade populacional, intervenções de risco em áreas com elevados índices de criminalidade, inter-

---

[353] Conferir entrevista ao Intendente Paulo Lucas (resposta à pergunta 10).

venções de manutenção e reposição da ordem pública, intervenções táctico-policiais, investigação criminal, segurança pessoal, segurança aeroportuária, inactivação de engenhos explosivos, segurança em subsolo) constitui-se como factor determinante para o cumprimento das atribuições definidas nos mandatos das organizações supra-estaduais[354].

A acção das Forças de Segurança nacionais (em especial as da PSP, tendo em conta o seu maior empenhamento a este nível) tem sido igualmente reconhecida, designadamente na coordenação da segurança em grandes eventos de dimensão internacional realizados em Portugal, como a Expo 98, as Presidências Portuguesas da União em 2000 e 2007, o Euro 2004, Cimeira Ibero-Americana em 2009, visitas oficiais de chefes de

---

[354] Parece ser entre os Oficiais da PSP que é menos controversa a necessidade de uma reestruturção profunda no sistema de segurança interna. Muitos consideram que as alterações produzidas com a actual Lei de Segurança Interna foram importantes – embora as tenham por insuficientes. Entre os Oficiais da PSP parece ser cada vez mais unânime a opinião de necessidade de fusão entre forças e serviços de segurança em Portugal, tendo em vista a cada vez mais notória desadequação do actual modelo face aos novos fenómenos de criminalidade transnacional e às novas ameaças e riscos. Estas opiniões parecem, aliás, estar conforme alguns dos cenários traçados no estudo empreendido pelo IPRI em 2006. Paradoxalmente, parece haver mais pareceres a favor da fusão da PSP com o SEF e a PJ, do que propriamente com a GNR, que tem optado por uma clara identificação com o modelo militar. A maior parte dos oficiais com quem trocámos impressões defende assim a adopção de um sistema semelhante ao francês ou espanhol, já que um sistema de polícia única (típico dos países escandinavos, da Irlanda, da Áustria ou da Grécia) é tido como constituindo, para nós, uma miragem. Para muitos destes Oficiais de Polícia, o sistema de segurança interna não é verdadeiramente dual, mas sim um sistema dual mitigado – dada a existência de um corpo superior de investigação criminal e de um serviço de estrangeiros e fronteiras. É assim por via de regra defendido que mais do que criar estruturas de coordenação terá de se vir a apostar numa verdadeira reestruturação e racionalização das estruturas existentes. É muitas vezes apontado o facto de que em muitos dos estudos levados a cabo nunca ter sido efectuada uma verdadeira avaliação financeira do actual sistema, procurando analisar o custo benefício da existência de quatro direcções-gerais (GNR, PSP, PJ e SEF), de quatro orçamentos, de quatro sistemas de informação que não comunicam entre si, de vários estabelecimentos de ensino dispersos. Na sua opinião, segundo a qual o receio de perda de privilégios e de identidade corporativa têm até agora vencido os argumentos da racionalização de estruturas e de potencial melhoria da eficiência e eficácia da investigação e prevenção criminal e da troca de informações. O ISCPSI é considerado de forma indiscutível pelos Oficiais da PSP como um instituto universitário de excelência, o qual deveria, por isso, também ser utilizado na formação técnica e superior pelas restantes Forças e Serviços de Segurança – tal como o Instituto de Estudos Superiores Militares (IESM) veio fazer no que diz respeito aos três ramos das Forças Armadas.

Estado e cimeiras internacionais, concertos musicais como o Rock in Rio, entre muitos outros, factos que têm levado diversos peritos da PSP a participarem em seminários e acções de formação ao nível da CEPOL, ONU, Conselho da Europa, no Brasil, PALOPs, e diversos países Europeus candidatos à adesão à UE – para dar conta da sua experiência e do "modelo português" na gestão da segurança destes grandes eventos.

Finalmente, consideramos essencial para a consolidação e evolução coerente da estratégia da PSP ao nível da cooperação internacional, a elaboração de um documento enquadrador, que estabeleça eixos e linhas de desenvolvimento, objectivos estratégicos e operacionais, sistematize os princípios de coordenação entre os diversos serviços intervenientes, avaliação dos projectos em execução e executados, os critérios de selecção de pessoal para integrar as actividades de formação, assessoria técnica e participação em missões no quadro de diversas Organizações Internacionais, para que seja garantida a qualidade destas, bem como a dignificação institucional da PSP. Numa frase, sob pena de ter um dia de fazer face a disfuncionalidades perigosas, há que definir uma estratégia integrada para esta instituição em mudança e expansão de âmbito de actuação.

Ao Nível da GNR

A GNR tem sido, no plano da segurança interna, a instituição que mais visibilidade pública tem tido com a sua participação em missões internacionais nos últimos anos. E com toda a justiça. De certa forma, se encaradas as coisas de fora, as missões em Timor-Leste e no Iraque foram uma espécie de balão de oxigénio para uma força de segurança de estatuto militar que tem vivido nos últimos anos uma certa ambivalência entre ser o quarto ramo das Forças Armadas e o assumir-se como a Terceira Força (uma Polícia de Estatuto Militar) – uma Força multi-modal e com capacidade para desempenhar funções musculadas em quadros hostis, entre as Forças Armadas e as Polícias de cariz civil[355].

---

[355] Importa sublinhar, no entanto, que não é necessariamente esta, a perspectiva *interna* dos oficiais da GNR com quem trocámos abundantes impressões, tanto cá como no terreno. A Guarda assume-se como uma *terceira* força embora tenda a assumir-se como uma entidade com um cariz eminentemente policial. As únicas ligações efectivas da GNR às Forças Armadas resultam, nestas representações internas amplamente partilhadas, do

Seja como for, a participação da GNR em missões internacionais tem sido acompanhada por uma estratégia de modernização interna, de aposta na requalificação dos seus quadros e de aposta na especialização em áreas como o ambiente e a protecção civil, acompanhando nisso, de resto, as tendências mais recentes de reconceptualização da segurança interna. A inspiração da Guarda Nacional provém dos modelos da *Gendarmerie* Francesa – em França, em fase de transição do Ministério da Defesa para o Ministério do Interior – e os *Carabinieri* Italianos – claramente o quarto ramo das Forças Armadas em Itália. Parece, porém, que à semelhança do que se passa ao nível da política externa nacional, a estratégia internacional da GNR exibe uma curiosa tendência 'universalista' e 'cosmopolita', muitas vezes, sem apostar na selectividade e na coerência das missões em que participa. A atípica e controversa missão que a Guarda desempenhou no Iraque deu claramente corpo a uma incumbência onde porventura se justificaria melhor uma participação do Exército Português – mas constituiu, simultaneamente, uma operação na qual a GNR conseguiu capitalizar créditos, fazendo-o tanto em termos mediáticos, como em termos de acumulação de experiências de eventual utilidade para o quadro da nossa segurança interna.

Há que sublinhar de novo, porém, que esta não é uma representação das coisas inteiramente partilhada no interior da própria Guarda. Muitos são os oficiais que minimizam a importância do contencioso político na decisão do seu envio para Bassorá, preferindo-lhe, antes uma explicação 'técnica': ouvimos assim muitas vezes alegado que, apesar da situação no Iraque, à data da missão, ser de um nível médio de conflitualidade, tornava-se necessário a presença de forças policiais para evitar o *gap* de segurança, tendo em conta a provada incapacidade de forças militares presentes no terreno em lidar com problemas de polícia (designadamente, no caso das Forças Armadas dos EUA). Vários dos oficias com quem trocá-

---

facto de a Guarda ser comandada por Oficiais Generais do Exército – caso único na Europa, é insistido, e que, tende a ser afirmado, Portugal deverá alterar assim que a GNR tiver Oficiais com condições para assumir tais funções. Embora a formação dos seus Oficiais (considera-se por via de regra internamente) deva continuar a ser efectuada na Academia Militar e no Instituto de Estudos Superiores Militares, deverá sê-lo com *curricula* totalmente distintos dos utilizados para a formação dos três ramos das Forças Armadas, devendo, neste caso, ser essencialmente vocacionados para o âmbito das ciências humanas e policiais e orientado para a actividade policial.

mos impressões, insistiram, assim, que lhes não me parecia que a 'opção GNR' tivesse sido pouco coerente, visto que o trabalho desenvolvido no Iraque também tinha cariz policial (patrulhamento, formação de polícia iraquiana) e actuava em conjunto com outra força policial (os *Carabinieri*)

Em todo o caso, outras 'opções GNR' se lhe seguiram. A GNR foi pioneira em Portugal na criação de Unidades Constituídas de Polícia para missões internacionais, quando projectou pela primeira vez uma *Formed Police Unit* (FPU) no ano 2000 para a missão da ONU em Timor-Leste – havendo a referir que reina entre o seu oficialato e em diversos quadrantes cá e lá fora a opinião assaz generalizada de que as unidades FPU projectadas pela GNR tiveram um sucesso tal que constituem hoje em dia uma referência para a ONU e para outros países que projectam este tipo de forças. E é efectivamente um facto que este tipo de unidades – que obedecem aos princípios da unidade de comando e que congregam diversas especialidades, desde a ordem pública, às operações especiais e investigação criminal – dão corpo a um modelo cada vez mais requisitado pelas organizações internacionais (sobretudo a ONU e União Europeia), assumindo um papel imprescindível em cenários desestabilizados – augurando-se a sua maior utilização tanto quantitativa como qualitativa[356].

A integração da Guarda na EUROGENDFOR parece também ter sido uma aposta ganha. Tal como antes mencionámos, a EUROGENDFOR poderá ser colocada não só à disposição da União Europeia, como também à da ONU, da OSCE, da NATO ou de outras organizações internacionais – bem como utilizada numa futura coligação *ad-hoc*. Mas não de uma maneira linear. O seu emprego em operações terá de ser precedido de uma decisão comum do conjunto de Estados participantes – e as operações

---

[356] As vantagens da 'opção GNR', nos termos desta leitura alternativa, estariam no essencial ancoradas na flexibilidade da sua organização e na sua adaptabilidade aos mais diversos cenários – o que não acontece alegadamente com outras forças que, argumenta-se, estão impedidas de (ou não têm a necessária interoperabilidade para) por exemplo, actuar sob comando militar, ou que não possuem a robustez ou a capacidade de actuar em cenários de conflito de média e elevada intensidade, nos quais as condições de segurança estejam mais degradadas, tornando-se, nestes casos, necessário que a sua actuação seja protegida por forças militares. Torna-se difícil não ver nestas duas posturas alternativas o reflexo das posições estruturais ocupadas por quem as formula – longe de se tratar de posições "açternativas", trata-se de posições complementares. Como famosamente notou Graham Allison, a propósito da crise dos mísseis de Cuba, durante a Administração Kennedy *"where you stood depended on where you sat"*.

da força da nossa *Gendarmerie* deverão ser planificadas tendo em boa conta a necessidade incontornável de se manter sempre em estreita coordenação com organismos militares e/ou civis. Depende disso muita da sua eventual eficácia. Por exemplo, quando integrada numa força militar, a Guarda deverá constantemente manter uma ligação funcional com as autoridades de polícia locais e internacionais presentes no teatro de operações. Com efeito, a EUROGENDFOR afigura-se como uma organização em que as forças policiais de cariz militar procuram afirmar-se num contexto de segurança interna e de política externa de segurança e defesa – e nos termos de uma clara estratégia de sobrevivência face a uma possibilidade (ainda que remota) de fusão com Polícias de cariz civil nos respectivos países (como aconteceu, aliás, na década de 90, na Bélgica e na Áustria).

Todavia, é este carácter híbrido que tem trazido algumas críticas à EUROGENDFOR. Por um lado, o facto de integrar prioritariamente polícias de cariz militar, quando na maioria dos países Europeus, as polícias têm estatuto civil, é um factor que poderá dificultar a sua afirmação. Por outro lado, o facto de a EUROGENDFOR ter uma estratégia de "ir a todas", podendo-se integrar em diversas organizações em múltiplos contextos, sugere a necessidade de uma maior selectividade e coerência, ao nível estratégico, das missões em que se empenha.

Em termos doutrinários, a EUROGENDFOR tem uma perspectiva multidimensional. Trata-se de uma entidade de grande flexibilidade, pré-estruturada, robusta e dotada de capacidade de reacção rápida para assegurar todas as tarefas de polícia. Nas operações de gestão de crises, a EUROGENDFOR assegurará uma presença efectiva – conjuntamente com outros actores, incluindo a componente militar e a polícia civil, repetimos, se uma potenciação da sua eficácia for tomada em linha de conta – com vista a facilitar uma reactivação local dos meios de segurança disponíveis, em particular durante a transição entre a fase militar e a fase civil da operação em causa. É fácil compreender porquê.

A Guarda integrada na EUROGENDFOR pode, desse modo, cobrir todos os aspectos de uma operação de gestão de crises: na fase inicial, poderá entrar no teatro de operações acompanhando a força militar para assegurar funções de polícia; na fase de transição, poderá continuar a sua missão só por si ou no seio de uma força militar – para assim facilitar a coordenação e cooperação com unidades de polícia local, ou com entidades internacionais; na fase de desempenho militar propriamente dito, de actuação 'cinética', a força poderá facilitar a passagem da responsabilidade para uma autoridade civil ou para qualquer organização, podendo participar nos esforços de cooperação; e na prevenção de crises.

A actuação 'combinada' favorece a sua eficácia no terreno. A EUROGENDFOR poderá ser projectada só ou em conjunto com uma força militar. De acordo com o mandato de cada operação, a Força de *Gendarmerie* Europeia poderá assegurar um largo espectro de tarefas, relacionadas com as suas capacidades de força de polícia, tais como: execução de missões de manutenção da ordem e segurança públicas; monitorização e assistência à polícia local na sua actividade quotidiana, incluindo a investigação criminal; condução de operações de vigilância, controlo de tráfico, de ilícitos, polícia de fronteiras e informações; execução de acções de investigação criminal, nomeadamente detecção de actos de delinquência, seus vestígios e entrega de delinquentes às autoridades judiciais competentes; protecção das populações e dos bens e manutenção da ordem em caso de manifestações públicas; formação de oficiais de polícia de acordo com padrões internacionais; e formação de instrutores, em particular através de programas de cooperação. A amplitude do seu espectro potencial é digna de nota.

O que tem sido reconhecido pelos autoridades políticas e operacionais. Do ponto de vista organizacional foram criadas na Guarda uma série de estruturas que são indicativas da aposta estratégica daquela Força de Segurança na dimensão externa da segurança interna – tendo em consideração, designadamente, a visibilidade e as competências técnicas que a GNR obteve com esta sua nova vertente expedicionária. Como já sublinhámos, o Comandante-Geral da GNR tem na sua directa dependência uma divisão encarregue do enquadramento estratégico das relações internacionais[357], ao nível do Comando Operacional, uma Divisão de Aprontamento de Forças e, no seio da Unidade de Intervenção, por intermédio da criação de um Centro de Treino e Aprontamento de Forças para Missões Internacionais[358] – parecendo estar garantido o suporte orgânico para a continuidade da cooperação internacional da Guarda em termos quantitativos e qualitativos. Afigura-se, por isso, provável que a progressão continue nesse sentido.

---

[357] Art. 26.° n.° 2 da Lei n.° 63/2007 de 6 de Novembro.
[358] Art. 44.° n.° 3 da Lei n.° 63/2007 de 6 de Novembro.

Ao Nível da PJ

A Polícia Judiciária, na sua qualidade de corpo superior de polícia criminal, com competência reservada de investigação sobre um vasto leque de crimes em Portugal, designadamente ao nível da criminalidade complexa, violenta e organizada, é responsável por assegurar o funcionamento dos gabinetes Interpol e Europol para efeitos da sua própria missão e para partilha de informação nos termos da lei. É precisamente este factor que constitui uma das debilidades recorrentemente apontada por diversos especialistas sobre a pouca partilha e fluidez da informação canalizada pelos gabinetes nacionais Interpol e Europol para outros órgãos de polícia criminal nacionais. Daí que o legislador tenha sentido a necessidade de prever especificamente no Art. 12.º da *Lei de Organização da Investigação Criminal* (LOIC) que a GNR, a PSP e o SEF integram, através de oficiais de ligação permanentes, a Unidade Nacional Europol e o Gabinete Nacional Interpol, e integram através de oficiais de ligação permanente, os Gabinetes Nacionais de Ligação a funcionar junto da Europol e da Interpol.

A PJ é representante nacional em todos os grupos de trabalho da União que tratam das matérias de terrorismo, criminalidade organizada, tráficos de veículos, de seres humanos, de armas, de droga, a criminalidade económico-financeira, entre outras manifestações criminais altamente organizadas ou que assumam carácter transnacional ou dimensão internacional, desempenhando um papel crucial, tanto em termos de definição da posição nacional em inúmeros processos de discussão de estratégias ou de programas europeus destinados à prevenção e investigação desse fenómenos, como ao nível da definição de estratégias nacionais para fazer face a tipologias criminógenas cada vez mais interconexas e interdependentes. De igual modo, a contribuição dos peritos da PJ nas operações conjuntas desenvolvidas pela Europol e Interpol ao nível do combate ao crime organizado, em especial o tráfico de droga, terrorismo, pedofilia, criminalidade informática, etc., esforços de pesquisa, cumprimento de mandados de captura internacionais, cartas rogatórias, etc., são cruciais para que Portugal seja reconhecido internacionalmente como um parceiro credível, eficiente e eficaz.

Todavia, a Polícia Judiciária actua no quadro do Ministério da Justiça – e face aos constrangimentos já aludidos na definição de uma verdadeira estratégia nacional em diversos âmbitos da dimensão externa da segurança interna, continuam a verificar-se deficiências significativas na circulação de informação e na coordenação entre programas de cooperação técnico-policial e técnico-judiciário[359]. Tal é o caso, por exemplo, nos PALOP, onde muitas vezes, as forças e serviços de segurança do MAI desenvolvem acções de formação sem terem conhecimento dos programas implementados pela área da Justiça e vice-versa, facto que afecta a coerência da política externa nacional e a racionalização de recursos humanos, materiais e financeiros.

Ao Nível do SEF

O Serviço de Estrangeiros e Fronteiras tem feito uma aposta sustentada ao longo dos anos na cooperação internacional e em particular na cooperação europeia. Diversos peritos participam em grupos de trabalho na União Europeia designadamente naqueles que versam as questões da imigração, asilo e outras temáticas associadas, com natural destaque para a participação no quadro da construção da política comum de imigração e asilo da União Europeia.

O investimento nas novas tecnologias tem sido reconhecido, tanto em termos nacionais como internacionais. De sublinhar o papel do SEF na concepção e implementação das componentes nacionais do Sistema de

---

[359] Como insistiram vários funcionários superiores da Polícia Judiciária com quem trocámos impressões, a dispersão de tutelas, gera um duplo óbice na instituição: por um lado um quadro deficitário de investigadores criminais e técnicos/peritos – ao que nos foi dito, faltarão cerca de 25% de efectivos para que os quadros estejam devidamente preenchidos, o que se traduz numa média de cerca de mil e quinhentos efectivos; por outro lado, a dispersão leva a PJ a ter de sobreviver com um orçamento magro – e que condiciona a qualidade das investigações e que terá impedido inclusive a participação em determinados grupos de trabalho em organismos internacionais onde se deveria fazer representar por direito e necessidadestécnico/tácticas. Assim, foi-nos sublinhado, uo combate eficaz à "criminalidade estruturada" carece de meios auxiliares de investigação capazes de competir com a tecnologia de ponta, e os elevados orçamentos, dos poderosos grupos ligados à criminalidade transnacional com que tem de se defrontar, seja na investigação das redes ligadas aos tráficos existentes ou nas acções de prevenção – onde "está tudo por fazer", diz-se – e no combate à criminalidade informática, por exemplo Por fim, na sua opinião, a criação de unidades de investigação criminal nas outras policias veio incrementar a "rivalidade" e prejudicar seriamente os resultados de muitas investigações, em áreas como o tráfico de droga e de seres humanos.

Informação Schengen (Projecto SISone4All), para 9 Estados-Membros da União Europeia, o qual, após ter permitido o alargamento do Espaço Europeu de Livre Circulação (Espaço Schengen) aos territórios da Eslováquia, Eslovénia, Estónia, Hungria, República Checa, Letónia, Lituânia, Polónia e Malta, acto que encerrou a Presidência Portuguesa da UE, em 2007, no decurso de 2008 permitiu novo alargamento do Espaço Schengen à Suíça.

No domínio das novas tecnologias associadas à documentação de segurança e ao controlo de fronteira, a cooperação incidiu sobre a implementação de sistemas de registo e tratamento integrado de informações. Neste âmbito, para além do financiamento comunitário para desenvolver o passaporte electrónico em Cabo Verde, foi iniciada a emissão do novo passaporte São Tomense, de acordo com as novas regras ICAO, na sequência da implementação de um sistema de emissão de passaporte em São Tomé e Príncipe.

O SEF participa em diversas operações da Frontex, no âmbito da segurança às fronteiras externas da UE e tem coordenado inúmeras acções de formação ao nível dos PALOP relativos às temáticas de asilo, fronteiras, migrações, documentação de segurança e tráfico de seres humanos. Face à dimensão deste serviço de segurança, o SEF é claramente uma instituição com um empenhamento exponencial ao nível das relações internacionais, embora a sua participação em OAP da ONU e de gestão de crises da UE não tenha expressão significativa.

Em Guisa de Clef de Voute

Quanto às hipóteses de estudo inicialmente formuladas, parece-nos poder concluir-se – sem quaisquer hesitações – que as forças e serviços de segurança desempenham um papel decisivo em OAPs da ONU, nas missões de gestão civil de crises da União Europeia, na cooperação policial europeia e na CTP no seio da CPLP. As limitações e insuficiências apontadas em nada derrogam nesta constatação. O que há a lamentar é o desconhecimento a que tal papel tem sido votado – uma carência lamentável a que esta monografia tenta começar a suprir.

Apesar dos constrangimentos identificados, os mecanismos cooperativos criados e hoje bem instalados são cruciais para a garantia da segurança internacional, a consolidação do Estado de Direito, a democratização e sustentabilidade das forças de segurança locais – e, daí, tornam-se essenciais para o consequente desenvolvimento dos Países alvo de intervenção. Há mais. Apesar da crescente interpenetração, da chamada "interdependência complexa" a que aludimos, existe ainda uma excessiva compartimentação conceptual, ao nível global e nacional, entre patamares e dimensões da segurança que afecta as estratégias de intervenção reticulares e abordagens dinâmicas[360]. Embora nela muito haja que pode e deve ser melhorado, o certo é que a projecção internacional da cooperação policial constitui sem sombra de dúvida um eixo essencial da política externa nacional, sendo potenciadora de alterações qualitativas ao nível do enquadramento legal, organizacional e na agilização dos mecanismos de coordenação no quadro de segurança interna. Antes o saibamos levar a bom porto.

Nem tudo, felizmente, são no entanto escolhos. Por de baixo de flutuações conjunturais e recuos que têm afectado de maneira sensível os panoramas políticos, ou os económico-sociais, o certo é que tal não tem tido o mesmo peso negativo no âmbito da segurança. Aqui, alguma irreversibilidade parece ser detectável. O caminho, em todo o caso, está desde há muito desenhado.

Um só exemplo, de carácter geral e por conseguinte significativo: quase uma dezena de anos volvidos, ainda é verdade que "[w]*ith the entry into force of the Treaty of Amsterdam, the European internal security regime has entered a dynamic phase of transformation, marked primarily by a stronger role for EU institutions (incorporation of the Schengen acquis in the EU; 'communitarisation' of immigration and asylum policies) and by a stronger political drive for the development of the judiciary dimension of European cooperation in the field of law enforcement (European Judicial Network; Eurojust). These recent developments are bringing new institutional (the Commission and the European Parliament) and professional actors (prosecutors, judges) closer to the core of the European JHA's political arena. This increased pluralism could foster a significant evolution of the (so far predominant) exclusive and defensive approach to European internal security issues. Whatever the future may bring, however, over the past decade these two security 'logics' – the political-diplomatic one, fundamentally inclusive, and the law enforcement one, which puts greater bias on exclusion, i.e. removal and/or containment of the per-*

---

[360] Conferir entrevista ao Intendente Paulo Gomes (resposta à pergunta 8).

ceived threats – have diverged or even collided on different issues and on several strategic choices"[361]. A última década – a que se seguiu ao 11 de Setembro – tem vindo, ao que tudo indica, a reconduzir a Europa a uma perspectiva segundo a qual não é possível pensar a segurança "interna" desligada da maneira como pensamos a "externa".

Muito há que o indicia. O simples facto de existirem paralelismos óbvios entre o modo como a *"security and safety"* e a *"security and defense"* tem sido programaticamente enquadradas – com dispositivos de *reinforced* ou *structured cooperations* e *headline goals* que são, *mutatis mutandis*, naturalmente, análogos, e dotados de ritmos de convergência e mecânicas de entrosamento semelhantes – demonstram-no em abundância. Mas muito há também a ser feito, e tem de sê-lo quanto antes – pela Europa, se pretender não perder o barco das transformações globais em curso; por Portugal, se quiser, como parece querê-lo, continuar a contribuir para que a Europa não perca esse barco, de modo a nós próprios continuarmos a usufruir da escala ampliada que daí resulta, num Mundo em mudança acelerada.

Para tanto, em todo o caso, como o mostram com nitidez os factos, há que reconquistar *momentum* e escolher as regras com que jogamos e o tabuleiro em que o fazemos. Tal como foi sublinhado há pouco tempo com grande acuidade por Ferruccio Pastore, que logo de início citámos, a respeito da União, também no plano nacional há mudanças institucionais que são com urgência precisas, se quisermos assegurar uma maior eficácia operacional aos nossos empenhamentos. E isso exige esforços de articulação que todavia têm infelizmente sido apenas incipientes. Coordenações políticas, mesmo no seio da União, como no do país, nunca são fáceis, como sabemos pela experiência. Nem o são as internas. Mas há que apontar baterias nestas direcções: "[p]*rogress in the political dimension of internal-external security policy coordination is, to a large extent, a function of the results achieved in institutional cross-pillarisation. Without institutional coordination, policy coordination results only from accidental contingencies or the goodwill of individuals"*. Assim é, tanto numa escala macro quanto numa micro. Em boa verdade as questões suscitadas e as dificuldades encontradas têm vindo a convergir, dentro e fora da União: [i]*n many cases, however, the harmonisation of internal and*

---

[361] PASTORE, Ferruccio, *op. cit.*: 11.

external security approaches has an autonomous dimension that [...] is largely connected to the cultural foundations of security policies. The challenge that the European Union is facing at this level is how to overcome the current polarisation between different sectorial/disciplinary notions of security and aim at a more comprehensive, interdisciplinary approach. It is indisputable that, as an integrated supranational actor, the European Union has a unique atout *for the practical realisation of such a vision of 'holistic' security policy*"[362]. Quase uma década depois, a questão de maior fundo continua acesa – mas está hoje mais bem encaminhada do que nunca, embora longe de uma qualquer solução. O mesmo pode ser dito, replicado, e lamentado no que toca ao Estado português e à sua dupla opção de 'externalização' e 'internalização' que aqui decidimos abordar.

Equacionar paralelismos e vizinhanças é sempre útil e revelador. Retomemos, por isso, o exemplo macro da Europa. Dada a complexidade dos nexos institucionais existentes – e por tanto, o dos interesses político--burocráticos que geram atritos dolorosos – o processo não é nem por sombras linear, visto a União Europeia não existir de modo nenhum num vácuo institucional-securitário. Bem pelo contrário, está acoplada a outros actores com que partilha funções e finalidades. Como foi escrito, a este propósito e de forma certeira, logo em 2000, num relatório do *think--tank* apartidário alemão *Bertelsmann Stiftung*[363], '[t]*he EU can provide security tools that cover the full spectrum of conflict prevention, nonmilitary crisis management, lower-intensity military conflict management and post-conflict reconstruction. This holistic approach to security in effect adds several further options to diplomatic efforts prior to the full military solution that NATO offers and, indeed, thereafte*r". Decerto. Mas também gera problemas e questões suplementares cuja importância não pode ser subestimada. Como tivemos ocasião de verificar em abundância, essa tem sido também, num nível mais micro, a opção portuguesa: a de actuar nas mais diversas frentes – priorizando q.b., embora a nosso ver ainda de maneira insuficientemente clara e enxuta – e esforçando-se por conciliar o muitas vezes árduo de tornar congruente.

---

[362] *Ibid.*: 20.
[363] AAVV, Bertelsmann Foundation (ed.), *Enhancing the European Union as an International Security Actor. A Strategy for Action*: 29-30, (Bertelsmann Foundation Publishers, Gütersloh, 2000).

No entanto, cá como lá espreita o risco acarretado por uma abrangência excessiva: como também foi notado presciente e astutamente pelo já tão citado Ferruccio Pastore, *"the risk with such concepts is that their charm often exceeds their workability. Indeed, a risk of conceptual irrelevance is inherent in a 'too' holistic notion of security. In criticizing Galtung's and Øberg's 'alternative concept of security – based on four sets of positive goals related to human needs: survival, development, freedom and identity' – Ole Wæver has argued for instance that: '[t]he result is a holistic program for world society and its development, welfare, and so on. This is a wholly legitimate approach, of course, but does it impinge at all on security debates? Certainly, the central actors and theorists in the field do not feel affected or threatened by this framework'*[364]. Embora, como o têm vindo a mostrar de maneira muitas vezes dramática experiências recentes, do Iraque ao Afeganistão, do Sudão ao Chade, ou do Kosovo à Bósnia-Herzegovina, o sentimento de inocuidade esteja porventura a mudar – na medida, pelo menos, em que uma inclusividade excessiva de noções holísticas preferidas na academia pode, quando de uma sua tradução concreta 'no chão', vir a dificultar uma maior clareza categorial e conceptual na circunscrição de terrenos, bem como na de prioridades de actuação com vista à necessidade de obtenção de resultados rápidos e tangíveis em cenários truculentos de pós-conflito ou de conflitos 'congelados'. O perigo que espreita é o de não lograrmos, em simultâneo, perspectivar o horizonte de realidade de maneira suficientemente ampla, mantendo os pés em terra razoavelmente firme.

Flui daqui uma constatação maior. Como antes sublinhámos, muito há que tem de ser reconfigurado se quisermos realmente produzir e guardar vinho novo em odres novos – e em boa verdade recuar não agora é opção, e baixar os braços não constitui já alternativa pensável. Resta-nos, enquanto comunidade política, ajustar esforços, levar a cabo mudanças, acomodar exigências, abrir amplo o leque daquilo que urge remodelar: outra coisa não pode ser feita, uma vez chegados ao ponto a que nos trouxe a escolha inicial a que aludimos desde as nossas primeiras páginas – a de sintonizarmos a nossa actuação pela lógica de funcionamento dos

---

[364] *Op. cit.*: 20. A origem da citação é WAEVER, Ole, *Securitization and Desecuritization,* em (ed.), R.D. Lipschutz, *On Security*: 48, (New York: Columbia University Press, 1995).

nexos de interdependência complexa em que em boa hora nos decidimos embrenhar. Aquilo que está em causa não é, desde há muito, de modo nenhum *inverter* uma dinâmica que nos excede largamente. É antes a urgência de maximizar vantagens numa progressão cumulativa que se tornou no "ecossistema político" em simultâneo nacional, regional, e global no qual vivemos e convivemos, quer o queiramos quer não, e quer tal nos agrade ou desagrade. O que resta apurar – só o tempo o dirá – é se as mudanças institucionais e uma mais perspectivação realista do que temos e do que queremos – duas alterações que nos parecem com tanta urgência precisas – terão lugar e, caso tal aconteça, o irão ter em tempo útil: ou seja, com uma precisão e velocidade que nos evite cair na posição de subalternidade a que, de outro modo, estamos condenados num Mundo em mudança como aquele em que vivemos. O que, de momento, infelizmente não parece certo.

ANEXOS

ANEXO 1 – **O Sistema de Segurança Nacional**

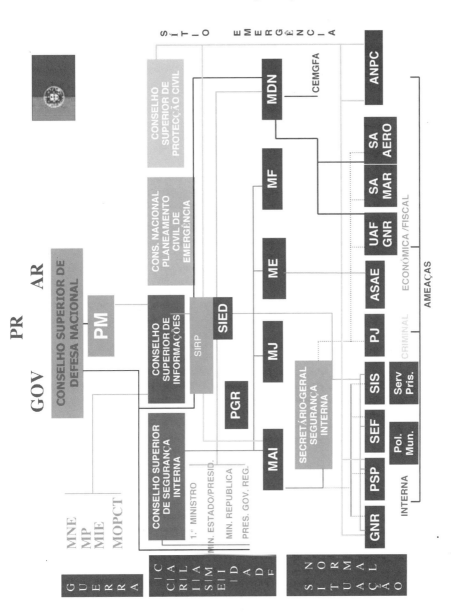

ANEXO 2 – A Geometria Variável da Política Externa Nacional

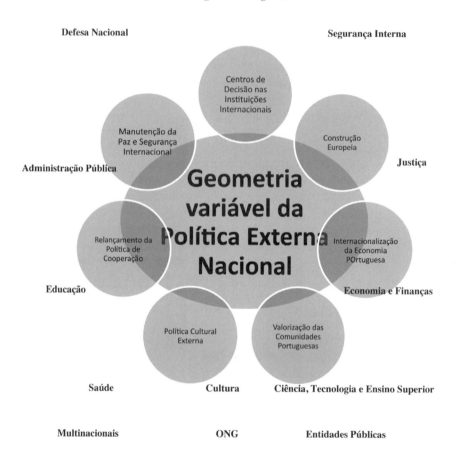

ANEXO 3 – Os Níveis Vertical e Horizontal de Segurança

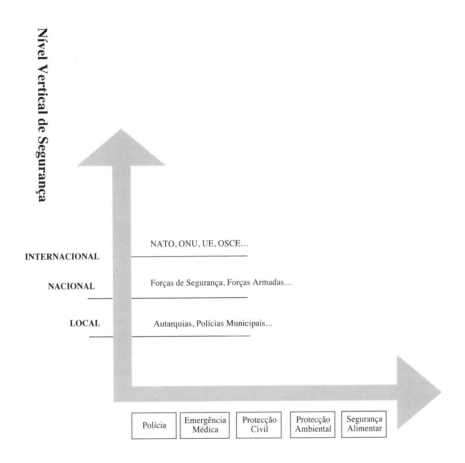

Nível Horizontal de Segurança

Efectivos da Polícia Nacional e da *Gendarmerie* Francesa no Estrangeiro e em Entidades Internacionais

ANEXO 4 – Efectivos da Polícia Nacional e da *Gendarmerie* Francesa no Estrangeiro e em Entidades Internacionais

	EFECTIVOS DA POLICIA NACIONAL E GENDARMERIE FRANCESA NO ESTRANGEIRO	(31/12/08) P.N.	G.N.	TOTAL
UE	AFEGANISTÃO (EUPOL)		3	3
	BOSNIA-HERZEGOVINA (EUPM)	5	12	17
	BOSNIA- HERZEGOVINA (missão militar EUFOR Althea)		7	7
	FRONTEIRA UCRÂNIA-MOLDÁVIA (EUBAM)	1		1
	GEÓRGIA (EUMM)		43	43
	GUINÉ- BISSAU (EUSSR)		1	1
	KOSOVO (EULEX)	22	143	165
	RD CONGO (EUPOL)	7	3	10
	RCA-CHADE (EUFOR)		4	4
	TERRITÓRIOS PALESTINIANOS (EUPOL COPPS)	2		2
	TERRITÓRIOS PALESTINIANOS (EUBAM RAFAH)		3	
	TOTAL UE	37	219	256
ONU	COSTA DO MARFIM (ONUCI)		11	11
	HAITI (MINUSTAH)	40	23	63
	KOSOVO (MINUK)	1	3	4
	LIBANO (missão militar FINUL)		5	5
	LIBANO (UNIIIC)		1	1
	RDC (MONUC)		9	9
	TCHAD / RCA (MINURCAT)		18	18
	Auditoria e Doutrina de Empenhamento de FPU		1	1
	TOTAL ONU	41	71	112
NATO	AFEGANISTÃO (FIAS)		11	11
	KOSOVO (KFOR)		19	19
	TOTAL NATO	0	30	30
Mandatos Nacionais	Costa do Marfim ("Licorne") - Apoio à ONUCI		10	10
	RCA – Missão militar "BOALI"		4	4
	TCHAD Missão militar bilateral "Epervier"		7	7
	TOTAL "MiSSÕES NACIONAIS"	0	21	21
	TOTAL GERAL	78	341	419

EUROPOL :	6 PN
INTERPOL	24 PN
União Europeia	
-Conselho	3 PN
-Comissão	11 PN
-Frontex :	3 PN
ONU	
-ONUDC (Viena)	1 PN
-DOMP (Nova Iorque)	1 PN
-ONU (Genebra)	1 PN
-ONU agricultura (Itália)	1 PN
NATO	2 PN
OCDE	2 PN
TOTAL	**55 PN**

	PN	GN
Adidos de Segurança nas Embaixadas	77	16
Adjuntos dos Adidos de Segurança	9	11
Assistentes dos Adidos de Segurança	20	7
Oficiais de Ligação	71	4
Assistentes Técnicos	43	0
Diversos – REPER	5	0
TOTAL	**225**	**38**

ANEXO 5 – Manual de Cooperação Policial Schengen – Listas de Pontos de Contacto Nacionais

Informação retirada do ENFOPOL 81/COMIX 330,
de 13 de Janeiro de 2009

1. Autoridades centrais de assistência mútua
Gabinete Nacional SIRENE

2. Gabinetes Nacionais SIRENE
Gabinete Nacional SIRENE

3. Pontos de contacto para a utilização conjunta de agentes de ligação destacados no estrangeiro (Art. 7.º da Decisão do Conselho 2003/170/JHA, publicada no JOC 29, 3.2.04, p.5)
Direcção Geral Administração Interna (Ministério Administração Interna) e o Departamento Central de Cooperação Internacional da Polícia Judiciária (DCCI)

4. Unidades Nacionais Europol (UNE)
Departamento Central de Cooperação Internacional da Polícia Judiciária (DCCI)

5. Pontos de contacto nacionais para as questões de segurança pública (Acção Comum 97/993/JAI de 26 de Maio de 1997)
Gabinete Coordenador de Segurança (Ministério da Administração Interna)

6. Pontos de contacto nacionais para informações sobre futebol (Decisão do Conselho 2002/348/JHA de 25.4.2002 sobre segurança em jogos de futebol de dimensão internacional, JOL 121, 8.5.2002, P. 1).
Departamento de Informações Policiais (Direcção Nacional da Polícia de Segurança Pública)

7. Protecção de Figuras Públicas (Decisão do Conselho n.º 2002/956/JAI de 28.11.02, JO L 333, 10.12.02, p. 1)
Corpo de Segurança Pessoal (UEP da Polícia de Segurança Pública)

8. Pontos de Contacto Nacionais para a Criminalidade Automóvel (Decisão do Conselho n.º 2004/919/CE de 22 Dezembro 2004, JO L 389 de 30.12.2004, p. 28)
Comando-Geral da Guarda Nacional Republicana

9. Pessoas Desaparecidas (8007/00 CATS 29, ponto 9)
Polícia Judiciária DCICPTSIPC

10. Formação Policial
Instituto Superior Ciência Policias e Segurança Interna (PSP), Escola Prática de Polícia (PSP), Escola da Guarda (GNR) e Escola da Polícia Judiciária (PJ)

11. Segurança Privada (Recomendação do Conselho de 13.6.02 sobre a cooperação entre as autoridades competentes dos EM responsáveis pelo sector da segurança privada, JO C 153, 27.6.2002, p. 1)
Departamento de Segurança Privada da Direcção Nacional da PSP

12. Prevenção da Criminalidade
Gabinete Coordenador de Segurança, Direcção Nacional da Polícia de Segurança Pública (PSP) e Comando Geral da Guarda Nacional Republicana (GNR

ANEXO 6 – Delegações nos Grupos de Trabalho do Conselho da União Europeia

Despacho n.º 23/2007 do MAI

1. Task Force dos Chefes Europeus de Polícia – PSP, GNR e PJ
2. Comité Artigo 36 – DGAI, SEF
3. Grupo de Alto Nível Asilo e Migração (GANAM) – DGAI e SEF
4. Comité Estratégico Asilo e Imigração (CEIFA) – REPER, SEF e DGAI
5. Grupo da Migração / Afastamento – SEF
6. Grupo de Migração / Admissão – SEF
7. Grupo dos Vistos – MNE e SEF
8. Grupo do Asilo – REPER e SEF
9. CIREFI – SEF
10. Grupo das Fronteiras – SEF e GNR
11. Grupo das Fronteiras / Documentos Falsos – SEF
12. Grupo SIS / SIRENE – SEF e PSP
13. Grupo SIS / TECH – SEF
14. Grupo de Cooperação Policial – PSP, GNR, PJ e SEF
15. Grupo Europol – MJ e PSP
16. Grupo Terrorismo – REPER, PJ, SIS, PSP e GNR
17. Cooperação Aduaneira – DGAIEC e GNR
18. Grupo Avaliação Colectiva – REPER e DGAI
19. Avaliação Schengen – SEF
20. Grupo do Acervo Schengen – SEF
21. Grupo Multidisciplinar Crime Organizado – PJ, PSP, GNR e SEF
22. Grupo Protecção Civil – ANPC e GNR
23. Grupo Horizontal das Drogas – IDT (Min. Saúde) e PSP

ANEXO 7 – **Entrevistas: Guião Genérico Utilizado nas Entrevistas**

1 – Quais os principais desafios e oportunidades que se colocam à segurança internacional e segurança interna dos Estados na actualidade?

2 – Na sua opinião, existe (ainda) uma delimitação conceptual entre segurança interna e segurança externa? – Justifique.

3 – Quais os desafios e oportunidades que se colocam à Política Externa Nacional na actual conjuntura

4 – Qual a importância da segurança interna para a Política Externa Nacional?

5 – Na sua opinião, quais deverão ser as prioridades estratégicas da cooperação policial internacional (operacionalizada, designadamente pela PSP, GNR, PJ e SEF)?

6 – Quais os pontos fortes e pontos fracos da participação das forças e serviços de segurança em operações de paz da ONU?

7 – Quais os pontos fortes e pontos fracos da participação das forças e serviços de segurança em missões de gestão civil de crises no âmbito PESD da União Europeia?

8 – Quais os pontos fortes e pontos fracos da cooperação policial europeia no âmbito JAI?

9 – Quais os pontos fortes e pontos fracos da cooperação técnico-policial com os PALOP?

10 – Na sua opinião, os mecanismos actuais de planeamento, coordenação e preparação das Forças de Segurança para missões internacionais nas suas diversas dimensões funcionam eficazmente? Podem ser melhorados? Caso afirmativo, em que termos?

11 – De que forma o empenhamento das forças de segurança em missões internacionais nas suas diversas vertentes pode ser rentabilizado no quadro de segurança interna?

12 – Outros comentários que entenda relevantes

Anexo 7A

Entrevistada à Dra. Rita Faden
Função que desempenha: Directora-Geral da Administração Interna
Data/Hora: 271500JAN09

1 – Quais os principais desafios e oportunidades que se colocam à segurança internacional e segurança interna dos Estados na actualidade?

Temos que nos posicionar em relação à segurança numa perspectiva simultaneamente interna e externa. É um facto que uma ameaça internacional, pelo menos para um país como Portugal, não existe. A ameaça de uma invasão militar está completamente posta de parte, também não é previsível que haja um outro cenário de ameaça externa militar clássica. E portanto, hoje em dia, as principais ameaças externas aos Estados colocam-se mais ao nível de uma segurança que não é estanque, não tanto do ponto de vista militar, mas mais das ameaças que são combatidas policialmente, como são a criminalidade organizada e o terrorismo. É evidente que isso tem necessariamente que ter impacto no plano interno. Mas não significa que haja uma confusão total entre que é o nível da segurança interna e o que é o nível da ameaça externa, ou seja, as ameaças ao nível interno se bem que tenham necessariamente uma influência das ameaças ao nível externo – criminalidade organizada e o terrorismo -, há também ameaças ao nível interno de âmbito regional que nada têm que ver com isso. Assim, eu acho que é preciso haver um certo cuidado com esse debate que se tornou um debate da moda, de falar na dimensão externa da segurança interna, claro que tem, é evidente que sim, mas não há fundamento para a confusão.

2 – Na sua opinião, existe (ainda) uma delimitação conceptual entre segurança interna e segurança externa? – Justifique.

A realidade é completamente diferente do que era há cinquenta anos. É evidente. Há um crescente envolvimento da dimensão externa na segurança interna. Agora não se esbateram completamente as fronteiras. As fronteiras não devem ser esbatidas. O desafio mais interessante que isso coloca diz respeito às forças armadas, ou seja, que papel para as forças armadas no século XXI, como utilizar bem os recursos humanos e materiais das forças armadas num cenário tão diferente. Esse do ponto de vista conceptual até é, para mim, um debate mais interessante, porque em termos de forças de segurança tradicionais em Portugal (GNR e PSP), é evidente que houve uma alteração de circunstâncias, quer dizer, a uma criminalidade nacional acresce uma ameaça externa, mas não me parece que seja aí o maior desafio. É evidente que é preciso que essas forças tenham a capacidade de utilizar melhor a tecnologia, necessariamente estarem mais envolvidas numa rede de contactos internacionais (isso é absolutamente fundamental), perceber melhor os fenómenos criminais transnacionais e não apenas fenómenos criminais, também fenómenos de massas, por exemplo o que se passou em Paris há uns anos, o problema das *banlieus*, o que se passou agora na Grécia. Com uma sociedade globalizada, com o acesso a todos os meios de comunicação tradicionais, não tradicionais – *internet*, os *blogues* -, a informação circula rapidamente e portanto há também a possibilidade de haver fenómenos de mimetismo e de imitação de uma situação interna Grega que não tem nada a ver com a nossa, mas que pode levar à expansão de situações de desordem e de insegurança pública a outros países. Portanto, acho absolutamente fundamental que as forças de segurança, hoje em dia, estejam muito mais atentas e presentes no quadro internacional, falando directamente com as suas congéneres e estando alerta também aos movimentos sociais internacionais.

3 – Quais os desafios e oportunidades que se colocam à Política Externa Nacional na actual conjuntura?

Em matéria de Política externa nacional Portugal tem o desígnio permanente que é a afirmação de Portugal no mundo e a defesa dos interesses nacionais. A dimensão da segurança, tal como nós a entendemos no quadro da segurança interna, não estava muito presente até há relativamente pouco tempo. Obviamente a dimensão da segurança externa era e é um pilar fundamental na nossa política externa e na defesa dos nossos interesses, mas eu acho que, hoje em dia, se começa, em termos de política externa, a perceber que a competência e a capacidade das nossas forças de segurança podem também ser um instrumento de política externa. E essa é uma evolução, quer do ponto de vista conceptual, quer do ponto de vista prático, eu acho que é muito importante e que deve ser um aposta nos próximos anos.

4 – Qual a importância da segurança interna para a Política Externa Nacional?
Respondida na questão anterior.

5 – Na sua opinião, quais deverão ser as prioridades estratégicas da cooperação policial internacional (operacionalizada, designadamente pela PSP, GNR, PJ e SEF)?

Num quadro a 27 pensar a cooperação policial em termos operacionais é muito difícil. Pensar em termos operacionais deve ser feito num quadro mais regional, mais subdividido, porque é evidente que as ameaças e os fenómenos que se nos colocam em termos nacionais não são exactamente as mesmas que em todos os Estados-membros. Dito isto, é evidente, como eu estava a dizer há bocado, também há fenómenos de mimetismo que ultrapassam essa dimensão meramente regional. E portanto, desde logo, eu acho que há uma parte fundamental que é de conhecimento, troca de boas práticas de aspectos operacionais, de fenómenos, de movimentos e de formas operativas. Acho que, por exemplo, nesta matéria a CEPOL está a funcionar mal, está a fazer pouco e é pouco divulgado o seu papel e parece-me que os cursos são excessivamente académicos e chegam a poucas pessoas. Não houve ainda a capacidade para alargar e para ter um impacto significativo nas forças policiais dos diferentes Estados-membros. Não me parece que tenha conseguido fazer esse papel. Isto numa dimensão teórica que é absolutamente fundamental. Por outro lado, numa lógica mais operacional, o principal desafio que tem que ser concretizado é o princípio da disponibilidade. Aí sim é que tem que ser a nossa aposta. A troca de informações é para mim o principal desafio da política de segurança ao nível europeu nos próximos anos. É evidente que para isso Portugal está mal colocado, não só porque temos poucas bases de dados e porque temos problemas internos de comunicação e uma organização interna que também não facilita isso, mas essa aposta em termos europeus pode ser a solução para alguns problemas internacionais. Não há espaço para a Europol evoluir para um "FBI" europeu, não me parece para já (nos próximos 20 anos não sei). Mas acho que a Europol devia, apesar de tudo, ter um papel mais central em termos operacionais. Peca muito por uma construção excessivamente burocrática, a própria criação das equipas de investigação conjuntas é excessivamente burocrática, portanto, tudo isso é muito complicado de avançar. Acho que a Europol está a fazer bem ao procurar ser um pivot central da troca de informações entre os Estados-membros. Acho que a Europol devia trabalhar nesse sentido.

6 – Quais os pontos fortes e pontos fracos da participação das forças e serviços de segurança em operações de paz da ONU?

Os pontos fracos, começando por aí, são mais, digamos, de natureza financeira e de gestão de pessoal pelas razões evidentes; porque retiram recursos às forças de segurança nacionais e porque implicam também um esforço acrescido no plano financeiro. Do ponto de vista das vantagens, acho que tem variadíssimas. Desde logo, porque são um instrumento para um objectivo central da política externa nacional que é a afirmação de Portugal no mundo, são de facto um instrumento fundamental. E depois permitem, quando as missões são bem sucedidas, consolidar ou o processo de paz, ou um processo de transição, consoante as situações complicadas que se vivem internamente e que justificam a criação de uma missão. Permitem ter de facto um papel central na estabilização e consolidação de um país. Isso é extraordinariamente importante. E depois há também um elemento adicional que não deve ser ignorado no nosso país que é o darem uma qualificação adicional aos oficiais e não oficiais que nelas participam, por razões evidentes, pelo contacto com outras formas de trabalhar, com outras pessoas, pela abertura ao mundo que isso implica.

7 – Quais os pontos fortes e pontos fracos da participação das forças e serviços de segurança em missões de gestão civil de crises no âmbito PESD da União Europeia?
Respondido na questão anterior.

8 – Quais os pontos fortes e pontos fracos da cooperação policial europeia no âmbito JAI?
Respondido na questão 5.

9 – Quais os pontos fortes e pontos fracos da cooperação técnico-policial com os PALOP?

Tem o ponto fraco, já aludido anteriormente, da questão da falta de recursos humanos e financeiros. Pontos fortes, eu acho que são bastantes. Mais uma vez são de facto um instrumento da afirmação de Portugal em regiões onde nós temos um interesse estratégico essencial, nomeadamente nos PALOP. E permitem-nos actuar de forma visível e eficaz na consolidação do Estado de direito nesses países, nomeadamente tendo em conta que ainda que com um reduzido investimento da parte de Portugal, permite-nos ter um impacto muito grande. Pese embora as diferentes situações nos PALOP, a dimensão da consolidação da segurança interna, da formação das forças de segurança tem uma dimensão absolutamente essencial na estabilização do processo democrático nesses países. E portanto, para nós é duplamente vantajoso nessa perspectiva: não apenas nos permite manter e consolidar uma influência nesses países, como também ajudar a consolidar os processos de democratização, de estabilidade e de afirmação do estado de direito. Acho que é muito importante e que tem sido uma aposta estratégica nos últimos anos.

10 – Na sua opinião, os mecanismos actuais de planeamento, coordenação e preparação das Forças de Segurança para missões internacionais nas suas diversas dimensões funcionam eficazmente? Podem ser melhorados? Caso afirmativo, em que termos?

Podem ser sempre melhorados. Mas eu acho que tendo em conta a dimensão da nossa participação e tendo em conta a estrutura organizativa, quer ao nível de ministério, quer das forças de segurança essa área funciona relativamente bem. Acho que neste momento já estão suficientemente amadurecidos os processos de coordenação, quer entre as forças e serviços de segurança e a ANPC que tem também um papel importante no caso da cooperação, do MAI (através da DGAI) e do MNE. As coisas estão relativamente consolidadas. O nosso desafio é dar o passo seguinte, ou seja, temos a casa organizada, temos o processo consolidado, eu acho que nós agora temos que começar a pensar num novo patamar estratégico. Ter uma capacidade de perspectiva e prospectiva maior em relação às missões, conseguir trabalhar melhor a coordenação com o MNE, com o MDN e com o MAI para receber as missões-chave para nós, os postos-chave para nós, apostar no aumento da qualificação dos nossos candidatos e um elemento absolutamente essencial, no qual, nós estamos muito apostados que é o aumento da participação de mulheres em missões. Portugal tem tido alguns bons exemplos nessa matéria e esse é de facto um sinal que é crescentemente mais importante e mais solicitado. E nós aí temos capacidade para responder.

11 – De que forma o empenhamento das forças de segurança em missões internacionais nas suas diversas vertentes pode ser rentabilizado no quadro de segurança interna?

A abertura ao mundo digamos assim, a experiência que se adquire, o contacto com outras formas de organização, de trabalho, acho que tem esse elemento sempre de rentabilização. Por outro lado, a vertente *intelligence* é extremamente importante e por vezes, nós esquecemo-nos dela. Não faz sentido, não aproveitarmos os elementos das forças e serviços de segurança que temos espalhados pelo mundo e essa é uma peça fundamental. Não faz sentido quer ao nível do serviço *intelligence* e também do MNE não haver uma utilização mais sistemática (mais inteligente, digamos assim) das informações que um Oficial que está colocado no Kosovo, na Bósnia, em Timor, na Guiné, enfim, pelo mundo inteiro, pode ter.

Portanto, haver um tratamento mais sistematizado, em vez de ser numa base pessoal. Em determinadas situações há *briefings* de segurança, mas não é uma situação generalizada, e essa é uma das áreas em que eu acho que a cooperação ainda não está suficientemente amadurecida entre os diferentes Ministérios e instituições, organismos do Estado português para potenciar e aproveitar melhor.

12 – Outros comentários que entenda relevantes.

Nada a referir.

Anexo 7B

Entrevista ao Intendente Paulo Manuel Pereira Lucas
Função que desempenha: Secretário-Geral Adjunto do Sistema
de Segurança Interna
Data/Hora de resposta: 020900FEV2009

1 – Quais os principais desafios e oportunidades que s colocam à segurança internacional e segurança interna dos Estados na actualidade?

A conjuntura internacional, fruto de factores diversos, enfrenta hoje desafios globais com impactos na segurança internacional e segurança interna de cada Estado. O poder e influência de grupos não estatais, as guerras, a pobreza, a doença, o crime e insegurança, a concorrência no acesso a recurso naturais e a dependência energética são identificados como os principais desafios globais, pela Estratégia Europeia em Matéria de Segurança. Estes "novos" desafios deverão ser articulados com um novo quadro de ameaças, mais diversificadas, menos visíveis e menos previsíveis, como o terrorismo, a proliferação de armas de destruição maciça, os conflitos regionais, os Estados fracassados, a criminalidade organizada, o enfraquecimento do sistema estatal e a privatização do uso da força. A generalidade das ameaças não poderão ser "combatidas" ou minimizadas através da intercepção isolada de um Estado ou Organização, impondo-se, cada vez mais, uma articulação das estratégias de cada país com uma estratégia de segurança global que intervenha tento nos efeitos das ameaças como na origem. A cooperação e coordenação entre Estados, as intervenções conjuntas no domínio da segurança e defesa, as intervenções na origem das ameaças, o papel das organizações internacionais ou supra estatais, assumem cada vez mais uma importância estratégica para a segurança global. Este novo cenário, de estratégias globais para, em muitos casos, problemas locais, oferece um novo leque de oportunidades para os Estados, particularmente para os actores mais vocacionadas para a segurança e defesa.

2 – Na sua opinião, existe (ainda) uma delimitação conceptual entre segurança interna e segurança externa? – Justifique.

Continua a justificar-se uma delimitação conceptual, mas é notória uma tendência para a adopção do conceito de segurança global e integral. Indo ao encontro do modelo de análise proposto por Krause, considero pertinente a análise desta temática sob o ponto de vista de "segurança interestadual/regional"(caracteriza as ameaças que os Estados colocam uns contra os outros), "segurança do

Estado/regime" (analisa as ameaças que as instituições de violência organizada colocam às instituições do Estado) e "segurança individual/societal" (analisa as ameaças de quem detém e controla os meios de violência e a forma como as coloca aos seus cidadãos e à sociedade). A globalização, cada vez mais multifacetada (politica, económica, financeira, cultural, criminal e social), tem repercussões directas e indirectas no campo da segurança. Associada a outros factores específicos de cada Estado, a globalização acelerou a transacção de riscos e de ameaças a todos os Estados. O novo quadro de desafios e ameaças à segurança interna situa-se cada vez mais num âmbito transnacional e requer, por esse motivo, uma resposta conjugada de todos os Estados. A criminalidade organizada, os tráficos, a criminalidade económico-financeira, o terrorismo global, as crises energéticas, etc. exigem uma cooperação internacional efectiva e permanente. O paradigma da Segurança e Defesa também se alterou. Cada vez mais, é evidente a existência da componente externa da Segurança Interna e de uma componente interna da Segurança Externa. Estas duas componentes tradicionais sobrepõem-se, não podendo ser tratadas separadamente. As ameaças mais graves para os Estados e as sociedades, reconhecidamente aceites pela ONU, a NATO e a EU, são as armas de destruição em massa, o terrorismo transnacional e a criminalidade organizada, impondo respostas globais e coordenadas ao nível de todos os Estados e Organizações.

3 – Quais os desafios e oportunidades que se colocam à Política Externa Nacional na actual conjuntura?

Os ataques terroristas de 11 de Setembro e 11 de Março, marcaram de forma trágica esse fenómeno de transnacionalização das ameaças e da segurança. Neste novo quadro, o conceito de Segurança regista duas alterações fundamentais. Por um lado, a segurança deixa de ser entendida exclusivamente como a segurança dos Estados; é também a segurança das pessoas, a Segurança Humana. Por outro lado, porque os riscos, ameaças e conflitos são essencialmente transnacionais (pelo menos na génese), a resposta (preventiva e reactiva) terá que suportar-se na cooperação internacional, no quadro de Segurança Cooperativa. É neste contexto que Portugal deverá desenvolver as suas áreas de interesse estratégico, nomeadamente ao nível das relações externas de segurança e defesa, tanto no quadro multilateral (reafirmando a sua presença e empenhamento nas organizações internacionais e sistemas de alianças – UE – PESC e PESD; NATO, ONU, OSCE, CPLP, etc.), como no quadro bilateral (parceiros da NATO, da EU, da CPLP, com países do Magrebe, com Espanha, etc.). Cada vez mais, a política externa nacional deverá ter como objectivos fundamentais, projectar segurança no plano externo e cooperar no quadro dos sistemas de alianças em favor da segurança e paz internacional. Os desafios são globais e exigem investimentos efectivos do Estado. A médio prazo, a posição de Portugal, enquanto parceiro nos mais diversos fóruns internacionais, sairia reforçada, permitindo uma melhor posição negocial em diversos outros domínios igualmente estratégicos para o país.

4 – Qual a importância da segurança interna para a Política Externa Nacional?

Além das razões já indicadas nas três respostas anteriores, julgo ser de relevar ainda o seguinte: um Estado com graves problemas ao nível da segurança interna, dificilmente terá capacidade e aceitação internacional para participar activamente no quadro da segurança global ou regional. Por outro lado, caso um Estado se debata com graves problemas de segurança interna, dificilmente irá definir, em termos de estratégia global, investimentos prioritárias ao nível da política externa de segurança e defesa. Visto sob um outro ponto de vista, importará ainda salientar o facto de a situação do Estado terceiro, em termos de segurança interna, irá condicionar, e por vezes comprometer, a políticas externas de outros países interessados aí em investir, nas mais diversas áreas. Os níveis de investimentos europeu, chineses e norte americanos em África são disso um exemplo.

5 – Na sua opinião, quais deverão ser as prioridades estratégicas da cooperação policial internacional (operacionalizada, designadamente pela PSP, GNR, PJ e SEF)?

Participar activamente nos fóruns de discussão e decisão. Ter um papel mais presente na UE e nas estruturas internacionais mais vocacionadas para a cooperação policial. Participar, tanto ao nível do comando (como aconteceu recentemente com o Intendente Carrilho) de forças internacionais, particularmente ao nível da UE e da ONU, como ao nível de forças no terreno, em missões de manutenção de paz, de cooperação ao nível da segurança e de gestão civil de crises. Manter oficiais de ligação, a título permanente, nas estruturas internacionais. Um maior empenhamento e investimento com os restantes países da CPLP.

6 – Quais os pontos fortes e pontos fracos da participação das forças e serviços de segurança em operações de paz da ONU?

Os pontos fortes poderão ser sintetizados nos seguintes:
Características particulares dos "português tipo": empatia, fácil adaptação e improviso, fácil relacionamento com todos os estratos sociais e culturais,

capacidade de trabalho em condições precárias e com horários desajustados; inúmeras participações anteriores em missões de paz, tanto ao nível individual como de equipas, permitindo um vasto know-how e experiência nesta área; facilidade de recrutamento de voluntários (individualmente ou em unidades constituídas para o efeito); as missões são vistas como oportunidades para as FS conseguirem novos equipamentos e melhorar níveis de desempenho do seu pessoal;

Pontos fracos:
Pouco investimento do Estado Português nas operações, limitando o patamar aceitável de "poder" (quem paga é que manda...); quase inexistência de estruturas de apoio logístico; ausência de estruturas, ao nível ministerial e nas próprias FS que acompanhem, monitorizem, assegurem a transmissão do know-how, assegurem devidamente os processos de selecção e formação; dificuldades, considerando a actual conjuntura em termos de segurança interna, em destacar pessoal e equipamentos para missões e organismos internacionais, sem claros prejuízos para as organizações respectivas.

7 – Quais os pontos fortes e pontos fracos da participação das forças e serviços de segurança em missões de gestão civil de crises no âmbito PESD da União Europeia?

No quadro da PESD, deverão ser destacados 3 domínios essenciais: a Estratégia Europeia de Segurança, a Gestão Civil de Crises e as Operações civis, policiais e militares.No que respeita em particular à gestão civil de crises, julgo que as forças de segurança têm a vantagem de poder participar tanto em missões típicas de natureza policial, como em missões de protecção civil, nomeadamente nos domínios da busca e salvamento e da identificação de cadáveres. As intenções da UE neste domínio e os números visados (tanto para o patamar policial como para o da protecção civil), justificam um forte investimento do Estado Português. Por outro lado, considerado o âmbito e alcance das missões, as FS poderão, pelo menos neste domínio, ganhar alguma ascendência relativamente às Forças Militares, os actuais grandes protagonistas da PESD. As Unidades Constituídas de Polícia serão o melhor instrumento para este tipo de operações (no domínio policial), sendo que em Portugal, as duas FS estarão aptas (presentemente mais a GNR do que a PSP) a projectar forças para missões exteriores com maior facilidade do que países que não possuem estruturas policiais de âmbito nacional. Como é evidente, a generalidade dos pontos fracos indicados na resposta à questão anterior mantêm-se válidos para esta. Por outro lado, a existência de 2 FS poderá originar que a tutela opte por manter este tipo de missões essencialmente numa das Forças, transferindo investimentos para uma em desfavor de outra.

8 – Quais os pontos fortes e pontos fracos da cooperação policial europeia no âmbito JAI?

Os instrumentos de cooperação policial no âmbito JAI são vastos e muito importantes para a UE. Gostaria de destacar: o mandado de detenção europeu; as *freezing orders*; as estruturas de combate ao crime organizado e terrorismo; a gestão de crises e emergências; os programas de controlo de estrangeiros e fronteiras; o SI Schengen; a Europol; o Programa da Haia: reforço da liberdade, da segurança e da justiça na União Europeia, imigração, terrorismo, sistemas de informação, cooperação operacional, droga, etc.; o programa "Falcone", com objectivos particulares na formação de pessoas responsáveis pelo combate à criminalidade organizada. Considerando o actual quadro de ameaças à segurança e a imperiosa necessidade de uma resposta global e articulada, afigura-se imprescindível a participação activa de Portugal em todos os mecanismos e instrumentos, contribuindo para uma melhor segurança regional e nacional. O facto de possuirmos uma larga fronteira de acesso à UE e vastas relações com África e o Brasil, faz de Portugal, apesar de um país insular, um parceiro importante mo domínio JAI. O facto de algumas das nossas organizações e estruturas nacionais no âmbito JAI não funcionarem nas condições desejadas, associadas a algumas questões de natureza legal e financeira, condicionam a nossa cooperação com os restantes parceiros, muitas vezes associadas em lobbies ligados por interesses locais.

9 – Quais os pontos fortes e pontos fracos da cooperação técnico-policial com os PALOP?

A cooperação técnico-policial com PALOPs é essencial para Portugal, tanto mais que tem sido, contrariamente a ouros sectores da cooperação, bem recebida e solicitada pelos destinatáros.

Pontes fortes:
Língua comum; experiência anterior, história e valores culturais próximos e interralacionados; o papel do ISCPSI, com particular destaque para a formação (CFOP e Estágios de Direcção e Comando) de quadros superiores (futuros e actuais) das polícias de diversos PALOP. A forma profissional e empenhada como, na generalidade dos casos, essa cooperação é efecuada junto dos países destinatáros: estágios, cursos, papel dos oficiais de ligação, apoio ao nível do pla-

neamento, assessorias diversas, etc. Diversidade de áreas que têm sido objecto de formação, assessoria e apoio, continuando a existir uma solicitação deste tipo de cooperação por parte dos PALOP (ao invés de se limitarem a pedir dinheiro ou equipamentos).

Pontes fracos:
Algumas lacunas nos países destinatários, nomeadamente ao níve dos processos de selecção e recrutamento dos formandos que, em Portugal ou nos países de origem, serão alvo da formação/cooperação. Défice de investimento (de Portugal e dos países destinatários) com particular destaque para as condições locais de ensino, formação e apoio técnico. Alguns conflitos de interesse, entre as FSS nacionais, relativamente à participação de cada FSS nos diversos patamares de cooperação;

10 – Na sua opinião, os mecanismos actuais de planeamento, coordenação e preparação das Forças de Segurança para missões internacionais nas suas diversas dimensões funcionam eficazmente? Podem ser melhorados? Caso afirmativo, em que termos?

Como nunca participei em missões internacionais e não disponho de muita informação sobre a temática, tenho alguma dificuldade em pronunciar-me. Verifiquei, por diversas vezes, que por motivos diversos, os modelos de preparação, formação, monitorização e avaliação da participação de FS em missões internacionais são muitas vezes ajustados às circunstâncias, disponibilidades temporais e financeiras, número de intervenientes, etc., de cada missão. A existência de uma estrutura policial que trabalhe exclusivamente nesta área, abrangendo todas as valências (ponto de contacto com MAI, MNE, ONU, UE, responsável pelos processos de selecção e recrutamento, preparação sanitária, formação base e específica para as particularidades de cada missão, apoio ao pessoal destacado, monitorização da missão e avaliação dos envolvidos, apoio técnico e logístico, etc.), afigura-se muito mais acertada do que deixar que cada departamento / divisão / comando da PSP o faça.

11 – De que forma o empenhamento das forças de segurança em missões internacionais nas suas diversas vertentes pode ser rentabilizado no quadro de segurança interna?

As mais valias poderão ser muitas e potenciadoras de alterações nas organizações internas. Muitas vezes, algumas missões funcionam como "laboratórios" de modelos de segurança interna e o *know-how* (boas práticas e erros a evitar..) aí adquirido não é depois utilizado noutros países. Os contactos com polícias e responsáveis pela SI de outros países (rede de contactos). O processo de formação das organizações internacionais. Os investimentos (armamento, equipamento, tecnologias, formação) poderão ser sempre rentabilizados no quadro interno, tanto em sede de não utilização, como decorrente de processos de *upgrade* desse material.

12 – Outros comentários que entenda relevantes.
    Nada a referir.

Anexo 7C

Entrevista ao Intendente Paulo Jorge Valente Gomes
Função que desempenha: Director do Instituto Superior
de Ciências Policiais e Segurança Interna (ISCPSI)
Data/Hora: 092200FEV09

1 – Quais os principais desafios e oportunidades que se colocam à segurança internacional e segurança interna dos Estados na actualidade?

Em termos gerais, os grandes desafios e oportunidades que, em meu entender se colocam à segurança internacional são os impactos da globalização, nas suas diversas vertentes, o uso das novas tecnologias, as questões energéticas e ambientais e, por último, as questões demográficas. Para a Humanidade, trata-se de saber gerir esses desafios em termos de eles se converterem em oportunidades, tendo em vista o reforço da segurança humana, do desenvolvimento, da paz e da estabilidade no Mundo.

2 – Na sua opinião, existe (ainda) uma delimitação conceptual entre segurança interna e segurança externa? – Justifique.

Cada vez mais, e à medida que as ameaças e riscos têm vindo a assumir uma natureza global ou transnacional, é mais difícil manter e justificar a delimitação conceptual e institucional entre segurança interna e externa. Tal implica que devem ser cada vez mais claros os termos e condições em que as Forças Armadas cooperam com as Forças e Serviços de Segurança, e vice-versa, na prevenção e luta contra actividades de indivíduos ou grupos que atentem contra a segurança interna e/ou a independência nacional. Dito de outro modo, nos dias de hoje emerge como questão central a da coordenação e cooperação entre os actores tradicionais da segurança interna e da defesa nacional, assim como entre estes actores nacionais e os dos países vizinhos ou membros de uma organização supranacional, como a UE, a OSCE, a NATO ou a própria ONU.

3 – Quais os desafios e oportunidades que se colocam à Política Externa Nacional na actual conjuntura?

Os grandes desafios e oportunidades da nossa Política Externa centram-se, essencialmente, na afirmação crescente de Portugal em três palcos internacionais: na UE, na CPLP e na NATO, afirmando, assim, a nossa vocação simultaneamente europeia e atlântica, tendo como denominador comum a nossa língua, a nossa localização geo-estratégica e o nosso território marítimo, que são a nossa grande mais-valia no futuro.

4 – Qual a importância da segurança interna para a Política Externa Nacional?

A segurança interna, na sua acepção tradicional, representa uma componente incontornável da nossa Política Externa, designadamente pelo papel que os nossos actores do sistema de segurança interna têm desempenhado e podem continuar a desempenhar em cenários internacionais de conflito e de reconstrução da paz e estabilidade, mormente em regiões do globo onde Portugal tem interesses a salvaguardar. A coordenação, a nível inter-ministerial, entre as áreas dos Negócios Estrangeiros, da Defesa, da Administração Interna e da Justiça afiguram-se como uma inevitabilidade para a definição correcta de uma Política Externa Nacional. No actual cenário geo-estratégico, a segurança interna garante-se, cada vez mais, por via do reforço das fronteiras amigas da União Europeia ou do Mundo Ocidental, ainda que estas se situem em paragens longínquas como o Afeganistão. Daí a importância de também os actores da segurança interna poderem dispor de capacidade expedicionária e de níveis adequados de prontidão e mobilização, como sempre foi timbre das Forças Armadas.

5 – Na sua opinião, quais deverão ser as prioridades estratégicas da cooperação policial internacional (operacionalizada, designadamente pela PSP, GNR, PJ e SEF)?

As prioridades estratégicas da cooperação policial internacional comuns aos nossos actores da segurança interna devem ser quatro: a prevenção e o combate à criminalidade transnacional, seja ela de massa ou organizada; a cooperação transfronteiriça – terrestre e marítima – no âmbito da União Europeia e do Mediterrâneo; o apoio ao reforço da boa governação dos Estados frágeis, sobretudo os da CPLP – São Tomé e Príncipe, Guiné-Bissau e Timor-Leste –; e, por último, a participação em missões internacionais de paz e de gestão de crises/emergências em regiões que se situem na esfera de interesse estratégico de Portugal e/ou da UE.

6 – Quais os pontos fortes e pontos fracos da participação das forças e serviços de segurança em operações de paz da ONU?

Os pontos fortes da participação das forças e serviços de segurança em operações de paz da ONU são de três ordens: o reforço da afirmação de Portugal no palco internacional; a demonstração da capacidade dos Portugueses de se adaptarem a diferentes culturas e ambientes, o que é condição para o sucesso das operações; e o reforço das competências pessoais, sociais e profissionais do pessoal que integra missões internacionais, que se repercute, a jusante, na modernização das nossas forças e serviços de segurança, a vários níveis – doutrina, gestão de processos internos, etc.

Os pontos fracos resultam, por vezes, da indefinição da natureza e objectivos das missões, bem como da insuficiente preparação ou da inadequação do material e equipamento face ao ambiente da operação.

7 – Quais os pontos fortes e pontos fracos da participação das forças e serviços de segurança em missões de gestão civil de crises no âmbito PESD da União Europeia?

Em grande medida, são os mesmos pontos fortes e fracos que apontámos na resposta anterior. Acresce a necessidade de clarificação do papel das Forças Armadas e das Forças e Serviços de Segurança nessas missões e dos termos da sua cooperação.

8 – Quais os pontos fortes e pontos fracos da cooperação policial europeia no âmbito JAI?

Os pontos fortes são, sobretudo, a possibilidade de harmonização de culturas, de normativos e procedimentos na prevenção e luta contra as várias formas de criminalidade transnacional; a possibilidade de a arquitectura institucional e legal europeia influenciarem as reformas a nível dos Estados-Membros; e a melhoria da cooperação entre os sectores da polícia, alfândegas e justiça penal, que também se repercute nos sistemas internos de cada Estado-Membro. Os pontos fracos resultam de uma compartimentação artificial dos departamentos da Comissão e do Conselho que, de forma directa ou indirecta, lidam com as questões da segurança e justiça, que decorre de uma abordagem excessivamente estanque dos fenómenos da criminalidade – de massa e organizada, prevenção e repressão, etc. -, que, não tendo expressão na realidade, torna inútil ou ineficaz grande parte do esforço despendido. Além disso, os constrangimentos burocráticos e resultantes do processo de decisão no âmbito do terceiro pilar, aumentam a ineficácia deste domínio de actividade da União Europeia.

9 – Quais os pontos fortes e pontos fracos da cooperação técnico-policial com os PALOP?

Os pontos fortes têm a ver com a importância estratégica desta cooperação para o reforço da cooperação política, diplomática e económica com estes países. Os pontos fracos resultam, sobretudo, de insuficiências ao nível: da definição de objectivos estratégicos e de prioridades da nossa cooperação e ajuda ao desenvolvimento; do processo de selecção, preparação e acompanhamento, in loco, do pessoal cooperante, bem como na definição clara do seu mandato; no processo de avaliação dos resultados e impacto dessa cooperação, visando a sua sustentabilidade; e, não menos importante, na disponibilidade de verbas, quer do nosso Orçamento de Estado, quer de fundos comunitários.

10 – Na sua opinião, os mecanismos actuais de planeamento, coordenação e preparação das Forças de Segurança para missões internacionais nas suas diversas dimensões funcionam eficazmente? Podem ser melhorados? Caso afirmativo, em que termos?

Os actuais mecanismos de planeamento, coordenação e preparação das Forças de Segurança para missões internacionais nas suas diversas dimensões funcionam de forma relativamente eficaz, havendo, não obstante, espaço para melhorar nas seguintes áreas: definição coordenada e centralizada dos objectivos estratégicos e prioridades; planeamento atempado e identificação dos recursos humanos, materiais e financeiros de acordo com uma clara definição da natureza e objectivos da missão; clarificação das normas de selecção e recrutamento; melhoria dos mecanismos de formação prévia e de acompanhamento/enquadramento *in loco* do pessoal; avaliação da missão; e acompanhamento do pessoal no período pós-missão, ao nível psico-social.

11 – De que forma o empenhamento das forças de segurança em missões internacionais nas suas diversas vertentes pode ser rentabilizado no quadro de segurança interna?

O empenhamento das forças de segurança em missões internacionais pode ser rentabilizado no quadro de segurança interna nos domínios: do reforço das competências do pessoal; da melhoria da doutrina e dos processos de trabalho; do material e equipamento; do trabalho em cooperação com outras Forças e Serviços de Segurança, com outros operadores do sector público – diplomatas, magistrados, militares, etc. – e com ONG's nacionais.

12 – Outros comentários que entenda relevantes.

Em grande medida, a melhoria da imagem e do prestígio das Forças e Serviços de Segurança, aos olhos da classe política e da opinião pública, bem como a melhoria dos seus recursos humanos, materiais e tecnológicos, ganham-se cada vez mais por via da sua participação em missões internacionais, nas suas distintas vertentes. Se a esta constatação juntarmos o facto de a segurança interna se conquistar cada vez em territórios mais longínquos, onde importa reforçar as nossas fronteiras amigas, a aposta em missões internacionais deve ser, incondicionalmente, uma aposta prioritária da PSP e do País.

Anexo 7D

Entrevista ao Tenente-General Carlos Manuel Martins Branco
Função que desempenha: Subdirector do Instituto de Defesa Nacional
Data/Hora de resposta: 042215FEV09

1 – Quais os principais desafios e oportunidades que se colocam à segurança internacional e segurança interna dos Estados na actualidade?

No que respeita aos desafios no sentido internacional, entendendo desafios como riscos/ameaças, eles estão razoavelmente identificados em vários documentos tais como a estratégia da EU (2003) e o conceito estratégico da NATO. Penso que pouco mais haverá a dizer sobre a matéria. O que me parece relevante é a prioridade e a importância relativa desses desafios. Penso que é aqui que se deve centrar o debate. Uma resposta à questão impõe uma diferenciação de região para região. Os problemas da Europa não são os mesmos de África ou da América Latina. Penso que referir Estados em sentido lato, pode introduzir um ruído perturbador na resposta. Haverá nalguns casos coincidências nalguns desafios, mas a prioridade também difere de região para região. Irei concentrar a minha resposta, portanto, num olhar para a Europa em que nos encontramos inseridos. O primeiro aspecto, do meu ponto de vista, não é o terrorismo global. A exacerbação do terrorismo global pela administração Bush foi um erro crasso. Não existe terrorismo global. As recentes declarações de *Miliband* vêm fazer eco disso. A administração Obama está igualmente a rever a situação. Mesmo o terrorismo merece tratamento diferente de país para país. Não se pode comparar os acontecimentos de Madrid com os de Londres, se tivermos em conta, por exemplo, a origem dos perpetrores (interna/externa), entre outros aspectos. Se tivermos em conta a imigração ilegal, a situação é igualmente diferente. A situação de Portugal dificilmente é comparável com a da Suécia, para falarmos em casos extremos, ou da Islândia, ou se quisermos com a dos Estados Unidos, em que os actores são diferentes e os problemas que colocam aos Estados têm pontos comuns mas têm igualmente muitos aspectos que os afastam dificultando uma comparação. Se falarmos de comunidades islâmicas a situação é também diferente. Mas aqui existem maiores "comunalidades". Também os Estados têm vindo a gerir de formas diferentes os problemas. A grande questão é a ameaça que estão a colocar de uma forma generalizada aos Estados que as acolhem, não se integrando e exprimindo-se de uma forma sectária. O debate sobre o uso do véu em França poderá ser comparável à adopção da *Sharia* no Reino Unido como a lei que pode ser adoptada em questões de divórcio. Uma cedência, do meu ponto de vista inaceitável e que se vai pagar um preço. Isto para dizer, que falar no Estado num conceito lato pode ser pouco produtivo. Há, sim, um problema transversal que é o da crise económica e financeira que está a afectar as nossas vidas. Esse é o grande desafio, não só pelos problemas que estão a afectar as nossas sociedades mas, sobretudo, por que ninguém sabe o que é que isto vai dar nem ninguém conseguir ainda descobriu como resolver o problema. As medidas de apoio ao sector financeiro ensaiadas em vários sítios estão-se a revelar ineficazes e não têm conseguido abrandar o ritmo dos despedimentos. O aplauso às medidas tomadas por Gordon Brown não passou de uma excitação prematura. Não se sabendo onde é que isto vai dar, significa que está tudo em aberto. O que está a acontecer na Islândia pode ser apenas um pequeno exemplo do que aí vem. A instabilidade social vai aumentar. Vamos a ver como é que a classe média vai aguentar as incomodidades que se avizinham. Os problemas de instabilidade social vão aprofundar os problemas com os tais grupos sociais marginalizados. Para terminar, se é possível identificar um desafio ele está na resolução da grande instabilidade social que se avizinha para a qual urge encontrar respostas antes que seja tarde. Este problema, dada a globalização, está a verificar-se em todas as sociedades. Será o proteccionismo a solução, como os Estados Unidos se preparam para enveredar? Ninguém tem resposta.

2 – Na sua opinião, existe (ainda) uma delimitação conceptual entre segurança interna e segurança externa? – Justifique.

Existe ainda uma delimitação entre segurança interna e externa. É mais ténue do que no passado, mas continua a existir. Há ideias quem funcionam por modas, por *sound bites*, o problema é que quando se descobre que estamos no Inverno a usar a moda do Verão já estamos constipados. Percebo que os franceses tenham necessidade de pôr militares a guardar os aeroportos. Não sei se temos de fazer coisas dessas em Portugal. Também neste domínio as respostas são diferentes, apesar de tendencialmente se caminhar para a normalização, ou seja, a vitória da ideia dominante num determinado momento histórico. A mescla das duas coisas. Isto aplica-se, por exemplo, à questão do fim da conscrição no final da Guerra-Fria. Quase todos os países adoptarem o profissionalismo. Não se pode confundir a necessidade de coordenação e estreita ligação na acção com as missões que forças de defesa e de segurança devem desempenhar. A promiscuidade conceptual não ajuda ninguém. O actual quadro de *layers* de actuação parece-me ser ainda o mais adequado (em Portugal). As FA devem continuar a preocupar-se com a defesa do território (agora não está a dar mas pode vir a dar. Não sei o que vai sair desta crise, qual a dimensão do abanão social que isso vai provocar) e olhar para o exterior, para a defesa da Pátria além fronteiras onde os estragos são menores. Em África as coisas poderão ser diferentes. Na Guiné, parece-me bem envolver as FA no combate ao narcotráfico. Que os ingleses tenham feito uma *national security strategy* em vez de uma *national defence strategy*. É capaz de fazer sentido para eles, tendo em conta o estado calamitoso em que se encontra a sociedade inglesa. Só a tropa poderá um dia destes pôr na linha uma comunidade alien com massa crítica e cada vez mais assertiva. Mas justificar a não delimitação das coisas por causa do terrorismo...é extremamente perigoso. E na continuação desta ideia, o envolvimento da NATO no Afeganistão não tem, ou tem muito pouco a ver com o terrorismo. Se fosse só o terrorismo a coisa já estava resolvida. O que está em causa é a repetição do Great Game, e isso já é do conhecimento das chancelarias Ocidentais. Por isso, é que não vão aumentar os seus contingentes. Já nunca é tarde lembrar que em 2001 os EUA andavam a clamar pelo artigo 5., e para irem para o Afeganistão sozinhos argumentavam *the coalition according to the mission*. Só que as coisas começaram a correr para o torto, e um problema que era deles passou a ser um problema da NATO. Quando julgavam que o problema estava neles, era só com eles, quando se aperceberam que não estava nada resolvido passou a ser da NATO. Não nos podemos esquecer que se invadiu um país por causa das armas de destruição massiva e as ligações à *Alqaeda*, para depois se descobrir que nem uma coisa nem outra existiam à data da invasão. É preciso ter muito cuidado quando se vai com a corrente e perceber quem é que abriu as comportas da barragem. Para finalizar, o que se tem de justificar convenientemente é a não delimitação, não o contrário.

3 – Quais os desafios e oportunidades que se colocam à Política Externa Nacional na actual conjuntura?

Esse é um grande debate que cruza a sociedade portuguesa há séculos. África continua a ser a grande oportunidade que se coloca à Política Externa. Mas a sério, acabando com a retórica hipócrita. As exportações para Angola no último ano cresceram cerca de 33 % que deu para compensar o equivalente de perdas nas exportações para os Estados Unidos. Temos de estar onde temos vantagens competitivas, por enquanto. Estamos a perdê-las. Os filhos da actual elite Angolana estudam no Reino Unido e nos Estados Unidos. Os estudos sobre a guerra civil em Moçambique feita pelos Moçambicanos foram todos elaborados em inglês, por indivíduos formados em Inglaterra ou na África do Sul. Os chineses e os Americanos confrontam-se em África. A NATO deixou de ter políticas para África desde que o AFRICOM passou a ser uma realidade. Tudo deve estar orientado para isso, até as nossas políticas na EU.

4 – Qual a importância da segurança interna para a Política Externa Nacional?

Existe e grande. Entre vários argumentos poderia citar o do envolvimento no *peacebuilding*. A ONU aposta nessa vertente assim como a EU no seu conceito de gestão civil de crises. Muitas oportunidades que não se colocam apenas no prestígio. Aliás, considero que o prestígio é aquilo que menos nos deve preocupar. O povo não vive de prestígio. Muito importante também numa fase inicial de *peacebuilding* o envolvimento da GNR para ocupar o espaço operacional entre polícia e militares.

5 – Na sua opinião, quais deverão ser as prioridades estratégicas da cooperação policial internacional (operacionalizada, designadamente pela PSP, GNR, PJ e SEF)?

Não estou suficientemente informado para discutir este tema. Vem-me à cabeça o importante papel que Portugal poderia ter na formação das forças de segurança dos PALOP, em vez de lá estarem os espanhóis. Ainda andam por aí, uns tipos que conhecem as elites africanas. Mas essa geração começa a reformar-se. E não há substitutos.

6 – Quais os pontos fortes e pontos fracos da participação das forças e serviços de segurança nacionais em teatros de operações internacionais?

Pergunta difícil. Não vou alinhar no argumento pacóvio do espírito universalista do português de Palaçoulo ou da Miuzela. No fundamental acho que a preparação é adequada e as participações têm contribuído para dignificar as pessoas e o país. Talvez o domínio da língua inglesa seja um ponto fraco. Mas a determinação das pessoas em não ficarem mal e representarem bem as cores nacionais é um aspecto positivo. Não sei se poderemos classificar essa determinação anímica um ponte forte, mas é certamente um aspecto positivo.

7 – Nas operações de paz ou de gestão de crises que mecanismos de coordenação deverão existir entre as forças armadas e as forças de segurança nacionais?

Troca de *intelligence*, logística, apoio moral e bem-estar, formação nalgumas temáticas evitando capelinhas e explorando economias de escala mantendo, contudo, linhas de comando separadas. Prevalecer a cooperação em detrimento da competição como acontece actualmente entre a GNR e a PSP.

8 – Quais as vantagens e inconvenientes do planeamento, coordenação e preparação conjunta entre forças armadas e forças de segurança para teatros de operações internacionais?

Só vejo vantagens. Não consigo ver inconvenientes.

9 – De que forma o empenhamento das forças de segurança e das forças armadas em missões internacionais nas suas diversas vertentes pode ser rentabilizado no quadro de segurança interna?

Não vejo grandes sinergias entre uma coisa e outra. Não visualizo muita rentabilização nem uma relação muito evidente entre ambas as coisas.

10 – Outros comentários que entenda relevantes.

Continuo a defender um conceito estratégico de defesa nacional e outro de segurança nacional para Portugal. Apesar dos resultados, as pessoas continuam a sentirem-se confortáveis na uniformidade e na homogeneidade. Só que não respostas uniformes. Veja no que deu a teoria da paz liberal e na construção de democracias liberais em África...guerra. Há que perceber que não há soluções globais. A delimitação do conceito pode ter sentido num sítio e só nesse sítio, ou em mais sítios. Por isso, não sou defensor das teorias do que está a dar. Vamos analisar abertamente cada caso e depois logo se vê. Soluções pré-cozinhadas em antecipação dão normalmente mau resultado. Em Portugal, hoje, faz sentido continuar a falar em defesa e segurança. Felizmente na EU ainda se chama PESD. Ainda tem lá as duas coisas.

Anexo 7E

Entrevista ao Professor Doutor Armando Marques Guedes
Função que desempenha: Professor Associado
e Agregado da Faculdade de Direito da Universidade Nova de Lisboa
Data/Hora de resposta: 201600JAN09

1 – Quais os principais desafios e oportunidades que se colocam à segurança internacional e segurança interna dos Estados na actualidade?

No plano internacional os desafios resultam da interdependência complexa existente e estão focados nas percepções de assimetrias, nas ameaças de homogeneização e, em termos muto concretos, na Rússia e no Islão político radical. As oportunidades são as de criar mecanismos democráticos efectivos de governação global e regional. No plano interno os desafios são os de uma crescente instabilidade face à crise económico-financeira e à insegurança sentida como um risco. As oportunidades são as de saber criar uma dinâmica de entrosamento mais denso e intenso com os mecanismos emergentes de governação regional e global.

2 – Na sua opinião, existe (ainda) uma delimitação conceptual entre segurança interna e segurança externa? – Justifique.

Existe, mas esbatida. E cada vez mais porosa. Mesmo o crime organizado e a criminalidade de 'oportunidade' estão indirectamente ligados à interdependência crescente e ao sentimento de imprevisibilidade e risco em que vivemos.

3 – Quais os desafios e oportunidades que se colocam à Política Externa Nacional na actual conjuntura?

Os desafios são os de esboçar uma estratégia nacional que aumente o nosso peso específico no sistema internacional. O que passa por uma política de visibilidade bem orquestrada e pensada em termos daquilo que é de valorizar na imagem externa que já temos, quer queiramos quer não. Os riscos são os de cedermos às pressões corporativas e aos interesses internos especiais que inviabilizam as respostas aos desafios.

4 – Qual a importância da segurança interna para a Política Externa Nacional?

Pouca, a não ser no plano da imagem e no do nosso posicionamento geográfico e à nossa escala exígua, ambos condicionantes, em simultâneo perigosos e vantajosos. O que poderá mudar, caso nos tornemos num *safe haven* para grupos organizados.

5 – Na sua opinião, quais deverão ser as prioridades estratégicas da cooperação policial internacional (operacionalizada, designadamente pela PSP, GNR, PJ e SEF)?

Uma intensificação das interacções europeias e globais, gizada com o intuito de aumentar o nosso peso internacional específico. Mais, a cooperação deve ser pensada e esquissada num quadro maior – o de uma projecção sistemática de uma imagem positiva, moderna, e 'humanista' do país.

6 – Quais os pontos fortes e pontos fracos da participação das forças e serviços de segurança em operações de paz da ONU?

Fortes: um aumento do nosso entrosamento visível. Dão, para além disso, uma imagem cosmopolita que valoriza a nossa narrativa 'globalista' e 'humanista' tradicional. Fracos: o risco de desprover uma retaguarda pouco e mal apetrechada.

7 – Quais os pontos fortes e pontos fracos da participação das forças e serviços de segurança em missões de gestão civil de crises no âmbito PESD da União Europeia?

Fortes: um aumento do nosso entrosamento visível e um sinal da nossa consciência das dimensões político-militares das crises 'civis'. Para além de que ajudam a um aumento efectivo da segurança europeia comunitária. Fracos: o risco de desprover uma retaguarda pouco e mal apetrechada e de expor a nossa gente em frentes de alto risco para que não estamos suficientemente preparados. Grave será se houver (ou se continuar a haver) pressão para que a PESD seja uma alternativa à NATO – face à Rússia ressurgente e ao Islão político radical, a própria UE não sobreviveria por muito tempo; mais, na fase de desmoronamento, seriam de prever 'directórios' imperiais dentro da União, que depressa e em muito diminuiriam a sua democraticidade.

8 – Quais os pontos fortes e pontos fracos da cooperação policial europeia no âmbito JAI?

Fortes: um aumento do nosso entrosamento visível; a acrescentar à aprendizagem que os intercâmbios significam. Aumenta a nossa segurança efectiva num Espaço Schengen que permite menos controlo por nós sòzinhos.
Fracos: o risco de desprover uma retaguarda pouco e mal apetrechada; uma máquina na retaguarda que não permite a absorção desejável de *lessons learned* agrava estas desvantagens.

9 – Quais os pontos fortes e pontos fracos da cooperação técnico-policial com os PALOP?

Fortes: uma intensificação de um relacionamento que nos interessa a todos. A criação, por essa via, de uma interdependência cada vez maior. Fracos: o continuar a operar num circuito pouco amplo e pouco ambicioso. Ensinamos muito pouco do qual é aproveitado lá. E aprendemos pouco de útil para cá.

10 – Na sua opinião, os mecanismos actuais de planeamento, coordenação e preparação das Forças de Segurança para missões internacionais nas suas diversas dimensões funcionam eficazmente? Podem ser melhorados? Caso afirmativo, em que termos?

Bastante, até mesmo surpreendentemente. Podem ser melhoradas com experiência e formação especial aturada em nichos de especialização em que possamos competir eficazmente. Há, para isso, que indexar com firmeza a progressão nas carreiras na acumulação de créditos por via da formação constante – incluindo 'prescrição automática do vínculo' para quem o não faça, e, como já é o caso com os militares, 'passagem à reserva' quando promoção não seja conseguida.

11 – De que forma o empenhamento das forças de segurança em missões internacionais nas suas diversas vertentes pode ser rentabilizado no quadro de segurança interna?

Usando-o como moeda de troca para uma intensificação de intercâmbios e de interdependências. Em particular, aproveitando as experiências e as redes de contactos daqueles que operaram e operam no exterior para com isso reorganizar a fundo a 'máquina' interna. O que implica, a curto prazo, usar as pessoas que participam nessas missões como consultores privilegiados. A médio e longo prazo, favorecendo esse empenhamento no exterior como critério de peso para efeitos de progressão nas respectivas carreiras – aumentando assim a probabilidade que venham a liderar essas forças à medida que a interdependência em que nos encontramos vá crescendo.

12 – Outros comentários que entenda relevantes.

Legislar nos sentidos que aponto traria as vantagens de uma institucionalização. Fazê-lo trará reacções de repúdio corporativo. A forma de o esbater é combatendo-o na raiz *ab initio*, e legislar por forma a que as novas lideranças provenham das novas gerações mais 'externas' – o papel da chamada 'geração NATO' nas Forças Armadas portuguesas e no 25 de Abril é um bom exemplo da eficácia desta abertura ao exterior.

Ou o fazemos, ou não saímos da cauda da Europa e nela perdemos peso específico, divergindo cada vez mais.

Anexo 7F

Entrevistado ao Major-General José Manuel Freire Nogueira
Função que desempenha: Presidente do Centro Português de Geopolítica, vice-presidente do OSCOT, vice-presidente da Comissão de Relações Internacionais da Sociedade de Geografia, professor no ISCIA (Aveiro)
Data/Hora de resposta: 251700JAN09

1 – Quais os principais desafios e oportunidades que se colocam à segurança internacional e segurança interna dos Estados na actualidade?

Os desafios são, sem dúvida, o terrorismo transnacional, o crime organizado transnacional e a proliferação de WMD, a que se junta, no plano interno, a inevitável instabilidades social detonada pela crise económico-financeira. As oportunidades, que estão sempre associadas aos problemas, residem na postura dos Estados face aos desafios, conseguindo ou não, demonstrar que são contribuintes líquidos para a Segurança.

2 – Na sua opinião, existe (ainda) uma delimitação conceptual entre segurança interna e segurança externa? – Justifique.

Conceptualmente, essa delimitação nunca existiu, na justa medida em que as finalidades básicas do Estado são a garantia de bem-estar e segurança. No entanto, o não emprego da violência organizada mais extrema – representado pelo poder das FAs – contra os seus cidadãos é um avanço civilizacional que não deve sofrer reversões. Assim, embora algumas franjas das FAs tenham capacidades semelhantes às das Forças de Segurança interna, o seu treino é, e deve ser, profundamente diferente. Nas primeiras deve privilegiar-se a agressividade (comandada e controlada, é claro) – já que sem isso as FAs perdem toda a sua capacidade de combate, enquanto nas segundas deverá ser posto o assento tónico na contenção.

3 – Quais os desafios e oportunidades que se colocam à Política Externa Nacional na actual conjuntura?

Do ponto de vista da Segurança, a política externa tem que assumir uma postura de presença, participação e credibilidade que granjeiem para o país a respeitabilidade indispensável a que as suas opiniões – e no fundo, os seus interesses – sejam tidos em conta.

4 – Qual a importância da segurança interna para a Política Externa Nacional?

A segurança interna dá, por um lado, a "montra" do país como local turístico ou local de investimento e, por outro, ao exportar essa segurança para a estabilização e reconstrução de Estados a Política Externa ganha a credibilidade acima referida.

5 – Na sua opinião, quais deverão ser as prioridades estratégicas da cooperação policial internacional (operacionalizada, designadamente pela PSP, GNR, PJ e SEF)?

São semelhantes às que devem ser enfatizadas no plano interno. Máxima emulação, mínima concorrência. Muita da doutrina e linguagem de actuação deve ser comuns. Tal só se consegue efectuando uma parte da formação – refiro-me aos quadros – em comum. Se não viessem daí outras vantagens – e é óbvio que vêm – nada substitui, no latino, o conhecimento pessoal.

6 – Quais os pontos fortes e pontos fracos da participação das forças e serviços de segurança nacionais em teatros de operações internacionais?

Os pontos fortes relacionam-se com a generosidade e profissionalismo que o agente português, seja ele militar ou civil, sempre assume quando exerce as suas funções além fronteiras. Os pontos fracos derivam da inexistência de apoio logístico próprio que obriga a dependências por vezes incómodas. Quando existam forças militares nacionais tal inconveniente pode ser fortemente minorado.

7 – Nas operações de paz ou de gestão de crises que mecanismos coordenação deverão existir entre as forças armadas e as forças de segurança nacionais?

Preparação conjunta de quadros, alguns exercícios em conjunto. Interoperabilidade de comunicações, linguagem e procedimentos de estado-maior devem ser preocupações constantes.

8 – Quais as vantagens e inconvenientes do planeamento, coordenação e preparação conjunta entre forças armadas e forças de segurança para teatros de operações internacionais?

Só têm vantagens.

9 – De que forma o empenhamento das forças de segurança e das forças armadas em missões internacionais nas suas diversas vertentes pode ser rentabilizado no quadro de segurança interna?

Tudo o acima referido pode ser vertido para a Segurança Interna. Tal garantirá que, se alguma vez as FAs forem obrigadas (quer no actual quadro de excepção, quer num outro tipo de intervenção permitido por legislação futura) a intervir na segurança interna, o façam em harmonia e em coordenação com as Forças de Segurança Interna.

10 – Outros comentários que entenda relevantes.

Nada a referir.

Anexo 7G

Entrevista ao Intendente Paulo Jorge de Almeida Pereira
Função que desempenha: Oficial de Ligação do MAI
na Representação Permanente de Portugal junto da União Europeia
Data/Hora: 051500FEV09

1 – Quais os principais desafios e oportunidades que se colocam à segurança internacional e segurança interna dos Estados na actualidade?

Como principais desafios à segurança internacional dos Estados poderão ser identificados, na actualidade, a definição de uma política harmonizada para manutenção de estabilidade e paz, se possível de forma consolidada e sustentada, a continuação de utilização, ou a criação de mecanismos/estruturas de prevenção e de resolução de conflitos, o estabelecimento de relações políticas e diplomáticas estáveis e eficientes e um sistema eficaz de sanção de Estados que violem grave e repetidamente as normas de direito internacional publico ou os direitos fundamentais. Os conflitos regionais nos vários continentes (África Ocidental, Israel/Palestina Geórgia/Rússia, são exemplos de que deverá haver um esforço comum de Estados não envolvidos, para a manutenção de estabilidade política e de situação de paz pois tais conflitos acabam por afectar alguns Estados de forma directa e outros de forma indirecta. Ao nível da UE, alguns dos desafios poderão ser conseguidos mais facilmente dada a política de segurança externa comum dos actuais Estados membros. Também a UE, participa, na resolução de conflitos fora do seu território precisamente para contribuir para a resolução de conflitos em vários continentes. É ainda um desafio para a segurança internacional, o desenvolvimento de redes de cooperação e sistemas de partilha de dados para combate à criminalidade grave em especial o terrorismo, quer ao nível da União Europeia, quer num âmbito mais alargado. Neste aspecto muitos Estados pretendem prevenir através de uma acção proactiva, essencialmente baseada em informação, a pratica de atentados que podem causar como resposta, cenários de conflito internacional alargado. Como oportunidades ao nível da segurança internacional, pode ser referida a possibilidade de integrar estruturas de ajuda e apoio humanitário, económico, à paz, de integração regional, ONU, OSCE, UE, NATO, etc.. A receptividade para envolvência de estados em estruturas globais é cada vez maior, dada a ideia geral de que grande parte dos problemas acabam por ser mais tarde ou mais cedo globais. Como oportunidades veja-se o exemplo de alguns Estados ainda em posição de candidatos a integrarem a UE (Croácia, Turquia) que poderão vir a beneficiar de apoios comunitários mas também de integrar sistemas de intercâmbio de informação no âmbito da segurança externa e no domínio da segurança interna. Poderão ainda ser consideradas como oportunidades a integração e/ou participação em projectos de desenvolvimento tecnológico e de formação no domínio da segurança. No domínio da segurança interna, e como oportunidades podem referir-se a possibilidade de haver mais informação partilhada e mais conhecimento actualizado essencial por vezes para a garantia da segurança interna de um Estado. A participação cada vez mais activa na luta contra a criminalidade mais comum num estado poderá beneficiar a segurança interna de outro estado. Assim e face a esta interdependência cada vez maior, os acordos de cooperação bilaterais e multilaterais são também oportunidades a desenvolver para uma maior capacidade de intervenção e de controlo no domínio da segurança interna.

2 – Na sua opinião, existe (ainda) uma delimitação conceptual entre segurança interna e segurança externa? – Justifique.

Terá que haver uma delimitação conceptual entre segurança interna e a segurança externa a nível nacional pois é necessário continuar a definir competências internas e externas no domínio da segurança nacional. Segundo a nossa constituição, todos têm direito à liberdade e à segurança. A dimensão positiva do direito à segurança, direito de protecção através dos poderes públicos contra as ameaças e agressões de terceiros, requer uma política de segurança por parte do Estado, que contempla as duas vertentes: a interna e a externa. A segurança externa está relacionada com a defesa nacional, e a segurança interna com a actividade do Estado para garantir o normal funcionamento das instituições, o exercício dos direitos e liberdades fundamentais pelos cidadãos, manter a ordem e a segurança públicas e prevenir a criminalidade. A constituição e a lei dão-nos esta delimitação de conceitos a qual não podemos esquecer. De acordo com esta delimitação são atribuídas internamente competências às forças e serviços competentes para actuar em cada uma das áreas. Contudo a interligação entre estes âmbitos é cada vez maior, dada a influência que aspectos relacionados com a segurança externa poderão ter no domínio interno. Como exemplo, poderemos falar dos atentados terroristas. A participação externa de um país num conflito noutro país, poderá aumentar a possibilidade de ocorrência de atentados terroristas no território do primeiro, caso dos EUA e Reino Unido no Iraque e no Afeganistão. Também uma acção levada a cabo pelas autoridades nacionais dentro do território no âmbito da segurança interna, poderá ter impacto na segurança externa, pois poderá criar conflitos religiosos, políticos, raciais com dimensão internacional podendo nesse caso haver reacções que atentem contra a defesa nacional. Se considerarmos que as fronteiras nacionais não são as que delimitam Portugal e Espanha mas as que delimitam a zona da UE, estaremos a ponderar assim que a nossa preocupação em relação à segurança interna se estende também a outros países e, quanto mais seguros o forem melhor poderá ser a segurança no nosso território nacional. No âmbito da UE a dimensão interna é assim um conceito alargado. Há mecanismos para apoio e reforço de um Estado membro UE por outro em caso de necessidade em aspectos de segurança interna. Já para a segurança externa, para além de eventuais acordos bilaterais, a intervenção apenas poderá ser efectuada pela NATO caso esse país pertença a esta organização. A segurança terá ser vista numa perspectiva global. Os efeitos internos comunicam-se para a vertente externa e vice-versa. Mas não será por isso que os conceitos se devem confundir. Convirá desenvolver a ideia de intercomunicabilidade de efeitos nas vertentes da segurança interna e externa.

3 – Quais os desafios e oportunidades que se colocam à Política Externa Nacional na actual conjuntura?

Certamente que haverá muito desafios para a Política Externa Nacional. A manutenção de relações diplomáticas e desenvolvimento de ligações estreitas com parceiros relevantes no domínio económico, politico e com posições geoestratégicas importantes, a continuação dos esforços para aumentar ligação e envolvimento com países nos diversos continentes poderá ser um dos desafios, sendo neste aspecto, continente africano o que poderá ser eleito para maior esforço a desenvolver. Para além deste continente, a América do sul é também relevante, especialmente com o Brasil. Perspectivando que países Asiáticos terão ainda maior relevância no futuro, o desenvolvimento de relações estreitas, acordos, e parcerias estratégicas é também aspecto a considerar. Ainda no domínio da cooperação estratégica, poderemos considerar como desafio, o desenvolvimento de acordos estratégicos no âmbito da segurança e desenvolver politicas bilaterais, multilaterais incluindo com países da UE no sentido de aumentar a prevenção e combate à criminalidade grave, em especial o terrorismo e de melhorara mecanismos de coordenação no domínio da segurança. Como principal desafio, embora bastante lato, é a continuação da manutenção da defesa dos interesses nacionais, a nível internacional e desenvolver politicas que contribuam para a segurança interna. Oportunidades na actual conjuntura não serão muito diferentes em conjunturas anteriores. Contudo poderão ser adiantadas, a possibilidade de aumentar a presença internacional portuguesa em órgãos e estruturas de relevo internacional, potenciando eventual influência nas decisões e nas opiniões que se vão formando sobre os mais variados assuntos de interesse nacional. Este aspecto atrás referido poderá ser considerado como oportunidade mas também como um desafio. Ainda como oportunidade na actual conjuntura, poderá ser o aumento da participação em projectos bilaterais nos países africanos, a qual poderá ter um bom acolhimento e grande sucesso. Oportunidade ainda para a presença portuguesa a nível internacional no domínio da gestão de crises, no âmbito das organizações existentes para o efeito, pois por vezes a ausência em determinadas zonas e países, poderá entre outros, ser um sinal de não apoio das politicas locais, podendo nesses casos, não ser esse de facto o interesse nacional. Oportunidades ainda para aumentar o relacionamento com países vizinhos de Portugal e da UE.

4 – Qual a importância da segurança interna para a Política Externa Nacional?

As ameaças à segurança e estabilidade internas deverão ser consideradas na política externa nacional. A emigração, a criminalidade, o terrorismo, o tráfico de droga, de seres humanos, são aspectos deverão estar presentes numa política externa de qualquer país, desde que os mesmos sejam afectados por tais fenómenos. Uma política mais liberal, no domínio da emigração poderá ser desenvolvida, de acordo com as necessidades e ameaças que tal possa representar em determinado momento. Também a necessidade de acordos e a parcerias estratégicas que poderão beneficiar a segurança, e os serviços e instituições dela responsáveis será certamente um factor a considerar na política externa. A cooperação policial e judicial é um dos aspectos que terão que estar presentes nos contactos formais a estabelecer com outros países. Uma boa política externa salvaguarda os interesses nacionais, sendo um deles a segurança interna. O conflito diplomático, político ou religioso com determinados países, poderá aumentar o risco de atentados no interior do território nacional.

5 – Na sua opinião, quais deverão ser as prioridades estratégicas da cooperação policial internacional (operacionalizada, designadamente pela PSP, GNR, PJ e SEF)?

As prioridades estratégicas que poderão ser identificadas a meu ver são: o desenvolvimento de um estratégia nacional para cooperação internacional, o estabelecimento de acordos e parcerias para desenvolvimento de projectos de âmbito policial, a concretização em parceria de politicas de segurança interna com policias de países relevantes de acordo com as matérias, e a defesa em sede de grupos UE e outros de aspectos que favoreçam a aplicação de politicas, métodos e técnicas relevantes na prevenção e luta contra a criminalidade, na emigração, na troca de informações. Ainda como prioritária deveria ser ainda a interoperabilidade dos sistemas de troca de informações policiais, de comunicações bem como o intercâmbio de experiências profissionais em vários domínios. O envolvimento em projectos de âmbito comunitário, poderia ajudar a melhorar estruturas e capacidades internas no domínio da segurança, devendo para tal serem orientados esforços para apresentação de projectos para respectivo financiamento. Uma relação ainda estreita e activa com organizações existentes para a cooperação policial Europol, Interpol, Frontex, seria também uma estratégia com eventuais frutos para resultados na actividade interna das diversas polícias nacionais. No domínio da gestão de crises poderia e de acordo com uma estratégia nacional que teria que ser desenvolvida, a participação em missões UE, ONU e OSCE, poderia favorecer também cooperação policial internacional.

Como aspectos a focar nas estratégias a definir, poderiam ser considerados, a criminalidade, incluindo o terrorismo, a cooperação técnica, a formação, a parceria ou o desenvolvimento de projectos comunitários, a implementação das orientações comunitárias no domínio policial e o intercâmbio de experiências. A cooperação policial internacional pressupõe também condições internas e estruturas nas respectivas policias para acompanhamento e desenvolvimento desta vertente, para iniciativas em contactos bilaterais e apresentação em sede internacional da politicas consolidadas sobre segurança interna, modelos de policiamento, técnicas policiais e de investigação etc. Uma estratégia de cooperação policial internacional passa ainda por uma estratégica de cooperação interna. Um centro, ou uma unidade central para a cooperação internacional nacional que envolvesse as policias certamente favorecia a uniformização de procedimentos, a rapidez da resposta, a facilitação para o encaminhamento de pedidos de ajuda e apoio internacional, e para pedidos que fossem efectuados por outras policias. A estratégia de cooperação internacional, deverá ser baseada numa estratégia de cooperação interna a definir ao nível interministerial. Assim a prioridade estratégica para a cooperação policial internacional deveria a elaboração de uma estratégia interna.

6 – Quais os pontos fortes e pontos fracos da participação das forças e serviços de segurança em operações de paz da ONU?

A participação nacional nas missões da ONU, tem como pontos fortes, a meu ver, a possibilidade de relevar a presença nacional em situações de gestão de crises em vários pontos do mundo, bem como traduzir politicas nacionais de apoio a determinadas iniciativas da ONU neste domínio. Poderá sob o chapéu da ONU contribuir para o desenvolvimento de interesses nacionais (como por exemplo em Timor). Poderá ainda contribuir para um aumento da visibilidade do país e das suas policias num contexto onde estão representadas muitas outras e ainda o reconhecimento ou não da capacidade dos profissionais portugueses, não só dentro das missões mas nos contactos que poderão ser feitos na sequência do exercício de determinadas funções de relevo na missão. Também como ponto positivo poderá ser a possibilidade de melhoria da experiência pessoal profissional dos elementos que integram determinada missão da ONU. A experiência já colhida pelos elementos que participaram em missões na ONU poderia ser explorada, contribuindo para a criação de mecanismos de preparação de missões, com a devida formação específica e orientada. A participação internacional nas missões internacionais, incluindo as da ONU, poderá estimular a criação ou adaptação de estruturas internas das polícias para controlo dos processos de selecção, de preparação e de controlo da presença internacional dos seus próprios profissionais.

Como ponto fraco poderá ser considerada a irrelevância da participação nacional se a mesma não for representativa ou relevante, não havendo assim um verdadeiro reconhecimento do eventual esforço feito para a referida presença. A experiência profissional a adquirir em determinadas missões poderá não ser acrescida, pois a participação de elementos de polícias de países não muito desenvolvidos não permite um intercâmbio de experiências úteis para o futuro. A não existência de estratégia interna para uma participação nacional numa missão, e consequente falta de apoio e acompanhamento, mesmo até ao nível politico e diplomático, pode ser também um factor que poderá levar a uma participação " inexistente" e sem a devida exploração.

7 – Quais os pontos fortes e pontos fracos da participação das forças e serviços de segurança em missões de gestão civil de crises no âmbito PESD da União Europeia?

A participação em missões ao nível da UE, a meu ver tem já algumas variantes relativamente à participação nas missões da ONU. Em primeiro lugar porque Portugal pode participar activamente no planeamento e decisão da missão, obviamente, com restantes Estados membros. Em segundo porque a decisão para uma missão de gestão civil de crises, representa, em principio a vontade de todos os Estados da UE e o seu interesse na contribuição para resolução de um conflito. Releva ainda o facto de haver uma política externa de segurança comum (PESC), e consequente Política Externa de Segurança e Defesa na UE. De acordo com o atrás referido, verificamos que a presença de elementos nacionais nas missões de gestão de civil de crises da UE, concretiza vontade e compromisso político nacional para a contribuição na PESD. Dado que o número de países é reduzido (quando comparado com ONU), a presença nacional traduz o interesse nacional na contribuição para a resolução de um conflito, ou para a construção de capacidades noutros estados necessitados. A presença em missões de gestão civil de crises UE é assim essencial ainda para o suporte de uma política externa nacional sustentada. A participação nacional numa missão UE poderá também concretizar políticas e interesses bilaterais em países onde haja esforço para apoio e ajuda às autoridades locais (podendo ser citada como exemplo a Missão PESD na Guiné Bissau). Um número elevado de elementos nacionais numa missão, poderá ainda facilitar o preenchimento por estes, de cargos de nível elevado e funções relevantes. Poderá também contribuir para implementar sistemas e procedimentos nacionais, passando assim a ser ainda mais visível a presença e a marca nacional noutros países. No âmbito da experiência profissional poderá ser mais enriquecedora, pois o nível dos elementos que habitualmente participam nestas missões é mais elevado quando comparado com missões ONU. A possibilidade de " importação" e desenvolvimento de modelos externos é maior, podendo haver assim benefício para o futuro desempenho da actividade profissional de cada elemento. Como pontos fracos poderão ser identificados a necessidade de melhorar a preparação para a participação nacional nas missões da UE. O treino e a formação preparatória é da responsabilidade dos Estados membros, pelo que cursos específicos e orientados poderiam ser administrados. Dado o número, por vezes reduzido do efectivo total da missão, o valor da mesma está na qualidade, experiência e competência de cada elemento que a venha integrar. Assim a apresentação de candidaturas para as missões UE, deverão seguir critérios diferentes dos de outras missões, para garantir que elementos nacionais tenham à partida condições e qualidades para poderem vir a ser seleccionados (após processo de selecção). A ausência de uma estratégia nacional relativa à participação de elementos portugueses nas missões UE (e não só), é também um aspecto que poderá prejudicar a orientação do esforço a desenvolver.

8 – Quais os pontos fortes e pontos fracos da cooperação policial europeia no âmbito JAI?

O desenvolvimento de uma dimensão externa do espaço de liberdade, segurança e justiça, nas mais variadas vertentes, o reforço da eficácia e da interoperabilidade e sinergias entre as bases de dados dos Estados membros, o desenvolvimento do principio da disponibilidade, o reforço da cooperação policial e aduaneira na zona UE, o intercâmbio de informações entre as autoridades responsáveis pela aplicação da lei nos EM, o auxilio judiciário, as equipas de investigação conjunta, a cooperação com a Europol, o desenvolvimento de formação comum pela CEPOL, o intercâmbio de informações sobre deslocação de pessoas e grupos para grandes eventos de âmbito internacional, incluindo os desportivos, a possibilidade de apoio mutuo para acções de ordem publica nos EM, estratégia, conceito, orientações e esforços comuns para combate da criminalidade organizada, política de imigração, rede e programas de prevenção à criminalidade, estratégias e instrumentos para combater a cibercriminalidade, o tráfico de seres humanos, a exploração sexual de menores, instrumentos para a protecção de dados pessoais, podem ser considerados como pontos fortes da área de justiça e assuntos internos da UE. Ainda como aspecto positivo é o facto de haver programas de financiamento desenvolvidos nesta área, permitindo assim aos EM individualmente ou em parceria implementarem novas metodologias, novas estruturas, novos programas, especialmente na prevenção e luta contra a criminalidade organizada. Como aspectos menos positivos, poderão ser considerados a dificuldade de cooperação e troca de informações dada a diversidade de estruturas e órgãos que cada EM tem com competência para determinados assunto, bem como, por vezes o número elevado de pontos de contacto em cada EM para determinado assunto causando assim possíveis dificuldades para a cooperação policial internacional. Dada a diversidade de sistemas nacionais, é por vezes mais difícil definir um sistema europeu mais eficiente, especialmente no domínio da troca de informações.

9 – Quais os pontos fortes e pontos fracos da cooperação técnico-policial com os PALOP?

A cooperação técnico-policial com os PALOP, permitem estreitar relações bilaterais em vários domínios, bem como contribuir para a implementação de programas e estruturas financiadas com base em projectos bilaterais. Permite ainda que a cultura e experiência profissional nacional seja partilhada com elementos dos PALOP.

10 – Na sua opinião, os mecanismos actuais de planeamento, coordenação e preparação das Forças de Segurança para missões internacionais nas suas diversas dimensões funcionam eficazmente? Podem ser melhorados? Caso afirmativo, em que termos?

Como já foi referido a elaboração de uma estratégia nacional para participação em missões internacionais, poderia contribuir para um melhor e mais fácil planeamento neste domínio. Essa estratégia poderia considerar assim uma formação específica e uma preparação orientada, eventualmente em centro próprio e comum para as forças de segurança. Também a preparação dos elementos que se pretendem candidatar às missões, poderia ser mais acautelada, através de informação básica sobre, por exemplo na UE, as políticas na gestão civil de crises, as estruturas existentes, as funções que habitualmente são desempenhadas pelas missoes e objectivos pretendidos com o estabelecimento de determinada missão. A criação de uma bolsa de elementos já pré-seleccionados e com uma formação genérica no domínio das missões de gestão civil de crises e a existência de procedimentos e estruturas/serviços, que permitissem responder num período de 24 horas a um pedido de contribuição para uma missão internacional, seria certamente uma demonstração de devida preparação neste domínio. A análise dos cargos e funções para os quais são abertas vagas nas missões deveria ser ponderado, eventualmente caso a caso, de acordo com o interesse estratégico da missão em causa. A pré-selecção dos candidatos a apresentar e as vagas a que concorrem deveriam ser também objecto de análise para não se correr o risco de termos 6 ou mais candidatos nacionais para uma mesma vaga. A possibilidade dos elementos nas missões poderem desenvolver política e concretizar interesses nacionais deverá ser uma possibilidade a não esquecer.

11 – De que forma o empenhamento das forças de segurança em missões internacionais nas suas diversas vertentes pode ser rentabilizado no quadro de segurança interna?

O empenhamento de elementos nas missões internacionais, poderá ser aproveitado desde logo para conhecer as necessidades logísticas, de formação e apoio para os elementos que irão candidatar-se para missões internacionais. Com base na experiência, nos relatórios, em reuniões promovidas para esse efeito, poderá delinear-se um mecanismo melhor de preparação, formação e apoio durante a missão. A participação internacional, geralmente contribui para a imagem das instituições, pelo poderá ser explorada mediaticamente, incluída em programas de formação, em incitativas e exposições publicas, brochuras, na elaboração de documentos, manuais ou orientações internas, na criação de dossiers de cada missão para informação de futuros candidatos. Como possibilidade a estudar poderá ser considerada a promoção de conferências, seminários, ou palestras sobre determinadas missões, nas quais os elementos que as integraram poderiam ter papel relevante.

Na perspectiva da segurança interna, a presença internacional em missões poderá ser também uma fonte de informações que poderão ser relevantes para aspectos securitários, perante determinadas ameaças. Também o conhecimento e contacto com as culturas determinados países e continentes, poderá ajudar a conhecer reacções e comportamentos de cidadãos desses países a habitar o território nacional. Por vezes elementos que participam em missões internacionais aprendem a língua local. Este conhecimento pode vir a ser uma mais valia em acções operacionais ou de vigilância que visem cidadãos desses países, bem como ou na recolha de informações relacionadas.

12 – Outros comentários que entenda relevantes.

Nada a referir

Anexo 7H

Entrevista ao Intendente Pedro Manuel Neto Gouveia
Função que desempenha: Director do Departamento de Operações
(Direcção Nacional da PSP)
Data/Hora de resposta: 021730FEV09

1 – Quais os principais desafios e oportunidades que se colocam à segurança internacional e segurança interna dos Estados na actualidade?

Os principais desafios são, obviamente, o terrorismo e a criminalidade violenta e organizada, a par da criminalidade que lesa os interesses do estado e dos seus cidadãos, nomeadamente a corrupção, burlas agravadas, em especial com subsídios do estado, da União Europeia. Verifica-se, basta constatar pelos noticiários, um claro prejuízo para os Estados de desvios de dinheiros públicos e isso é uma grande vulnerabilidade dos estados, criando fossos abissais, em termos económicos, entre classes, levando, inequivocamente, a grandes conflitos sociais e ao aumento da criminalidade genérica. Há que formular novos conceitos de moralidade.

2 – Na sua opinião, existe (ainda) uma delimitação conceptual entre segurança interna e segurança externa? – Justifique.

Não, em meu entendimento, e com o processo de globalização em curso e imparável, não se pode pensar a segurança interna fora dos limites conceptuais da segurança externa, sendo aquela absorvida por esta. Embora a liberalização do espaço europeu tivesse transformado a realidade em termos de segurança interna, também o transformou em termos de segurança externa. É notória a necessidade de obter novamente um controlo de "fronteiras", que, na actual conjuntura, poderiam ser designados "locais habituais de passagem entre estados", com a elaboração de acordos bilaterais. Esta acção é apenas para monitorização das deslocações de elementos perniciosos à segurança interna de cada estado e não uma verdadeira segurança externa. Essa faz-se nas fronteiras do espaço europeu.

3 – Quais os desafios e oportunidades que se colocam à Política Externa Nacional na actual conjuntura?

Numa visão puramente metafórica poderemos dizer que a Política Externa Nacional, no âmbito europeu, é o comércio tradicional, pouco prospera e pouco terá a fazer, uma vez que as decisões são das grandes superfícies (EU). A solução é apostar em novos mercados e oportunidades de comércio: América Latina e África, onde temos ainda capacidade pelo facto de estarmos organizados em estruturas internacionais comuns (CPLP).

4 – Qual a importância da segurança interna para a Política Externa Nacional?

A importância é meramente moeda de troca para futuros investimentos e promoção turística do nosso país.

5 – Na sua opinião, quais deverão ser as prioridades estratégicas da cooperação policial internacional (operacionalizada, designadamente pela PSP, GNR, PJ e SEF)?

As prioridades estratégicas de cooperação policial internacional deverão assentar:
a) Participação activa na EUROPOL, bem como na constituição de uma força policial conjunta que possa acompanhar, investigar, prevenir e debelar o crime a nível europeu. Só sendo conhecedores duma realidade europeia se poderá dar algum contributo à segurança interna.
b) Cooperação ao nível da CPLP, nomeadamente com formação, aconselhamento e trocas de experiências operacionais.

6 – Quais os pontos fortes e pontos fracos da participação das forças e serviços de segurança em operações de paz da ONU?

Não me sinto capaz de dar uma opinião fundamentada acerca desta questão. Posso apenas salientar a projecção da imagem de Portugal em cenários internacionais.

7 – Quais os pontos fortes e pontos fracos da participação das forças e serviços de segurança em missões de gestão civil de crises no âmbito PESD da União Europeia?

Idem

8 – Quais os pontos fortes e pontos fracos da cooperação policial europeia no âmbito JAI?

Idem

9 – Quais os pontos fortes e pontos fracos da cooperação técnico-policial com os PALOP?

Idem

10 – Na sua opinião, os mecanismos actuais de planeamento, coordenação e preparação das Forças de Segurança para missões internacionais nas suas diversas dimensões funcionam eficazmente? Podem ser melhorados? Caso afirmativo, em que termos?

Não. Penso que poderemos fazer um melhor trabalho, nomeadamente preparar conteúdos de formação que sejam reconhecidos internacionalmente para que seja agilizada a participação portuguesa, evitando que haja duplicação de "selecções" do efectivo para missões. Constituir um centro de formação nacional, com a participação de entidades nacionais e estrangeiras que permitam um reconhecimento da qualidade de formação e da qualidade de selecção, podendo ser aproveitado para formação de outros intervenientes, nomeadamente da CPLP.

11 – De que forma o empenhamento das forças de segurança em missões internacionais nas suas diversas vertentes pode ser rentabilizado no quadro de segurança interna?

No quadro da segurança interna os elementos em missões internacionais deveriam ser formados para recolha e tratamento de informação policial e criminal, nomeadamente para que a sua participação se constituísse como fonte de informação credível e válida para prevenção situacional em termos da segurança interna. Também, e através da experiência recolhida quer em termos de conhecimento da realidade cultural, social e linguística, poderiam auxiliar na formação dos nossos agentes, em especial os de proximidade e de investigação criminal para melhor lidarem com realidades que enfrentam no seu dia-a-dia com estrangeiros, ou descendentes destes.

12 – Outros comentários que entenda relevantes.

Anexo 7I

Entrevista ao Major Carlos Alberto dos Santos Alves
Função que desempenha: Chefe da Divisão de Planeamento Estratégico
e Relações Internacionais da Guarda Nacional Republicana
Data/Hora de resposta: 25 2130JAN09

1 – Quais os principais desafios e oportunidades que se colocam à segurança internacional e segurança interna dos Estados na actualidade?

Os principias desafios (e, consequentemente, ameaças e oportunidades) actuais decorrem, essencialmente, da globalização, da deficiente distribuição da riqueza e das novas tecnologias. O terrorismo enquanto fenómeno de dimensão global, a radicalização e o extremismo com fundo (ou capa) religioso, a acentuação das desigualdades (com vastas regiões do globo a viverem situações de pobreza extrema generalizada, potenciando fluxos migratórios incontroláveis e criando campo férteis para a disseminação de ideais extremistas), a mobilidade que caracteriza o mundo actual e a exploração, para fins não lícitos, do acesso generalizado e dificilmente controlável à informação e às novas tecnologias, estarão na primeira linha das preocupações em matéria de segurança, constituindo, nessa medida, os grandes desafios do futuro.

2 – Na sua opinião, existe (ainda) uma delimitação conceptual entre segurança interna e segurança externa? – Justifique.

Conceptualmente, os conceitos são (continuam a ser) distintos, embora não sejam, como nunca o foram, totalmente independentes. De um lado temos a segurança e o bem-estar das populações, valores supremos no âmbito da segurança interna, e de outros a soberania, a integridade territorial e a manutenção das estruturas e dos fundamentos do Estado, enquanto realidades a preservar no âmbito da segurança externa. O que, realmente, se alterou foram as ameaças e, consequentemente, as respostas. Hoje as ameaças à segurança interna podem não vir, necessariamente, do interior do Estado, assim como as ameaças à segurança externa se podem fazer sentir no interior do próprio Estado. E determinado fenómeno pode, simultaneamente, colocar em causa a segurança interna e externa.

3 – Quais os desafios e oportunidades que se colocam à Política Externa Nacional na actual conjuntura?

Duma forma geral e entrando por áreas que se afastam do âmbito das minhas funções e das competências da Guarda, diria que os desafios e oportunidades para Portugal advêm da sua tradicional abertura ao mundo, da sua multiculturalidade, da sua localização geográfica e das relações privilegiadas com a África lusófona e com o Brasil. Portugal tem condições para fazer a ponte entre a Europa e outros povos, entre a Europa e outros mundos, num mundo cada vez mais global e globalizado.

4 – Qual a importância da segurança interna para a Política Externa Nacional?

Receando uma abordagem desfasada do objectivo da questão, diria, por um lado, que a segurança interna confere credibilidade ao Estado, reforçando o seu peso no domínio externo. Numa perspectiva de meios, pode fornecer à política externa ferramentas essenciais para a afirmação dos valores e dos interesses nacionais no exterior.

5 – Na sua opinião, quais deverão ser as prioridades estratégicas da cooperação policial internacional (operacionalizada, designadamente pela PSP, GNR, PJ e SEF)?

Numa visão estritamente nacional, os esforços, em matéria de cooperação policial internacional, deverão concentrar-se no reforço das capacidades, em matéria de segurança e controlo de fronteiras, dos países vizinhos (bacia do Mediterrâneo), dos países de onde provêm os maiores fluxos migratórios para Portugal e dos países onde se encontram radicadas maiores comunidades de portugueses. Numa perspectiva Europeia, assume especial relevo a cooperação policial ao abrigo dos mecanismos europeus estabelecidos, designadamente no âmbito da partilha de informações e de dados, da compatibilização de sistemas e da constituição de sistemas comuns e da cooperação policial operacional.

6 – Quais os pontos fortes e pontos fracos da participação das forças e serviços de segurança em operações de paz da ONU?

De uma forma geral, julgo que a participação de Portugal nas missões das Nações Unidas tem prestigiado o país e contribuído para os objectivos da política externa nacional. Pela negativa, apontaria o reduzido interesse de participações individuais em certas missões, por não conferirem quaisquer mais-valias, prestígio nacional ou visibilidade, quer interna quer externa.

7 – Quais os pontos fortes e pontos fracos da participação das forças e serviços de segurança em missões de gestão civil de crises no âmbito PESD da União Europeia?

Também aqui, julgo que as Forças e Serviços de Segurança nacionais vêm prestigiando Portugal e a Europa, dando relevante contributo para a Política Europeia de Segurança e Defesa.

8 – Quais os pontos fortes e pontos fracos da cooperação policial europeia no âmbito JAI?

A cooperação no âmbito JAI vem permitindo, passo a passo, criar mecanismos para uma resposta europeia às novas ameaças e à nova realidade criminal decorrente da supressão dos controlos internos no espaço europeu, bem como para o reforço do controlo da fronteira externa. O problema reside, essencialmente, no moroso e complexo processo de decisão a nível europeu e na existência de diferentes perspectivas e interesses nacionais, que importa conciliar, factores que vêm retardando a efectiva implementação de mecanismos comuns e de coordenação que tornem mais eficaz o combate ao crime.

9 – Quais os pontos fortes e pontos fracos da cooperação técnico-policial com os PALOP?

Como pontos fortes, saliento: valorização dos quadros policiais dos países lusófonos, com a consequente melhoria da qualidade do serviço prestado pelas respectivas Forças de Segurança; prestígio que confere a Portugal e às suas Forças e Serviços de Segurança. Pela negativa, destaco os critérios que, muitas vezes, são utilizados para seleccionar os formandos alvo das Acções de Formação, acabando por as desvirtuar e por comprometer os objectivos dos próprios de Programas de Cooperação.

10 – Na sua opinião, os mecanismos actuais de planeamento, coordenação e preparação das Forças de Segurança para missões internacionais nas suas diversas dimensões funcionam eficazmente? Podem ser melhorados? Caso afirmativo, em que termos?

No caso da Guarda Nacional Republicana, existe um *know-how* muito grande no domínio do planeamento e da preparação de Forças e de elementos para missões, que está, agora, a ser concentrado no Centro de Treino e Aprontamento de Forças para Missões Internacionais (CTAFMI) da Unidade de Intervenção, criado pela Lei n.º 63/2007, de 6 de Novembro (LO GNR), o qual poderá e deverá, naturalmente, ser colocado à disposição das demais Forças e Serviços nacionais. Quanto à coordenação, a mesma é assegurada, no caso do MAI, pela Direcção-Geral da Administração Interna, cuja actuação não me merece especiais críticas.

11 – De que forma o empenhamento das forças de segurança em missões internacionais nas suas diversas vertentes pode ser rentabilizado no quadro de segurança interno?
No caso da Guarda Nacional Republicana, a participação em missões internacionais tem permitido melhorar as capacidades individuais e colectivas, fruto de uma política de adaptação à realidade institucional de boas práticas e de modelos de sucesso identificados nas missões.

12 – Outros comentários que entenda relevantes.
Nada a referir.

Anexo 7.J

Entrevista ao Subintendente Luís Filipe Jorge de Almeida Guerra
Função que desempenha: Oficial de Polícia – Oficial de Ligação da PSP
e Assessoria Técnica no Ministério da Administração Interna
Data/Hora de resposta: 210900JAN09

1 – Quais os principais desafios e oportunidades que se colocam à segurança internacional e segurança interna dos Estados na actualidade?

Os principais desafios da segurança internacional são as oposições de grupos, estados e territórios aos modelos sociais, políticos, culturais e económicos do ocidente e a luta pelas fontes energéticas e pela manutenção das suas rotas de fornecimento. Quanto à dimensão interna, os desafios estão na manutenção dos padrões de bem-estar social que a segurança civil/pública invoca, pela melhoria dos sistemas de prevenção criminal administrativos, legais e policiais, a melhoria dos sistemas de informação e da investigação criminal com vista a prevenir e combater as redes criminosas organizadas e terroristas, bem como controlar os grandes tráficos e os fluxos migratórios legais e clandestinos. As oportunidades de ambas as dimensões concretizam-se na recolha de mais e melhor informação / formação e no estabelecimento de redes que possam opor-se às organizações reticulares criminosas ou inimigas.

2 – Na sua opinião, existe (ainda) uma delimitação conceptual entre segurança interna e segurança externa? – Justifique.

Existe, estando definida pelo campo de acção e função de cada um dos operadores. As forças militares, destinam-se a, em nome de um determinado interesse político, criar pressão sobre grupos, estados e territórios terceiros, pelo uso (ou ameaça do uso) de meios susceptíveis de causar destruição e morte. Esse papel deve ser desempenhado de forma exclusiva. Esse não é o papel dos serviços e forças de segurança ou dos aparelhos de justiça. Todavia, é verdade que os operadores tradicionalmente associados a cada uma das dimensões (o aparelho militar para a segurança externa e o aparelho policial para a segurança interna), têm alterado o seu posicionamento funcional, e se por um lado, a expansão das funções policiais para a dimensão externa é natural e acompanha o movimento da globalização, das economias e organizações supra-estatais legítimas e criminosas (numa lógica que não é a militar), já a expansão das funções militares no plano interno é artificial e reactiva à perda de preponderância no plano externo por via da alteração do contexto e forma dos conflitos, conforme bem assinala Rupert Smith.

3 – Quais os desafios e oportunidades que se colocam à Política Externa Nacional na actual conjuntura?

Os desafios encontram-se na necessidade pacificação das relações entre o Ocidente cristão e o Islão, na competição pelas fontes energéticas e bens essenciais e pela manutenção das suas rotas de fornecimento, no controlo dos grandes tráfegos e dos fluxos migratórios legais e clandestinos, na monitorização, controlo e combate ao terrorismo e criminalidade organizada internacional. Ainda a prevenção e controlo dos conflitos armados internacionais motivados pelas razões anteriormente apontadas.

4 – Qual a importância da segurança interna para a Política Externa Nacional?

A criação de estabilidade e bem-estar promotoras de desenvolvimento económico e social.

5 – Na sua opinião, quais deverão ser as prioridades estratégicas da cooperação policial internacional (operacionalizada, designadamente pela PSP, GNR, PJ e SEF)?

A formação policial aos vários níveis, a troca permanente e incondicional de informação criminal e estratégica de interesse policial e geral, o controlo dos grandes tráfegos e os fluxos migratórios legais e clandestinos, o combate ao terrorismo e criminalidade organizada internacional e de todos os fenómenos associados. Também o controlo dos conflitos armados internacionais motivados pelas razões anteriormente apontadas, a investigação de "crimes de guerra" e o apoio técnico aos tribunais e às redes judiciárias internacionais.

6 – Quais os pontos fortes e pontos fracos da participação das forças e serviços de segurança em operações de paz da ONU?

As forças e serviços de segurança podem actuar como actores externos aos conflitos e, por isso, neutros, mesmo em relação às forças armadas internacionais de interposição. O controlo dos conflitos armados internacionais é um campo natural de actuação, a investigação de "crimes de guerra" e o apoio técnico aos tribunais e às redes judiciárias internacionais, a formação de corpos de polícia civil nos países e territórios em conflito.

7 – Quais os pontos fortes e pontos fracos da participação das forças e serviços de segurança em missões de gestão civil de crises no âmbito PESD da União Europeia?

Idem

8 – Quais os pontos fortes e pontos fracos da cooperação policial europeia no âmbito JAI?

A troca de informação e a possibilidade de perceber e influenciar a criação de políticas de justiça e segurança coerentes entre os Estados Membros, facilitando o caminho para a "livre circulação da lei e da ordem", são pontos fortes. As fraquezas encontram-se nos bloqueios legais que surgem na relação dos diferentes ordenamentos jurídicos, dimensão em cuja cooperação internacional é mais complexa e difícil de estabelecer, bem como nas limitações orçamentais de cada um dos Estados Membros.

9 – Quais os pontos fortes e pontos fracos da cooperação técnico-policial com os PALOP?

A criação de uma rede lusófona de cooperação policial ao nível da formação e da cooperação estratégica e táctica que coloque Portugal num plano de vantagem na União Europeia para o diálogo com todos os países africanos e vice-versa.

10 – Na sua opinião, os mecanismos actuais de planeamento, coordenação e preparação das Forças de Segurança para missões internacionais nas suas diversas dimensões funcionam eficazmente? Podem ser melhorados? Caso afirmativo, em que termos?

Poderiam funcionar de forma mais eficaz e eficiente. Em primeiro lugar haverá que definir claramente a estratégia e consequente escolha de cenários de cooperação policial, distinguindo os campos de intervenção militar e estritamente policial, desfazendo uma confusão frequente que causa duplicações, sobreposições e a alimentação de estruturas híbridas e pouco eficientes. Este processo levará a uma racionalização de meios, não vocacionando forças de segurança para cenários ou missões militares (cujas características foram identificadas anteriormente), nem forças militares para cenários ou missões de cariz policial.

Se é verdade que a existência de elementos policiais pode ser útil e benéfica em todos os cenários (inclusivamente os teatros militares), o contrário não é verdade. Neste prisma, não se trata apenas da utilidade da força, mas também do momento em que cada instrumento deve ser empregue – uma polícia pode ser empregue em todos os momentos, o que não acontece nem é desejável que aconteça com o emprego da força militar.

Paralelamente, a população tem de sentir que existe uma inequívoca diferença entre os actores militares e a sua missão e os actores policiais e a sua missão, não sendo desejável num cenário internacional de instabilidade que os papéis ou as forças sejam confundidas.

Definidos os cenários típicos de intervenção, as forças de segurança devem ter igual acesso a formação, condições de *deployment*, de execução das missões e consequentes benefícios, quer entre elas, quer em relação a outros operadores.

11 – De que forma o empenhamento das forças de segurança em missões internacionais nas suas diversas vertentes pode ser rentabilizado no quadro de segurança interna?

Pela produção de conhecimento e troca de experiências, bem como, pela reunião e tratamento de informação estratégica criminal, policial e geral.

12 – Outros comentários que entenda relevantes.

Nada a acrescentar.

Bibliografia

AAVV, Bertelsmann Foundation (ed.), *Enhancing the European Union as an International Security Actor. A Strategy for Action*: 29-30, (Bertelsmann Foundation Publishers, Gütersloh, 2000).

AAVV, *Delivering Human Security through Multilevel Governance*, United Nations Development Programme, University of United Nations – Centre for Regional Integration, 2009, disponível em http://www.undp.org/eu/documents/hsbooklet.pdf.

AAVV, *A Review of Peace Operations – a Case for Change* (London: King's College, University of London, 2003).

AAVV, *The Concept of Developmental Peace Missions: Implications for the military and civilians*, African Centre for the Constructive Resolution of Disputes (ACCORD), Nov. 2006.

ALMEIDA, João Marques de, A *NATO e a Intervenção Militar na Bósnia*. página disponível em http://www.IPRI-UNL.pt/investigadores/artigo.php?idi=5&ida=28 (2004)

ANDERLINI, Sanam & CONAWAY, Camille, *Security Sector Reform* in Inclusive Security, Sustainable Peace: A Toolkit for Advocacy and Action, 2005

ANDERSON, M. B. e WOODROW, P. J., *Rising From The Ashes: Development Strategies in Times of Disaster* (Boulder: Westview Press, 1989).

ANDRADE, Luís, "A Política Internacional e as Operações de Apoio à Paz", *Arquipélago. História*, 2ª Série, IX: 681-692, Açores, 2005.

ANNABI, Hédi, *East Timor* in The Nexus Between Peacekeeping and Peace-Building, Debriefing and Lessons (London: Kluwert Law International, 2000).

ANNAN, Kofi, *Renewing the United Nations: a Program for Reform* (New York: Report of the Secretary General A/51/950, 14 July 1997).

ARNSON, C.J., *Comparative Peace Process in Latin America* (Washington: Woodrow Wilson Center Press, 1999).

AUSTIN, J.L., *How to do things with Words: The William James Lectures delivered at Harvard University in 1955*, (ed.) J.O.Umson, Oxford: Clarendon, 1962.

AVANT, Deborah D., *The Market for Force – the consequences of privatizing security*, Cambridge (UK), Cambridge University Press, 2005 e 2006.
AYOOB, Mohammed, *The Third World Security Predicament* (Boulder: Lynne Rienner Publishers, 1995).
BACON, Francis, *Novum Organum*, CXXIX, 1620
BALKIN Jack e Beth Noveck, *The State of Play: Law, Games and Virtual Worlds*, New York University Press, 2006.
BÁTORA, Jozef, "Public Diplomacy in small and medium sized States: Norway and Canada", *Discussion Papers in Diplomacy* 97, Clingendael, 2005.
BAUMAN, Zygmunt, *Liquid Modernity* (Cambridge: Polity Press, 2000).
BAYLEY, David H., *Patterns of Policing: A Comparative International Analysis* (New Brunswick, New Jersey: Rutgers University Press, 1985).
BAYLEY, David H. & SKOLNICK, Jerome, *Nova Polícia. Inovações nas Polícias de Seis Cidades Norte-Americanas* (São Paulo: Editora da Universidade de São Paulo, 2006)
BECK, Ulrich, *Risk Society. Towards a New Modernity*. (London, Sage Publications, 1992)
BECK, Ulrich, *The Terrorist Threat. World Risk Society Revisited*, in Theory, Culture & Society, Vol. 19 (4), 2002, pp. 39-55.
BELL, Daniel, *The End of Ideology: On the Exhaustion of Political Ideas in the Fifties* (Harvard: Harvard University Press [1960], 2000).
BENKLER, Yochai, *The Wealth of Networks, how social production transforms markets and freedom*, Yale University Press, 2006.
BÉRISTAIN, C. Martín, *Justicia Y Reconciliación. El Papel de la Verdad y la Justicia en la Reconstrucción de Sociedades Fracturadas por la Violencia* in Cadernos de Trabajo HEGOA (Bilbao: Universidad del País Vasco), 2000.
BIGO, Didier, "Internal and External Security(ies): The Möbius Ribbon", in *Identities, Borders and Orders*, edited by Mathias Albert, David Jacobson and Yosef Lapid: 91-136. Minneapolis, Minnesota University Press, 2001.
BIGO, Didier, membro do C.A.S.E. COLLECTIVE, "Critical Approaches to Security in Europe: A Networked Manifesto", *Security Dialogue* 37 no. 4: 443-87, 2007.
BIGO, Didier, & GUILD, Espeth, *Controlling Frontiers. Free Mouvement into and within Europe* (Aldershot: Ashgate Publishing, 2005)
BLOCKMANS, Steven, *The European Union and Crisis Management: Policy and Legal Aspects* (Cambridge: Cambridge University Press, 2008)
BOOTH, Ken, *Theory of World Security* (New York: Cambridge University Press, 2008).
BOOTH, Ken & VALE, P., "Critical Security Studies and Regional Insecurity: The case of Southern Africa", in (eds) KRAUSE and WILLIAMS *Critical Security Studies: Concepts and Cases*: 329-58, (London, UCL Press, 1997).

BOOTH, K. & DUNNE, T. (eds.), *Worlds in Collision: Terror and the Future of Global Order* (London: Palgrave, 2002).
BOUTROS-GHALI, Boutros, *The Role and Functions of Civilian Police in United Nations Peace-Keeping Operations: debriefing and lessons* (Londres: Kluwer Law International, Ltd, 1996).
BOUTROS-GHALI, Boutros, *Agenda Pour la Paix* (New York: Nations Unis, 1992).
BRAHIMI, Lakhdar, *Comprehensive Review of the Whole Question of Peacekeeping Operations in all their Aspects: Report of the Panel on UN Peace Operations* (New York: Security Council, Document A/55/305-S/2000/809, 21 of August 2000)
BRANDÃO, Ana, *Segurança: Um Conceito Contestado em Debate* in Informações e Segurança: Livro em Honra do General Pedro Cardoso (Lisboa: Editora Prefácio, 2004).
BRITO, Barahona de, *Human Rights and Democratization in Latin America Uruguay and Chile* (Oxford: Oxford University Press, 1997).
BURRIS S., DRABOS P. & SHARING C., *Nodal Governance*, Australian Journal of Legal Philosophy (30), 2005: 30-58.
BULL, Hedley, *Justice in International Relations* (Waterloo: Hagey Lectures, 1983).
BURES, Oldrich, "'Europol's Fledgling Counterterrorism Role", *Terrorism and Political Violence*,20:4,498-517, 2008.
BUTTON, Mark, "Private security and the policing of quasi-public space", *International Journal of the Sociology of Law*, vol. 31, 2003, pp. 227-237.
BUZAN, Barry, *People, States and Fear: An Agenda for International Security Studies in the Post-Cold War Era* (London: Harvester Wheatsheaf, 1991).
BUZAN, Barry, WAEVER, Ole & WILDE, Jaap, *Security, a New Framework for Analysis* (Boulder: Lynne Rienner Publishers, 1998).
BUZAN, Barry & WAEVER, Ole, *Regions and powers: The structure of international security*, Cambridge: Cambridge University Press 2003).
BUZAN, Barry & WAEVER, Ole, *Macrosecuritization and security constellations: reconsidering scale in securitization theory*, Review of International Studies, 35 (2), 2009
CALDAS, Paulo, *A PSP e a Cooperação Policial Internacional: A Cooperação Policial Portuguesa na África Lusófona*. Trabalho Final do 2.° CDEP (Lisboa: ISCPSI, 2006)
CALL, Chuck & BARNETT, Michael, *Looking for a Few Good Cops: Peacekeeping, Peacebuilding and CIVPOL* in (ed.) HOLM, Tor Tanke & EIDE, Espen Barth, *Peacebuilding and Police Reform* (London: Frank Cass Publishers, 2000).
CALL, Charles T., STANLEY, William, *Protecting the People: Public Security*

Choices After Civil Wars, in *Global Governance*, volume 7 (Lynne Rienner Publishers, 2001)

CANTINHO PEREIRA, Pedro, *Portugal e o Início da Construção Europeia: 1947- -1953*, (Lisboa: Instituto Diplomático, Ministério dos Negócios Estrangeiros, 2006)

CAPLAN, Richard, *A New Trusteeship? The International Administration of War-Torn Territories* in Adelphi Paper, 341, Fevereiro de 2002.

CAPLAN, Richard. *International Governance of War-Torn Territories. Role and Reconstruction*, Oxford: Oxford University Press, 2005.

CARREIRA, Carlos Manuel Pona Pinto, "A Legitimidade da Missão da GNR no Iraqu", in *Revista Militar*, publicada em 14 de Dezembro de 2005. Consultada no site: http://www.revistamilitar.pt/modules/articles/article.php?id=23 em 20 de Maio de 2009.

CASTELLS, Manuel, *A Sociedade em Rede*, Vol. III (Lisboa: Fundação Gulbenkian, 2005).

CES, *Portugal, a Europa e as Migrações*, (Lisboa: Conselho Económico e Social, 1995).

CHADWICK, Alger, *The Future of the United Nations System: Potential for the First Century* (Tokyo: International Peace Research, Tokyo University Press, 1999)

CHESTERMAN, Simon, *You, the People. The United Nations, Transitional Administration and State-Building* (New York: Oxford University Press, 2004).

CHESTERMAN, Simon, *Report: East Timor in Transition: from Conflict Prevention in State Building* (New York: International Peace Academy, 2001).

CHOPRA, Jarat, *The UN's Kingdom of East Timor* in Survival, 42, n.° 3, Outono de 2000.

CLARK, Ian, "Globalization and the Post-Cold War Order" in BAYLIS, John, SMITH, Steve & OWENS, Patricia (coord.) *The Globalization of World Politics* (New York: Oxford University Press, 2008).

COCKAYNE, James e MEARS, Emily Speers, *Private Military and Security Companies: A Framework for Regulation* (New York: International Peace Institute, March 2009).

COLLINS, Alan, *Contemporary Security Studies* (New York: Oxford University Press, 2007).

COMAROFF, Jean & COMAROFF, John L., *Law and disorder in the postcolony*. (Chicago and London: University of Chicago Press, 2006).

CORDESMAN, Anthony H, *The Lessons and Non-Lessons of the Air and Missile War in Kosovo* (Oxford: Greenwood Publishing Group, 1999).

CORDONE, Claudio, "Police Reform and Human Rights Investigations: The Experience of UN Mission in Bosnia and Herzegovina" in *Peacebuilding and Police Reform* (London: Frank Cass Publishers, 2000).

Cox, Michael, "Meanings of Victory: American Power after the Towers" in BOOTH, K. & DUNNE, T (ccord.), *Worlds in Collision: Terror and the Future of Global Order* (London: Palgrave, 2002)

CRAVINHO, João Gomes, *Visões do Mundo. As Relações Internacionais e o Mundo Contemporâneo* (Lisboa: Instituto de Ciências Sociais da Universidade de Lisboa, 2006).

CUNHA, Alice, *À Descoberta da Europa: A Adesão de Portugal às Comunidades Europeia* (Lisboa: Instituto de Ciências Sociais da Universidade de Lisboa, 2006).

CRUZ, Hugo, "A Participação Portuguesa em Missões de Paz: O Contributo da Guarda Nacional Republicana", in BRANCO, Carlos Martins, PEREIRA, Carlos Samtos & GARCIA, Farncisco Proença (coord.) *Participação Portuguesa em Missões de Paz* (Volume I) (Lisboa: Fundação Mário Soares, Centro de Investigação e Formação para uma Cultura da Paz, 2007).

DALAIRE, Roméo, *Shake Hands with the Devil: The Failure of Humanity in Rwanda*, Da Capo Press, 2004.ril

DEL CASTILLO, Graciana, *Post-Conflict Peace-Building: the Challenge to the United Nations* (Cepal Review, 1995).

DIEHL, Paul F., "When Peacekeeping Does not Lead to Peace: Some Notes on Conflict Resolution", in *Bulletin of Peace Proposals*, vol. 18 n.º 47, 1987.

DIEHL, Paul, *Peace Operations (War and Conflict in the Modern World)*, (Cambridge: Polity Press, 2008).

DORN, Nicholas & Michael LEVI, "European Private Security, Corporate Investigation and Military Services: Collective Security, Market Regulation and Structuring the Public Sphere", *Policing and Society*, vol. 17, 3, pp. 213--238 Setembro de 2007.

DOUGHERTY, James E., PFALTZGRAFF, Jr., Robert L., *Relações Internacionais. As Teorias em Conflito* (Lisboa: Gradiva, [2001] 2003).

DOYLE, Michael D., and Nicolas SAMBANIS, *Making War and Building Peace: The United Nations Peace Operations*, Princeton University Press, 2006.

DUKE, Simon & OJANEN, Hanna, "Bridging Internal and External Security: Lessons from the European Security and Defence Policy", *Journal of European Integration*, vol 28, no 5, 2006.

DURCH, William & BERKMAN, Tobias, *Who Should Keep the Peace? Providing Security for Twenty-First Century Peace Operations,* (Washington: United States Institute of Peace, 2006).

DWAN, Renata, *Civilian Tasks and Capabilities in EU Operations*", (Berlim: 2004), versão policopiada.

ELIAS, Luís, *A Formação das Polícias nos Estados Pós-Conflito. O Caso de Timor-Leste* (Lisboa: Instituto Diplomático, Ministério dos Negócios Estrangeiros, 2006).

ELIAS, Luís, "A Componente Policial nas Missões de Manutenção de Paz", *Politeia – Revista do Instituto Superior de Ciências Policiais e Segurança Interna* (Coimbra: Edições Almedina, 2004), pp. 83-109.

ELIAS, Luís, "A Polícia de Segurança Pública e as Operações de Paz", in BRANCO, Carlos Martins, PEREIRA, Carlos Samtos & GARCIA, Farncisco Proença (coord.) *Participação Portuguesa em Missões de Paz* (Volume I) (Lisboa: Fundação Mário Soares, Centro de Investigação e Formação para uma Cultura da Paz, 2007)

ELSEA, Jennifer K., SCWARTZ, Moshe & NAKAMURA, Kennon H., *Private Security Contractors in Iraq: Background, Legal Status, and Other Issues*, Congressional Research Service (CRS) Report for Congress, Updated August 25, 2008.

EMMERS, Ralf, *Securitization* in COLLINS, Alan (coord.), *Contemporary Security Studies* (New York: Oxford University Press, 2007).

ESCARAMEIA, Paula, *O Direito Internacional Público nos Princípios do Século XXI* (Coimbra: Livraria Almedina, 2003).

ESCARAMEIA, Paula, *Timor, a ONU e o Tribunal Penal Internacional* (Lisboa: Instituto Superior de Ciências Sociais e Políticas, 2001).

EUROPOL, *Ten Years of Europol. 1999-2009*.(The Hague: Europol, 2009).

EUROPOL, *OCTA 2009. EU Organised Crime Threat Assessment*. (The Hague: Europol, 2009).

FAGEN, Patricia Weiss, *After the Conflict. A Review of Selected Sources on Rebuilding War-torn Societies* (Geneva: United Nations Research Institute for Social Development and Programme for Strategic and International Studies, 1995).

FARINHA, Luís, *A Polícia de Segurança Pública e a Cooperação Policial na União Europeia*. Trabalho Final do 1.º CDEP. (Lisboa: ISCPSI, 2005).

FERNANDES, Luís Fiães, "As Novas Ameaças como Instrumento de Mutação do Conceito 'Segurança'", in *I Colóquio de Segurança Interna*, (Coimbra: Almedina, 2005).

FERRARI, Bruno A., *Governance and Natural Resource Conflicts – Wars without end? An assessment of the Angolan civil war*, dissertação defendida na Universidade de Uppsala, Suécia, no Department of Peace and Conflict Research, em 2004.

FERREIRA-PEREIRA, Laura C., "Between Scylla and Charybdis: Assessing Portugal's Approach to the Common Foreign and Security Policy", *Journal of European Integration*, 29:2, 209-228, 2007.

FERRO, Mónica, *Construção de Estados, As Administrações Internacionais das Nações Unidas*, Lisboa, ISCSP, 2006.

FERRO, Mónica, "O Que Falha Quando Falham os Estados", in *Estratégia*,

vol. XVII, (Massamá: Instituto Português da Conjuntura Estratégica *et. al.*, 2008).
FITZSIMMONS, Scott, "A Rational-constructivist Explanation for the Evolution and Decline of the Norm against Mercenarism", *Journal of Military and Strategic Studies*, vol. 11, issue 4: 1-34, 2009.
FORMAN, S., PATRICK, S. e SALOMONS, D., *Recovering From Conflict: A Strategy For An International Response* (New York: Centre on International Cooperation, New York University, 2000).
FORMAN, Shepard, *Rebuilding East Timor: Co-operation in Recovering from Destruction* (New Haven: Yale University Divinity School, 1999).
FORMAN, Shepard, PATRICK, Steward, *Good Intentions: Pledges of Aid for Postconflict Recovery* (Boulder: Lynne Rienner, 2000).
FRANKE, Volker C. & WARNECKE, Andrea, "Building peace: an inventory of UN Peace Missions since the end of the Cold War", *International Peacekeeping*, volume 16, issue 3 (2009): 407.
FUKUYAMA, Francis, *State-building: Governance and World Order in the Twenty-first Century*: 152, Cornell University Press, 2004
GAFI, *Portugal – Third Mutual Evaluation Report on Anti-Money Laundering and Combating the Financing of Terrorism*, 2006, em http://www.bportugal.pt/ptPT/Supervisao/SupervisaoPrudencial/Branqueamento CapitaisFinanciamentoTerrorismo/Paginas/GrupodeAccaoFinanceira Internacional.aspx.
GAFI, *Portugal – Update Report September*, 2008, idem.
GARCIA, Francisco Proença, "As Ameaças Transnacionais e a Segurança dos Estados, Subsídios para o seu Estudo", in Revista *Negócios Estrangeiros* n.° 9.1. (Lisboa: Instituto Diplomático, Ministério dos Negócios Estrangeiros, Março de 2006).
GHECIU, Alexandra, *Securing Civilization?: the EU, NATO and the OSCE in the Post-9/11 World*, (New York: Oxford University Press, 2008).
GUELI, Richard & LIEBENBERG, Sybert, *The Concept of Developmental Peace Missions: Implications for the Military and Civilians* in Conflict Trends, pp. 13-18.
GIDDENS, Anthony, *As Consequências da Modernidade* (Oeiras: Celta Editora, [1990], 2005).
GIDDENS, Anthony, *A Europa na Era Global* (Lisboa: Editorial Presença, 2007).
GOMES, Paulo, *A Cooperação Policial na União Europeia: Um Desafio Estratégico para a PSP*. Trabalho Final do 1.° CDEP. (Lisboa: ISCPSI, 2005).
GOMES, Paulo, "Cooperação Policial Internacional: O Paradigma da União Europeia", in *II Colóquio de Segurança Interna*, (Coimbra: Edições Almedina, 2006).

GOUVEIA, Jorge Bacelar, *Direito Internacional Penal. Uma Perspectiva Dogmático-Crítica* (Coimbra: Edições Almedina, 2008)
GOW, James, TARDY, Thierry & KERR, Rachel, *European Security in a Global Context: Internal and External Dynamics, (Contemporary Security Studies)* (New York: Routledge, 2009)
GRANT, F. & SÖDERBAUM, A., *New Regionalisms in Africa.* (Aldershot: Ashgate, 2003).
GUEDES VALENTE, Manuel. M., *Teoria Geral do Direito Policial*, 2.ª ed., Almedina, 2009.
HADDEN, Tom, *The Responsibility to Assist: EU Policy and Practice in Crisis-Management Operations Under European Security and Defence Policy* (Portland: Hart Publishinhg, 2009).
HALL, Rodney e Thomas BIERSTEKER, *The emergence of private authority in global governance*, Cambridge (UK), Cambridge University Press, 2002.
HAM, Peter van, "Branding territory: inside the wonderful world of PR and IR theory", *Millenium*, 31 (2): 249.269, 2002.
HEDAHL, Marcus, "Blood and Blackwaters – a call to arms for the profession of arms", in *Journal of Military Ethics*, vol. 8, nr. 1, 2009, pp. 19-33.
HELD, D., A. MCGREW, D. GOLDBLATT and J. PERRATON, *Global Transformations: Politics, Economics and Culture.* (Cambridge: Cambridge, Polity Press, 1999)
HERMENEGILDO, Reinaldo Saraiva, "O Papel da GNR em Timor Leste: um contributo para a Política Externa de Portugal", in *Revista Militar* n.º 2489/2490 de Junho/Junho de 2008. http://www.revistamilitar.pt/modules/articles/article.php?id=298
HOBSON, John M., *The State and International Relations*, em (eds.) Krohn-Hansen, Christian, and Knut G. Nustad: 2, (Cambridge: Cambridge University Press, 2005).
HOLM, Tor Tanke & EIDE, Espen Barth (eds), *Peacebuilding and Police Reform* (London: Frank Cass Publishers, 2000).
HOLMQVIST Caroline, "Engaging armed non state actors in post-conflict settings", in: Alan Bryden *et. al.* (eds.), *Security Governance in post-conflict peacebuilding*, LIT Verlag, Münster (RFA) e Transaction Publishers, Londres, pp. 45-68, 2005.
HOLZGREFE, J.L. & KEOHANE, Robert O. (eds.), *Humanitarian Intervention. Ethical, Legal and Political Dilemmas* (Cambridge: Cambridge University Press, 2003).
HOUBEN, Marc, *International Crisis Management: The Approach of European States (Governance and Change in the Global Era)* (New York: Routledge, 2005)
HOUGHTON, Jonathan, *The Reconstruction of War-Torn Economies* (Sidney: Technical Paper. CAER-HIID, 1998).

HOWORTH, Joylon, *Security and Defense Policy in the European Union* (New York: Palgrave, 2007)
HUYSMANS, Jef, *The Politics of Insecurity: Fear, Migration and Asylum in the EU*, Routledge, 2006.
IISS, "Contractors in War – Blackwater case will test regulation", *Strategic Comments*, vol. 13, issue 9, Novembro de 2007, pp. 1-2.
IGNATIEFF, Michael, "State Failure and Nation Building" in (ed.) HOLZGREFE, J.L. & KEOHANE, Robert, *Humanitarian Intervention. Ethical, Legal and Political Dilemmas* (Cambridge: Cambridge University Press, 2003)
INTERNATIONAL CENTER FOR TRANSITIONAL JUSTICE, *Country case study: Timor-Leste Security Sector Reform in Timor-Leste* (Brussels: Initiative for Peacebuilding, 2009)
IPRI-UNL, *Estudo para a Reforma do Modelo de Organização do Sistema de Segurança Interno. Relatório Preliminar.* (Lisboa: IPRI-UNL, Universidade Nova de Lisboa, 2006)
JACKSON, Paul, *SSR and Post-Conflict Reconstruction: armed wing of state-buildimg?* um *paper* para a *The Future of Security Sector Reform*, uma e-Conference, 4th-8th May 2009
JOHNSTON, Nicola, *Peace Support Operations* (2005) in http://www.huntalterntives.org/download/38_peace_support.pdf.
KEOHANE, Robert O. and NYE, Joseph S., *Power and Interdependence, World Politics in Transition*, Little, Brown & Company, 1977.
KERR, Pauline, *Human Security* in COLLINS, Alan (coord.), Contemporary Security Studies (New York: Oxford University Press, 2007)
KLEIN, Rouven, *European Security and Defence Policy in 2003: Why ESDP is important for Europe, the transatlantic relationship?* (2009)
KOLODZIEJ, Edward, *Security and International Relations* (New York: Cambridge University Press, 2005).
KUMAR, Krishna, *Rebuilding Societies After Civil War. Critical Roles For International Assistance* (Boulder: Lynne Rienner Publishers, 1997).
KUMAR, Krishna, in (ed.) Nicole Ball, *Promoting security Sector Reform in Fragile States*, USAID, PPC Issue Paper no. 11, April 2005, Washington.
LABONTE, Melissa, *Dimensions of Postconflict, Peacebuilding and Democratization* in Global Governance volume 9 (Boulder: Lynne Rienner Publishers, 2003)
LAST, David, "From Peacekeeping to Peacebuilding", *The Online Journal of Peace and Conflict Resolution* 5.1: 1-8, 2003.
LAVENEX, Sandra and WICHMANN, Nicole, "The External Governance of EU Internal Security", *European Integration*, vol. 31, no. 1, 83-102, January 2009.
LEANDRO, José Eduardo Garcia, *A Teoria da Diversificação e Articulação das*

Fronteiras e os Sistemas de Forças, in Boletim n.º 28, Instituto de Altos Estudos Militares, Lisboa, 1992.

LEANDRO, José Eduardo Garcia, "A Nova Ordem Internacional: Vinte Sinais Premonitórios de uma Nova Era" in *Revista Negócios Estrangeiros* n.º 19 (Lisboa: Instituto Diplomático, Ministério dos Negócios Estrangeiros, Fevereiro de 2007).

LEANDRO, José Eduardo Garcia, "O Estado, o cidadão e a segurança – novas soluções para um novo paradigma", *Segurança e Defesa*, 2, pp. 12-19, Fevereiro de 2007.

LEITÃO Augusto Rogério, "O Tratado de Nice: preliminares de uma Europampotência?", in RIBEIRO, Maria Manuela Tavares (Coord.), *Identidade Europeia e Multiculturalismo*, (Coimbra: Quarteto, 2002).

LIGHTBURN, David, "Lessons Learned" (2001). Página disponível em http://www.nato.int/docu/review/2001/0102-03.htm.

LINDBOG, Chris, *European Approaches to Civilian Crisis Management*, (Washington DC: British American Security Information Council, 2001).

LIPPERT, Randy & O'CONNOR, Daniel, "Security Intelligence networks and and the transformation of contract private security", *Policing and Society*, vol. 16, nr. 1, Março de 2006, pp. 50-66.

LIPSON, Michael "Peacekeeping: Organized Hypocrisy?" *European Journal of International Relations* 13, pp. 5-34. 2007.

LOADER, Ian & WALKER, Neil, *Civilizing Security* (Cambridge: Cambridge University Press, 2007)

LODGAARD, S., *Human Security Concept and Operationalisation* in Expert Seminar on Human Security, Geneva, 8-9 Dezembro de 2000, 1-25, http://www.hsph.harvard.edu/hpcr / events/ hsworkshop /lodgard.pdf

LOPES, Antero, *Esforços de Polícia no Apoio à Paz Mundial* in Os Portugueses nas Nações Unidas (Lisboa: Prefácio, 2005).

LOPES, António Figueiredo, "A GNR no Iraque", in *Pela Lei e Pela Grei*: p. 45. Lisboa: Guarda Nacional Republicana, Outubro-Dezembro de 2004.

LUDOVICI, Maurizio, "Training Local Police Forces To Take Over From UN Police After Their Departure", in *The Role and Functions of Civilian Police in United Nations Peacekeeping Operations* (London: Kluwert Law International, 1996).

LUTTERBECK, Derek, "Blurring the Dividing Line: The Convergence of Internal and External Security in Western Europe", *European Security*,14, 2: 231--253, 2005.

LUTTERBECK, Derek, "Between Police and Military – the new security agenda and the rise of gendarmeries", *Cooperation and Conflict*, vol. 39, nr. 1, pp. 45-68, 2004.

MAQUIAVEL, Nicolau, O *Príncipe* (Lisboa: Guimarães Editores, [1532] 2003).

MARCHUETA, Maria Regina, *CPLP e seu Enquadramento*, (Lisboa: Instituto Diplomático, Ministério dos Negócios Estrangeiros, 2003).
MARENIN, Otwin *Restoring Policing Systems in Conflict Torn Nations: Process, Problems, Prospects*. (Geneva: Geneva Centre for Democratic Control of Armed Forces, Occasional Paper No 7, 2005).
MARQUES GUEDES, Armando, "A dispersão e o centralismo burocrático. Disputas na Cooperação Cultural do Estado português, 1974-1999", in *Themis*. Revista da Faculdade de Direito 1: 33-80, Universidade Nova de Lisboa, 2000.
MARQUES GUEDES, Armando, "Entre a justiça tradicional e a popular. A resolução de conflitos num campo de refugiados, em finais de 2002, nas cercanias do Huambo, Angola", *SubJudice* 25: 21-35, Lisboa, 2004.
MARQUES GUEDES, Armando, *Estudos sobre Relações Internacionais* (Lisboa: Instituto Diplomático, Ministério dos Negócios Estrangeiros, 2005)
MARQUES GUEDES, Armando, "Pensamento Estratégico Nacional: que futuro?" em J.M. Freire Nogueira e João Vieira Borges, *O Pensamento Estratégico Nacional*: 243-299, (Lisboa: Cosmos e Instituto de Defesa Nacional, Ministério da Defesa, 2006)
MARQUES GUEDES, Armando, "Can 'Traditional Authorities' and a Democratic State co-exist in Angola?", *Política Internationala*, XI-XII: 169-217, Bucuresti, Romania, 2008.
MARQUES GUEDES, Armando, *Ligações Perigosas. Conectividade, Coordenação e Aprendizagem em Redes Terroristas*, (Coimbra: Almedina, 2007)
MARQUES GUEDES, Armando, LOPES, Maria, MIRANDA José Yara, DONO, João e MONTEIRO, Patrícia, "*Litígios e Pluralismo em Cabo Verde O sistema judicial e as formas alternativas*", *Themis*. Revista da Faculdade de Direito da UNL 3: 1-69, Lisboa: 2001.
MARQUES GUEDES, Armando, TINY, N'gunu, AFONSO PEREIRA, Ravi, DAMIÃO FERREIRA, Margarida e GIRÃO, Diogo, *Litígios e Pluralismo. Estado, sociedade civil e Direito em São Tomé e Príncipe*, (Coimbra: Almedina, 2003).
MARQUES GUEDES, Armando, "Sobre a União Europeia e a NATO", in *Nação e Defesa* 106: 33-76, (Lisboa: Instituto de Defesa Nacional, Ministério da Defesa, 2004).
MARTINS, Ana Maria Guerra, *Curso de Direito Constitucional da União Europeia* (Coimbra: Livraria Almedina, 2004).
MEARNS, David, *Variations on a Theme: Coalitions of Authority in East Timor A Report on the Local and National Justice Systems as a Basis for Dispute Resolution*, (Sydney: Australian Legal Resources International, 2001).
MERLINGEN, Michael and Rasa OSTRAUSKAITE, "Power/Knowledge in International Peacebuilding: The Case of the EU Police Mission in Bosnia", *Alternatives*, 20: 297-323, 2005.

MERLINGEN, Michael & OSTRAUSKAITE, Rasa, *European Union Peacebuilding and Policing: Governance and the European Security and Defence Policy* (New York: Routledge, 2006).
MIALL, H., RAMSBOTHAN, O., WOODHOUSE, T., *Contemporary Conflict Resolution* (Cambridge: Polity Press, 1999).
MILNE, R. S., "*South East Asia*", in *States in a Changing World – A Contemporary Analysis*, (Oxford: Oxford University Press, 1993).
MONTAIN-DOMENACH, Jacqueline, *L'Europe de la Sécurité Intérieure* (Paris: Editions Montchrestien, 1999)
MOREIRA, Adriano, "A Diplomacia Portuguesa", in Revista *Negócios Estrangeiros*, n.º 10 (Lisboa: Ministério dos Negócios Estrangeiros, Instituto Diplomático, 2007).
MOREIRA, Adriano, *Estudos da Conjuntura Internacional* (Lisboa: Publicações Dom Quixote, 2000).
MOREIRA, Adriano, *Teoria das Relações Internacionais* (Coimbra: Almedina, 2002).
MOREIRA, Adriano, *"Insegurança sem Fronteiras: o Martírio dos Inocentes"*, in (coord.) MOREIRA, Adriano, *Terrorismo*, pp. 121-146 (Coimbra: Almedina, 2004).
MOREIRA, Adriano, "Os Efeitos Colaterais da Terceira Vaga", in *Informações e Segurança: Livro em Homenagem do General Pedro Cardoso*, (Lisboa: Editora Prefácio, 2004).
MOTA, José Luís Lopes, "A Eurojust e a Emergência de um Sistema de Justiça Penal Europeu", in *Revista Portuguesa de Ciência Criminal*, ano 13, n.º 2 (Coimbra: Coimbra Editora, Abril-Junho, 2003).
NELSON, Thall, "TV, Radio, Multimedia", in *Le Monde*, 6 et 7 Octobre, 1996.
NEVERS, Renée de, "Private Security Companies and the Laws of War", in *Security Dialogue*, vol. 40, nr. 2, pp. 169-190, 2009.
NEVES e CASTRO, Rogério, "Os militares portugueses na África lusófona: um balanço", in *Mundo em Português*, (Lisboa: Instituto de Estudos Estratégicos e Internacionais, 2002).
NOWAK, Agnieska, *Civilian Crisis Management: the EU way*, (Institute for Security Studies, Chaillot paper n.º 90, 2006).
NUGENT, Neill, *The Government and Politics of the European Union* (New York: Palgrave, 2006).
NYE, Joseph, *Bound to Lead: The Changing Nature of American Power*, Basic Books, 1990.
NYE, Jr. Joseph S., "O Mundo pós-Guerra Fria: uma nova ordem no Mundo?" *Política Internacional* 5(1): 79-97, Lisboa, 1992, original em língua inglesa 1990.
NYE, Jr. Joseph S., *Compreender os Conflitos Internacionais – uma Introdução à Teoria e à História* (Lisboa: Gradiva Publicações Lda., [2000] 2002).

NYE, Joseph, *Soft Power, the Means to Success in World Politics*, New York: Public Affairs, 2004.
OECD-DAC, *Handbook on Security System Reform: Supporting Security and Justice*, OCDE 2007.
OETER, Stefan, "O Terrorismo como um Desafio ao Direito Internacional", in *Terrorismo e Relações Internacionais* (Lisboa: Fundação Calouste Gulbenkian, Gradiva, 2006).
OWENS, Patricia Owens: "Distinctions, distinctions: public and private force?", in *International Affairs*, vol. 84, nr. 5, pp. 977-990, 2008.
PARIS, Roland & SISK, Timothy D., *The Dilemmas of Statebuildiing: Confronting the Contradictions of Postwar Peace Operations* (New York: Routledge, 2009).
PASTORE, Ferruccio, *Reconciling the Prince's Two 'Arms?: Internal-external security policy coordination in the European Union*, Occasional paper 30: v, (Paris: The Institute of Security Studies, Western European Union, 2001).
PATMAN, R, *Globalization, Civil Conflict and the National Security State* (New York: Routledge, 2006).
PAVIA, José Francisco Lynce Zagallo, *O Processo de Transformação Política em Moçambique, O Sistema Internacional e a Actuação de Portugal: da Interdependência à Dimensão Externa da Democratização (1974-1994)*, dissertação não-publicada defendida na Universidade do Minho, 2007.
PERCY, Sarah, *Regulating the private security industry*, Adelphi Paper, nr. 384, Londres, Routledge e International Institute for Strategic Studies (IISS), Dezembro de 2006.
PEREIRA, Laura C. Ferreira, "Segurança e Defesa na União Europeia: A Perspectiva Portuguesa em Análise", in Revista *Negócios Estrangeiros*, n.º 11.1, (Lisboa: Instituto Diplomático, Ministério dos Negócios Estrangeiros, Junho de 2007).
PEREIRA DA SILVA, Nuno Miguel, "As Operações de Apoio à Paz no âmbito da UE" *Revista Militar* 2477, Lisboa, 2008.
PÉREZ DE AMIÑO, Karl, *Guía de Rehabilitación Posbélica. El Processo de Mozambique y la Contribución de las ONG* (Bilbao: HEGOA, Universidad del País Vasco, 1997).
PIÇARRA, Nuno, "O modelo de integração do acervo de Schengen na União Europeia: Cooperação reforçada e 'ordens de legislar ao Conselho'", in *Legislação – Cadernos de Ciência da Legislação*, n.º 23, 1998.
PIÇARRA, Nuno, "A UE enquanto ELSJ: alguns desenvolvimentos recentes", em Jorge Bacelar Gouveia e Rui Pereira (coord.) *Estudos de Direitoe Segurança*, Almedina, 2007.
PIÇARRA, Nuno, "A UE como Espaço de Liberdade, Segurança e Justiça: uma caracterização geral", em *Estudos Comemorativos dos 25 anos do ISCPSI*, Almedina, 2009.

PINHEIRO, António Manuel Rodrigues, "Modelos de 'africanização' das Operações de Apoio à Paz", *Nação e Defesa* 114: 141-168, Instituto da Defesa Nacional, Lisboa, 2006.

PINTO, Maria do Céu, *As Nações Unidas e a Manutenção da Paz – e As Actividades de Peacekeeping doutras Organizações Internacionais* (Coimbra: Edições Almedina, 2007).

PRADO, José L. Gómez del, "Private Military and Security Companies and the UN working group on the use of mercenaries", *Journal of Conflict and Security Law*, vol. 13, nr. 3, pp. 429-450, 2009.

PUREZA, José Manuel, "Da Cultura da Impunidade à Judicialização Global: o Tribunal Penal Internacional", in *Revista Crítica de Ciências Sociais*, n.º 60 (Lisboa: 2001).

RAMONET, Ignacio, *Geopolítica do Caos* (Petrópolis – Rio de Janeiro: Editora Vozes [1997] 2001).

RAPOSO João, *Direito Policial*, Almedina, 2006.

ROSÉN, Frederik, "Commercial Security: Conditions of Growth", in *Security Dialogue*, vol. 37, nr. 1, pp. 77-97, 2008.

ROSÉN, Frederik, "Off the record: Outsourcing security and state building to private firms and the question of record keeping, archives, and collective memory", in *Archive Sciences*, vol. 8, pp. 1-14, 2008.

REES, Edward, *The UN's Failure To Integrate Veterans May Cause East Timor To Fail,* (Díli: National Democratic Institute for International Affairs, 2003).

RIBEIRO, Manuel de Almeida & FERRO, Mónica, *A Organização das Nações Unidas* (Coimbra: Livraria Almedina, 2004).

ROBERT, Philippe, *O Cidadão, o Crime e o Estado* (Lisboa: Editorial Notícias [1999] 2002).

ROCHÉ, Sebastian, *Sociologie Politique de L'Insécurité* (Paris: PUF, 1998).

ROGEIRO, Nuno, *Guerra em Paz. A Defesa Nacional na Nova Desordem Mundial*, Hugin, 2002.

ROLLO, Maria Fernanda, com o título de *Portugal e a Reconstrução Económica do Pós-Guerra. O Plano Marshall e a economia portuguesa dos anos 50* (Lisboa: Instituto Diplomático, Ministério dos Negócios Estrangeiros, 2006).

RODRIGUES, Francisco, *A Guarda Nacional Republicana (GNR) nas Missões de Paz*, in Revista Segurança e Defesa n.º 4 Agosto-Outubro 2007.

RUGGIE, John Gerhard, "Reconstituting the GlobalPublic Domain: Issues, Actors, and Practices", *European Journal of International Relations*, 10 (4): 499-531.

SALDANHA, João Mariano, "Reconstruction of East Timor. A Small and War-Torn Economy of a New Country" in *Timor – Um País para o Século XXI* (S. Pedro do Estoril: Edições Atena, Lda., 2000).

SANTO, Gabriel Augusto do Espírito, "Bases do Conceito Estratégico de Defesa Nacional", in *Revista Militar*, n.° 10 (Lisboa: Exército Português, Outubro de 2002).

SARMENTO, Cristina Montalvão, "Poder e Identidade, Desafios de Segurança", in VALENTE, Manuel Monteiro Guedes, (coord.), *II Colóquio de Segurança Interna*, (Coimbra, Almedina, 2006).

SARMENTO, Cristina Montalvão, *Políticas de Segurança na Sociedade Contemporânea* – Lição Inaugural do Ano Lectivo 2007/2008 (Lisboa: ISCPSI, 2007).

SARMENTO, Cristina Montalvão & ENES, Maria Fernanda, "Ideias de Europa", (coord.), in *Cultura – Revista de História e Teoria das Ideias* (), (Lisboa: Centro de História da Cultura – UNL, Vol.XIX / II ª Série, 2004).

SAYIGH, Yezid, *"Fixing Broken Windows": Security Sector Reform in Palestine, Lebanon, and Yemen* (Washington: Carnegie Endowment for International Peace, 2009)

SCHOONER, Steven L., "Why contractor fatalities matter", *Parameters*, Vol. XXXVIII, Nr. 3, Outono de 2008, pp. 78-91, em http://www.carlisle. army.mil/usawc/Parameters/08autumn/contents.htm).

SEVERIANO TEIXEIRA, Nuno, "Entre África e a Europa: política externa portuguesa, 1890-1986" *Política Internacional* 12: 55-86, Lisboa, 1996.

SEVERIANO TEIXEIRA, Nuno, "A Identidade Europeia de Segurança e Defesa: Enquadramento Conceptual e Prospectivo", in AAVV, *Portugal e a Identidade Europeia de Segurança e Defesa*, Centro de Estudos EuroDefense – Portugal, Caderno 1, Lisboa, 1999.

SEVERIANO TEIXEIRA, Nuno, *Contributos para a Política de Segurança Interna*, (Lisboa, MAI, 2002).

SHAIN, Yossi, LINZ, Juan J., *Between States: Interim Governments and Democratic Transitions* (Cambridge: Cambridge University Press, 1995).

SIMÕES, Maria João, "Terrorismo(s) e Usos das Tecnologias da Informação e da Comunicação", in *Terrorismo*, coord. Moreira, Adriano (Coimbra: Livraria Almedina, 2004).

SIMÕES, Mónica Rafael, *A Agenda Perdida da Reconstrução Pós-Bélica: o Caso de Timor Leste* (Coimbra: Quarteto Editora, 2001).

SINGER, Peter Warren, *Corporate Warriors – the rise of the privatsied military industry*, Ithaca (NY, USA) e Londres, Cornell University Press, 2003.

SINGER, Peter Warren, "Corporate Warriors – the rise of the privatised military industry and its ramifications for international security", in: Michael E. Brown *et. al.* (eds.), *New Global Dangers – changing dimensions of international security*, the MIT Press, Cambridge (MA, USA, pp. 512-546), 2004.

SINGER, Peter Warren, "Outsourcing War", *Foreign Affairs*, vol. 84, 2, pp. 119--132, Março/Abril de 2005.
SINGER, Peter Warren, "Militares privados: benefícios vs. Política pública", in *Política Exterior*, núm. 125, sep./oct. 2008, pp. 65-77.
SLAUGHTER, Anne-Marie, *A New World Order*, Princeton University Press, 2004.
SMITH, Anthony D., *Nações e Nacionalismo numa Era Global* (Oeiras: Celta Editora, [1995] 1999).
SMITH, G.S. and SUTHERLAND, A., "The New Diplomacy: Real-Time Implicaations and Applications", em (ed.) POTTER, E.H., *Cyber-Diplomacy. Managing Foreign Policy in the Twenty-First Century*. Montreal: McGill-Queen's University Press, 2002.
SMITH, Rupert, *A Utilidade da Força. A Arte da Guerra no Mundo Moderno* (Lisboa: Edições 70, Lda, [2005] 2008).
SOARES, António Goucha, *A União Europeia* (Coimbra: Edições Almedina, 2006).
SOULIER, Gérard, *A Europa. História, Civilização, Instituições*. (Lisboa: Instituto Piaget [1994] 1997).
SOUSA SANTOS, Boaventura de & TRINDADE, João Carlos, *Conflito e Transformação Social. Uma Paisagem das Justiças em Moçambique* (2 vols.), (Lisboa: Edições Afrontamento, 2003).
SOUSA, Constança Urbano de, *A Segurança Interna no Espaço Europeu* in I Colóquio de Segurança Interna (Coimbra: Edições Almedina, 2005)
SOUSA, Constança Urbano de, "O Novo Terceiro Pilar da União Europeia: a cooperação policial e judiciária em matéria penal", in *Estudos em Homenagem a Cunha Rodrigues*, Volume I (Coimbra: Coimbra Editora, 2001).
SOUSA, Pedro Miguel Lopes Ferreira Lourenço, *O Direito Penal e a Defesa Nacional* (Coimbra: Edições Almedina, 2008).
SOUSA, Pedro Miguel Lopes Ferreira Lourenço, "Da Cooperação Policial na União Europeia: As Equipas de Investigação Conjuntas", in *II Colóquio de Segurança Interna* (Coimbra: Edições Almedina, 2006).
STEELE, Robert, *The New Craft of Intelligence: Achieving Asymmetric Advantage in the Face of Nontraditional Threats* (Carlisle: US Army War College, 2002)
STRANGE, Susan, 'An Eclectic Approach' in C. N. Murphy and R. Tooze eds., *The New International Political Economy* (Lynne Rienner Publishers, Boulder, 1991), pp. 33-49.
STRANGE, Susan, *States and Markets* (Pinter Publishers, London, 1988).
STRANGE, Susan, *The Retreat of the State. The diffusion of power in the world economy*, (Cambridge University Press, 1996).
STROHMEYER, Hansjorg, *Policing the Peace: Post-Conflict Judicial System*

Reconstruction in East Timor (Sydney: University of New South Wales Law Journal 24-1, 2001).

STROHMEYER, Hansjorg, *Collapse and Reconstruction of a Judicial System: The United Nations Missions in Kosovo and East Timor* (American Journal of International Law, 2001).

SUHRKE, Astri, "Peacekeepers As Nation-Builders: Dilemmas of the UN in East Timor", in *International Peacekeeping* (Frank Cass), 8, n.º 4, Inverno de 2001.

TAYLOR, Stan A., "The Role of Intelligence in National Security", in COLLINS, Alan (coord.), *Contemporary Security Studies* (New York: Oxford University Press, 2007).

THAROOR, Sashi, "Should UN Peacekeeping Go "Back to the Basics?" in *Survival*, Vol. 37 n.º 4, Inverno 1995-96.

TÉSON, Fernando R, *The Liberal Case for Humanitarian Intervention* in *Humanitarian Intervention – Ethical, Legal and Political Dilemmas* (Cambridge: Cambridge University Press, 2003).

THAKUR, Ramesh, "Cascading Generations of Peacekeeping: Across the Mogadishu Line to Kosovo and Timor", in *The Nexus Between Peacekeeping and Peace-Building*, (London: Kluwert Law International, 2000).

TROILLOT, Michel-Rolph, *Global transformations. Anthropology and the modern world*. (New York and Houndmills: Palgrave Macmillan, 2003).

UN, *The Blue Helmets: a Review of United Nations Peace-Keeping,* (New York: UN Department of Public Information, 1996).

UNDP – United Nations Development Programme, *Human Development Report 2002,* (New York: United Nations Development Programme, Oxford University Press, 2002).

VIANA, Vítor Rodrigues, *Segurança Colectiva – a ONU e as Operações de Apoio à Paz*, (Lisboa: Edições Cosmos, Instituto de Defesa Nacional, 2002).

VIANA, Vítor Rodrigues, *Conceito de Segurança Alargada e o seu Impacto nas Missões e Organização das Forças Armadas* (Lisboa: Instituto de Altos Estudos Militares, 2002).

VIEIRA DE MELLO, Sérgio, palestra na Conferência da UNITAR-IPS-JIIA, *UNTAET: Debriefing and Lessons* (Tokyo: United Nations University, 16-18 de Setembro 2002).

YUNUS, Abdul Ghani Bin, *The Role and Functions of Civilian Police in United Nations Peace-Keeping Operations: debriefing and lessons* (Londres: Kluwer Law International, Ltd, 1996).

WAEVER, Ole, "Securitization and Desecuritization", in Ronnie Lipschultz, *On Security*, New York: Columbia University Press, 1995)

WAEVER, Ole, "Aberystwyth, Paris, Copenhagen. New 'Schools' in Security Theory and their Origins between Core and Periphery", um paper apresentado no annual meeting da *International Studies Association,* Montreal, um encontro que decorreu entre 17 e 20, de Março de 2004, disponível para download em constructivismointegracion.wikispaces.com/.../Aberystwyth, +Paris,+Copenhagen+New+'Schools'+in+Security.doc

WAKEFIELD, Alison, "Private policing – A view from the mall", *Public Administration,* vol. 86, nr. 3, pp. 659-678, 2008.

WANG, V, A. Suhrke & E. N. Tjønneland, *Governance Interventions in Post-War Situations: Lessons Learned* (Bergen: Chr. Michelsens Institute, Development Studies and Human Rights, 2005).

WEISS T. J., COLLINS, C., *Humanitarian Challenges and Intervention* (Boulder: Westview Press, 2000).

WELCH, Michael, "Fragmented power and state-corporate killings: a critique of Blackwater in Iraq", *Crime, Law and Social Change,* vol. 51, pp. 351-364, 2009.

WHITE, Hugh, "Why War in Asia Remains Thinkable", in *Survival. Global Politics and Strategy,* volume 50, issue 6 (2008): 85–104.

WILLIAMS, Michael C., "Words, Images, Enemies: Securitization and International Politics", *International Studies Quarterly,* vol.47: 511-531.

Legislação Nacional

Lei n.º 29/82, de 11 de Dezembro (Lei de Defesa Nacional)
Lei n.º 53/2008 de 29 de Agosto (Lei de Segurança Interna)
Lei n.º 49/2008 de 27 de Agosto (Lei de Organização de Investigação Criminal)
Lei n.º 53/2007 de 31 de Agosto (LO da PSP)
Lei n.º 63/2007 de 6 de Novembro (LO da GNR)
Lei n.º 37/2008 de 6 de Agosto (LO da PJ)
Lei n.º 41/2008, de 13 de Agosto (Grandes Opções do Plano para 2009)
Lei n.º 52/2005, de 31 de Agosto (Grandes Opções do Plano para 2005--2009)
Lei n.º 36/2003, de 22 de Agosto
Resolução da Assembleia da República n.º 55/2008, em 18 de Julho de 2008
Resolução da Assembleia da República n.º 35/93, de 25 de Novembro
Resolução da Assembleia da República n.º 60/97, de 19 de Setembro
Decreto do Presidente da República n.º 72/2008 de 26 de Setembro
Decreto n.º 48/99, de 9 de Novembro
Decreto do Presidente da República n.º 64/97, de 19 de Setembro
Decreto do Presidente da República n.º 55/93, de 25 de Novembro

Decreto-Lei n.º 78/2007, de 29 de Março (Lei Orgânica da DGAI)
Decreto-Lei n.º 120/2007, de 27 de Abril (Efectuou a reorganização do IPAD, inserida no âmbito do Programa de Reestruturação da Administração Central do Estado – PRACE).
Decreto-Lei n.º 207/2007 de 29 de Maio
Decreto-Lei n.º 203/2006, de 27 de Outubro (Lei Orgânica do MAI)
Decreto-Lei n.º 204/2006 de 27 de Outubro (Lei Orgânica do MNE)
Decreto-Lei n.º 5/2003, de 13 de Janeiro (Criou o IPAD. Foi revogado pelo Decreto-Lei n.º 120/2007, de 27 de Abril no âmbito do PRACE)
Decreto-Lei n.º 301/98 de 7 de Outubro
Decreto-Lei n.º 127/1997 de 24 de Maio (Criou a Comissão Interministerial para a Cooperação – CIC)
Decreto-Lei n.º 292/94, de 16 de Novembro
Decreto-Lei n.º 139/1994, de 23 de Maio (Criou o regime dos Oficiais de Ligação)
Portaria n.º 383/2008, de 29 de Maio (Definiu a Estrutura Nuclear da Direcção Nacional da PSP e as competências das respectivas unidades nucleares)
Resolução do Conselho de Ministros n.º 43/99, de 18 de Maio – *A Cooperação Portuguesa no limiar do século XXI*.
Resolução do Conselho de Ministros n.º 196/2005 de 22 de Dezembro – *A Visão Estratégica da Cooperação Portuguesa*
Resolução do Conselho de Ministros n.º 6/2003 de 20 de Janeiro – Conceito Estratégico de Defesa Nacional
Resolução do Conselho de Ministros n.º 5/2005, de 7 de Janeiro
Despacho n.º 16554/2008 de 4 de Junho (Cria o Secretariado para a Cooperação entre os Países de Língua Portuguesa em Matéria de Segurança Pública)
Despacho n.º 26115/2009 de 9 de Novembro (Manutenção do Secretariado para a Cooperação entre os Países de Língua Portuguesa em Matéria de Segurança Pública)
Despacho n.º 23/2007 do MAI
Despacho do MAI n.º 70/2001, de 9 de Dezembro

Legislação Europeia

Tratado de Maastricht
Tratado de Amesterdão
Tratado de Nice
Convenção de Aplicação do Acordo Schengen (CAAS), Publicada no JO L 239, de 22 de Setembro de 2000

Decisão do Conselho n.º 2003/659/JAI, de 18 de Junho de 2003, JO L 245, de 29 de Setembro de 2003
Decisão do Conselho n.º 2001/C 362/01, de 6 de Dezembro de 2001, publicada no JO C 362, de 18 de Dezembro de 2001
Decisão do Conselho n.º 2000/820/JAI, publicada no JO L 336, de 30 de Dezembro de 2000
Decisão do Conselho n.º 2004/567/JAI, de 26 de Julho de 2004.
Decisão do Conselho n.º 2005/681/JAI
Decisão do Conselho 2001/427/JAI de 28 de Maio.
Decisão do Conselho n.º 2002/187/JAI, de 28 de Fevereiro de 2002, JO L 63, de 6 de Março de 2002
Decisão do Conselho 2001/78/PESC de 22JAN2001
Decisão do Conselho 2001/80/PESC, de 22JAN2001

Internet [embora não se trate de uma categoria mas de um tipo de suporte, esta entrada é útil para efeitos de acesso e consulta]

Esboço do Relatório da Comissão de Segurança Humana (Português):
http://www.humansecurity-chs.org/finalreport/Outlines/outline_portuguese.pdf
GAFI, Banco de Portugal
http://www.bportugal.pt/ptPT/Supervisao/SupervisaoPrudencial/BranqueamentoCapitaisFinanciamentoTerrorismo/Paginas/GrupodeAccaoFinanceiraInternacional.aspx.
Plano de Actividades 2008 da DGAI
www.mai.gov.pt/.../%7B712D5317-704D-4F5F-99801B78941EEE54%7D_Plano%20de%20Actividades%20DGAI%202008.pdf
Programa do XVII Governo Constitucional:
http://www.portugal.gov.pt/NR/rdonlyres/631A5B3F-5470-4AD7-AE0F--D8324A3AF401/0/ProgramaGovernoXVII.pdf
Programa Indicativo da Cooperação Portugal/Angola 2007-2010:
http://www.ipad.mne.gov.pt/images/stories/Publicacoes/PICAngola0710.pdf
Programa Indicativo da Cooperação Portugal/Cabo Verde 2008-2011:
http://www.ipad.mne.gov.pt/images/stories/Publicacoes/piccv0811.pdf
Programa Indicativo da Cooperação Portugal/Guiné-Bissau 2008-2010:
http://www.ipad.mne.gov.pt/images/stories/Publicacoes/picguine0810.pdf
Programa Indicativo da Cooperação Portugal/Moçambique 2007-2009:
http://www.ipad.mne.gov.pt/images/stories/Publicacoes/Pic_Mozambique0709vf_.pdf

Programa Indicativo da Cooperação Portugal/S. Tomé e Príncipe 2008--2011:
http://www.ipad.mne.gov.pt/images/stories/Publicacoes/picstp0811a.pdf
http://www.ipad.mne.gov.pt/images/stories/Publicacoes/picstp2008--2011b.pdf
http://www.ipad.mne.gov.pt/images/stories/Publicacoes/picstp2008--2011c.pdf
Protocolo de Cooperação entre os Países de Língua Portuguesa no domínio da Segurança Pública:
http://www.cplp.org/Admin/Public/DWSDownload.aspx?File=%2FFiles%2FFiler%2Fcplp%2Fredes%2FadminIntern%2FI_F%EF%BF%BDrum_Lisboa_protocolo_de_coopera%EF%BF%BD%EF%BF%BDo_seguran%EF%BF%BDa_p%EF%BF%BDblica.pdf.

Sites:

Organização das Nações Unidas:
www.un.org
União Europeia:
http://europa.eu_pt.htm
Instituto Português de Apoio ao Desenvolvimento: http://www.ipad.mne.gov.pt/
Ministério dos Negócios Estrangeiros:
http://www.mne.gov.pt/mne/pt/
Ministério da Administração Interna:
http://www.mai.gov.pt/mne/pt/
Direcção-Geral da Administração:
http://www.dgai.mai.gov.pt
Comunidade dos Países de Língua Oficial Portuguesa:
http://www.cplp.org/
Polícia de Segurança Pública:
http://www.psp.pt/
Guarda Nacional Republicana:
http://www.gnr.pt/
Polícia Judiciária:
http://www.pj.pt/
Serviço de Estrangeiros e Fronteiras:
http://www.sef.pt/